水木風雨

北京清華大學文革史

啟之
編

編者的話

　　我知道天下有個清華，是小學六年級，班主任老師動員我考清華附中，說這個中學後面有個清華大學。言下之意，上了此附中，就不愁上彼大學。我辜負了老師的好意，沒考清華附。歷史證明，即使上了此附中，也上不了彼大學——沒幾年就來了個「史無前例」，中學生都上山下鄉了。

　　「史無前例」之初，學校亂了，學生以看大字報的名義到處跑。我就是那時候遊覽了八大院校和北大、清華。

　　那時清華的二校門是否還在，我記不得了。在我的印象裡，這所大學只是幾條馬路，若干磚樓，若干大樹和無數各種顏色的大字報。我在清華第一次看到了「大字報區」——樓房之間的空場上栽上木樁，拉上繩子，把大字報掛在上面。一排一排的，看完這一排，從繩子底下鑽過去，去看另一排。大字報在鑽來鑽去中嘩嘩做響。我完全記不得我在本子上記下了什麼，只感覺到每一張紙都是一把火，在暑熱下通過墨蹟噴發著怒氣。

　　除了後來與個別清華人的過往之外，我與清華的關係史，也就到此而止。

　　我與清華再次發生關係，端賴於文革——四年前，我與朋友辦了一個研究文革的刊物《記憶》，沒想到，這樣一個隻憑信箱發送，沒有稿費的小小眾刊物，竟然吸引了中外眾多的眼球，不但稿源充沛，而且稿件質量不俗。這其中最啟人心智的是清華人的文字。《記憶》為此編發了兩期「清華大學文革專輯」（2010-59期／60期）。陸小寶、唐偉、沈昆、葉志江、王大定、陳育延等人的名字走進了我的記憶。與此同時，邱心偉、原蜀育編寫的《清華文革親歷 史料實錄 大事日誌》、孫維藩的日記，唐少傑的《一葉知秋——清華大學1968年「百日大武鬥」》、唐金鶴的

《倒下的英才》、徐葆耕的《清華精神生態史》等書，也先後來到了我的案頭。

從2009年起，《記憶》立了一個規矩——不定期地將刊發過的文章精選結集，在海外付梓。一者將《記憶》變成紙版，帶上國際書號，進入圖書館。二者給撰稿人一點補償，讓他們能在書裡看到自己的文章，他們的手裡有了沉甸甸的感覺，也使《記憶》有一點點心靈的分量。如此一來，編書、寫序就成了我的事。

陸小寶在《流著眼淚「剝洋蔥」》一文中提出，應該從事實、體制和文化這三個主要層次來反思文革。記述文革中發生的具體事件，為後人提供歷史真相是第一個層次。從政治體制、社會制度上反思文革，探究其產生的原因是第二個層次。從文化傳統、國民性、信仰、理想及現代社會應有的公民責任、道德準則和價值觀等文化層面上反思文革，是第三個層次。陸小寶認為，在這三個層次中，文化層面的反思最值得重視，但現在做的工作還遠遠不夠。

這本書的貢獻，就是彌補了第三個層次的不足——在研判事實，反思體制的同時，不少作者深入到了文化層面，追問百年清華的精神，疏理蔣南翔的教育思想，剖析清華文革中的大民主……唐少傑的《水木風雨，清華百年——從清華歷史到清華精神》和《清華大學「教育革命」述評》，唐偉的《從清華文革談清華校訓——孫怒濤〈良知的拷問〉讀後》，以及陸小寶的幾篇文章，都是這方面的傑作。

1966年8月5日，北京師大女附中的副校長卞仲耘被學生們毆打致死，《記憶》曾就此編發過三個專輯。這三個專輯貫穿著這樣的大疑問：為什麼著名女校的花季少女會變成野獸？十七年的教育出了什麼問題？

同樣的疑問壓在清華人的心頭：唐偉提出了尖銳的詰問：為什麼最高學府的「『龍種』，變成了兇神惡煞的魔鬼，變成了惟命是從的小爬蟲和滿世界亂竄的『跳蚤』？」陸小寶發出了痛心的呼喊：「血腥的暴力，是人性的喪失，是知識分子的恥辱。為

了『政治進步』或者保護自己，對同事和同學進行陷害或告發，是知識分子基本人格的喪失。對權威盲目隨從，喪失了知識分子的社會責任。更可怕的，是對權力的主動迎合，這是知識分子道德靈魂的喪失。而極端的意識形態取向，又是知識分子學術靈魂的喪失。所有這些，我們必須痛切反省。」

與女附中人一樣，清華人所反省的也是十七年的教育。從「又紅又專」、「聽話出活」的弊端，到政治輔導員制度的惡果，從「馴服工具論」的愚民，到毛澤東教育思想的誤國。而對「黨化」教育的清醒認識，則使他們不約而同地高舉起「獨立之思想，自由之精神」的大纛。

在這面旗幟下，他們的天性稟賦和個人風格得到了充分的展示，唐偉的特點是思想大膽敏銳，文風恣肆辛辣。他對徐葆耕提出的「災難鑄就輝煌」的評價振聾發聵：「這個理論有點奇怪，它不追尋災難的原因，總結災難的教訓，也不去尋找規避災難的辦法，只是出人意外地歌頌災後的輝煌。這個理論頗受主流青睞，並廣為流行，地震、礦難、高鐵出軌後，這個論調都能在主流媒體上『輝煌』好一陣子。」

唐偉據出徐葆耕上述理論的兩個例證：一是西南聯大「在抗日戰爭中，在敵機不斷轟炸的艱難條件下弦歌不輟，無論是教學、學術都創造了史詩般的輝煌。」二是清華「文革動亂後，在『連洋人屁股都看不見了』的情況下，瞄準世界先進水平急起直追，不僅迅速地恢復了十年動亂造成的創傷，而且創造了新的輝煌」。

寫到這裡，唐偉一針見血：「『災難鑄就輝煌』，通俗說法是：『災難就是輝煌』，這是毛澤東的『破就是立』的破壞哲學的另一種表述。常識告訴我們，創造和建設才能鑄就輝煌。當年西南聯大師生生活異常艱苦，聞一多教授要業餘篆刻圖章換米求生，如果生活無憂，他們的學術成就是否會更為斐然？亂離人可憐！文史學生尚可苟且延讀學業，科研、實驗應當難以為繼。那時的清華學人之所以還能有所成就，只能說明專制的學術鉗制比

戰亂還要不出學術成果、還要讓人才思枯竭。葆耕學長是否也要像毛澤東對田中角榮談話那樣，像無恥地感謝日本人的侵略那樣去感激災難呢？」

唐偉對政治輔導員制度的解讀，更是入木三分：在痛陳清華大學「以吏為師」之後，作者深挖了那些輔導員的家庭、階級的根源：「學生政治輔導員大多來自『紅五類』的農民、工人家庭。尤其那些堅信『王子永遠是王子，貧兒永遠是貧兒』，既順從又聽話的同學，最適合輔導員工作，成為黨的馴服工具。他們純樸勤奮、感恩心切，對『奴化教育』、『痞化教育』殊無反感。植根於底層民眾心靈深處的奴隸思想、皇權意識很快上升為對無產階級偉大領袖的階級感情。因為只有那種奴性入骨、惟命是從的人，才是最適合被打造成暴力機器的胚子。……至今這個制度已有了近60年的社會實踐，培養出了大批優秀輔導員，不僅充實了校系領導班子，而且為黨中央領導的梯隊建設做出了突出貢獻，其中濤哥就是最傑出的代表。」

陸小寶的特點是思想深刻獨到，文風嚴謹質實。他提出了幾個重要的思想。

第一，文革是民主政治的初步嘗試。這是因為，首先「文革是一個有億萬人民參加的運動，他們的許多訴求是正當的，有一些抗爭也是正義的。」這些訴求和抗爭之中包含著政治民主化的內容。其次，某種程度上，文革中群眾組織的兩大派是兩黨政治的雛形。文革中提倡的巴黎公社選舉等，「經過總結、提煉和改進，也許最後能夠找到一種適合中國國情的形式來。」陸小寶分析了反對者的誤區——把民主理想化。他認為：「我們國內有些人往往把文革的醜惡和兇殘，完全歸因於獨裁、社會主義或無神論，認為只要西化了，有了民主，就可以避免文革重演，看來是將這個問題過分簡單化了。」「民主不是抽象的理念，而是具體的政治形態……有英國那樣君主立憲式改良主義的民主，也有美國那樣代議制式比較溫和的民主，還有法國大革命那樣全民參與的比較激烈的直接民主。從歷史上看，有些民主式樣，在它們的

『嘗試』階段，確實出現過混亂、殘忍和醜惡的現象。……法國資產階級民主大革命時期，他們的動亂和血腥，並不亞於我們的文革。」也就是說，民主政治中也有醜惡的東西。文革的動亂之中，也包括著這種畸形民主所引起的動亂。就此，陸小寶糾正了兩種說法，一、文革並不是「史無前例的浩劫」，在世界史上，像文革這樣的「浩劫」，可以說是「史不乏例」。二、「文革必須否定，但不能全盤否定，更不能簡單否定」。

第二，文革的某些內容正以另一種形式重演。陸小寶認為：「文革大民主的部分內容是無法防止，一定會『重演』的。」他以大字報、大辯論和群眾抗爭為例，「文革後把『大字報』從憲法中刪掉了，並被嚴令取締。結果呢？大家看到，今天互聯網上博客蜂起，比我們當年的大字報範圍更大，傳播更廣。再說『大辯論』，文革後，權威人士明確規定『不爭論』，結果呢，你到網上去看看，左派和右派，幾乎每一天、每一小時、每一分鐘都在那裡不停地辯論著、爭論著。」「文革時期，各地都爆發過群眾性組織的抗爭行動。文革後，此類行動是法律禁止的，但是看看目前中國各地的反腐敗、反剝削、反迫害的群眾抗爭運動，屢禁不止。」總之，在陸小寶看來，這些文革中的舊東西都在換個形式「重演」。

這些思想來自於文革的血腥和苦難。「又紅又專」只能培養出了官吏、爬蟲和跳蚤。只有痛定思痛，直面真相的人，才能成為有膽有識的民間思想家和社會批判者。

大約是2006或07年夏天，崔衛平找我，說徐葆耕想見面聊聊。對徐先生我早有耳聞，他是清華人文社科學院的副院長，理工出身的才子，文革中就以筆桿子著名。我研究生畢業的時候，差點投到他的帳下。飯桌上，他問我編寫的那本《是非姜文——〈鬼子來了〉惹的禍》為什麼在大陸、香港都買不到。我告訴他，此書是我託人找書商做的，書的出版方——「亞洲文化出版公司」和版權頁上的國際書號恐怕都是書商編造的。書商只是拿它們來騙我，但沒法騙官家。所以此書沒有資格進入市場。徐先

生大發感慨，從馬克思批評普魯士的書報檢查，說到國內知識界的沉淪。在座的錢理群更是議論風發，滔滔不絕。徐的耳朵重聽，錢只好對著徐的耳朵大聲嚷嚷。我想問徐，他對文革什麼看法？為什麼那麼積極地用筆桿子為極左政治服務？因為跟他交流太費勁，沒問。後來，看了他的「災難鑄就輝煌」的說法，我就想，按這個邏輯，徐先生應該為普魯士的書報檢查制度叫好，應該為買不到我那本小書慶幸——這些災難正是「輝煌」的鋪路石。

2012年9月16日，葉挺之子、七機部「九一六」的第一勤務員葉正光老總宴請舊部。蒙戴晴引薦，我作為《記憶》的編者有幸與會。席間，我問那些鳴冤叫屈的「九一六」人：為什麼不寫回憶錄？他們反問我，上哪兒發去？我說：寫下來總有發表的地方，就是留給你的孫輩也有意義。我得到了一個又一個懷疑的眼神，一個又一個敷衍的笑。一位據說是七機部最聰明的人，聰明得連信箱都不肯告訴我。我真想衝他們大喊：「你們這些懦夫、膽小鬼！看看人家清華人！」

2012年9月21日

目　次

水木風雨，清華百年
——從清華歷史到清華精神

唐少傑

　　清華的歷史有多長？現代中國的歷史有多長，清華的歷史就有多長。清華孕育於清王朝「遜朝」的前夜與中華民國「分娩」的黎明之際。清華誕生的1911年是中國現代歷史的起始年份。20世紀30年代清華校友提出的「與國同壽」的清華校慶口號，今天看來遠遠不夠了，因為清華比中華民國的歷史更長。

　　清華的天地有多大？現代中國的天地有多大，清華的天地就有多大。放眼當今中國黨、政、軍、民、學，縱觀現代華夏東、西、南、北、中，清華的影響可謂無所不及。無論有形的還是無形的空間，清華都與現代中國相互包容。例如，臺灣海峽兩岸，就有兩個同名的「清華大學」（北京海淀「清華」和臺北新竹「清華」）。眾多中國大學在海峽兩岸同名的，這在整個中國僅此一例。

　　北京清華與新竹清華，儘管同屬廣義上的清華，但是由於眾所周知的原因，它們又分屬兩個範疇，即海峽兩岸這兩個同名的「清華大學」有著各自不同發展的途徑。本文涉及的是北京清華的問題。

一、清華的「發祥」

　　大學作為歐洲文明進入中世紀後期出現的一大碩果，迄今約有一千年的歷史。大學隨著「歐洲化」或「西方化」普及、深入到世界其他地區，它也以近代化、現代化的一種「普世」方式，成為人類數百年來教育發展的主力軍和科學進步的發祥地，特別

是近百年來，成為一個民族先進與否或一個國家發達與否的關鍵。作為一個現代意義上的大學，清華的孕育、形成和發展無疑是一百年前中國與外國之間的文化衝撞、東方與西方之間的文明交流的產物，換言之，清華乃至大學在中國的出現或確立，既不是純粹中國因素的使然，也不是純粹外國因素的油然，而是「華夷之辨」直至「華夷之變」的必然。大學進入中國並在中國成長起來，表明了中國文化新紀元的來臨。中國進入近代和現代的歷史包含了教育由傳統和本土到漸進開放和漸近西化的歷程。西方教育的介入和作用使得中國的教育發生了巨變，而清華的孕育和出現表明了中國教育在東西交匯、中外砥礪的過程中所形成的時代主流和社會趨勢，亦即大學及清華問題本身就凸顯了近、現代中國文化及教育所蘊含的東西文化雙重性的價值和中外教育雙重性的取向。另一方面，毋庸諱言，美國對於清華的建立起到了重要的甚至是獨到的作用。緣起1900年（庚子年）事變而於1901年簽訂的致使清王朝氣數已盡的「辛丑條約」，美國獲得的賠款額度為2444多萬美元（3200多萬兩白銀），此款項約占「庚子賠款」4.5億兩白銀總數的7.8%，名列當時外國列強獲得賠款數目中的第六位。至1905年底，美國就獲得了上述賠款。在當時所有外國列強中，美國與中國的地理距離最遠，兩國關係起步較晚，但是，無論人們今天如何斥責美國懷有的是「文化野心」或從事的是「教育侵略」，作為最年輕的「帝國主義」國家，美國在當時比起其他所有外國列強的一個不同就是它要開闢出與其他國家有所區別的對華關係，它要用今天所說的「軟實力」方面趕超其他國家的對華影響。經過美國朝野上下以及不同人士的努力，1908年5月，美國國會通過退款決議，決定將1078.529612萬美元，從1909至1940年逐年按月地「退還」中國，用於在中國辦一所留美預備學校。這就是清華的直接由來。在當時美國眾多的對華退款建議中，伊利諾大學校長詹姆士（E. J. James）1906年給羅斯福（T. Roosevelt）總統的信就最有代表性：「中國正臨近一次革命……哪一個國家能夠做到教育這一代青年中國人，那一個國家

就能由於這方面所支付的努力，而在精神和商業的影響上取得最大的收穫。……那麼，我們現在一定能夠使用最圓滿和巧妙的方式，控制中國的發展。這就是說，使用那從知識上和精神上支配中國的領袖的方式。」[1]

清華的歷程也是中國現代文化發展特別是中國現代大學教育發展的一個縮影。清華先是帝國主義或准殖民主義文化與中國古老文化相結合的一個「怪胎」，後是中國人自己興辦大學、主導大學教育的一處「重鎮」，它所走過的「清華學堂」──「清華學校」──「清華大學」的百年歷程，既折射出了西方大學制度及其理念在中國生根、開花和結果的過程，也展現出了中國大學教育觀念及其實踐的生成、轉型和自主的過程。

---

[1]　轉引自清華大學校史組編著：《清華大學校史稿》（北京：商務印書館，1981），頁2。

清華及其歷史的標誌性建築物——「二校門」，始建於1909年底，門額上刻有晚清軍機大臣那桐題寫的「清華園」。1966年8月24日，「二校門」被「清華大學紅衛兵」砸毀，在原址上建起毛澤東全身塑像，1987年8月29日該塑像被清華校方拆除。1991年4月，清華校慶八十周年之際，重建「二校門」。

二、百年清華的五個時期

回首清華百年歷史，我認為，可以分為五個時期，每個時期都有其值得我們深切反思和積極轉化的特定內容或蘊涵。

清華歷史的第一個時期是1911年春至1925年春，可謂清華「史前期」。這一個時期清華沒有自己的特色，幾乎是美國大學文化在中國的翻版，正如英國哲學家羅素1920年代初來華講學時，訪問過清華，他在答記者問時說，清華完全是一個美國化的學校。[2]但是，這一時期的清華有兩個重要特點：一方面，清華作為美國化的學校機構，這既不同於中國傳統的學校及學堂，也不同於此一時期中國的那些教會學校。最為引人矚目的就是這個時期清華培養的眾多學子，經過日後留學美國等國，學成歸來，成為自20世紀20年代以來中國一大批著名的學者、專家甚至文化泰斗，如胡適先生。另一方面，清華在美國的部分庚款退還支援下，沒有遇到當時中國不少大學所出現的經濟拮据問題。清華有財力上的充分保證，這為清華後來的發展奠定了可靠的基礎。

清華歷史的第二個時期是1925年春至1937年夏，可謂清華「創世紀」。1928年清華改制，由「清華學校」改為「國立清華大學」。這一個時期清華有兩大「突破」：第一是1925年初，在清華過去的「中等部」和「高等部」的基礎上，亦即在過去為留美預科培養的初中生和高中生的水準上，新建了「大學部」，清華已不是單純給美國輸送預科學生，而是開始培養自己的大學

2　聞奇、周曉雲編著：《清華精神九十年》（北京，民族出版社，2001），頁10。

生。第二亦即更加重要的事情就是同年清華建立了自己專門研究中國文化的機構——「清華國學研究院」，聘請了著名的「四大導師」王國維、梁啟超、陳寅恪、趙元任，招收志在研究中國文化和中國精神的研究生。清華國學研究院不僅成為清華教育上的一大飛躍，甚至是清華學科史上的某種「絕唱」，而且也是中國20世紀學術史、學科史和思想史的一個絕無僅有的「奇觀」。這一時期清華還有兩件大事值得關注：一是1931年底，清華留美第一屆學生梅貽琦出任清華校長，經過他和清華同仁的努力，清華步入了中國著名的大學、世界知名的大學的行列，清華迎來了自己短暫的、僅有六、七年時間的第一個黃金時期，亦即「崛起的時期」。二是1935年底由清華學生發起的「一二九運動」是中國共產黨第一次領導的全國性的青年學生運動，這一運動為中共培養和輸送了不少的幹部。儘管「一二九運動」無法與「五四運動」（指五四新文化運動及五四青年愛國運動）相提並論，但是由青年學生為主體的「一二九運動」比起「五四運動」來更多地是一場救亡運動，也是後來的中共學生運動的濫觴。

清華歷史的第三個時期是1937年夏至1946年初，可謂清華「西南聯大期」或「傳奇期」。這個時期由清華大學、北京大學和南開大學組成的「國立西南聯合大學」，借西南邊陲一隅，鼎力協作，眾志成城，保證了在抗日戰爭極為艱難困苦的條件下，既沒有使中國的大學教育薪火熄滅，也沒有使中國的高等學術偃旗息鼓，更沒有使中國的林林總總的傑出人才告罄闕如。今天，這三個學校在各自校園所共同矗立的紀念碑上的銘文「西山蒼蒼，南國蕩蕩，聯合雋彥，大學浹決」，就是「西南聯大」作為當時中國大學首屈一指的楷模的明證。「西南聯大期」既是清華歷史的一個傳奇，使得清華教育流光溢彩，也是中國現代大學教育史上的一段佳話，給後來的中國大學教育留下了難以言盡的思索和追尋。我總是在詢問：是什麼、又是為什麼包括清華在內的三所大學在民族危亡和祖國危難之際，辦起了並且辦好了「西南聯大」這樣一個卓越的大學，使得當時中國的大學沒有落伍於世

界大學發展的水準和主流呢？

清華歷史的第四個時期是1946年初至1948年底，可謂清華「復員期」或「過渡期」。這一時期也是清華歷史最短的一個時期。抗戰結束，清華復員北上，但由於國共兩黨的決戰提到了歷史議程，清華難以正常辦學。清華歷史開始進入一個根本性的轉折。

清華歷史的第五個時期是1949年至今，可謂清華「新時期」。這一清華歷史最長的時期分為三個階段：1949年至1966年夏、1966年夏至1976年底、1977年至今。這一與新中國六十年餘年歷史幾乎同步的清華時期，前三十年基本上是整治、折騰、動盪，清華不斷地處在政治漩渦之中甚至處在政治風暴中心，後三十年基本上是休養、恢復、建設，清華駛入回歸大學角色和重建大學職能的航道。無論從哪一方面來講，這一時期對清華的今天和清華的未來都關係至大，影響至深。

第一個階段1949年至1966年夏的「十七年」是清華脫胎換骨的階段。清華不僅在政治上進入了中共政治絕對領導的歲月，而且在教育制度及其理念上進入告別歐美化、汲取蘇聯模式的時代。這一階段對清華命運和清華建設影響最主要的方面是：1、1952年全國性的「院系調整」致使清華成為失去了文科、法科、理科、農科而只擁有工科的大學，這一調整給清華的學科結構和學科發展帶來了半個多世紀的負面後果，到今天都沒有使清華恢復過元氣。2、1957年清華的「反右鬥爭」致使約571名師生員工被打成「右派」（約占全校師生員工總數的5.3%）。[3]清華居於全國「反右鬥爭」的前列。3、1958年清華進行了三個多月的「教育革命」，這種革命可謂教育烏托邦實踐的個案，並與文革「教育革命」有著一定的歷史淵源。4、1964年清華幾近半數的師生員工下鄉從事某種文革預演的「四清運動」。此時清華如同全國一樣，越來越激進、偏執。

---

[3]　清華大學校史研究室編：《清華大學九十年》（北京，清華大學出版社，2001），頁212。

第二個階段1966年夏至1976年底的「十年」是清華生死磨練的階段。在中華人民共和國的所有單位中，清華對於文革的作用獨佔鰲頭，即清華成為一個從最高領袖到群眾、從中央到基層、從首都到全國、從大學到社會的獨一無二的「文革樣板」，成為一個有文革理論變異、有文革實踐創舉和有文革思潮新徑的「文革典型」。清華在文革中的具體意義可以通過下列非凡事例來界定和顯現：首先，清華提供了「紅衛兵」這個文革初始的生力軍和突擊隊。如果說文革在北京大學點火引爆，那麼文革在清華找到了其殺向全國的「衝擊波」。清華能夠成為紅衛兵運動和紅衛兵組織的策源地，表明文革絕不是偶然的。其次，清華是文革「無產階級司令部」戰勝「資產階級司令部」的前沿。通過「工作組問題」和「蒯大富問題」，清華把文革最根本的問題即群眾性問題無以復加地展現出來，把文革群眾與幹部的矛盾異常深切地揭示出來，進而把文革造反派運動推向一個極致，表明文革從根本上不同於以往中共的任何政治運動及群眾運動。再則，清華帶來了結束文革群眾運動、終止紅衛兵運動和斷送造反派運動的契機。清華在文革頭兩年所出現的群眾論戰和分裂不但註定了文革的異化，而且鑄就了文革群眾的自我異化。清華1968年4月23日至7月27日進行的「百日大武鬥」實質上敲響了文革最初的喪鐘，拉下了整個文革初期歷史的帷幕。還有，清華是文革「教育革命」的首要基地。從1970年開始，清華把文革最具有烏托邦「魅力」及其破壞力的「教育革命」推向全盤的實踐，這種「教育革命」嬗變為反知識、反教育、反文明、反現代性以及封建特權（「走後門」上大學）等等的大雜燴。最後，清華是文革最後一場運動即「批鄧運動」的發源地。1975年劉冰、惠憲鈞、柳一安、呂方正四人兩次寫信給毛澤東反映清華問題的事件，演變成了翌年鄧小平被再次打倒，促使文革走入了歷史的死胡同。文革十年對清華意味著什麼呢？這裡，僅用數字來回答：清華在文革中約有1228名教職員工「被立案審查」（約占教職員工總數的20%），178人被定為「專政對象」、58人「非正常死亡」，受傷

人員數以千計，經濟損失無法估算。[4]毋庸置疑，清華這一佔據清華歷史十分之一時間的階段是整個清華歷史中最為慘痛、最應銘記和最不該回避的。

第三個階段1977年至今的三十四年是清華長足進步的階段。相比較於以往的清華歷史，這三十多年是清華發展比較迅速、顯著和順利的時期，特別是從1993年開始，清華的發展在2001年校慶九十年前後達到一個小高潮。

清華百年的歷史實際上是以清華20世紀的八十九年（1911—2000年）為主幹的。無論是清華百年歷史，還是清華20世紀八十九年的歷史，我個人認為，真正屬於清華自身相對穩定、相對和平、相對持續發展的時間也就只有七十餘年，因為，日本侵略的「外禍」和文革的「內亂」至少使清華陷於二十年不止的動盪和災難。顯而易見，清華的百年歷史屬於清華獨自享有的、彌足珍貴的時間實際上不足百年！質言之，清華的百年歷史既是中國大學百年變革的多重性的凝聚，也是中國精神百年進化的多維性的映照。

三、清華精神

清華百年歷史影響重大，意義非凡，這總會促使人們從思想意識層面去加以探尋、概括清華的某些方面，諸如清華校訓、清華傳統、清華學風等等，我把這些方面統稱為「清華精神」。那麼，有無清華精神？什麼是清華精神？這無疑是非常複雜、眾說紛紜、見仁見智的問題。

梁啟超先生1914年冬天來清華演講，他引經據典對清華學子的殷切鼓勵變成了今天人們耳熟能詳的清華校訓「自強不息，厚德載物」，[5]如同杜維明先生所言，這一校訓是所有的中國大學校

---

[4] 參見唐少傑：《清華大學文革中的「非正常死亡」》，載《二十一世紀》2006年2月號，第九十三期。

[5] 黃延復、賈金悅：《清華園風物志》（北京，清華大學出版社，2001），

訓中最富有內涵的校訓。[6]有人把清華傳統概括為「古今貫通，中西融匯，文理結合，綜合創新」，[7]有人把清華學風稱作「嚴謹、勤奮、求實、創新」等等，不一而足。這些都涉及到如何從精神的維度看待清華，也即從清華歷史引出清華精神、從清華精神來把握清華歷史的問題。

如果說大學校訓是一個大學精神的生動體現，那麼大學傳統、大學學風等則是大學精神的內在凝聚，由這些方面所構成的大學精神是一個綜合體，即大學精神既是大學辦學的固有機制和根本理路，又是大學治校的特定目的和基本取向。但是，對於清華精神而言甚至對於整個清華大學而言，由於清華百年歷史的多變和曲折使得清華不可能有一成不變、持續穩定、牢固深化的清華校訓、清華傳統、清華學風，因而也就給清華精神帶來了在上述的清華五個不同時期的不同風貌和不同蘊涵。[8]以清華校訓為例，在1949年之前為「自強不息，厚德載物」；在1949年至1966年變為「又紅又專」，即政治上的「紅」和業務上的「專」；文革年代又變為遲群所說的「清華大學只有一個專業，這就是鬥走資派的專業」；1977年之後，有人以工具主義的方式把清華校訓詮釋為「聽話、出活」；[9]直至1996年之後，清華才逐漸肯定和重新確立最初的清華校訓為自己的校訓。

清華精神的多變甚至脆弱，無疑會制約著清華文化的積累和清華底蘊的延續。由上所述，不難發現，不僅清華百年歷史的五個時期有著深刻的差異，而且清華前四十年的歷史與後六十年的歷史也不可同日而語，甚至有過相互的牴牾或隔閡。即使是在同

增訂版，頁3-4。

[6] 杜維明先生2010年5月15日在清華大學哲學系建系85周年及複系10周年慶祝大會上的致辭。

[7] 參見徐葆耕：《紫色清華》（北京，民族出版社，2001），自序，頁1、頁145。

[8] 清華學長王鐵藩（鐵凡）在清華校慶九十年前夕所寫的〈清華有傳統嗎？〉一文，對這個問題做了比較深入的探討；參見王鐵藩著：〈清華有傳統嗎？〉，轉給筆者本人的電子文本列印稿，2001年3月8日定稿。

[9] 參見徐葆耕：《紫色清華》（北京，民族出版社，2001），頁145。

一時期，例如清華在1949年之後至今的那三個階段之間的相互對立也頗為明顯，具體地說，清華文革階段對清華文革前的階段的否定、清華文革後的階段對清華文革階段的排斥已是不爭的事實。

清華精神的流變及其凝重還特別體現在20世紀上半葉和下半葉清華兩位著名校長的不同的大學教育理念及其實踐上。

帶領清華崛起的梅貽琦校長為清華所宣導並且所奮鬥的是：一、通才標準。這是清華培養學生的標準，亦即「自由教育」（liberal arts）的標準；二、教授治校。這是清華治校的原則及其運作機制；三、學術自由。這是清華辦學的理路和氛圍；四、大師辦學。這是清華辦學的宗旨和目標。梅校長那句「大學者，非謂有大樓之謂也，有大師之謂也！」[10]名言，應該視作清華精神的雋永神韻和最好定位。我認為，20世紀上半葉中國有兩個大學校長居功至偉：一是北京大學蔡元培校長「開風氣之先」，另一個就是清華大學梅貽琦校長「落建設之實」，即梅校長比較成功地把現代大學制度及理念貫徹到清華、落實到清華。1948年底，梅校長離開清華出走海外，這與其說是梅校長本人的挫折，不如說是清華精神的一次裂變。

在20世紀下半葉清華歷史上無出其右的蔣南翔校長給清華帶來的主張和舉措：一是堅持中共黨的政治領導，保證清華的政治方向，建立「學生政治輔導員」制度；[11] 二是堅持「又紅又專」的人才標準，確保清華學生在政治上和學業上的雙項合格；三是堅持教學、科研和生產的「三結合」原則，使清華具有多種職能；四是堅持以品質為主、以數量為輔的策略，保證清華穩步發

---

[10] 梅貽琦著、劉述禮、黃延復編：《梅貽琦教育論著選》（北京，人民教育出版社，1993），頁10。

[11] 蔣南翔1953年元旦正式出任清華大學校長之後，決定建立「學生政治輔導員制度」，即為清華大學每個學生班級配備「政治輔導員」（與每個學生班級「班主任」相並列，這一體制有些類似於中國人民解放軍各級部隊的「軍事首長」和「政治首長」共同負責制），從學生中選拔出管理學生的「政治輔導員」，一邊學習，一邊工作，又稱「雙肩挑」學生幹部。至1966年初，清華共出現了618名學生「政治輔導員」，其中不少人後來成為中共黨和國家領導幹部，如胡錦濤、吳邦國等。

展。蔣校長更多地是一位「政治校長」，他作為1949年至1966年「十七年」中國大學教育模式「第一人」，在今天的清華依然發揮著影響，例如，清華的幹部隊伍一度就被喻為「沒有蔣南翔的蔣南翔隊伍」。文革的來臨以及在清華的得勢，這與其說是蔣校長本人的失敗，不如說是包括清華在內的「十七年」大學教育模式的潰敗。

清華精神是歷史的、具體的和多樣的，它彷彿在清華那不可能一以貫之或始終如一的百年歷史中經歷了一個「否定之否定」的過程，即在清華早年所獨立特行的精神或其某些因素，由後來某個清華歷史階段所否定、所拋棄之後，又有可能被重新認識、重新確立甚至重新弘揚。上述的清華校訓之經歷就是一個例證。雖然人們不可能對清華精神有著一致的理解，但是清華百年歷史的業績還是孕育出並且聚集著為清華所特有的、所不斷前行的清華精神。今天的清華一些人士把清華精神主要概括為「明恥與自強」、「獨立與會通」、「科學與實幹」三個方面，[12]我認為這有一定的合理性，當然，即使是這些方面及其內在關係也在不斷地得以闡釋、充實和昇華。

「明恥與自強」是清華精神的動力。清華最早在時間上的形成和空間位置上的確立都滲透著近代中國以及中華民族的奇恥大辱，清華在歷史上表現出的第一痕跡或歷史給予清華的最初烙印就是「恥」。清華數代學人沒有在這個「恥」面前退卻、萎縮和沉淪，而是發憤圖強，自強不息，把一個「留美預科班」學校改造成了中國數一數二的著名大學，這是中國大學的榮耀，也是中華民族的驕傲。總令我感慨不已的就是清華辦學的最初動機與清華的後來及清華的現狀之間的差距何止十萬八千里！

「獨立與會通」是清華精神的理路。清華的成長顯然是中國人辦大學的一個比較成功的嘗試，正如馮友蘭先生所言：「清華

---

12 參見徐葆耕：《清華二題》，載《人在清華》（太原，山西教育出版社，2003），頁45-46。

大學的成長，是中國近代學術獨立自主的發展過程的標誌。」[13]
這種獨立主要是指清華在歷史上對於美國文化的獨立關係，還不
是人們所更加注重的精神獨立和思想自由，而這種精神獨立和思
想自由對於清華來說依然是有待努力、有待奮鬥的目標。清華要
建設自己的學科大業，就不可能在西方化或美國化上徘徊遊弋，
也不可能在復古維舊上抱守殘缺，而是在中外、古今、文理三大
關係上加以「會通」，即會合變通，就有可能使清華趨向一個現
代的、多元開放的和世界性的大學。

「科學與實幹」是清華精神的方法。朱自清先生說過：「清
華的精神是實幹。」[14]長期以來，清華學人保持和發揚的是「科
學救國」、「實幹為民」的作風，一度被視為「紅色工程師的搖
籃」，一度在毗鄰的北京大學喊出「振興中華」的時代口號而隨
即提出「從我做起」、「從現在做起」的務實主張，等等，這些
「科學為本」和「實幹為先」的精神都為清華的崛起和發展帶來
了實實在在的碩果。然而，相比較於中國其他優秀大學所具有的
精神，清華精神有著濃厚的、過重的科學主義氣息。問題在於：
清華作為中國有著較為強烈的科學主義、實證主義和實用價值氛
圍的高等學府，清華精神應該如何不斷地通過人文主義、理想主
義和普世價值的精神來加以會通或互補？以王國維先生當年所期
望的科學主義（「可信的」）與人文主義（「可愛的」）之間的
協調與融合，如何來使清華「更上一層樓」實現既可信更可愛的
統一？

清華精神現今缺失的是什麼？這又與清華現今的歷史有著
密切的關係。1993年，清華大學新一屆領導班子決定：在清華建
校百年之際，把清華建成世界一流大學。1998年北京大學百年校
慶之際，這一決定演變成了中共黨和國家政府決定在21世紀之初

---

[13] 馮友蘭：《三松堂全集》，第一卷（鄭州：河南人民出版社，1985），頁
308。

[14] 聞奇、周曉雲編著：《清華精神九十年》（北京，民族出版社，2001），
序頁1。

把十一所（後來變成二十餘所）中國大學辦成世界一流大學的目標，稍後就是中國大學界著名的「211工程」的實施。2011年的到來，不僅中國還沒有世界一流大學，就是清華領導班子自己也把建成世界一流大學的時間表推遲到2020年。清華領導班子的規劃變動旨在用三個九年的階段即共計二十七年（1993—2020年）的時間來把清華建設成為世界一流大學。清華急於躋身世界一流大學之列，但是很有可能不會準時地或適時地如願以償。清華要建設世界一流大學，它是否具備了世界一流大學的精神？因此，具體地講，清華精神缺失的是世界一流大學的精神！

清華領導班子在提出建設世界一流大學的目標時並沒有也不可能對世界一流大學的標準作出規定或明示，這有點類似於胡適先生，他於1947年9月發表《爭取學術獨立的十年計畫》的談話時提出過爭取十年建立五個、十個「第一流大學」，但對「第一流大學」的標準卻語焉不詳。雖然人們對於何謂世界一流大學不可能作出一致的、公認的評定，但是世界一流大學至少應有三個「底線」：世界一流的教師、世界一流的學生和世界一流的校長（廣義上的大學管理職員及體制），只有這三者形成鼎足之勢，才有可能真正造就出世界一流大學及其風範。一些人評價清華時總是看重從清華走出了諸多中國著名的政治領導人（「大官」）、實業家及金融家（「大款」）、社會名流如體育、影視明星（「大腕」），儘管這些人物的出現確實是清華成就的多種體現，但絕不是清華成為世界一流大學的定位所在。毫無疑問，一個大學是否成為世界一流大學的主要「指標」，不在於其有大官、大款、大腕，而在於其有世界一流大學的精神，特別是在於有生成、保持和發揚這種精神的大師。套用梅貽琦校長的那句名言來說：「世界一流大學者，非謂有大官、大款、大腕之謂也，乃謂有大師之謂也！」。因為，大官、大款、大腕完全可以為非一流大學或者非大學的機構所培養出來，而大師者，只有在一流大學中並且通過一流大學才能最終確立起來。由於種種原因，不僅僅是清華大學在迄今為止的六十餘年裡沒有出現過大師，而且

包括清華在內的所有的中國大學在這過去的六十餘年裡沒有培養出大師級的人才，亦如錢學森先生在其晚年所發問的令人深思不已的「錢學森問題」（即「為什麼我們長期缺乏傑出人才」），「沒有大師」這一事實或「缺失大師」這一現象的重大作用和深遠影響絕不限於一代人的歷史，而是波及到數代人的歷史。概言之，中華人民共和國六十年來沒有出現大師、沒有造就大師，這說明了什麼呢？何謂大師？大師不只是一流大學的「標杆」，最主要、最重要的是大師之所以為大師就是其對於思想、對於科學、對於文化的創造性變革和開拓性促進，並由此而帶來的對於人類生活的造福和社會歷史的推動，不是限於地區的、民族的、暫時的和某一大學及某一學派的，而是世界的、人類的、持久的和跨大學的及超學派的，也就是說，大師是對於思想、科學和文化作出了世界級的、世紀性的成就和貢獻的傑出人才。「道之所存，師之所存也」，[15]大師之道就是大師精神。

　　世界一流大學的精神重在大師精神。今天，從整體上而言，清華可能有世界一流的學生，但沒有世界一流的教師和世界一流的校長（廣義的）。面對人們提及清華在當今中國是「英才半國，名師薈萃，學子莘莘，人傑輩出」等等時，更應看到清華還沒有世界頂級的大學教師和學術流派，清華還沒有世界一流的大學學科及相關專業，清華從總體意義上還沒有取得世界尖端的教學與研究的成就或業績，清華還沒有達到世界領先的大學教育的成果和效益。清華的教師和校長（廣義的）還處在由過去的或傳統的「士」、文人、學者、教書人、專家到可能的或現代意義上的「公共知識分子」和「獨立知識分子」的轉變過程，距離由知識分子之中產生出思想大師、科學大師、文化大師直至教育大師等等還相當遙遠。例如，六十餘年來，清華沒有雄厚而深重的人文社會科學的傳承，沒有開創性的、普世性的人文社會科學的成果，沒有培養出清華自己的思想家、哲學家、歷史學家、社會學

---

15 韓愈：《韓昌黎全集》（北京，中國書店，1991），卷十一，頁185。

家、經濟學家、法學家、教育學家、宗教學家、倫理學家、邏輯學家、美學家、心理學家、語言學家、政治學家等等人才，沒有對清華異常稀薄的人文學科所具有的異常豐富、厚重和珍貴的人文資源進行應有的開掘和提煉，這些都不能不給清華歷史留下了空白，不能不給清華精神造成了缺憾。

如果說一個英明的大學校長是一流大學的「靈魂」，那麼諸多優秀、卓越的大學教師就是一流大學的「骨骼」，而眾多出類拔萃的大學學生就是一流大學的「血脈」。世界一流大學不可能是「形象工程」的產物或「政績工程」的結果，而應該是閃耀著「至真、至善、至美、至聖」及其相互統一的一流「大學精神」的精髓乃至偉大「時代精神」的真諦，更應該是對於全人類和對於全世界作出劃時代的思想貢獻、科學發明和文化創造的一個「大本營」。

總之，追溯清華歷史和探尋清華精神，則是由於清華在當今中國大學的特殊地位以及它肩負的責任和使命所致。因而，我要把清華大學譽為「中國大學的王子，中國希望的眸子」。清華百年校慶之後，清華歷史能否欣欣向榮，清華精神能否蒸蒸日上，讓我們翹首以待。

清華大學「教育革命」述評

唐少傑

　　本文試圖述評清華大學「文化大革命」（以下簡稱文革，且不帶引號）時期「教育革命」的諸多方面。毫無疑問，清華大學是文革「教育革命」的首要基地，也是「教育革命」首屈一指的樣板。清華大學「教育革命」在文革中的地位和影響不僅超過了其他任何大學，而且其本身就標誌著文革的諸多取向和部分軌跡。即使在其破產三十餘年後的今天，追溯並評析清華大學「教育革命」這一典型個案，依然有著重要的歷史價值和深切的現實意義。

一

　　文革的「教育革命」既不是憑空產生的，也不是一蹴而就的。它與1958年的「教育革命」有著千絲萬縷的聯繫，前者的許多現象和經驗都在後者以及文革前的教育界一系列政治運動中得以孕育或表現。清華大學先後於1958年和1960年全校上下進行了各為時數月的大張旗鼓的「教育革命」，就有著某些文革「教育革命」的種子或影子。例如，以「大躍進」的群眾運動形式來辦教育，盲目擴大生產勞動在教學中的比例；師生停課「大煉鋼鐵」；在教師中大搞「拔白旗」和「送西瓜」，批判「反動學術權威」，壓制正常的學術爭論，禁錮不同的教學主張；鼓勵學生以「大躍進」的速度自編教材、講義，貶低教師在教學活動中的地位和作用；宣導「階級路線」，愈益加強以「血統論」為特徵的「出身論」和「唯成分論」，注重以「階級鬥爭」來干預和統率教育問題；不斷強調政治標準高於學科知識標準；時常打亂正

常的教學秩序，降低教學品質；越來越趨向激進而荒唐、狂熱而粗暴的教育理念和教育政策；等等。儘管文革前的與文革時的「教育革命」不是等同的，但是人們對於清華乃至全國「教育革命」的直接由來和歷史根源所作的分析和批判，其實遠遠不夠。1971年8月頒發的《全國教育工作會議紀要》中稱讚1958年「教育革命」和指責1961年以後這一革命「夭折」，[1] 就清楚地說明了文革「教育革命」實質上是把文革前「教育革命」所帶來的片面和紕漏推向了極端。

然而，文革開始之際，由於打倒「走資派」和群眾性的搶權、奪權等是當時的主要任務，「教育革命」還沒有成為文革初期「狂飆曲的主題」。不過，這時延續著文革前教育改革的思想「慣性」，清華內外關於「教育革命」的許多討論已經非常引人矚目。例如，1966年7月14日，《人民日報》在連續多期關於「徹底改革教育制度」的討論中，發表了清華大學電機系電72班全體學生的來信。此信提出：（1）工科大學一律實行半工半讀。（2）學制縮短為二、三、四年，現有大學生提前畢業。（3）以階級鬥爭為主課，以毛主席著作為首位教材，並參加社會階級鬥爭、生產勞動和軍訓，教學以生產實踐為主。（4）改造教師，今後工科大學教師應該同時是工人，是生產者。（5）廢除研究生制度。（6）大學招收工農兵，不必具備高中畢業生水準。

在文革第二年如火如荼的群眾運動中，儘管「教育革命」的實踐還沒有排上文革的主要議事日程，但是群眾造反派已經把「教育革命」問題納入到討論和規劃的視野之中。1967年11月9日，清華大學井岡山兵團總部為了回應毛澤東關於「教育革命」要依靠革命派群眾的最新指示，在自己的《井岡山》報第96期上用三個版面論述「教育革命」，發表了「招生工作研究小組」的一篇題為《關於改革大專院校招生工作的建議》的文章，該文提

---

[1]　國防大學黨史黨建政工教研室編：《「文化大革命」研究資料》，中冊，第541頁，北京，國防大學，1988。

出：為了貫徹黨的階級教育路線，對各階級按一定的比例招生，工人、貧下中農子女應占新生比例65％以上，剝削階級子女不超過5％。招生必須貫徹以群眾推薦為主，考試為輔的步驟進行。推薦應占招生人數的60％左右。為縮小城鄉差別，農村推薦學生應占20％—25％。對五類學生不予錄取：1、家庭直系親屬中有被專政機關殺、關、管者；2、走資派、牛鬼蛇神子女未與家庭劃清界線者；3、文革中參加過反動組織且又屢教不改者；4、刑事犯罪者、反動言行者；5、長期不參加文革的逍遙派、書呆子。對於大學招生，「今後要徹底廢除單純分數考試制度，」「實行開卷考試。」[2]

　　清華文革「教育革命」真正開始的時間是在1969年初。顯然，文革頭兩年的群眾運動的論戰和武鬥無法使「教育革命」鋪排開來，當文革群眾兩派圍繞著權力鬥爭進行著生死較量之際，誰來具體領導「教育革命」還無從談起。1968年4月23日至7月27日，清華大學發生了犧牲慘重的「百日大武鬥」。[3]毛澤東以此為契機，一舉扭轉了大學的文革局面，終止了紅衛兵造反派的「氣數」，結束了文革初期的群眾運動，而其中最為引人矚目的就是給教育界派出了新的領導力量——「工人、解放軍毛澤東思想宣傳隊」（以下簡稱工宣隊），並從總體上把全國大學所有師生列入文革的對象。

　　工宣隊進駐學校，為「教育革命」的全盤實施提供了基本的政治領導保障，換言之，大學師生不可能在「教育革命」中當家作主。工宣隊進駐清華後，首先是在政治上對清華做出了一番變革。

　　從毛澤東1966年5月7日給林彪的信（著名的「五七指示」）中不難看出，改革舊的教育制度，改革舊的教育方針和方法，被當作文革的一項極其重要的任務。因而，工宣隊首先要做的就是否定和推翻文革之前的所謂舊清華。工宣隊進駐之初，全國文革

2　紅代會清華大學井岡山報編輯部：《井岡山》，1967年11月9日，第96期。
3　參見唐少傑：《清華文革「七二七事件」》，載《南方週末》2001年3月22日。

正進入「清理階級隊伍運動」階段，在這一階段，每一單位的成員都要從家庭出身、生活經歷和社會歷史關係等方面接受政治審查或「驗身」，以確保文革「正統」階級隊伍的純潔和統一。工宣隊領導的這場重點清查個人歷史問題和政治問題的運動中，致使清華共有24人自殺身亡。1968年9—10月，清華先後召開6次全校萬人大會，揪鬥了91人，還召開了其他形式的批鬥會。全校舉辦各種「學習班」，開展政策攻心和立案審查。12月和次年1月，又召開兩次「坦白從寬，抗拒從嚴」全校萬人大會。在持續了兩、三年的「清理階級隊伍」等一系列運動中，清華全校被立案審查的有1120人，定為「敵我矛盾」或「專政對象」的有167人。[4] 這種人人過關甚至人人自危的運動，使得一些當事者今天回顧起來還心有餘悸。相比較清華整個文革時期約有1228人被立案審查、178人被定為「敵我矛盾」或「專政對象」，可以想像，「教育革命」是在一種什麼樣的異常恐怖、嚴峻和殘酷的形勢下來臨的。

　　清華工宣隊把自己的鬥爭經驗加以總結，寫成《堅決貫徹執行對知識分子「再教育」「給出路」的政策》的報告。1969年1月，中共中央、中央文革小組向全國轉發了這個報告。這個報告是對1949—1966年清華歷史的否定和為隨後清華乃至全國的「教育革命」所作的鋪墊。它認為，清華大學「解放後在修正主義路線毒害下，資產階級知識分子統治學校的現象十分嚴重」；清華各級幹部大都是「犯了走資派錯誤的人」，要他們「承認錯誤」，才能「給予適當的工作」；清華教師「世界觀基本上是資產階級的」，要「進行再教育」；清華著名教授劉仙洲、梁思成、錢偉長是「資產階級學術權威」，「給予出路」，「留著作反面教員」；父母在文革受到審查和打擊的學生，只要同父母劃清界限，站到毛主席革命路線上來，就是「可以教育好的子

---

4 清華大學校史研究室編：《清華大學九十年》，第275頁，北京，清華大學出版社，2001。

女」；同時對一些「反革命分子」加以打擊。這個報告成為當時中共中央向全國的文革運動推廣的「六廠二校」經驗之一。

　　1969年3月，清華又成為全國各界參觀學習的典型單位，約有304個單位2.7萬多人來清華聽取經驗介紹。工宣隊領導人之一遲群指出清華有四個嚴重：「資產階級知識分子統治學校的現象十分嚴重」，「教師的資產階級世界觀沒有得到改造，資產階級個人主義思想嚴重」，「知識分子三脫離（脫離政治、脫離工農、脫離實際）嚴重，追求成名成家」，「教職工隊伍嚴重不純，特別是教師隊伍嚴重不純」[5]。總之，清華是一個被稱之為由於「修正主義氾濫」而幾乎「爛掉了」的單位。工宣隊進校後與大學生們辯論，工宣隊指責大學生說：「你們會講這國話，會講那國話，就是不會講毛澤東思想的話。要說知識分子臭，也就臭在這裡。」[6]多少年來，「學校裡有『這個系，那個系，就是和工農兵沒關係』。課堂上『講這個定理，那個定理，就是不講革命的道理』。」[7]由此可見，清華「教育革命」來臨的具體歷史氛圍。

　　「教育革命」要根本解決的是教育的政治性質和教育的政治方向。「實現徹底的無產階級教育革命，必須突出無產階級政治，把政治建校，作為最根本的任務。政治建校是無產階級教育革命的靈魂，是解決教育為誰服務、培養什麼人的問題。如果不首先解決教育為誰服務的問題，而偏重於教學方式方法的研究，必然會導向修修補補的資產階級改良主義道路。」[8]所以，「教育革命」就是由工人階級（實為工宣隊）領導的政治革命，是一場關係到教育者和被教育者的各個方面的革命，是一場在教育界必須大搞群眾運動的全方位的革命。「實踐證明，工人階級同資

5　清華大學檔案：全宗號：2，案卷號：69010，《工宣隊、革委會 有關清隊、解放幹部的情況報告、總結等材料》；參見清華大學校史研究室編：《清華大學九十年》，第276頁，北京，清華大學出版社，2001。

6　同上檔案。

7　清華大學檔案：全宗號：2，案卷號：69014，《工宣隊、革委會 關於「七·二七」一周年慶祝大會的有關材料》。

8　同上。

產階級爭奪文化教育陣地領導權的鬥爭，始終是圍繞著爭奪知識分子群眾問題展開的一場尖銳、複雜、激烈的階級鬥爭。在一定意義上講，工人階級佔領文化教育陣地，就是佔領廣大知識分子的群眾。」[9]

「教育革命」給清華的教育體制帶來了的變化，主要有以下三點：

其一，清華當時的主導力量既不是黨委的政治領導，更不是革命委員會的業務領導，而是工宣隊的全盤領導，表面上形成的是工宣隊、黨委會、革委會「三權鼎力」的局面，但實際上工宣隊的領導及其權威直接來自中共中央最高層。清華自1968年「七·二七事件」以後的領導力量主要是非清華的人員，主要來自中共中央警衛團（8341部隊）的軍代表、北京衛戍區以及海軍的軍代表、北京市有關機關和企業的幹部等，在1969年底才陸續有清華的原有幹部被結合到清華領導班子。1971年之後，遲群、謝靜宜成為清華的主要領導人。清華大學在文革中是毛澤東親自抓的「點」，他派身邊的人員遲群、謝靜宜主管清華和北大等，這也就從某一角度表明了清華「教育革命」對於全國的典型影響和示範作用，並經由工宣隊而賦予「教育革命」某些獨有的特性。正是由此，文革「教育革命」是通過清華大學，具體地說是通過清華工宣隊，普及到全國高等院校的。

工宣隊成為「教育革命」的「總管」。無論怎樣，所謂工人階級對清華大學的「佔領」、工宣隊的領導乃至1968年下半年直至1976年10月初在清華大學「執牛耳」的領導人，都不過是憑藉著毛澤東的權威，用遲群等人倍感自豪的話來講，他們是來自「毛主席身邊的兵」。這種大致上具有初中學歷的「兵」能否真正「駕馭」清華的教育及教學、科研大業，可想而知！

針對工宣隊一些成員不安心在清華工作，想回到原單位工作，工宣隊舉行學習班，安定軍心，有人談體會：「我們撤

---

[9] 同上。

了，敵人就來了。」[10] 彷彿在他們眼裡，清華大學是一塊以知識分子為主的「敵區」。20世紀60年代末至70年代初，清華的系（所）、教研室（組）、實驗室（車間等）、學生班級等一律按照軍事建制分為營、連、排、班的層序，它們所顯現的是「教育革命」准軍事體制下的生活和運作。

　　清華領導人在1974年的總結中強調，他們頂住了排斥工人階級領導的「歪風」，「保證各級領導班子中工人幹部占二分之一以上。」[11] 這是信口雌黃，因為在清華校一級的領導班子，工人幹部的比例就遠不到二分之一。1968年後的清華各級領導班子甚至整個大學的領導班子，大致上是由工宣隊代表（工人幹部和解放軍幹部，真正的工人幾乎沒有）、老幹部和學生代表組成的，「革命教師」的代表席位不是沒有，就是無足輕重。1970年後，在恢復和強調中國共產黨「一元化」領導的同時，在清華乃至整個教育界中，工宣隊卻一直作為最高主宰。工宣隊實際上駕馭了革委會和黨委會。1969年初成立的清華革委會只不過是處理日常行政和教學事務的機構，1970年成立的清華黨委會不過是「抓大事」即抓階級鬥爭、抓知識分子改造和抓教育革命的部門。工宣隊進駐學校，是完全來自學校之外的「欽差」，是文革「空投」到教育界的一個「怪胎」。在教育界之外，幾乎沒有與之相似或相同的工宣隊的權威。工宣隊實際上就是文革中、後期教育界的「倖臣宦官」。在恢復了學校的中共黨的機構和領導之後，工宣隊依然疊床架屋地行駛著大權，這勢必造成學校黨組織中「黨內有黨」直至「黨外有黨」的局面，最主要的是來自工宣隊的幹部與原有的學校幹部的區分。

---

[10] 清華大學檔案：全宗號：2，案卷號：69030，首都工人駐清華大學毛澤東思想宣傳隊、清華大學革委會主辦：《內部參考》，1969年10月18日，第61期。

[11] 清華大學檔案：全宗號：2，案卷號：76036，《工宣隊、革委會、黨委會關於教育革命的形式問題、總結、規劃設想等有關材料》。

工宣隊進駐學校，有多重的意義和功能。從當時來看，是為了恢復學校秩序，穩定學校局勢，消除群眾武鬥，整合不同群眾勢力，力圖把文革轉移到與以往不同的有序階段；從長遠來看，是為了取得教育界的領導權力，整治甚至敵視知識分子，不相信學校原有的中共黨的幹部和黨的組織，監督和改造學校的各種人員、各個方面，試圖以嶄新的「教育革命」改換整個教育事業，並為塑造文革的新人、新社會提供一個基地。

　　其二，清華的教育體制出現了以工人（實為工宣隊人員）、學員、教師構成的「三結合」組織體制。這裡，無疑，工人是領導，學員是主體，教師是被改造和被使用的對象。

　　清華「教育革命」的一個顯著特點是把過去在校的「大學生」或「本科生」的稱呼、稱謂統統改變為「工農兵學員」（簡稱學員），以示與過去的大學生（文革中又被稱為舊大學生）乃至整個過去的教育體制和傳統區別開來，用文革的術語來說就是「決裂」。必須強調的是，「學員」這一用語絕不同於「大學生」、「本科生」或「學生」用語，前者的取向和內涵是後者們所無法企及的。從工農兵學員的培養和經歷來看，「教育革命」是要把他們的政治標準而不是業務標準放在首位。「教育革命」的學員培養意味著力圖造就可靠的「革命接班人」。

　　「教育革命」的一個別出心裁的作法就是製造出教師與學員的隔閡甚至對立，抬高並誇大學員的地位和作用，把作為受教育者的學員視為政治上的領導者之一。「我們總是緊緊地依靠校內工人階級和工農兵學員，把他們放在鬥爭的第一線，」讓他們在教育陣地上衝鋒陷陣，發揮生力軍的作用，直接參加教學改革的各個環節，即受教育者參加辦教育，還幫助教師改造世界觀，同時改造自己的世界觀。[12] 1970年春，試招的清華大學工人班學員自發地提出一個口號：「我們上大學，還要管大學，像工宣隊那樣改造大學」，後來改成全國性的工農兵學員上大學的宗旨：

---

[12] 同上。

「上大學，管大學，用毛澤東思想改造大學」。這一口號逐漸演變為文革時期大學的學員政治活動機制，主要用來在學員與教師之間劃定一種明確的改造與被改造的界線。學員們在入學之際和入學之後，都一再被告誡不是簡單地上大學，而是與具有資產階級世界觀的教師們爭奪教育權，並要佔領教育陣地。「工農兵上大學的根本任務是掌握文權、鞏固政權。」[13] 因而，「對待工農兵學員的態度就是對待文化大革命的態度」。[14]

這時，1949年前的清華校訓「自強不息，厚德載物」和1966年前的清華宗旨「培養又紅又專的工程師」，被「上、管、改」口號所取代，並出現了校、系甚至班級的學員「上、管、改」組織。這種組織與過去的學生會、學生黨團組織不同，它是監督、改造教師的組織。學員們不斷受到告誡：不要忘記自己的工農兵「主人翁」地位和意識，時刻警惕「資產階級教育的回潮和舊知識分子的復辟」。「上、管、改」一類的組織在清華以及其他大學的出現，彷彿農村土地改革時期的「貧農協會」，被視為推行「教育革命」的一支群眾隊伍。

其三，「教育革命」伊始，清華大學與北京大學一起在全國率先提出「砸爛教研室（組）」，指責教研室（組）是「資產階級的頑固堡壘」和「資產階級知識分子統治的『三脫離』的單純教學單位」，這種「知識分子成堆的獨立王國」是「只講教學、科研，不關政治路線」的修正主義組織。「舊大學教學組織體制的基層單位是知識分子成堆的教研組，它是為維護資產階級知識分子統治學校、推行修正主義教育路線服務的。它從組織上造成了知識分子與工農群眾分離、教員與學生分離、各門課程彼此之間分離。在這樣的組織下，廣大工農群眾進不來，廣大工農兵學

13　清華大學檔案：全宗號：2，案卷號：71008，《工宣隊、革委會、黨委會宣傳隊出席全國教育工作會議經驗介紹以及接待「全教會」準備工作情況的材料》。

14　清華大學檔案：全宗號：2，案卷號：74021，《東北地區我校首屆工農兵畢業生調查》。

員無法參與教育革命重大問題的決定，世襲領地的氣味甚濃，修正主義『業務黨』、『中庸之道』等黑貨極易氾濫，對修正主義復舊走老路的抵禦能力甚微，對『老三段』（指「基礎課──專業基礎課──專業課」，──注）的教育體系十分適應，而對加強工人階級領導和教育上一系列變革阻力卻很大，其要害是排斥工人階級領導，阻礙知識分子和工農群眾相結合。我們改革組織體制，根本上就是要解決這個問題。我們打破『黏土』成堆的『教研組』體制，將『黏土』散到沙子堆中去，多種方式使工人、學員、教員結合在一起，組成新的教育基層單位，這樣，就使在基層組織中組織力量對比發生根本變化，加強了工人階級領導。」[15] 具體作法就是解散教研室（組），把教師編入學員班。教師的工作置於學員的班級之中，教員的一切教學計畫、教學任務和政治活動由學員班級黨支部來討論、決定。作為中國大學體制的基層單位，教研室（組）的設立引自蘇聯，清華此時取消教研室（組）的作法，已不是簡單地否定蘇聯經驗的問題，而是取消教研室（組）的知識分子構成和業務性質，實施和體現「教育革命」新體制所具有的「改造並分化知識分子」的功能。

1970年7月22日，清華工宣隊發表了《為創辦社會主義理工科大學而奮鬥》一文（以下簡稱《創辦》），概述了清華「教育革命」的主要經驗。這份經過姚文元等人修改、張春橋定稿的文章可稱得上「教育革命」的「範式」。以《創辦》為標誌，大學（特別是理工科大學）的教育革命方案首次以比較系統、權威的形式出現，它是被稱之為「教育革命的『聖經』」[16]的、1971年7月頒發的《全國教育工作會議紀要》的某種「雛形」。

《創辦》總結的清華「教育革命」的六個內容分別為：　一、工人階級必須在鬥爭中牢牢掌握教育革命的領導權；二、對原有

---

[15] 清華大學檔案：全宗號：2，案卷號：76036，《工宣隊、革委會、黨委會關於教育革命的形式問題、總結、規劃設想等有關材料》。

[16] 鄭謙：《被「革命」的教育──「文化大革命」中的教育》，第56頁，北京，中國青年出版社，1999。

教師堅持邊改造、邊使用，建立三結合的教師隊伍；三、開門辦學，廠校掛鉤，校辦工廠，廠帶專業，建立教學、科研、生產三結合的新體制；四、培養工農兵學員，必須堅持以階級鬥爭為主課，堅持理論與實踐的統一；五、大破買辦洋奴哲學、爬行主義，編寫無產階級新教材；六、結合生產、科研任務，堅持群眾路線，實行新的教學方法。在清華連續四年沒有招生並中斷正常教學的情況下，《創辦》真可謂「理論先行」，為文革的大學辦學畫出了「藍圖」。《創辦》所提出的體制、師資、課程、開門辦學、教材、教學方法等，對於文革時期的大學辦學具有指導意義，標誌著文革「教育革命」體制的初步形成，成為文革時期全國通行的大學教育大綱。

清華「教育革命」隨同整個文革，把教師在內的知識分子當成文革及其「教育革命」的一個主要對象。經過1971年8月中共中央批轉的《全國教育工作會議紀要》提出的「兩個估計」，這種以知識分子為潛在敵的做法得到了某種「證據」。這著名的「兩個估計」是指：一、文革前十七年教育界所執行的是「反革命修正主義教育路線」，「資產階級知識分子統治學校」；二、原有教師隊伍大多數人的「世界觀基本上是資產階級的」。[17] 其實，這「兩個估計」在毛澤東的「五七指示」中已經顯示出來了。

1970年秋季之後，許多清華教師愈益感受到「兩個估計」如同兩座政治大山壓迫著自己，尤其是對於「教育革命」把教師的世界觀當成異己的這種束縛在知識分子身上的「緊箍咒」做法，大為不滿。這種對於教師所採取的可用而不可信的政策，實質上是赤裸裸的歧視加敵視，特別是對於那些1949年之後到1966年之前學成而就業的教師來說，不啻是一種巨大的失落感甚至淪喪感。他們一些人不是直接針對「五七指示」，而是針對上述紀要，提出了批評。一時間，關於如何看待「兩個估計」，成為清

---

[17] 國防大學黨史黨建政工教研室編：《「文化大革命」研究資料》，中冊，第542—545頁，北京，國防大學，1988。

華「教育革命」鬥爭的焦點之一。清華工宣隊一再強調，「否定兩個估計，就是否定文化大革命。」[18] 他們引用毛澤東在1967年2月接見阿爾巴尼亞軍事代表團時的談話為根據：「在我看來，知識分子，包括仍在學校受教育的青年知識分子，從黨內到黨外，世界觀基本還是資產階級的。因為，解放十幾年來，文化教育界是修正主義分子把持了，所以資產階級思想溶化在他們的血液中，所以要革命的知識分子必須在兩個階級、兩條路線鬥爭的關鍵階段很好地改造世界觀，否則就走向革命的反面。」「世界觀不改造，無產階級文化大革命怎麼能勝利呢？世界觀不改造，這次文化大革命出了兩千走資本主義道路的當權派，下次可能出四千……」[19] 這也就再次表明，一方面，文革把階級的以及階層的劃分標準從過去的經濟地位、家庭出身改變為現今的職業、知識直至世界觀，這不能不說是文革階級劃分法的一個獨創；另一方面，由世界觀問題來把知識分子當成文革中的「另類」，這也就使得文革由荒唐的「政治革命」必然伴隨著某種鬧劇般的「破山中賊易，破心中賊難」的「思想革命」。

　　清華「教育革命」自1969年初以來所暴露出的種種弊端，受到了許多清華原有的幹部和教師的斥責，他們盡其可能地予以糾正或修補。他們借著1972年周恩來關於教育整頓的指示精神，試圖恢復過去某些合理的教學做法和實行某些改革的工作措施，遭到了打擊和迫害。1973年10月至12月，清華上上下下開展了一場名為「三個月運動」，這場運動也是清華「教育革命」所經歷的第一場大的鬥爭，它整治了被稱為體現著「舊教育路線回潮」的「資產階級復辟勢力」和「資產階級代表人物」的一大批清華幹部和教師，有64人受到立案審查和重點批判，403人被點名批判，

18　清華大學檔案：全宗號：2，案卷號：76036，《工宣隊、革委會、黨委會關於教育革命的形式問題、總結、規劃設想等有關材料》。

19　清華大學檔案：全宗號：2，案卷號：76039，《關於「反擊右傾翻案風」的檔材料》

被點名指責的或被迫作檢查交代的人為數更多。[20] 正如清華當時的材料所總結的，這場運動表明，教育陣地的主要危險依然是修正主義。「（有人）硬把林彪的極右路線說成是極『左』路線，以此翻文化大革命的案。學校裡資產階級代表人物，亦步亦趨，緊密配合，極力煽動批極『左』，實際上就是在批文化大革命，批教育革命，批革命中出現的一系列新生事物，搞復辟倒退。」這種代表人物強調「『教育革命進入業務領域，工人不懂業務，沒有實際領導權』，他們在黨的面前把自己裝扮成『專家』，在群眾面前把自己裝扮成黨的幹部，以業務為武器，來反對工人階級領導」，這實質上「就是進入一個不要工人階級領導，不要無產階級政治，不要改造世界觀的資產階級獨立王國，就是資產階級專政。」「資產階級代表人物之所以有市場，復辟資本主義思潮之所以能夠形成一股潮流，就在於知識分子的資產階級世界觀成了修正主義的肥沃土壤，不改造就會本能地傾向修正主義。」文革教育體制發生的主要變化是撤銷原來的教研組（室），實行廠校掛鉤，互為基地；校辦工廠，廠帶專業；師生合編；基礎課教師下到各個專業等。這些「教育革命」的作法受到「資產階級代表人物」的指責，一時間出現了「廠帶專業害死人」，新教育組織體制「不正規、不像個大學樣子，是所謂連隊辦大學，搞得『品質低了，理論弱了，秩序亂了』」等說法。一些單位恢復了過去的舊組織體制。「資產階級為了推行復辟倒退的政治路線，總是要恢復舊的組織體制。因此，恢復知識分子成堆的舊教育組體制，就成為他們復辟的組織手段之一。」[21] 這場運動還把「修正主義教育路線回潮」同批判孔子及林彪的「克己復禮」聯繫起來，說這次回潮的代表人物們「總是夢想推翻共產黨，恢復舊中國，復興蔣家王朝的『禮』，復興封資修教育路線的『禮』。」

---

[20] 清華大學校史研究室編：《清華大學九十年》，第284頁，北京，清華大學出版社，2001。

[21] 清華大學檔案：全宗號：2，案卷號：76036，《工宣隊、革委會、黨委會關於教育革命的形式問題、總結、規劃設想等有關材料》。

他們以林彪事件為契機，錯誤地估計形勢，大加指責文革的新生事物。「他們為什麼對批極『左』那樣感興趣？實際上是借批極『左』來否定文化大革命，否定教育革命，否定新生事物。」[22] 在「教育革命」方面，「資產階級復辟勢力」從四個方面加以否定：一是惡毒攻擊文革。他們認為，文革使「城門失火，殃及魚池」，「傷了元氣」，「害得好苦」；文革「執行了極『左』路線，把人的思想搞亂了」，「後遺症很大」，「不是有所得，而是有所失」，文革「完完全全失敗了」；二是反對工人階級領導；三是誹謗毛主席「七・二一」指示的道路，認為文革開始後沒有真正的大學生；四是極力抗拒工人階級對知識分子的改造。說什麼走「五・七」道路是「珍珠入土，上當受騙」，「外國衛星上了天，中國教授下了田」。認為全國教育工作會議紀要及其做出的「兩個估計」是「極『左』思潮的產物」，「用這兩個估計調動知識分子的積極性，沒門兒」[23]。

今天，把在「三個月運動」中受到審查和批判的上述清華幹部和教師的言論彙集起來看，無非是他們主要集中在下列十多個方面表現出的不滿和指責：文革教育政策，文革種種行徑，禍國殃民的極「左」作法，大學狀況，知識分子的待遇和遭遇，江青、王洪文和張鐵生等人的言行，連年不斷的政治運動及政治迫害，一些領導幹部的作風，外交政策的轉變，毛澤東本人的矛盾等等。[24] 這些不滿和指責在當時無疑是深切和尖銳的，但更重要的是表明，即使在文革「教育革命」的興盛時期，清華大學都有一股根深蒂固的批評、懷疑和動搖文革以及「教育革命」的心態

---

[22] 清華大學檔案：全宗號：2，目錄號：政，案卷號：049，《政治部 1974 年—1977年梁效和校理論組等所寫的部分有關路線鬥爭方面的批判稿件等有關材料》。

[23] 清華大學檔案：全宗號：2，案卷號：73033，《工宣隊、革委會、黨委會北京大學、清華大學關於當前高等院校教育革命情況報告以及吳冷西同志來校瞭解大學教育革命情況的有關材料》。

[24] 清華大學檔案：全宗號：2，目錄號：臨核查，案卷號：022，《整黨辦公室核查組「文革」中大事件調查報告 1、關於「三個月運動」，2、「三個月運動」中被迫害同志的材料》

在潛行。例如，正是分管「教育革命」工作的清華黨委副書記何東昌強調：「對教育陣地十七年不能全面否定，」「工農兵學員品質像麵包，看起來鼓鼓的，一捏就癟，像這樣，我們民族文化要毀滅了。」他被稱為資產階級復辟勢力在黨內的代言人、「保護傘」和資產階級向無產階級進攻的「急先鋒」，他和清華一批幹部由於自己的公正觀察和客觀評論而受到批判和免職。

　　1975年底，清華「教育革命」的偏執到了無以復加的地步。清華領導人多次強調以階級鬥爭為綱，把學校辦成無產階級對資產階級全面專政的工具，「今後，檢查一個辦學點的工作做得好不好，主要看這幾條：工農兵管教育管得怎麼樣？教師、學生與工農兵結合做得怎麼樣？參加三大革命運動，尤其是上好階級鬥爭主課做得怎麼樣？教學改革改得怎麼樣？所承擔的工廠任務完成得怎麼樣？」[25] 到了1976年，他們繼續強調，「現有的知識分子，從他們的家庭出身來看，從他們所受的學校教育來看，從他們的世界觀來看，從他們的政治立場來看，大多數還是未改造好的資產階級知識分子。」[26] 因而，也就不難理解，他們之所以堅持認為「直到今天，我國上層建築的各個領域，有些方面實際上仍然被資產階級及其知識分子把持著，資產階級還占著優勢。大多數知識分子距離用無產階級世界觀完全代替資產階級世界觀，還相差很遠，一遇到風浪就會左右搖擺。極少數人不喜歡我們這個無產階級專政的國家，一遇到機會就會興風作浪，想要推翻共產黨，恢復舊中國。一九五七年的右派進攻，這一次的右傾翻案，都是從知識分子成堆的上層建築領域首先發難，就是一個明證。」[27]

---

[25] 清華大學檔案：全宗號：2，案卷號：76036，《工宣隊、革委會、黨委會關於教育革命的形式問題、總結、規劃設想等有關材料》。

[26] 清華大學檔案：全宗號：2，目錄號：政，案卷號：049，《政治部 1974年—1977年梁效和校理論組等所寫的部分有關路線鬥爭方面的批判稿件等有關材料》。

[27] 同上。

總之，清華「教育革命」的目的，就如同清華文革寫作班子「秦懷文」撰文所說的：「我們的專業千差萬別，但是，歸根結底，首先要上的是階級鬥爭的專業」；「上了大學，即使學的技術能上月球，而人的思想卻趴下了，這樣的教育再『高』，也是無產階級所不需要的」。[28] 遲群頗為典型地概括到：「我們的學校就是要培養同走資派作鬥爭的先鋒戰士。」[29] 他曾強調說，清華大學只有一個專業，這就是鬥走資派的專業。

二

　　清華「教育革命」的模式除了上述的政治方面，還具體地表現在招生、師資、辦學方式、教學方法、教材編寫等方面所進行的「革命」上。

　　清華「教育革命」在招生對象問題上，鑒於文革前招生以考試為標準所帶來的「智育第一」和學生中非工農子弟比例一直不高的「教訓」，要進行徹底的變革。過去清華招生中由於家庭出身及父母職業的影響等因素，使得非工農子弟（如知識分子、職員和幹部等子弟）入學比例相對較高，而工農子弟比例相對較低，據統計，「1961年到1965年，清華新生中的工農子女的平均比例占新生總數的42 ％（1961年為40 ％，1962年為32 ％，1963年為37 ％，1964年為51.8 ％，1965年為49.3 ％），比當時全國平均比例還低20 ％。」[30] 這些成為清華文革前的教育的一條「罪狀」。清華「教育革命」把改變招生方式、改變學生成分當作一項基本的內容。

---

[28] 秦懷文：《為加強無產階級專政改革大學教育》，北京：《教育革命通訊》，1975年第2期。

[29] 鄭謙：《被「革命」的教育——「文化大革命」中的教育》，第236頁，北京，中國青年出版社，1999。

[30] 清華大學檔案：全宗號：2，目錄號：政，案卷號：051，《政治部 清華大學兩個階級兩條路線的鬥爭簡介（討論稿）》。

從1966年至1969年，中國大陸所有的大學已經四年沒有招收大學生，這是現代教育史上的一大奇聞。算上文革前招收並在文革期間畢業或結業的大學生，中國大陸的大學生培養至少有七年或七屆學生陷於「非正常學習」的時期，例如，1965年進校的大學生只有近一年的學習時間。隨著「教育革命」在政治上得到確立，如何辦學及怎樣招生的問題就擺在了大學的面前。

1969年3月至8月，清華在校內外舉辦了22個教育革命試驗班，招收400餘名有實踐經驗的工農兵群眾，進行教改探索。清華還聽取了錢偉長等老教授關於教學改革的設想。1969年8月底9月初，清華2894名師生分赴校外24個對口單位進行勞動，「探索」「教育革命」。1968年12月至1969年8月，由工宣隊隊員、教工、學生組成的19個教育革命小組，先後到幾十個工廠、公社、部隊及部分院校、機關，召開了近200次討論會，聽取對大學招生等問題的意見，提出了日後實行「教育革命」的一些初步設想，最主要的就是招生對象和招生辦法，確定了：「一、社會主義理工科大學的招生對象，是有實踐經驗的工人、貧下中農、解放軍戰士和其他革命分子。從工農兵中招生，要突出無產階級政治，必須挑選政治思想好，具有階級鬥爭、生產鬥爭、科學試驗三大革命運動實踐經驗的優秀分子入學。二、招生和分配要適合社會主義建設需要。三、關於文化程度。……今後大學從工人中招生，文化程度不宜限制，既有文化低、但有豐富實踐經驗和培養前途的老工人，又有初、高中文化水準的三、四年級實踐經驗的青年工人、農民。四、學生年齡以20—35歲為宜。五、招生辦法。要廢除資產階級的招生考試制度，要突出無產階級政治，走群眾路線，學習解放軍徵兵辦法，採取各級革命委員會推薦與選拔相結合。」[31] 在稍後的幾個月裡，清華繼續派出許多教育革命小分隊到廠礦等進行教改試點工作。到1969年底，在清華校內外試點班

---

[31] 清華大學檔案：全宗號：2，案卷號：69026—69027，《工宣隊、革委會、黨委會 首都工人駐清華大學毛澤東思想宣傳隊〈簡報〉1969年1月31日第146期、8月9日第193期、第194期》。

招收了有實踐經驗的工農兵學員513人，年齡最大的60歲，最小的17歲，多數是25—35歲，文化程度從小學到高中都有，以初中程度居多。選拔和培養採取單位推薦，結業後「廠來廠去，社來社去」，學習最短的兩個月，最長的兩年。[32] 這樣，到1969年夏天，清華「教育革命」的招生方案實際上已經形成，同年底，這套方案的試驗經驗已經定型，一年後推向全國。

1970年3月，北大、清華提交了《北京大學、清華大學關於招生（試點）的請示報告》，該報告就培養目標、學制、學習內容、招生時間和名額、學生條件、招生辦法和地區、學生待遇、分配原則等八個方面作了規定，提出招生方式為「廢除修正主義的招生考試制度，實行群眾推薦、領導批准和學校複審相結合的辦法」；入學文化條件是「相當於初中以上文化程度」，而有實踐經驗的工人、貧下中農不受文化程度的限制；學制根據各個專業具體要求分別為一、二、三年，另有學制為幾個月的短訓班；學習內容是「以毛主席著作為基本教材的政治課；緊密結合三大革命運動實踐，實行教學、科研、生產三結合的業務課；以戰備為內容的軍事體育課。文、理、工各科都要參加生產勞動。」[33]6月底，中共中央向全國批轉了這份報告，這一報告及其相關精神成為1970—1976年中華人民共和國所有高等院校招生工作的圭臬。

1970年，清華大學共招收各類學員2842名，均係推薦入學，未經考試，文化程度嚴重不齊：小學258名（占總數9.1％），初中1935名（占68.1％），高中533名（占18.5％），中專109名（占3.8％），上過大學的7名（占0.2％）；[34] 實踐經驗有10年以

---

[32] 清華大學檔案：全宗號：2，案卷號：69033，《工宣隊、革委會 關於教育革命計畫情況彙報等材料》。

[33] 清華大學檔案：全宗號：2，案卷號：70007，《工宣隊、革委會、黨委會北京大學、清華大學有關招生（試點）、應屆畢業生情況的請示報告等材料》。參見清華大學校史研究室編：《清華大學九十年》，第278頁，北京，清華大學出版社，2001。

[34] 清華大學校史研究室編：《清華大學九十年》，第279頁，北京，清華大學出版社，2001。

上的有609人，4—9年的有1092人，3年的有321人，3年以下的有820人；學生來源為老工人596人，青年工人794人，農村青年1008人，現役軍人444人。[35] 在1972年招收的2072名學員中，高中一年級以上水準者占23.2 %，初中二、三年級水準者占53.3 %，初中一年級水準者21.5 %，中等技校和其他水準者占1.9 %。這一屆的學員學歷要稍好於70屆的學員，前者的初中學歷者（包括未完成的）約占74.9 %，而後者實際畢業的2805名學員中，初中（包括未完成的）及初中以下的學歷者就有2162人，約占76.7 %。[36] 這是因為1972年，在不少省市工農兵學員的選拔中，進行了某種程度的文化知識考試，後來由於張鐵生白卷事件而取消了所有考試。

工農兵學員的學制最初為三年半，1975年改為三年。「三年半教學過程大體安排是：學員入學後，首先參加專業生產的全過程，同時參加工廠的技術革新，一面實踐，一面學習基本知識；然後根據專業的不同情況，結合一個或幾個典型的生產、科研任務，邊實踐邊學習，同時緊密聯繫實際，安排一定的理論提高階段。」「現在工農兵學員培養的整個過程，始終堅持開門辦學，在三大革命鬥爭實踐中學習。使學員在學習期間，就直接參加推翻剝削者的鬥爭，直接參加國家社會主義建設。……這就從根本上打破了以單純傳授書本知識為中心組織教學的舊傳統。」在反駁了「資產階級代表人物」鼓吹學生在學習期間主要是學習書本知識後，強調這種陷於書本的作法就是使學生「脫離無產階級政治、脫離工農、脫離實際的修正主義道路。……結合各種典型任務，邊實踐邊學習，這是在三大革命實踐中培養學員的一個基本的、有效的過程。結合典型進行教學，不是一個單純的業務教學環節。它的目的是通過完成典型任務，學習工農群眾的無產階級

---

[35] 清華大學檔案：全宗號：2，案卷號：70007，《工宣隊、革委會、黨委會北京大學、清華大學有關招生（試點）、應屆畢業生情況的請示報告等材料》。

[36] 清華大學檔案：全宗號：2，案卷號：73033，《工宣隊、革委會、黨委會北京大學、清華大學關於當前高等院校教育革命情況報告以及吳冷西同志來校瞭解大學教育革命情況的有關材料》。

立場感情和革命精神，培養學員辯證唯物主義觀點。……因此，典型的選擇，應該是生產科研的實際任務、有利於同工農群眾相結合、能體現專業的培養要求。」[37]

1971年清華大學
三個專業的「工農兵學員」課程設置及學時比例分配表（三年制）[38]

課程	汽車專業		計算機專業		房建專業	
	學時	比例	學時	比例	學時	比例
毛澤東思想課	1354	20%	1400	20%	1218	20%
學軍課	338	5%	350	5%	288	5%
學農課	338	5%	350	5%	192	3%
學工課	2378	35%	2600	38%	198	4%
基礎課（包括專業基礎）	960	14%	750	11%	1140	18%
專業課	1400	21%	1450	20%	3100	50%
總計	6768	100%	6900	100%	6136	100%

　　清華大學在1972年規定，切實保證學員在每學年39週中有81％的業務學習時間。[39] 林彪事件前後，針對「有些班級一度學習紀律鬆鬆垮垮，教學進度完不成，業務學習時間無保證，甚至有的班第一學年教學時間只占總學時的56％」這一情況，清華取消了一些空頭的「政治學習」，決心保證教學總學時中75％到80％

---

[37] 清華大學檔案：全宗號：2，案卷號：76036，《工宣隊、革委會、黨委會關於教育革命的形式問題、總結、規劃設想等有關材料》。

[38] 清華大學校史編寫組編：《清華大學校史綱要（1949—1985）》（討論稿），133頁，1987年6月，列印稿。

[39] 清華大學檔案：全宗號：2，案卷號：72034，《工宣隊、革委會、黨委會下發校內各單位檔（一）》。

的時間用以業務學習。[40] 稍後，還一再強調應使工農兵學員的學習時間應占每個學年學時的70—75％，但是事實上只能保證50％左右，因為大部分學時還是被入學教育、政治報告、政治討論、大批判會、排練慶祝活動、野營拉練、挖防空洞、挖坑栽樹、挖河清泥、清理倉庫、迎接外賓、看「內部電影」等等所佔用。[41] 自動化系學員反映，入學9個月，理論教學只有52天。汽車系的學員反映，在校期間，真正學文、學工的時間不到五個月。[42] 又如，1975年5月5日，清華大學革命委員會下發關於學員每週活動時間安排的通知，規定除每週星期二下午政治學習外，每週政治課時間為四小時，星期四晚上黨團活動，星期五晚上機動，可安排討論「教育革命」、班務會等，星期日晚上為業餘讀馬列著作小組活動時間。[43] 這樣，在一週七天21個單元時間（每一單元約4個小時）中，至少有5個單元時間為非專業學習時間。學校也承認，由於教學總學時減少了50％、教學內容減少了40％，遇到了教師的一些不滿和批評，甚至如何看待教學品質成為教育鬥爭的一個焦點，成為階級鬥爭的反映。「資產階級知識分子憑藉他們在『文化』上某些傳統的優勢，以『文化』業務這條大棒，作為政治鬥爭的手段，向無產階級施加壓力，教學品質、文化考查、知識分子的思想反覆……等問題上的鬥爭，都反映了這個特點。在教育陣地上，誰戰勝誰的問題並沒有解決，資產階級還要在這個領域，利用他們某些文化的優勢，反對無產階級的佔領。」[44] 在「政治第一」甚至「政治就是最大的業務」的支配下，學時能

[40] 清華大學檔案：全宗號：2，案卷號：71035，《工宣隊、革委會、黨委會下發校內各單位檔（二）》。

[41] 清華大學檔案：全宗號：2，案卷號：71007，《工宣隊、革委會、黨委會黨委及有關人員在校內外會議上的講話》。

[42] 清華大學檔案：全宗號：2，案卷號：76036，《工宣隊、革委會、黨委會關於教育革命的形式問題、總結、規劃設想等有關材料》。

[43] 清華大學檔案：全宗號：2，案卷號：75023，《工宣隊、革委會、黨委會黨委會革委會下發檔》。

[44] 清華大學檔案：全宗號：2，案卷號：76036，《工宣隊、革委會、黨委會關於教育革命的形式問題、總結、規劃設想等有關材料》。

否得到保證，還取決於學校是否進行政治運動等活動。例如，在1975年底至1976年，學員的學時就被鋪天蓋地的「批鄧」運動佔用了許許多多。反正，工農兵學員的學時最難以得到保障，也最容易被打發掉。

清華「教育革命」進行之際，師資力量只能是「接收」過去學成的、現今在業的教師，儘管無法信任和無法依賴教師，但是這種「教育革命」根本沒有自己的所謂「無產階級知識分子隊伍」，不可能撇開已有的師資而另起爐灶，現實唯一可行的辦法就是使用政治上不合格的教師去從業務上培訓學員。因而，清華「教育革命」中的師資政策十分矛盾而又荒唐可笑。不過，以1970年招生為界線，清華「教育革命」對待教師的作法還是表現出不同的特點。

工宣隊剛進入清華的一年左右時間裡，廣大教師處在一種無形而又深重的恐怖和壓抑之中。除了進行前面所提及的「清理階級隊伍運動」，工宣隊還把廣大教師下放「改造」。1969年5月，清華在江西省南昌市郊外鯉魚洲建立了「試驗農場」。這一農場位於鄱陽湖畔，占地約1.1萬畝。工宣隊把這個還沒有建成的農場吹噓為「既是一個抗大式的勞動大學式的學校，又是一個既有工業，又有農業、商業，又有科學試驗的自給自足的社會主義的新農村。這裡將成為清華大學教育革命的主要基地，進行階級鬥爭、生產鬥爭和科學實驗等三項偉大革命運動。同時，在這裡也改造那些犯了錯誤的人。」[45] 同年5月至10月，清華先後有五批約2821名教職員工（約占清華當時教職工總人數的70%）先後來到這裡勞動改造（10月來的一批人帶有戰備疏散的特點）。這個地區是血吸蟲病的重疫區，由於從事水中勞動和防洪等，先後有上千名的清華教職員工患有血吸蟲病。這個農場與清華本校相距千里，主要是用於教師的勞動改造；名義上是接受貧下中農的「再

---

[45] 清華大學檔案：全宗號：2，案卷號：69027，《工宣隊、革委會、黨委會首都工人駐清華大學毛澤東思想宣傳隊〈清華大學簡報〉1969年5月31日第179期》。

教育」，但是農場本身幾乎接觸不到農民；自稱是自給自足，但是來往的人員車費開銷巨大，從事農活的花費巨大，生產出的稻米每斤成本不低於當時人民幣1元（那時全國各地的稻米每斤銷售價格一般不超過2角）。到了1970年，農場勞動改造和校內教學任務，兩邊都「爭奪」教師。最終，這個農場所造成的沉重負擔使清華無法繼續承受下去，1971年10月後不得不遷移到北京大興縣團河農場。

1969年底，清華大學近萬名師生員工（包括1964年和1965年入學的學生3270人）主要分佈在四大方面：在校內有3515人，在江西農場有2122人，在四川綿陽有624人，在三門峽、丹江口、邯鄲、張家口等地進行「教育革命」的有2320人。[46] 造成清華這種分散的局面，除了「教育革命」的因素影響外，還有當時備戰形勢的作用。這時的清華經歷了繼自己的「西南聯合大學」歷史之後的最大一次「分化」。

1970年招生後，教師們陸續回到清華，但是，他們的政治境況並沒有得到改變。即使教師們從事教學，他們也是動輒得咎，不可能像從前那樣具有教學的主導性和積極性。後面，還要提及這一點。「教育革命」的斧鉞不可能放鬆對於教師的威懾。工宣隊經常使用群眾運動的方法來對付教師們，並且有了「經驗」之談：「有了群眾，就有了敵情；發動了群眾，就暴露了敵人；依靠了群眾，就無往而不勝。」[47] 進而，工宣隊更有了關於知識分子問題的「經典」之論：「什麼時候知識分子的心情舒暢了，那麼什麼時候就說明我們的工作有了問題。」（這一段話在發表時被改為：「廣大知識分子……什麼時候思想平靜了，感到舒舒服服了，就要檢查自己是不是走上了回頭路。」）[48]

---

[46] 清華大學檔案：全宗號：2，案卷號：69033，《工宣隊、革委會 關於教育革命計畫情況彙報等材料》。

[47] 清華大學檔案：全宗號：2，案卷號：68009，《工宣隊、革委會、黨委會首都工人駐清華大學毛澤東思想宣傳隊〈簡報〉1968年11月15日第88期》。

[48] 清華大學《清華戰報》編輯部：《鞏固和發展無產階級文化大革命的成果》，載《清華戰報》1973年11月8日，第77期。

「教育革命」一再給教師的重壓使得一些新教師力圖向普通的體力勞動者看齊，他們不想接受教師的身分和稱號。例如，1970年夏天，文革前招收的清華在校大學生全部畢業或結業，873名畢業生留校工作，其中不到一半人從事教學和科研，其餘的從事工廠、後勤、機關等工作。為了表示與舊教育的「決裂」和與工人階級「劃等號」，他們自稱為「新工人」而放棄「教師」的稱號。另一方面，在「再教育」、「給出路」的政策影響下，清華一些老教授試圖把強加在自己身上的「反動學術權威」罪名改換成對「教育革命」的某種適應，工宣隊對此概述為：他們從「業務名詞不離口，到紅寶書不離手；從故紙堆裡鑽出來，到大批判戰場上殺上去；從『神仙會』養尊處優，到『學習班』鬥私批修；從消極等待『鬥、批、休』，到積極投入鬥、批、改。」[49] 這往往是這些教授的異化式的表演。無論從哪一方面來講，文革「教育革命」都是包括廣大教師在內的知識分子的心靈苦難史和精神煉獄史。

在如何辦學的問題上，清華「教育革命」做出了非同小可、波及全國的舉措。清華「教育革命」把教學同生產勞動的結合演變成為整治知識分子、衝擊教學並使教育裂解而蛻化的「大棒」。

1969年8月，清華確定建立汽車製造廠、精密機床廠、電子綜合試驗廠，以廠帶系甚至以廠取代系和專業來進行辦學。1969年10月，為了打破舊的教學體制，工宣隊決定，在清華汽車廠生產紀念工宣隊進駐清華的「七‧二七」牌3點5噸中（小）型軍用載重汽車。這種作法只不過是把文革前清華實行「教學、科研、生產」三結合的辦學政策推向極端，力圖把清華變為生產與教學並重（幾乎談不上科研）的單位。工宣隊以汽車系、機械系等系為汽車廠的主幹，提出「以廠帶專業」，調動汽車、鑄造、鍛

---

[49] 清華大學檔案：全宗號：2，案卷號：69027，《工宣隊、革委會、黨委會首都工人駐清華大學毛澤東思想宣傳隊〈清華大學簡報〉1969年5月31日第179期》。

壓、焊接、金屬熱處理五個專業的全部力量，來進行汽車生產及教學。與此相關的大部分教師乃至全部學員都成為該廠的「工人」，開工廠不久，有的學員就抱怨「我們是廉價勞動力。」汽車廠群眾批評學校在開工廠問題上有「貪大求洋」的傾向。[50] 原計劃是該廠1970年上馬，1971年生產500輛，1972年生產1000輛，最後只生產了50餘輛，生產出來的汽車實際上主要是依靠外面的汽車廠提供大部分零配件加以組裝的。這種「七・二七」牌汽車不僅品質低劣，而且為了它的生產，調動全校各系各專業的人力和物力，使全校的教學、科研以及其他生產都受到影響，僅在人力上就調動了上千名的教學、科研、技術、工人和學員等人員，所建起的汽車廠佔用了相當大的實驗室、車間和教學區的用地。有的實驗室遭到強行改行，損失巨大，三年難於恢復元氣。[51] 清華汽車廠的上馬和下馬所造成的巨大的、無法估量的浪費，是對「教育革命」辦學開工廠的最有力的佐證。當時，偌大的清華大學只有一個人對這種辦學開工廠進行了一針見血、有理有據的公開批評，他就是在機械系一車間以「待罪之身」被「監督勞動改造」的前清華大學校長兼黨委書記蔣南翔。[52]

這種「以廠帶專業」的辦學方針，使得非汽車專業的電力學、建築學、土木工程學、自動化控制、數學、力學、熱能學、水利水力學、電子學、工程物理學（即原子能物理學）、化學和工程化學等專業遇到幾乎無法解決的難題，即所有的清華工科和理科是否就意味著一定辦成工廠或走出校門「辦教學基地」？是的，例如，土木建築系四連就提出：「土建系必須到工地上去辦」。[53] 不難確定，這種辦學必定是以犧牲或削弱理論教學（特別是基礎理論教學）為代價的。這種辦學在清華還對作為理論教

---

[50] 同上。

[51] 同上。

[52] 中共清華大學委員會：《一個毀滅教育的黑綱領》，載《光明日報》1978年9月20日。

[53] 《清華戰報》，首都工人、解放軍駐清華大學毛澤東思想宣傳隊 清華大學革委會創辦 1970年6月23日創刊號。

學一個組成部分的實驗室教學工作帶來了很大的衝擊。當時清華的實驗設備普遍落後，大體上是20世紀50年代的水準，甚至還有30年代水準的實驗設備。[54] 到1974年，全校58個實驗室，除6個較好外都受到損害，有21個需要完全重建。清華科研人員也由文革前占教師人數的30％下降到10％。[55] 即使在文革結束之際，清華全校的實驗室狀況也沒有得到改善。

清華「教育革命」的辦學方式不僅在於上述的以開工廠來代替教學，還在於使學員走出教室和實驗室，作為直接的勞動者參加生產活動。這種「開門辦學」的方式不僅僅是所謂理論聯繫實際，而且首先是使學生向「工農思想開門，」[56] 從而保證學員學習的所謂政治品質、路線品質。清華「教育革命」一再強調，「開門辦學」關係到學校培養「什麼人？」和學生「為什麼人？」和「走什麼道路？」的大問題，這些問題，清華文革前五年制或六年制的大學生沒有解決，而通過「開門辦學」，文革三年制的工農兵學員解決了。

「開門辦學」的方式還表現在拋棄清華過去通行的「老三段」教學程序即「基礎課——專業基礎課——專業課」，實行教學與生產勞動相結合，邊學邊幹，邊幹邊學，提出「教師啟發做嚮導，書本理論做參考，生產實踐是基礎，課堂總結再提高。」[57] 這無疑是把生產勞動看作先於教學並且高於教學。在生產勞動中實行教學，這種教學的品質和水準是無法保證和無法提高的。這種否定和放棄「老三段」教學的做法，受到許多教師的批評，為此，工宣隊再三強調，批判和破除「老三段」論，是清華「教育革命」的關鍵。「打破『基礎課——專業基礎課——專

---

54 清華大學檔案：全宗號：2，案卷號：72024，《工宣隊、革委會、黨委會關於加強理論研究座談會紀要》。

55 周全華：《「文化大革命」中的「教育革命」》，第276頁，廣州，廣東教育出版社，1999。

56 清華大學檔案：全宗號：2，案卷號：74024，《遲群、張鳳瑞等在華北五省及北京市有關會議上的講話》。

57 同上。

業課』的舊框框，緊密聯繫專業生產實踐，把原來的基礎課與專業課結合起來，重新組織教學內容，許多專業都結合典型任務，正在逐步建立新的課程體系。過去單純按學科設課，瞭解一幢房屋的建造，要學十幾門課。現在房建專業針對一幢房屋建造需要的知識，建立了一門新的課程《房屋建築基礎》，包括了力學、數學、結構、建築材料、施工等內容，有理論有實際。」力圖使課程「少而精」。[58] 1974年初，為了回擊去年所謂「舊教育路線回潮」，工宣隊決定，清華在校的幾屆學生全部走出校門，進行「開門辦學」。同年初春進校的新學員，剛入學就讓他們出去「開門辦學」一年，致使他們上業務課的時間大大縮短，只占總學時數的45 %，有的專業只占20 %。同年批林批孔運動大規模開展之後，清華「教育革命」使自己下列「開門辦學」的經驗得到了變本加厲的強化：「到工農兵中去，開門辦學」、「建立工人講師團，廣大工農兵直接管教育」、「校辦工廠工人廣泛參加教育革命」、「多種形式辦學，為工農兵送學上門」、「學員在實踐基礎上，開展群眾性的理論總結提高」、「工人參加科學研究，結合教學開門搞科研」、「知識分子在工農兵中加速世界觀改造」等等。[59]

與此同時，「開門辦學」的教學必然要打破和清除清華過去教學中的「三中心」論，即「教師中心──課堂中心──課本中心」，帶來了一種名為教學為生產勞動服務、實為以「教育革命」的政治為中心的相當混亂、破綻百出的教學秩序。例如，基礎課教學原是全校統一負責，改為基礎課下放到每一系甚至每一個班，即每一系都有幾乎「門類齊全」的數學、物理、政治課以及有關基礎課的教師。教師們被分散、被編入到不同的學員班級，同一學員班級由學科不同的教師混合組成「業務組」，如同火車的「包乘組」，把學員由入校帶到畢業。1970年之後，清華

---

[58] 清華大學檔案：全宗號：2，案卷號：76036，《工宣隊、革委會、黨委會關於教育革命的形式問題、總結、規劃設想等有關材料》。
[59] 參見《教育革命通訊》，1974年第5期。

逐漸恢復了部分教研組，但在1973年底之後，又把教師與學生按照專業合在一起，建立黨政合一的工宣隊隊員、教師、學生三結合的專業領導小組。在教學上由幾個教師負責一個班，承擔由基礎課到專業課的全部教學任務，甚至原有的系一級的基礎課教師也被「下放」到各個班級，在教學上實行「三自一包」即自己編寫講義、自己刻印講義、自己講授講義，各門課程包乾負責，教師的教學「單幹」現象嚴重，教師忙得無所適從。還有一些教師所學非所教或者所教非所學，例如，原有的一大批基礎課教學（例如，電工學、熱力學、工業電子學、畫法幾何、工程畫圖、機械零件等）是為全校開設的，但這時卻集中在某些系或教研室甚至班級裡，其他單位要開設這些課程就得另找教員，改行開課。教學秩序和教學局面的混亂引起了許多學員和教師的不滿，他們認為，必須改變這種把基礎課教師分配到連隊（即系、班級）的「連隊所有制」作法，因為這種做法十分不利於提高教學品質。[60] 實質上，這種根據學員班級而不是根據學科來進行教員講課和教學分工的作法，如同從協作明確、效率優先的工業經濟倒退到包田到戶、自給自足的小農經濟。

清華「教育革命」也在教學方法上做出了與上述方面相適應的變革。按照《創辦》所說的，「教學方法絕不只是具體的方法問題，更重要的是按照哪個階級的認識論和方法論去組織教學過程的原則問題。資產階級的教學方法，以書本為中心，理論脫離實際，『上課滿堂灌，學生跟著轉』，完全顛倒了人們認識真理的規律，只能培養出『三脫離』的書呆子。……實踐使我們認識到，不徹底改革舊的教學方法，學校要完全培養無產階級知識分子的任務，還是一句空話。」「根據工農兵學員的特點，我們實行了結合生產、科研任務中的典型工程、典型產品、典型工藝、技術革新等，進行有步驟的由淺入深的教學方法，正確突出

---

[60] 清華大學檔案：全宗號：2，案卷號：76036，《工宣隊、革委會、黨委會關於教育革命的形式問題、總結、規劃設想等有關材料》。

重點、急用先學、邊學邊幹與系統教學的關係，特殊與一般的關係，基礎課與專業課的關係。」這又是彌天大謊，因為在《創辦》寫作的1970年初，清華大學還沒有正式招收工農兵學員，只不過是招收了幾類不同的為時幾個月到近一年的短訓班進修學生，拿這種培養短訓班的經驗來侈談什麼大學本科的教學，與其說是以偏概全，不如說是以觀念的強制先行來杜撰後來的教學模式。因而，這就不難理解「結合典型任務進行教學，打破了過去把基礎課與專業課截然分開的界限。基礎課要緊密結合實際，加強針對性。有的可以和專業課一起，按照需要組成新的課程。」[61] 這實際上就使基礎課和專業課受到了很大的破壞。這樣的教學方法不僅使教師無所適從或難於適應，而且使學員所學到的東西或是非系統的甚至非理論的經驗之談，或是急功近利、窮於應付的手工技藝。

清華「教育革命」所宣導的教學方式還有教師、學員、工人（有時為工宣隊隊員）三方一起進行的「三結合備課方式」，這一般是由教師先寫出教學規劃，由學員班級支部或代表討論、由工人「把關」後方可由教師實施的教學活動。然而，實際上，這種教學完全是以教師被動、學員任意改動和工人隨意決定的形式來進行，也就不可能達到教學品質的改進和提高。即使是清華「教育革命」的一份經驗材料中也批評了有些學員上課時對教師一不滿意就當場批判教師，「無限上綱，不是耐心地幫助他們，使一些教師感到壓力很大，挫傷了他們的革命積極性，有的甚至不願意在教學第一線工作，認為誰上講臺誰就成了革命的對象，誰在臺下誰就當革命的動力。」[62] 在這「教育革命」的年月裡，清華還多次發生過教師按照大學的水準講課，卻因學歷低、知識

---

[61] 駐清華大學工人、解放軍毛澤東思想宣傳隊：《為創辦社會主義理工科大學而奮鬥》，載《人民日報》1970年7月22日。

[62] 清華大學檔案：全宗號：2，案卷號：71008，《工宣隊、革委會、黨委會宣傳隊出席全國教育工作會議經驗介紹以及接待「全教會」準備工作情況的材料》。

淺的工農兵學員聽不懂，教師被哄下講臺的事情。例如，40年代出任過清華大學理工學院院長的一級教授陶葆楷（1906—1992）就曾在講課中，因為學員不具備相應的知識水準而聽不懂，受到斥責和當場批判。[63]

清華「教育革命」把編寫與過去不同的教材作為自己的一個重要內容。這種不同不是從教材的學理方面而是由教材的政治價值來確定的。因此，「各門課程都要貫穿無產階級的思想教育。要向那些仍然被資產階級反動思想盤踞的學科體系發動進攻。在這個基礎上大打教材之仗。課程和教材是無產階級與資產階級鬥爭的一個重要陣地，各級領導要十分重視這項工作。要把改革舊的課程、編寫新教材作為一場階級鬥爭的戰鬥來進行。每門課程都要查一查，還有哪些資產階級反動思想的表現？還有哪些唯心主義、形而上學、繁瑣哲學，諸如『豬尾巴的功能』之類的東西？要發動群眾，到工農兵中去，開門編教材。」[64] 這種在教材編寫上的「革命」就是推翻和拋棄文革前所用的一切教材，要按照「開門辦學」等「教育革命」的方式來編寫新教材。對於許多課程，新教材的編寫都是「平時不燒香，臨時抱佛腳」，寫出的教材不是在講課的前夕才發出的「傳單式的」東西，就是在課堂上可以任意放棄、隨時改換的「玩物」。今天看來，這種新教材往往是充滿了政治口號加上實用性的個別事例的低俗之作，幾乎沒有什麼像樣的教學或學術或學理的價值，而只有某種歷史文物價值。更為荒唐的是，這種新教材的編寫大都是由教師寫出初稿而由學員和工宣隊隊員「審定」的准政治性教學任務，彷彿只有如此，才能確保「編寫教材的過程也就是政治建人的過程。」[65]

---

[63] 同上。

[64] 清華大學檔案：全宗號：2，案卷號：76036，《工宣隊、革委會、黨委會關於教育革命的形式問題、總結、規劃設想等有關材料》。

[65] 清華大學檔案：全宗號：2，案卷號：69030，首都工人駐清華大學毛澤東思想宣傳隊、清華大學革委會主辦：《內部參考》1969年11月27日第75期。

即使在「教育革命」推行了數年之後，清華教務部門都承認教材編寫工作落後和水準不高。

應該指出的是，當時給予清華「教育革命」帶來直接挑戰的還不是辦學方式及教學結果等，而恰恰是清華領導層內部的政治危機，這種危機也是清華「教育革命」的總體性的政治危機。眾所周知，1975年8月和10月，由清華黨委副書記劉冰等四人兩次寫信給毛澤東，指責遲群、謝靜宜的問題，受到毛澤東的批評，在清華引起了「教育革命大辯論」，並於次年初引發了再次打倒鄧小平的運動。一時間，清華又一次成為文革政治颱風的風源，現有的教學等工作被打亂，「教育革命」急劇地聚集於上達天庭、下通八方的政治鬥爭的轉換和普及之中。清華園內，鋪天蓋地的數以萬計的大字報，成百上千次的大批判會、揭發對證會、經驗介紹會、座談會、誓師會等等，成為日常工作的主流。從1975年11月到次年9月，黨政軍民學，東西南北中，全國各行各業約計有近30萬人先後來清華大學「參觀學習」，十多個國家駐華使館的使節、記者等也來清華參觀「教育革命大辯論」大字報。1975年底到1976年初，圍繞著所謂「教育革命大辯論」（顯而易見只是一方的大批判），清華在接待宣傳提綱中指出，分歧在於：一、如何估計文革前十七年的教育路線？二、如何估計文革以來特別是「七・二七事件」後的教育路線？三、當前教育路線的主要危險是什麼？四、學校向誰開門，招收什麼樣的學生？五、如何看待文革教育戰線出現的一系列「新生事物」？六、學校堅持什麼樣的教育方針和堅持什麼樣的培養學生的標準？七、要不要堅持教育革命的方向，到三大革命運動中開門辦學？八、教育界由誰來領導？要不要工人階級領導？工人階級能不能領導？1975年12月14日，中共中央轉發了《清華大學關於教育革命大辯論的情況報告》。這也從某個方面表明，在文革的戰車上，清華「教育革命」的政治功能總是過度超負荷地滿載。

1976年3月26日，清華大學黨委有關常委及有關人員約8人，事先得到授意並經過排練，出席中共中央政治局舉行的批判鄧小

平的會議，[66] 他們直面斥責、聲討鄧小平的種種所謂「錯誤」，開創了基層黨組織人員直接參加中央政治局會議來圍攻中央領導人的「先例」。他們回到清華後，又把這一事例傳達、介紹給廣大師生群眾，為「批鄧、反擊右傾翻案風」運動推波助瀾。

　　文革的兩次整頓（1972年周恩來的整頓和1975年鄧小平的整頓）與反整頓的鬥爭，導致了文革中的「反復舊」、「反回潮」與「批鄧、反擊右傾翻案風」運動，不僅教育界處於主要的、中心的戰場，而且清華大學始終處於這種戰場的前沿，甚至是使「教育革命」一再興師動眾、呼風喚雨的制高點。這再一次顯現出清華「教育革命」的地位和影響。如果說，由清華大學成為源頭的上述批鄧運動是文革的最後一場運動，標誌著文革走向窮途末路，那麼同樣由清華大學掀起的「教育革命大辯論」成為文革「教育革命」的喪鐘，並且最終致使文革「教育革命」走向了不歸之路。

三

　　清華「教育革命」乃至整個文革「教育革命」的重心，不斷超出教育領域，幾乎失去了教育的本意，成為泛政治化的東西，成為文革政治鬥爭的僕從或工具。這類革命對於教育界絕大多人來說是一場異化的「革命」，因為這場革命是由外來者所強加和所主導的，本身就意味著對於教育的鄙視和對於教育者的歧視，如同當時清華一位領導人所說的：「沒有工人階級的領導，紅衛兵（學生）的奪權是一事無成的。……事實證明，知識分子是不可能將無產階級文化大革命進行到底的。」[67] 同理，知識分子也不可能把「教育革命」進行到底。

---

[66]　參見青野、方雷：《鄧小平在1976年》，上卷，第116—134頁，瀋陽，春風文藝出版社，1993。

[67]　清華大學檔案：全宗號：2，案卷號：71007，《工宣隊、革委會、黨委會黨委及有關人員在校內外會議上的講話》。

當然，文革從教育界開場，又在教育界落下帷幕。教育界，具體地說，大學（即北京大學、清華大學）作為文革的搖籃和墳墓的「結合部」，成為文革罪過和災難的淵藪，成為「教育革命」的「標本」，無疑，這些都具有值得後人不斷加以審視和借鑒的某些人文因素。

　　清華「教育革命」的眾多事實說明，在很大程度上，如何對待「教育革命」則意味著如何對待文革，反過來說，亦然。進而，「教育革命」的成敗直接關係到文革的成敗，同樣反過來說，亦然。但是，「教育革命」是必然要失敗的，這種失敗的必然性來自它自身不可化解的兩個主要「內因」。

　　首先，「教育革命」是一場蒙昧而荒唐的「革命」。

　　「教育是『文化大革命』中進行改革時間最長、為害最大、破舊最徹底、立新最離奇的領域。」[68] 的確，為時八年之久（1969年至1976年）的「教育革命」所帶來的問題是特別需要我們深切反思和痛切批判的，因為這關係到中國教育的過去、現在和未來。

　　「教育革命」的實質是什麼呢？目前國內評論界比較流行的看法是把這種實質大致歸結為反智主義、民粹主義、教育平均主義等等，[69] 而我個人認為這些都只是「教育革命」的特性，並不能涵蓋其實質。「教育革命」的實質是蒙昧主義。顯而易見，「教育革命」帶來的既不是一般意義上的反知識和反知識分子運動，也不是凸現或褒揚農民大眾的文化價值，更不是什麼宣導全民教育上的平均價值和均等狀態，而是窒息精神，禁錮思想，扼殺教育，破壞教學，從而毀壞人才建設，阻礙文明發展。「教育革命」的的確確是一場教育的大倒退，甚至是一場人格的大蛻

---

68 周全華：《「文化大革命」中的「教育革命」》，第84頁，廣州，廣東教育出版社，1999。

69 參見楊東平：《艱難的日出──中國現代教育的20世紀》，上海，文匯出版社，2003；周全華：《「文化大革命」中的「教育革命」》，廣州，廣東教育出版社，1999；鄭謙：《被「革命」的教育──「文化大革命」中的教育》，北京，中國青年出版社，1999。

化。下面僅用清華「教育革命」的事例來說明。

　　1972年9—10月，清華校級領導人先後分頭到各個系進行調查研究。一是發現學員的文化知識程度和年齡嚴重不齊，例如，水利系水工專業二年級68人中，工人、農民學員各占30人，解放軍學員占8人；初中程度55人，占80 ％（其中初中畢業的38人），高中畢業6人，小學程度6人。學員入學時年齡在30歲以上的占7人，25—30歲的5人，25歲以下的56人。二是發現學員的學習水準實在差強人意，據統計，全校平均學習好的學員一般只占全部學員的20 ％左右。例如，機床專業二年級有四個班共92人，學習好的只占22 ％，學習中等的占55 ％，學習差的占23 ％；其中第四班是由分出來的困難學員組成。三是發現學員中具有難於想像的學習困難和無法克服的學習障礙，即有的學員不會作業，只能抄襲別人的；有的學員在數學方面還沒有達到初等數學的水準，數學必須從複數、四則運算、三角函數等補起；有的學員不懂原子結構等基本概念，分不清克分子濃度、百分比濃度等；有的學員在函數、對數和指數的運算中頻頻出錯，連計算尺也運用不習慣、不熟練，常在單位換算、小數點定位上搞錯。四是發現基礎課往往沖掉了專業課，課程學習中沒有循序漸進，幾乎沒有嚴格可行的標準。[70] 清華當時的校方總結材料中也承認，在教學中遇到了學員文化程度嚴重不齊的尖銳矛盾，學員最高的程度達到了中專水準，學過微積分，而低的連加減乘除運算都很困難。學員學習中遇到了「吃不飽」與「吃不消」的抵觸。[71] 清華還把機械系的一些學員之間經過從四則運算到一元一次方程和二元一次方程的「提高」，作為「互教互學」的經驗加以介紹。[72] 更為可笑

---

[70]　清華大學檔案：全宗號：2，案卷號：72021，《工宣隊、革委會、黨委黨委常委對各系學員教學品質的調查報告》。

[71]　清華大學檔案：全宗號：2，案卷號：71008，《工宣隊、革委會、黨委宣傳隊出席全國教育工作會議經驗介紹以及接待「全教會」準備工作情況的材料》。

[72]　《清華戰報》，首都工人、解放軍駐清華大學毛澤東思想宣傳隊 清華大學革委會主辦 1971年1月25日 第25期。

的是，有的學員不僅基本概念不清，而且就沒有基本概念，一位學員就認為太陽是圍繞著地球轉動的，為此還與教師爭論了半天。[73] 有的學員甚至連書信也寫不了。

學員們也對「教育革命」的無序和混亂表示了不滿。他們批評清華校、系的許多領導人的工作作風，認為他們就習慣聽彙報、看簡報和發指示，憑藉著第三、第四手的資料進行一般號召，胸中無全局，手中無典型，很少深入群眾和深入實際，虛飾、浮誇嚴重，形式主義的東西頗多，山頭主義、本位主義的東西不少，工作頭緒繁多，抓不住重點，搞什麼工作都是虎頭蛇尾，最拿手的就是一號召，二發動群眾，三大批判，四大總結，這完全是一套八股，對於解決實際矛盾無濟於事。[74] 除了前面提到的批評教學時間沒有保證外，他們還對學工安排、所謂「以幹代學」、結合典型任務進行教學方式等提出了意見，尤其是對教材和教學方法等提出了尖銳的批評。他們認為有些教材編得還不如文革前的教材好懂。這些意見主要如下：數學教材從小數點運算到微分方程要一年內學完，有些學員被「灌得夠嗆」；有些教材是上來一段毛主席語錄，下面還是文革前的老一套；在幹中學遇到的問題，無法解決，因為理論基礎不夠；對實驗室教學重視不夠；學員的自學條件差；老師不敢在課後或者課下給學員進行輔導，害怕被指責為犯方向錯誤；等等。[75] 更為荒唐的是，由於學員的學歷水準參差不齊，同一個專業班級的學員往往迫不得已被分開來上課，即在同一個上課時間，有的學員補習中、小學的知識，而有的學員在學習大學的知識。這種同級同專業同班學員分班上課的作法，引起了很大的爭論。一種看法認為這是根據實際情況決定工作方針，另一種認為這是修正主義的「因材施教」，是分裂工農兵學員，提出「還我戰友」。有的學員反映，

---

[73] 清華大學檔案：全宗號：2，案卷號：76036，《工宣隊、革委會、黨委會關於教育革命的形式問題、總結、規劃設想等有關材料》。

[74] 同上。

[75] 同上。

教學只能吃「份飯」，有吃不了的，有不夠吃的，不夠吃的只好去找「野草」，弄不好還得「中毒」。機床廠的學員提出，「不讓一個階級弟兄掉隊，也不讓一個階級弟兄停步不前。」這也不過是口號而已。[76] 可以想像，即使同一個班級所有學員都上同一門專業課，學員們在學習上的差異更顯著，後果更難堪。另外，外語課對於學員是可以免修的，不少學員沒有學過外語，連外語字母都不認得；還有許多學員不具備起碼的外語拼寫、閱讀和語法知識；這些使得外語教師無法給他們開課。很多學員事後非常後悔在清華期間沒有學習外語或者學好外語。

整個文革期間，清華大學出國人數總共為12人次，其中只有一人赴法國短期進修，其餘都是短暫訪問。清華大學在這10年裡沒有向國外派出留學生。清華大學在這10年裡不但與世界先進的大學教育的交流幾乎無從談起，而且與世界一流的大學之間的差距有所擴大。

清華大學文革時期的教學和教育處在一個什麼樣的水準呢？我要詰問的是，難道「教育革命」需要的正是遠遠低於大學水準的東西嗎？對此，鄧小平做出了非常中肯的定位。1977年8月4日，鄧小平在召開30多位科學家、教育家參加的座談會上，清華一位教授談到該校有的工農兵學員只有小學程度，只好在大學補習中學課程半年一年，接著就「坐飛機」讀大學，三年就畢業了。鄧小平插話說，那就應當稱為清華中學、清華小學。[77] 「教育革命」使得清華大學蛻變為清華中學或清華小學，這是「教育革命」的「平均奇蹟」，還是「教育革命」的蒙昧標記？

---

[76] 同上。

[77] 周全華：《「文化大革命」中的「教育革命」》，第339頁，廣州，廣東教育出版社，1999。

清華大學文革中歷屆招生人數 [78]

年度	入學年月	招生人數	其中	
			普通班	進修班
1970年	1970年8月	2842	2236	606
1972年	1972年5月	2091	1817	274
1973年	1973年9月	1968	1846	122
1974年	1974年9月	3492	3367	125
1975年	1975年10月	3644	3218	426
1976年	1977年2月	2958	2380	578
總計		16995	14864	2131

文革期間，清華大學招收工農兵學員及進修生的人數，居於全國各大學之首。1970年，清華和北大率先在全國招生，為全國其他大學招生提供經驗。1971年，全國絕大多數的大學開始逐漸恢復招生，而這一年清華沒有招生。工農兵學員畢業之後，他們的學習品質受到普遍的懷疑和批評。文革之際，就有對工農兵學員畢業生學習水準的很多指責和諷刺，例如，「你們初中畢業，念了三年半，就叫大學生？最多是個中專生。」「（每月工資）56元是資產階級知識分子，39元就是工農兵大學生。」[79] 文革結束後，國家有關部門下達規定，把工農兵學員的學歷定為大專。這就意味著「教育革命」所「培養」出來的大學學員沒有達到大學本科程度。同時，這還意味著文革不僅沒有使大學教育達到本科水準，而且根本談不上提高到研究生水準。儘管清華1973年出

---

[78] 清華大學校史編寫組編：《清華大學校史綱要（1949—1985）》（討論稿），132頁，1987年6月，列印稿。

[79] 清華大學檔案：全宗號：2，案卷號：74021，《東北地區我校首屆工農兵畢業生調查》。

現過以數十名留校的大學畢業生為主的三個研究班（固體物理、激光〔鐳射〕、化學），但是研究生招收和培養工作完全陷於停滯。文革給清華在內的全國研究生招收和培養工作留下了12年之久的空白。

其次，「教育革命」是反動而可恥的「革命」。

「教育革命」取消文化考試標準而採取以政治標準招收學員的作法，從最初「群眾推薦，領導批准」的選拔方式，很快在相當大的範圍演變為僅僅由單位或部門少數領導人具有決定「保送上大學」的權力實施，實為「走後門」。據當年清華有關領導到有關的系、班級調查，發現不同程度地存在「走後門」上大學的現象，即一些學員通過職位關係或利用特權關係來不正當地獲取上大學的權利和機會，而且發現在不同系、班級學員總人數中「走後門」 的學員比例約占12％，個別班級高達約20％左右。這種「走後門」現象也是全國性的。對此，中共中央1972年5月1日發出了關於杜絕高等學校招生工作中「走後門」現象的通知，毛澤東批示「同意」發佈此通知。該通知指出：各地招生工作中程度不同地存在著「走後門」現象，有些地區和單位情況比較嚴重。「據反映，有少數幹部，利用職權，違反規定，採取私留名額，內定名單，指名選送，授意錄取，甚至用請客送禮、弄虛作假等不正當手段，將自己、親屬和老上級的子女送進高等學校。有些招生主管部門和負責招生工作的幹部，不按黨的原則辦事，講私人交情，私送名額，或強令招生人員違章招收不夠條件的人入學。」[80]上大學「走後門」的現象實際上一直沒有杜絕。1973年底至1974年在「批林批孔」運動的初期，由於毛澤東本人的親自干預，使得試圖糾正關係到全國數百萬人上大學、參軍、招工等「走後門」的作法，中途夭折，不了了之。其實，據後來的材

---

[80] 國防大學黨史黨建政工教研室編：《「文化大革命」研究資料》，中冊，第700頁，北京，國防大學，1988。

料表明，毛澤東本人也直接把自己身邊的有關人員送進了北京大學。[81]

「具有諷刺意味的是，『走後門』也使『文化大革命』自身處於一種尷尬的窘境之中。在經歷了如此史無前例的『鬥私批修』和靈魂淨化之後，人們卻變得如此『自私』和言行不一……一切宣傳出來的『文化大革命』的炫目成就和神聖使命，都在這個畸形的『後門』面前困窘不堪。」[82] 不僅如此，「教育革命」的一個先天性的、似乎不可治癒的弊端就是它固有的封建特權的文化「基因」及其思想「遺傳」，它根本不可能把反對和抵制在上大學問題上的封建特權放置最起碼的議程上。因此，「教育革命」是由蒙昧走向啟蒙、近代走向現代，還是大反其道而行之，不就昭然若揭了嗎？不管「教育革命」有多麼外在的輝煌、表面的激進，都無法掩蓋它的黑暗和反動。

清華「教育革命」與整個文革「教育革命」一樣，由於試圖為了建設文革的理想社會而塑造「新人」，由於以異常偏激的教育舉措來試圖糾正文革前教育的某些不公平、不合理現象，更由於以極端激進、富有空想的教育實踐來試圖建立「教育烏托邦」，所以具有了至今都沒有銷聲匿跡的某些迷惑、誘惑直至蠱惑的特色。

這裡，從清華1975年制定的「教育革命」長遠規劃初稿中就可窺見一斑。這個規劃提出在未來幾年裡，把清華大學初步建成以工農兵為主體的現代化教學、科研、生產三結合的基地；提出逐步實現教育經費自給以及糧食、副食自給，「不要國家一分錢」；辦學方式有：普通班、短訓班、業餘大學、分校教育、函授及電視教育；爭取每年通過短訓班及業餘大學培養五萬名學員；加強普通班的改革，普通班要認真落實以階級鬥爭為主課，

---

[81] 范達人：《「文革」御筆沉浮錄——「梁效」往事》，第57—58頁，香港，明報出版社有限公司，1999。

[82] 鄭謙：《被「革命」的教育——「文化大革命」中的教育》，第91頁，北京，中國青年出版社，1999。

清華大學「教育革命」述評　65

實行半工半讀，積極進行專業改革；力求適應國家建設需要，改變重尖端輕一般、重理論輕實際、重設計輕工藝等現象，改變各種專業之間分等級的作法，不斷縮小和取消體力與腦力勞動的差別；縮小和取消專業分散的現象，既面向工業，也要為農業服務；培養清華內的工人，使他們半工半讀，在若干年內達到或接近大學水準；要擴大教師的工農成分，力爭在1985年使工農成分的教師占教師的三分之一以上，並使30 ％左右的教師既能講政治課又能講業務課，同時使教師堅持走與工農相結合的道路，與學員一起學工、學農、學軍，實行半工半讀，除老弱病殘者外，每個教師在五年內應累計有一年以上的勞動時間，「基本掌握本專業的實踐操作，能在一個工種頂班勞動。」[83] 更有甚者，差不多與此同時，清華有關寫作班子在論及在教育陣地上對資產階級實行全面專政的一些文章中，把「教育革命」當成實現社會革命的重要手段，提出「學校要成為無產階級專政的工具，它就應當成為限制資產階級法權，逐步縮小以致最後消滅三大差別，特別是腦力勞動與體力勞動的差別的重要手段」；強調「教育同生產勞動相結合，不只是教學方法的改革，而是對舊教育的否定，同時還是改造整個社會的手段」；因而，結論就是「教育單位同生產單位的分離，是隨著腦力勞動同體力勞動的分工和階級對立的出現而出現的，它也將隨著腦體分工和階級對立的消滅而消滅」，「至於大學消亡的問題，到了腦力勞動同體力勞動的差別消滅了，完全做到了『學校是工廠，工廠也是學校』，獨立於生產單位之外的教育單位——大學，就會失去存在的基礎，但那是將來的事」，儘管現今大學還是要辦的。[84]

---

[83] 清華大學檔案：全宗號：2，案卷號：76036，《工宣隊、革委會、黨委會關於教育革命的形式問題、總結、規劃設想等有關材料》。

[84] 清華大學檔案：全宗號：2，目錄號：政，案卷號：050，《政治部有關論因循守舊、翻開歷史論教育、論對資產階級全面專政以及進一步深入批鄧中做好政治工作等意見》。

「教育革命」真可謂是教育史上一次最大的「教育烏托邦」的實施，也同樣是一次最大的「教育烏托邦」的破產。「教育革命」以形式上的消除不平均而帶來了事實上的絕對不平均，以名義上的革命而帶來了實際上的連續不斷的人身迫害及冤假錯案，致使教育淪喪為政治的附庸並且致使學校淪陷為政治的「角鬥場」，全盤地鈍化甚至取消大學教育應有的取向和職責，竭力地阻滯人才的成長、思想的探索和學術的創造，從「教育革命」理論的先天缺陷和謬誤到其實踐的後天變態和粗陋，等等，無不表明「教育革命」及其方方面面充滿著無法解決的異化和無法克服的自身異化。在這個意義上，「教育革命」本身就是反教育的。

清華大學文革的「非正常死亡」

唐少傑

「文化大革命」（以下簡稱文革，且不加引號）結束不久，人們把文革中被迫害致死以及武鬥死亡等通稱為「非正常死亡」。「非正常死亡」這個中性的指稱往往模糊了文革死亡問題的具體內涵，但的確表明了這類死亡的「非正常」發生或反常（anomy）。這類死亡並不包括僅僅是由於個人的心理分裂和日常生活變異以及生理條件衰竭等原因所造成的個人死亡行為。實質上，無論從哪一個角度講，這類死亡都是由文革政治「大氣候」和死者所在的單位政治「小環境」所導致的，都無不是首先帶有非個人的社會或政治的決定性作用。

一

清華文革時期約有52人「非正常死亡」（見附表）。「非正常死亡」現象實際上主要包括兩種死亡現象：一是自殺死亡，二是武鬥死亡。在清華文革十年間，前者有36人，後者有16人（包括被武鬥意外殘殺致死的），由此可見，「非正常死亡」中自殺死亡所占的比例。換言之，出於文革高度恐怖而又高度壓抑的形勢，被迫「有意識」地選擇死亡的自殺行為要多於「無意識或有意識」地在武鬥中發生的死亡行為。

在清華的這52人中，教師、學生無疑佔據很大比例，教師有22人，學生有18人，另外，職員有9人，黨政幹部有3人。從中不難發現，「非正常死亡」中師生人數達40人，這類死亡的最大指向也就不難理解了。

「非正常死亡」發生的時間分佈也是一個值得關注的問題。

1968年實際上是「非正常死亡」發生頻率最高的年份,清華約有30人死於這一年。這一年既是清華群眾大武鬥最激烈的一年,又是「清理階級隊伍運動」最深重的一年。也正是在這一年,文革群眾運動達到了如火如荼般的「鼎盛」,並由外在的廝殺走向內在的「清查」。清華1966年有4人、1967年有7人,加上1968年,清華在文革前三年共有41人「非正常死亡」。而這三年,正是文革的初期階段,也可稱為為文革群眾運動的階段。正是在這個階段,無論是在清華還是在全國,整個文革時期「非正常死亡」的人數不僅是空前的,更是絕後的。顯而易見,文革的悖論之一是:越是群眾運動高漲、狂熱之際,就越是群眾性的「非正常死亡」惡化或嚴重之時。這種從全社會到各個單位的普遍性的「非正常死亡」,折射出從群眾文鬥到群眾武鬥、從「群眾專政」到專政群眾的轉換或交替。1966年至1968年可以說是中國歷史上自殺人數達到前所未有的高峰的年份。[1]

從這種死亡的時間分佈也可以映現出文革不同階段的特點。例如,1966年死亡的4人主要是由於文革初期進駐清華的工作組的高壓政策和最早的紅衛兵(「老紅衛兵」,即以高層幹部子女為主幹的紅衛兵)的血腥恐怖所致,這些政策和恐怖還帶有文革前的某些政治運動的印記。1967年死亡的7人,有4人是在清華外和北京外參加群眾武鬥死亡,反映出1967年7—8月全國性的文革群眾鬥爭漸入白熱化的特點。1976年死亡的1人是在同年「天安門事件」後所進行的風聲鶴唳般的「清查」運動中發生的。

正如毛澤東1970年底與美國記者斯諾談話時所言,文革是從教育界開刀的,[2]可以斷定,文革中教育界、文藝界中「非正常死亡」的現象或人數遠遠大於或多於其他領域。據我的粗略統計,在王友琴所著的《文革受難者——關於迫害、監禁與殺戮的尋訪

---

[1] 參見王友琴:《文革受難者——關於迫害、監禁與殺戮的尋訪實錄》(香港:開放雜誌出版社,2004)
[2] 國防大學黨史黨建政工教研室編:《「文化大革命」研究資料》(北京:國防大學,1988),中冊,頁497。

實錄》一書（香港：開放雜誌出版社，2004年）中所列舉的659位死難者中，從事教育、文藝和科技工作的人員（包括職工和幹部）就超過了500位之多。直到1969年初，以北京新華印刷廠、清華大學等「六廠二校」在「清理階級隊伍運動」中所總結的「給出路」、「再教育」等政策的出籠，教育界、文藝界以及清華的「非正常死亡」現象才得到一點緩解。

　　包括清華在內的文革教育界「非正常死亡」現象中，無疑是自殺死亡多於並深切於武鬥死亡。無論哪種死亡，都凸現出文革中知識分子問題的嚴峻和深重。文革作為知識分子生與死的煉獄，它以成千上萬計的知識分子的「非正常死亡」的歷史事件，以及整個知識分子階層成為在所有社會階層中唯一所要加以整治的文革對象的歷史事實，映現出知識分子問題在現代中國歷史進程中的複雜、畸形、尖銳和沉重。難道不可以說，文革力圖「打倒反動學術權威」、使「知識分子勞動化」、「知識分子勞動人民化」、「給知識分子再教育」和「再改造」等等，簡言之，文革對於知識分子的一切之一切的作法，不就是要從知識上、職業上乃至心靈上和肉體上不斷削弱直至取消知識分子的存在嗎？例如，1970—1976年文革時期進入大學的學生的稱呼，有別於以往「大學生」而稱之為「工農兵學員」；數百名文革前入學的清華幾屆大學生在1970年前後畢業留校工作，為了表示與舊大學生、舊教師的不同而決心與工人階級劃等號，把他們自己這一類人稱為「新工人」。無獨有偶，在「非正常死亡」最嚴重的幾年裡，恰恰是中國大陸自1966年至1969年連續四年沒有招收大學生的年份，這在世界近、現代教育史上都是一個前所未有的「奇蹟」。高等教育的中止和斷裂，既是社會的危機，也是教育的災難，更是對眾多教育者的生死磨難。

　　「非正常死亡」問題也在諸多方面反映出了「文革」的主旨。文革作為20世紀一場極為罕見的反知識、反教育和反知識分子的文化運動，它與過去的教育（尤其是包括1949年之後的教育）做出的決裂，它對過去培養出的受教育者（尤其是包括1949

年後至1966年受教育者）的整治，它對於它所獨有的「教育革命」烏托邦的勾畫和推行，它對於它經由平均主義、民粹主義甚至蒙昧主義的途徑通向它所憧憬的「新社會」及「新人」的建構或塑造，無不以知識分子，首先是教育者，在文革初期廣泛而又慘重的「非正常死亡」，作為一個基本的、原初的「代價」的。

二

　　無疑，文革「非正常死亡」現象的首要方面是自殺死亡。一方面，文革一開始，就如同過去的許多政治運動中要有自殺現象出現，這是全社會性的政治運動的恐怖、壓抑與個人的虛弱、畏懼之間張力的必然結果。另一方面，自殺者的異常增多和自殺現象的異常廣泛表明了文革不同於過去一切政治運動，文革成為中國大陸社會所有單位的每一成員或任何「角落」的每一個成人都無法逃脫或無法迴避的政治運動。文革社會與個人之間的關係達到了史無前例的緊張磨合或不斷對立或生死衝突的程度。

　　從清華文革「非正常死亡」中自殺者的行為來看：自殺的理由大都是對文革高壓局面的無奈、絕望、恐懼，進而對文革與自殺者本人的關係做出拒斥、否定或絕斷，以個人的主動死亡來消解文革所強加的不堪忍受的壓抑和迫害；這種自殺性的死亡與其說是死者的解脫，不如說是人世間現實生活的罪惡。這種自殺的一個特點大都是自殺者在某一個文革階段面對此時文革的主題或主要任務，無法澄清或洗刷自己的無辜、不幸，或者無法解釋和承受自身具有的所謂「疵點」，無論是痛苦萬分的猶豫、徘徊，還是毅然決然的從容、坦蕩，他們都義無反顧地以死來抗拒自己作為文革的「另類人」即被歧視者和被迫害者的名聲、身分和地位。自殺者的自殺方式大致採取服毒、跳樓、自縊、投水等，許多自殺者並沒有留下遺言或真正像樣的遺書。僅據我手頭上十分有限的資料就可表明：自殺者生不如死、只求一死的決絕之心和終極行為，的確令後人感到無比震撼和驚奇。而對於自殺者臨死

前夕無法形容的複雜心理和動盪思緒，任何語言的描述或表現都顯得空洞、無力和蒼白。

這種自殺發生的時間分佈也值得關注，尤為1968年為甚。因為，文革在這一年進入所謂「清理階級隊伍運動」階段，在這一階段，每一單位的成員都要從家庭出身、生活經歷和社會歷史關係等方面接受政治審查或「驗身」，以確保文革「正統」階級隊伍的純潔和統一。清華在這場重點清查個人歷史問題和政治問題的運動中，共有24人自殺身亡。這種人人過關甚至人人自危的運動，使得一些當事者今天回顧起來還心有餘悸。例如，1968年9—10月，清華先後召開6次全校萬人大會，揪鬥了91人，還召開了其他形式的批鬥會，大造聲勢。全校舉辦各種「學習班」，開展政策攻心和立案審查。12月和次年1月，又召開兩次「坦白從寬，抗拒從嚴」全校萬人大會。在持續了兩、三年的「清理階級隊伍」等運動中，清華全校立案審查的有1120人，定為「敵我矛盾」或「專政對象」的有167人。[3] 相比較清華整個文革時期約有1228人被立案審查、178人被定為「敵我矛盾」或「專政對象」，就可看出，1968年下半年至1970年文革形勢的異常恐怖、嚴峻和殘酷。

當時對於自殺死亡者的處理及其模式，往往是斥責自殺者「自絕於人民」或「自絕於黨」。今天看來，這實質上是自殺者自絕於文革。清華文革時期，還發生過10起以上的自殺未遂事件。例如，僅在1969年年初的「整黨建黨」運動中就有五位黨員因為難於過關，自殺未遂。[4] 當時對於自殺者的處理，影響到一些具有輕生傾向或意圖的人，使他們望而卻步。因為，死，不僅是對自殺者的否定或詆毀或誣陷，更是對自殺者的親人這些生者的重負和苦難。可以想像，由於死後所背負的「自絕」之類的重

3　清華大學校史研究室編：《清華大學九十年》（北京：清華大學出版社，2001），頁275。

4　清華大學檔案，全宗號：2，案卷號：69007，《工宣隊 革委會 整黨建黨有關材料》。

壓，對於這些無辜的親人們的作用必定是日常性的和持久性的。

值得提及的是黃報青一案。黃報青在文革開始之際，就公開不同意中共中央給原高等教育部部長、清華大學校長兼黨委書記蔣南翔定性為「走資本主義道路當權派」和「反革命修正主義分子」等，他多次據理力爭，遭到了無數次的毆打、侮辱和批鬥，誓死堅持己見，曾自殺過一次，未遂，後精神恍惚，最終結束了自己的生命。文革結束後，蔣南翔見到黃報青冤案的材料十分傷心，認為大可不必為堅持「不喊打倒蔣南翔」，他說：「那時我自己也得喊這個口號」。[5] 儘管蔣南翔參加了追悼黃報青的紀念活動，但是蔣南翔在這個喊不喊口號的問題上錯了。黃報青的死，既不是為蔣南翔個人也不是為黃報青本人，而是清華文革時期少有的以死對整個文革的抗衡。

還值得提及的是韓啟明一案。韓啟明在清華「井岡山兵團」中曾作為活躍分子受到重用。在工人宣傳隊進駐清華後，韓啟明等一大批人失落，韓啟明回到原籍工作。在1970年底至1971年初，包括韓啟明本人在內的昔日一大批清華文革「佼佼者」被調回清華接受不同形式的隔離、交代和審查。這與文革第一次全國性的糾「左」運動即「清查五一六運動」（實質上是以「左」糾「左」）有關。韓啟明不堪忍受，走上了不歸之路。由此可見，文革的自殺現象包含了文革的積極參與者，而不只是涉及到文革「原教旨主義」意義上的對象。正如造反吞噬了造反者，文革的斧鉞也會把文革的兒女變成冤死鬼。文革兒女對於文革的決絕，說明了什麼呢？

無論是清華文革，還是全國文革，自殺死亡的問題有兩點是明確的：一是自殺的個體性，即文革中的自殺絕大多數都是個人的行為，儘管有夫妻或家庭一齊自殺的，如清華英語教師殷貢璋和王慧琛夫婦的結伴自殺，但是文革中的自殺不可能是群體性的或集體性的，因為文革本身並不具有或沒有出現可與文革一爭

---

5 唐少傑於1999年12月20日與羅徵啟的談話，深圳大學。

高低、決一死戰的反對階層或敵對群體。換言之，儘管這種自殺對於自殺者是極為不幸的和對於其親人是無比痛苦的，但是，毋庸諱言，這種自殺既沒有制約單位的文革，也不可能抑制文革的全局。二是可以肯定，在文革所有自殺人數中，從事教育、文學藝術、科學研究等工作的知識分子的自殺人數高於其他領域。例如，位於北京眾多大學和科研機構附近的圓明園遺址公園在1968年下半年一度成為許多文人和學者命喪黃泉的歸宿。在「清理階級隊伍運動」形勢最緊張之際，幾乎每天都有人投水或自縊，最多時，一天從圓明園的「福海」（這個名字對於自殺及自殺者而言具有多麼大的諷刺意味）裡打撈上四具自殺者的遺體，而這些自殺者都來自大學和科學研究單位。這種自殺的職業性分佈和顯現在凝聚化了文革的主要矛頭指向的同時，更加顯示出這種矛頭直指受難者整個心靈的犀利鋒芒。

如何評價文革自殺者的自殺行為？這既不能從什麼見仁見智的誇誇其談來著眼，也不應由事後聰明式的信手拈來的標籤來入手，而是根據如何體驗生命和理解生活乃至對待生死的「形而上」問題來進行。在此，我想借用哲學家維特根斯坦（Ludwig Wittgenstein, 1889-1951）的看法。維特根斯坦在第一次世界大戰投筆從戎，在戰火紛飛、出生入死的前線上，他簡潔地論及了自殺問題：「如果自殺是允許的，那麼一切都是允許的了。」「如果有什麼事情是不允許的，那麼自殺就是不允許的。」「這點澄清了倫理學的本質。因為自殺可以說是基本的罪孽。」「如果我們研究它，那就正如我們為了理解蒸氣的本質而去研究水銀蒸氣一樣。」「或者，自殺就其自身而言不也是既非善的也非惡的嗎！」[6]

---

[6]　分別見維特根斯坦：《戰時筆記》，韓林合編譯（北京：商務印書館，2005），頁253；塗紀亮主編：《維特根斯坦全集》（石家莊：河北教育出版社，2003），第1卷，頁183。

三

　　不同於文革中的自殺，文革的武鬥死亡實質上是他殺。「武鬥」這一文革獨有的現象和專門用語是指在文革的單位和地區中，對立的群眾組織所進行的武力衝突，而「武鬥死亡」就是指在這種衝突中運用武力或暴力造成的死亡現象或結果。嚴格地講，武鬥是群眾派別之間雙向性的互動鬥爭，它不包括文革對於個人所實施的迫害致死，這種迫害是個人幾乎完全無法抗拒的，而這種單向性的被迫害致死又不同於自殺，確切地說是殘殺，如文革初期對某些文革對象的殺戮，又如附表列出的錢平華案等。因而，武鬥死亡問題比起文革自殺及殘殺問題，更具有文革自身的特性或內涵。

　　不同於文革的自殺者拒絕或疏遠文革，大多數武鬥死亡者都對文革採取了主動認同、回應或積極參與。武鬥雙方在文革同一個最高領袖的率領下和在同一種文革意識形態的支配下甚至在同一種文革話語的運用中所進行的殊死較量，進一步由武鬥死亡現象展現出其難堪回首的荒謬和恥辱。

　　不同於文革的自殺是個體性的，武鬥死亡一般都是群體性的或群眾性的，即武鬥死亡是直接在群眾鬥爭中造成的。武鬥死亡在當時所帶來的轟動效應通常大於自殺死亡，更有可能成為繼續深化武鬥的藉口和動力。把許多積極參與文革鬥爭的群眾在當時蔑視自殺死亡與從武鬥死亡中受到某種刺激或鼓動這兩種情況加以比較，毋庸諱言，自殺死亡與武鬥死亡各自所帶來的社會價值無法相企及，甚至不能相提並論。但是，不同於文革的自殺是被動式地主動死亡，武鬥死亡則是主動式地被動死亡。前者多少顯示出死者的個性或主體性，後者多少則在趨於甚至淹沒於文革群眾的共性而失去了個性或主體性。簡言之，武鬥死亡的特性，首要的和基本的就是由文革群眾諸多問題的特性所鑄成的。

　　清華文革武鬥的直接原因是兩大對立的群眾派別（「井岡山

兵團」和「四一四派」，分別簡稱團派和四派）由於對如何理解
和實施文革的分歧和論戰（「文鬥」），特別是圍繞文革權力的
爭奪而上升到武力鬥爭。清華文革由文鬥到武鬥，完全合乎文革
的內在規律性。武鬥的殘酷直至武鬥的死亡是文革暴力程式的常
規「函數」，彷彿是文革鬥爭由思想和言論的獨斷到對一切行為
的霸權的當然理由。

　　武鬥死亡的方式大都是在武鬥雙方的衝突中受到暴力襲擊致
死，在清華更多的是遭到槍擊致死，其次是毆打、汽車碾壓、毒
箭擊中、廝殺格鬥、被追趕時跳樓、被手榴彈炸死、被窒息致死
等。清華武鬥死亡還具有反諷意味，無論武鬥死亡的還是加害於
他人武鬥死亡的主要人員恰恰都是在校受過高等教育的大學生。
准軍事化或准戰爭化的武鬥及其死亡，不但使得處於武鬥境地的
大學生們倍受生死的焦慮、折磨或煎熬，而且至少證明了文革前
的大學教育所具有的偏執、缺陷以及這種教育在文革時的異化。
與此同時，清華的武鬥及其死亡一旦開動起來，決不限於清華人
員。因而，我把六位因清華武鬥而死亡的非清華人員的名單一齊
在附表中列出，以顯示出清華武鬥死亡的廣泛和慘烈。

　　武鬥死亡者在當時所受到的死後待遇往往來自死亡者自己
所在群眾組織的處理，一般是通過大造聲勢的悼念活動來給自己
的派別鼓舞士氣，並借機證實武鬥的正當性。例如，1967年8—9
月，清華四位學生在外地武鬥中遇難，井岡山兵團總部把他們定
為「革命烈士」，大張旗鼓地進行所謂學習和紀念活動。[7] 更有意
思的是，井岡山兵團總部政治部1967年9月18日發佈公告，自行決
定追認李磊落、劉慶和羌於正三人為中共黨員。[8] 這在文革中是頗
具諷刺意味的，因為，自文革爆發至1968年下半年，整個中共黨
組織自身的發展黨員工作處於停滯狀態。井岡山兵團這個群眾組
織在文革中共黨組織陷於癱瘓之際，代替並行使了發展「黨員」

---

[7]　紅代會清華大學井岡山報編輯部主辦：《井岡山》1967年8月17日，第
　　74、75期合刊。

[8]　紅代會清華大學井岡山報編輯部主辦：《井岡山》1967年9月21日，第86期。

的功能，這種做法是對於武鬥死亡者的嘉勉，還是對於中共黨組織的某種「超越」？而對於在清華本校的武鬥死亡者，必然是為一派所褒獎、所追思，而為另一派所不齒。武鬥結束後乃至文革結束後，只有少數武鬥決策者、施害者受到不同的懲處，而幾乎所有的武鬥死亡者不是被後人所遺忘或不理解，就是為歷史記憶所漠視、淡化。

清華文革的武鬥死亡還有很大的政治宣傳性和心理威懾性，武鬥用自身宣傳了革命暴力和造反異化的「天然特性」，也把這種幾乎不顧及一切後果的暴力和異化維繫於文革積極參與者特別是武鬥參與者的心際。武鬥死亡本身，既制約著文革鬥爭必然趨向難於調和的極端，又使當事人無法回避和無法解脫武鬥的威脅和危險。當武鬥死亡急劇增多或者如人們所說的殺紅了眼時，武鬥者們實際上把自己置於了文革鬥爭幾乎沒有退路的絕地。一場武鬥常常會帶來更大更多的武鬥及死亡，武鬥雙方已經不可能達成妥協或非武力解決的途徑，只能要麼以雙方的誓死決戰來告終，要麼以文革最高領導層的決斷為轉移。清華的武鬥死亡證明了武鬥已不是由武鬥雙方所能左右的。

武鬥死亡的時間分佈除了1967年8月在外地有四位清華學生參與武鬥致死，其餘的就是集中在1968年4月至7月聞名遐邇的「百日大武鬥」中，最突出的是在1968年7月上、中旬，直接被槍彈襲擊（多數是冷槍或流彈所致）致死的就達4人。7月27日，3萬餘名工人宣傳隊在北京市革命委員會的組織下進駐清華以圖「和平地」結束清華武鬥，不料在10多個小時裡，5人被打死，731人負傷。在北京地區出現的清華武鬥死亡的急劇嚴重成為毛澤東下決心結束清華武鬥乃至全國性群眾武鬥的一個契機。

武鬥死亡最終帶來了武鬥的自身異化。這種異化，不僅對於武鬥雙方，而且對於眾多的武鬥死亡者，都不止是他們的茫然、盲目和衝動，還是他們的無知、無能和被玩弄。例如，團派一些人苦苦不解的是，毛澤東及北京市革命委員會在派出數萬名工人宣傳隊為結束武鬥而進駐清華之前，為什麼事先不通知團派或清

華？或者，如王友琴提出的，即使為了工人宣傳隊進駐清華，為什麼不能避免7月27日的流血犧牲？[9] 據蒯大富回憶，在毛澤東7月28日召見北京紅衛兵「五大領袖」的談話中，當蒯大富談及不知道何人向清華派出這麼多的工人到清華而「把清華井岡山打得一塌糊塗」時，毛澤東曾責問北京市革命委員會負責人謝富治、黃作珍等人，為什麼派工人宣傳隊不事先通知清華（大意）？謝、黃等人沒有給毛澤東做出明確的答覆。[10] 造成這一事先不通知的直接原因，我認為大約有兩點：一是從毛澤東決定派出工人宣傳隊到北京市革命委員會具體實施和基本完成，前後不到20個小時，這好像是「來不及」通知清華，或者已在實施進駐時只是象徵性地通過電話托人轉告蒯大富本人；二是在有關決策者和實施者看來，根本就沒有必要通知清華。在工人宣傳隊問題上，從決定到進駐的短暫、迅速，彷彿就是避開清華人士，防止意外洩露。工人宣傳隊進駐清華，無非有兩種結果，不是和平的，就是非和平的。儘管前者是最理想的（這種和平進駐清華能不能保證制止和結束清華武鬥又是一個疑問），但是後者的可能性和現實性更大。後者一旦發生，就恰如清華文革初期所流行的來自中共中央文革小組有關要員關於文革鬥爭的一句至理名言：「政治鬥爭就是要引導對方犯錯誤」，從而就可以「有力、有理、有利、有節」地結束清華所代表的文革武鬥並制止武鬥死亡，即使是這種結束和制止同樣是流血犧牲的，也在所不惜。

今天，人們徜徉清華園，常在諸多記載清華歷史和清華人物的文物景觀前，留足長思。然而，關於清華文革的遭難，特別是關於清華文革「非正常死亡」的反省，卻沒有什麼文物景觀（甚至清華校史展覽館也沒有，即使清華大學校方自己所編纂、出版

---

[9] 王友琴：《文革受難者——關於迫害、監禁與殺戮的尋訪實錄》（香港：開放雜誌出版社，2004），頁125。
[10] 唐少傑於2005年3月17日與蒯大富的談話，北京。

的清華校史、清華校志中的記載，也是非常的模糊不清。[11]）加以記述或標誌出來。我個人認為，十分有必要在清華文革「非正常死亡」發生最集中和最激烈的地方，豎立一座警示碑石，銘刻專文，告誡世人，決不允許類似文革「非正常死亡」現象的重演！

附表：清華大學「文革」時期「非正常死亡」人員名單（不詳之處為空白）

序號	姓名	性別	出生年份（或年齡）	原單位	原職務	政治面貌	死亡時間	死亡方式或死亡地點
1	史明遠	男	1936年	清華自控系	助教	共青團員	1966.7.5.	在京郊十三陵服毒藥身亡
2	郭蘭蕙	女	19歲	清華附屬中學高中二年級	學生		1966.8.20.	因所謂「家庭出身不好」，遭紅衛兵同學的「批鬥」，服毒藥後，被阻攔救治，身亡。
3	劉澍華	男	1937年	清華附中物理教師	附中校團委副書記	中共黨員	1966.8.27.凌晨	在清華公寓社區，從高煙囪跳下自殺。
4	王章	男	1933年	清華行政生活處第三飯廳	炊事員		1966.9.25.	不滿於清華工作組的作法，在清華生物館內被關押，上吊身亡。
5	侯協興	男	1937年	清華建工系給7班	學生	群眾	1966.8.26.	在清華2號樓五樓（層）上，跳下自殺。
6	佟英亮	男	1908年	清華精密儀器系	門衛		1967.1.9.	在北京林業科學院附近，上吊身亡。
7	張懷怡	男	1945年	清華工程數學力學系力901班	學生（團支部書記）	中共預備黨員	1967.3.25.	在其日記中被發現有「反革命言論」，受到批判，跳樓身亡。
8	周定邦	男	1930年	清華水力系水力學教研組	講師	1953年加入中共，1957年左右時被開除黨籍	1967.12.25.	在宿舍跳樓身亡。
9	黃報青	男	1929年	清華土木建築系	系黨支委員、副教授，民用建築教研組副主任	中共黨員	1968.1.18.	跳樓身亡。
10	周久庵	男	1907年	清華圖書館	職員	民盟盟員	1968.6.4.	在北京大學靶場西側水坑內，溺水自殺。

---

[11] 參見清華大學校史研究室編：《清華大學九十年》，北京：清華大學出版社，2001；方惠堅、張思敬主編：《清華大學志》，下卷，北京：清華大學出版社，2001。

11	張義春	男	1921年	清華體育教研組	講師	群眾	1968.6.	在宿舍自縊身亡。
12	劉承嫻	女		清華統戰部	副部長	中共黨員	1968.6.12.	在團派看守處，跳樓死亡。
13	趙曉東	男	1910年	清華附中體育教研組組長	中教二級教師		1968.8.9.	「清華階級隊伍運動」中被關押，在清華附中四樓（層）跳下身亡。
14	陳祖東	男	1912年	清華水利系施工教研組主任	教授		1968.9.20	在「清理階級隊伍運動」中中被追查他自己和別人的「歷史問題」，在圓明園遺址上吊自殺。
15	黃志沖	男	1934年	清華工程化學系	系黨總支副書記	黨員	1968.9.26.	在清華荷花池二宿舍本人住室，自縊。
16	周華章	男	1918年	清華基礎部教學教研室	教授	民盟盟員	1968.9.30.	在其住所跳樓自殺。
17	徐毓英	女	1932年	清華精密儀器系	講師	中共黨員	1968.10.9.離校出走	武漢長江（不詳）。
18	王慧琛	女	41歲	清華基礎部外語教研室	教師		1968.11.6	「清理階級隊伍運動」中，在北京香山公園，與丈夫殷貢璋一起上吊自殺身亡。
19	殷貢璋	男	42歲	清華基礎部外語教研室	教師		1968.11.6	「清理階級隊伍運動」中，在北京香山公園，與妻子王慧琛一起上吊自殺身亡。
20	楊景福	男	36歲	清華基礎部外語教研室	教師		1968.11.6	「清理階級隊伍運動」中，跳樓自殺身亡。
21	程國英	男	1922年	清華建築系美術教研組副主任	講師		1968.11.12	在清華園荷花池南邊土坡上，自縊身亡。
22	於貴麟	男	1928年	清華自動控制系	工人		1968.11.28.	在陶然亭公園南豁口，投河自殺。
23	李丕濟	男	1912年	清華水利系	教授		1968.11.29.	「清理階級隊伍運動」中，被關押時，跳樓自殺身亡。
24	鄒致圻	男	57歲	清華機械系	教授		1968.12.10	「清理階級隊伍運動」中，跳樓自殺身亡。
25	程應銓	男	49歲	清華土木系	講師		1968.12.13	1957年被劃為「右派分子」，在「清理階級隊伍」運動中被「審查」，投水自殺身亡。
26	李文才	男	46歲	清華工程化學系	副主任副總支書記	中共黨員	1969.1.9	「清理階級隊伍運動」中，在家中上吊自殺。

27	路學銘 （路學 周）	男	41歲	清華 體育教研室	講師		1969.2.8	「清理階級隊伍運動」中，跳樓自殺。
28	李玉珍	女	58歲	清華圖書館	職員		1969.4.23.	在「清理階級隊伍運動」中，跳樓自殺。
29	王大樹	男	31歲	清華電機系	助教		1969.5.24	「清理階級隊伍運動」中，在大興縣紅星公社一村莊附近服毒自殺。
30	邢孝若	女	1907年	清華圖書館	在編 臨時工 （採編）		1969.12.29. 跳樓重傷 1970.5.19. 死亡	在清華16公寓跳樓。
31	薦健	男	1946年	清華 動力與農業 機械工程系 汽車02班	學生	共青團員	1970.3.	在泰山捨身崖，跳下身亡。
32	楊哲明	男	1933年	清華精密儀器系	系工程製圖教研組黨支部書記、講師	中共黨員	1971.2.9.	在精密儀器系樓館內上吊身亡。
33	栗乃志	男	1946年	清華試驗化工廠	學生黨支部書記、教師	中共黨員	1971.2.11.	在清華2號樓四層樓頂層，跳樓身亡。
34	陳貫良	男	1946年	清華 電機系01班	學生	共青團員	1971.3.	在清華大學江西南昌郊外鯉魚洲農場跨越馬路時，趁勢鑽進行駛中的拖拉機下，被車輾壓身亡。
35	韓啟明	男	1923年	原清華大學汽車隊，後調原籍河南杞縣醫院，清查「五一六」時調回清華重審	司機	群眾	1971.7.18.	在清華校外大石橋處，割斷大動脈血管自殺。
36	周壽憲	男	1925年	清華 電子工程系	副教授		1976.5.	在其住所跳樓自殺。
37	姜文波	男		清華建築系給01班	學生		1968.4.26.	被團派武鬥群眾追趕，跳樓摔死。
38	謝晉澄	男	24歲	清華自動化系自94班	學生		1968.4.29	武鬥中，被團派汽車輾壓致死
39	孫華棟	男		清華冶金系焊82班	學生		1968.5.15.	被團派武鬥人員綁架，遭毒打致死
40	許恭生	男	24歲	清華冶金系冶82班	學生		1968.5.30.	大武鬥中，被四一四派群眾長矛亂刺致死
41	段洪水	男	19歲	清華修建隊	工人		1968.5.30.	武鬥中，在攻摟時，被四一四派群眾長矛刺中，摔下梯子致死

42	卜雨林	男		清華化工系003班	學生		1968.5.30.	武鬥時，胸口被團派武鬥者射出的毒箭（體育比賽用箭）擊中，致死。
43	朱育生	男		清華建築系房01班	學生		1968.7.4.	武鬥對峙中，在科學館外戰壕中被槍彈擊中致死。
44	楊志軍	男		清華電機系電01班	學生		1968.7.5.	武鬥對峙中，在科學館外修築戰壕時被槍彈擊中致死。
45	楊述立	男		清華動力與農業機械工程系實驗室	實驗員		1968.7.6.	駕駛土裝甲車外出購菜，被團派開槍擊中心臟。
46	錢平華	女	25歲	清華自動化系自82班	學生		1968.7.18.	從家鄉返校，在清華主樓前被團派槍彈擊中致死。
47	范仲玉	男		清華修建隊	工人		1968.7.28.	凌晨，乘車撤離途中，自己人的手榴彈拉環拉出，因翻車爆炸致死。
48	范崇勇	男		清華中等技校	學生		1968.7.28.	同上
49	李磊落	男	22歲	清華電機系電9班	學生		1967.8.7.	在湖南常德參加群眾武鬥時，遭遇機槍掃射致死。
50	蕭化時	男		清華無線電系無706班	學生	中共黨員	1967.8.11	參加武漢造反派群眾組織的橫渡長江的活動中，在與武漢「百萬雄師」進行的武鬥中致死。
51	劉慶（劉仁堂）	男	23歲	清華無線電系無91班	學生		1967年8月中旬	在遼寧鞍山市參加當地群眾武鬥時，致死。
52	羌於正	男	22歲	清華動力與農業機械工程系農9班	學生		1967.8.29	在江蘇南通市參加當地群眾武鬥時，致死。
53	羅征敷	男	28歲	北京第一機床廠	工人		1968.4.4.	團派抓捕羅徵啟，未遂，綁架其弟，其弟遭毒打後被用棉絲塞住嘴，被裝入汽車後箱內，拉回清華，窒息死亡。
54	韓忠現	男	36歲	北京第一食品廠	革委會委員		1968.7.27.	在9003大樓休息時，被團派長矛刺死。
55	李文元	男	36歲	北京橡膠四廠	工人		1968.7.27.	在9003大樓外，被團派開槍打死。
56	王松林	男	36歲	北京第二機慶廠	副科長		1968.7.27.	在學生宿舍10號樓裡，被手榴彈炸死。
57	潘志洪	男	30歲	北京供電局	工人		1968.7.27.	在學生宿舍12號樓附近，被手榴彈炸死。
58	張旭濤	男	39歲	北京541廠	工人		1968.7.27.	在東大操場南端的撤退路上，被團派長矛刺死。

【補記】

唐金鶴老師在閱讀了我的此文之後，來信指出我關於清華大學文革時期「非正常死亡」統計中的錯誤或疏漏。我把唐金鶴老師的指正如下列出：

1. 朱玉生，男，清華建築系房01班學生，1968年7月4日在科學館外西北角值班時被槍彈擊中致死。名字，是來自於他的同班同學，死亡地點，是科學館人提供。
2. 楊志軍，男，清華電機系電01班學生，1968年7月5日，在科學館後門外值班時被槍彈擊中致死。死亡地點，是科學館人提供。
3. 楊樹立，男，清華動力與農業機械工程系實驗室實驗員，1968年7月6日在土坦克內，被團派用穿甲彈擊中左肺。名字，是來自於他的同事。我是現場目擊者，他不是駕駛員，我在手術室看到了他的左肺上的洞孔。
4. 許恭生，男，24歲，清華冶金系焊8班學生，1968年5月30日大武鬥中，被四一四派群眾長矛刺中多處，延誤送醫，失血過多致死。
5. 劉承嫻是跳樓了，但沒有死，後送到積水潭醫院手術，手術後，昏迷中被老團從病床上虜走，失去治療，造成死亡的。

在此，謹向唐金鶴老師致以謝忱！

——唐少傑2014年1月12日

1967年5月清華大學
「革命委員會」成立流產記

唐少傑

　　1967年初，「文化大革命」（以下簡稱文革，且不帶引號）進入了全國性的奪權鬥爭。根據文革「無產階級司令部」的部署，各單位（或部門）和各地區按照「三結合」原則（即由解放軍代表、革命群眾組織代表、革命領導幹部代表）組成文革的權力機構——「革命委員會」。1966年12月經過上述「司令部」授意、出自於打倒劉少奇等需要而成立的「清華大學井岡山兵團」，在其出現的四個月裡，因為在文革一系列重大問題上的分歧和論戰，致使清華大學井岡山兵團這一文革著名的群眾性組織於1967年4月14日分裂為「團派總部」和「四一四串聯會」（又簡稱「團派」和「四一四」或「四一四派」或「四派」）。對於清華大學可能出現的「革命委員會」而言，「解放軍代表」由於是上級指派而沒有什麼爭議，「革命群眾組織代表」和「革命領導幹部代表」由於上述分裂而無法達成兩派群眾的共識。而「革命委員會」問題直接關係到兩派的權力地位、權力分配等，更主要的關係到兩派權力的合法性即權威性與否的問題。十分有趣的是，剛剛產生不久的四派所投入的與團派鬥爭的「角鬥場」就是這類問題。

　　1967年4月30日，井岡山兵團總部根據「新形勢」召開擴大會議，做出了《關於建立清華大學革命委員會籌備小組的決議》，宣佈清華大學革命委員會籌備小組（以下簡稱「革籌小組」）由「革命群眾代表」、清華大學井岡山兵團總部第一號人物蒯大富以及革命教職工代表、革命幹部代表11人組成。兵團總部所說的「新形勢」，名為文革進入建立文革權力機構的籌備和建立

階段，以及北京一些高校逐漸建立起革命委員會等，實為針對「四一四串聯會」的成立，兵團總部竭力加快使自己的權力合法化、權威正規化的步伐，從而打擊四一四。5月1日，在天安門城樓的慶祝觀禮活動上，毛澤東、林彪等接見了新成立不久的北京市革命委員會全體成員並合影留念。身為北京市革命委員會常委的蒯大富還把清華大學井岡山兵團的袖章獻給了毛澤東。周恩來在與北京市革命委員會成員座談時，關切地向蒯大富問起清華大學革命委員會何時成立？並答應派軍代表來清華。蒯大富回清華後把上述消息傳給大家，一時間兵團上下喜悅有加，出現了「毛主席關心咱井岡山人」，「毛主席給咱井岡山人撐腰，咱井岡山人為毛主席爭氣」等大標語。[1]

5月2日，「革籌小組」開始與兵團總部一起具名行文，發出通知，於5月3日至7日集中召開全校批判大會，除了幾個官樣文章的內容之外，一個內容就是批判無政府主義思潮，這顯然是針對四一四的。

對於11人組成的「革籌小組」，「四一四串聯會」根本不予承認，指出其中的所謂「革命教職工代表」和「革命幹部代表」根本沒有代表性，而「四一四代表」只有作為上述串聯會核心組成員之一的孫怒濤一人。暫居兵團總部委員而實為四一四領導人之一的孫怒濤貼出《孫怒濤嚴正聲明》，道出了四一四的立場：「所謂革籌是沒有無產階級權威的，是沒有代表性的，是強加給群眾的，因此它不是真正革命的，它不能籌備革委會。透過現象看本質，成立所謂『革命委員會籌備小組』的目的就是為了給高舉無產階級革命批判旗幟的井岡山四一四及其他革命同志施加政治壓力，為草草地成立一個三湊合的班子鳴鑼開道。為此，我嚴正聲明：在政治上不承認所謂的『革籌』，在組織上不參加所謂『革籌』。總部的某些同志，無視於井岡山四一四及其他革命同

---

[1] 參見紅代會清華大學井岡山報編輯部主辦：《井岡山》，1967年5月25日，第50期。

志的尖銳批評，在分裂的道路上邁出了極其危險的一步！總部的某些同志，必須懸崖勒馬，否則，由此而引起的嚴重後果，將由你們負一切責任！」繼孫怒濤「嚴正聲明」之後，四一四一些戰鬥組也貼出了類似的聲明。「從來急」在《關於所謂「校革命委員會籌備小組」嚴正聲明》中寫道：「堅決不承認『革籌』，它對我們來說，不起任何的約束和限制作用」。這意味著公開蔑視和否定兵團總部的權威。

5月3日，「四一四串聯會」召開第十一次大會，通過決議，不承認「革籌小組」，並在四一四小報上發表文章《徹底搞臭籌備小組》。四一四「東方紅03支隊」貼出大字報《把現臨籌小組一棍子打死》，抨擊兵團總部搞「三湊合」、「假批判」、「改良主義」。「籌備小組娘胎裡的時候心眼就不正」，要把它「搞得臭臭的，而且要一棒子打死」。

5月5日，機械系成立了「革籌小組」，這是兵團總部的「革籌小組」的第一個系級分支機構。四一四手下的「東方紅特別支隊」發出「嚴正聲明」：「所謂革籌小組是完全非法的！是破壞大聯合的！是兵團總部某些人在背離毛主席的革命路線的道路上跨出的新的一步！是分裂的產物！我們堅決不承認！」並限令蒯大富：「立即解散革籌小組；徹底改組背離毛主席革命路線的廣播臺」⋯⋯等六條。

兵團總部和「四一四串聯會」在革委會組建問題上針鋒相對，互不相讓，不僅雙方的大字報、廣播臺等一時間唇槍舌劍，而且雙方領導人的不妥協直接促使北京市革命委員會出面調解。5月12日，北京市革命委員會主任謝富治親自主持清華井岡山兵團總部負責人和「四一四串聯會」負責人開會，聽取清華文革有關情況彙報，並做出有關指示。這一長達7個多小時的會議對清華文革局勢並沒有什麼改觀。5月21日下午，謝富治親臨清華大學，召集兵團總部負責人和四一四代表，進行了4個多小時的商談。在謝富治的主持下，兵團總部蒯大富與「四一四串聯會」孫怒濤簽署了四項協定：

1、立即停止內戰，不准相互攻擊。廣播、大字報、標語等不准攻擊對方。有不同的看法須協商解決，尤其不准把內戰打到社會上去。

2、雙方要整風，主要是自我批評。總結經驗，發揚優點，克服缺點。整風要達到大聯合、大團結的目的，逐漸實現班、系大聯合。

3、調整和擴大革委會籌備小組，革籌小組和總部實現我校革命的三結合。

4、井岡山兵團總部和革籌小組做出的決議必須執行。[2]

　　這一決議的「要害」在於第4條，即規定四一四必須執行兵團總部和「革籌小組」的決議，這無疑使在此之前為四一四所拒斥的「革籌小組」披上了合法性的外衣，並很有可能把四一四置於兵團總部及「革籌小組」的指使之下。

　　當日晚，兵團總部召開其各系、處分部的大會，傳達了「四項協議」，兵團上下歡呼雀躍，各分部紛紛發表回應、支援「四項協定」的「嚴正聲明」。

　　差不多與此同時，「四一四串聯會」核心組等召開且會議，嚴厲地批評了孫怒濤的「妥協」、「軟弱」，孫怒濤在會上作了「檢查」，承認「喪失原則」，「對不起廣大四一四戰士」。四一四核心組部署抵制「四項協議」的行動。這一核心組的汲鵬等19人發表聲明，反對「四項協議」。四一四廣播臺一直廣播到深夜，大加抨擊「四項協議」。次日，「四一四串聯會」勤務站發表聲明，評論「四項協議」，認為可「同意第2、3條協議」，「第4條議……嚴重違背毛澤東思想，我們堅決反對」。四一四

2　紅代會清華大學井岡山報編輯部主辦：《井岡山》，1967年5月25日，第50期。

2　紅代會清華大學井岡山報編輯部主辦：《井岡山》，1967年5月25日，第50期。

的核心隊伍「東方紅戰團」發表聲明說：「5‧21的四項協議是四一四革命串聯會勤務站部分同志違背四一四廣大戰士的意願，沒有堅持原則，擅自達成的，是不符合毛澤東思想的，我戰團堅決不予承認」。到此時為止，四一四的近百個戰鬥組發表聲明，拒絕「四項協議」，聲稱「現革籌必須解散」。

儘管兵團總部為了加快成立「革委會」而同四一四代表坐到一起談判並簽署協定，這實際上等於承認了四一四的「合法性」，但是，「四一四串聯會」可謂「變本加厲」，不僅不承認「四項協議」，而且公開地無視謝富治以及北京市革命委員會的權力和權威，這也就意味著清華文革兩派的問題解決已不是北京市革命委員會力所能及的了。

5月23日凌晨，謝富治指示他的辦公室人員分別打電話給孫怒濤和蒯大富，電話內容如下：「那天謝副總理與你們雙方協商達成協議的幾條，謝副總理已經報告了偉大領袖毛主席和中央文革的同志。謝副總理說，你們堅決執行四項協議，這樣作對你們有好處。」同日上午，蒯大富在兵團總部和「革籌小組」會議上作了傳達，並再次宣讀了「四項協議」和擴大後的「革籌小組」名單（由原先的11人擴大到22人，增加了四派人員的人數）。

同日，在中共中央有關部門召開的紀念毛澤東《在延安文藝座談會議上的講話》發表25周年的大會上，謝富治向鄰座的蒯大富轉告了他昨日向毛澤東彙報有關情況時提到清華大學的情景。謝富治說：「昨天，我見到了主席，我將四項協議向主席作了彙報，主席表示贊成。我又向主席講了清華問題解決三種途徑：第一條蔣南翔回來；第二條井岡山總部和蒯大富下臺，四一四上臺。」毛澤東聽後說：「這兩條都不行」。謝富治對蒯大富說：「我又說了第三條，還是兩派聯合起來」。毛澤東笑著對謝富治說：「你又和稀泥」。[3]蒯大富聽了謝富治的這一「轉告」後喜

---

[3] 參見紅代會清華大學井岡山報編輯部主辦：《井岡山》，1967年5月25日，第50期。

悅不已，回校後，他多次逐字逐字、繪聲繪色地傳達了謝富治的「轉告」。

5月24日上午，兵團總部連忙召開大會，蒯大富再次講述了昨日謝富治傳達的話語情景，頓時會場上一片歡騰。兵團上上下下都認為毛澤東是支持井岡山兵團總部而批評四一四的，紛紛表示，為偉大領袖毛主席爭光，儘快儘早地成立「清華大學革命委員會」。一傳成訛，清華園內貼出了「毛主席最新最高指示：四一四上臺不行！」的大標語。一時間，昨日收到了謝富治的電話「指示」，今日傳言的「毛主席的最新最高指示」，弄得四一四上上下下，滿頭霧水，大惑不解，不少戰鬥組紛紛改口擁護兵團總部及「四項協議」，一些群眾還聲明退出四一四，只有少數領導人堅持原來的立場。四一四代表前去找蒯大富對證，蒯大富說沒有上述「最新最高指示」並且答應在有關會議上糾正一次，實際上卻聽之任之。經兵團總部的《井岡山》報報導蒯大富的「傳達」，毛澤東的所謂上述指示流傳更廣。

無疑，謝富治的「轉告」對兵團總部加緊成立「革命委員會」給予了很大的促動。5月24日晚，在兵團總部召開的整風大會上，蒯大富宣讀了由兵團總部和「革籌小組」做出的關於在5月30日以前建立革命委員會的決議和緊急動員令，並宣佈了革命委員會成員的提名名單。自此之後，兵團上上下下鼓足幹勁，準備在5月30日之際建立清華大學文革的正式權力機構，即以兵團總部為核心的「革命委員會」。兵團總部的此番熱切願望和急切心情溢於言表：「動員起來！……克服一切阻力，踢開一切絆腳石，拿出十二分幹勁，下定二十四分決心，運用四大武器，晝夜奮戰，分秒必爭，全力以赴，飯可以不吃，覺可以不睡，一定要在5月30日以前成立清華大學革命委員會。」[4] 兵團總部一位領導人還在5月27日的一個會議上說：「30日不成立革委會就不算真正的井岡山人。」

---

[4] 同上。

5月24日下午，「四一四串聯會」在化學館三樓召開大會，討論上午蒯大富傳達的謝富治的「轉告」和所謂毛主席關於清華問題的「最新最高指示」，商量對策，要求中央有關部門拿出關於毛主席「指示」的正式文件。次日，該串聯會決定停止選舉清華革命委員會成員，宣佈四一四不參加任何有關革命委員會成立的籌備活動，他們準備以從兵團分裂出去另立「山頭」的事實，來制止團記「革命委員會」的出世。四一四一位領導人還宣稱，要與兵團總部血戰到底，一年以後看眉目。對兵團總部的目前籌備活動，採取不理睬的方針，一年以後算帳。在當日晚四一四下屬的「東方紅戰團」舉行的會議上，與會者們決定「阻止蒯大富成立革委會」，「只要蒯大富成立革委會，有了法定權力，他就會下令解散四一四，群眾也就頂不住了。」「無論如何，要在革委會之前另外搞一個總部，否則（四一四）隊伍也拉不出來了。中央一承認，誰也不敢分裂了。」「我們要用分裂來阻止革委會的成立。我們要拉出一支隊伍。中央看到分裂，也許不會承認在一派基礎上的革委會，這是一線希望，要爭取。」其領導人還說：「在東方紅戰團中挑出50個出身最好、沒有任何問題的老造反派，這50個人不怕壓，不怕中央打棍子，不怕犧牲，毫不動搖，死抱一團，長期對抗。中央打棍子，我們一起頂上去，要抓一起抓，要死一起死。」5月26日上午，「東方紅戰團」在圓明園遺址處開會，該戰團的大部分成員參加，其領導人宣佈了與兵團總部分裂的決定。針對有些成員擔心中央批評鬧分裂，該領導人說：「我們是蒯大富網中的魚，現在網越收越緊，不是魚死就是網破，只有冒死一拼了！」會議決定分裂下去。同日下午，在清華主樓三區3樓召開「東方紅戰團」大會，討論並通過了有關分裂的宣言。27日晚，在同一地點召開了「東方紅總部」成立大會，以示與兵團總部分庭抗禮，決不妥協。會上，依然有一些人不贊成決裂。這時，會議主持人傳達了由一些相對中立或溫和的群眾組成的「三七戰團」願意加入從兵團分離出來的四一四隊伍。會議遂決定成立一個正式總部。次日，先是在圓明園遺址處召開會

議，討論新總部成立宣言，後於清華校內新水樓320室開會討論總部及有關文件，四一四核心組決定於5月29日晚22時成立「清華大學井岡山兵團四一四總部」。[5]

針對5月28日晚兵團總部和「革籌小組」召開全體會議，討論並通過了革命委員會成員名單，四一四廣播臺在僅過了幾個小時，於5月29日凌晨播出「四一四總部」成立的消息，並播發了成立宣言，宣言指出：「兵團總部已不是無產階級的代言人了」。從即日起，清華大學出現了兩個正式對立的文革群眾組織總部：井岡山兵團總部和井岡山兵團四一四總部。在同日於新水樓320室舉行的四一四核心組會議上，與會者討論周恩來可能來清華參加革命委員會成立大會一事，其主要領導人發言：「一切都搞好了，不能再變了！周總理來了，我們也得分裂，除了分裂沒有出路！」多數與會者同意分裂。當日晚，「四一四總部」成立後的第一個聲明就是否定有毛澤東曾批准過由謝富治主持達成的清華兩派「四項協定」一事，為自己的分裂尋找理由。四派手下一些戰鬥組對於分裂有不滿意見，而另一些戰鬥組聲稱，這是「官逼民反，民不得不反」。

兵團總部的革委會籌備活動正在緊鑼密鼓而有條不紊地進行著，至少在5月30日之前，種種致辭、場景、程式和儀式等已按部就班。

5月29日19時許，蒯大富等一行數人前往人民大會堂，邀請周恩來等中央領導人參加次日舉行的清華大學革命委員會成立大會。蒯大富等進入人民大會堂後得知周恩來正在進行有關接見、談話，蒯大富寫了一個便條，請中央文革小組辦事組有關人員轉交周恩來，便條如下：

5　參見沈如槐著：《清華大學文革紀事——一個紅衛兵領袖的自述》，香港：時代藝術出版社，2004年，第151—155頁。

敬愛的總理，你好！

清華大學革命委員會將於5月30日成立！

您在5月1日和5月23日曾兩次答應我們一定來參加我們的成立大會，我已經把這天大的好消息告訴全校革命師生員工，全校革命師生員工萬分高興，急切地等待這一天的到來！這一天終於來到了！我們敬愛的總理即將第三次參加我們學校的大會，也是<u>第一次參加我們井岡山人掌權後的大會</u>！

總理這一次無論如何要抽出一點時間參加我們的大會。總理參加我們的大會將對我校文化大革命和北京各學校的文化大革命產生巨大的影響！

<u>總理如果不去，我們沒有辦法向群眾交待，明天的大會將無法開下去！</u>

急切盼總理回音！！

我們很想與您交談幾分鐘，我們在門外等著！

等！！一定要見！！！

蒯大富5.29[6]

此便條文中的著重線為蒯大富親自所加，明眼人不難看出其中的兩個重點：周總理將「第一次參加我們井岡山人掌權後的大會」和「總理如果不去，我們沒有辦法向群眾交待，明天的大會將無法開下去！」

一會兒，向周恩來轉交蒯大富便條的工作人員回來，交給蒯大富一張周恩來的回條，回條全文如下：

蒯大富同志：

清華大學革命委員會要在大聯合的基礎上召開，才合

---

[6] 清華大學檔案：全宗號：2，案卷號：0169。

乎毛澤東思想的指導原則。現在聽說你們革命派還沒有聯合起來就宣佈開會，我們就不好參加了。謝副總理正為另事約見紅代會談話，請就近解決。

周恩來[7]

　　周恩來的答覆對於蒯大富以及整個團派不啻為晴天霹靂。顯然，周恩來對於在清華文革造反派分裂的情況下成立革命委員會是非常不滿的，也是十分鮮明地不同意由團派執掌清華革命委員會大權的。周恩來對清華文革的形勢和動態瞭若指掌。周恩來拒絕參加「團記」革命委員會成立大會，至少從形式上講，算是斷送了團派的最大美夢。今天看來，周恩來不參加上述大會，不是臨時決定，而是事先就決定下來了。因為，當蒯大富等人趕緊尋找謝富治時，正在開會的謝富治抽出身來對蒯大富等人說：「我給總理打電話了，總理說堅決不參加這個大會，叫我也不要參加。總理說，讓他們聯合好了，我們才參加。既然總理不參加，我也不參加。我給你們寫封信，就說總理沒空，推遲成立，給你們一個臺階下好不好？」蒯大富一度執意要召開大會，堅持成立清華大學革命委員會，謝富治讓蒯大富自己考慮、決定。經過半個多小時的考慮，蒯大富決定暫不舉行成立大會。謝富治讓蒯大富自己起草一封「推遲信」，蒯大富寫完後，謝富治看後讓工作人員抄寫一遍，並簽了名，以便蒯大富回清華有個「交待」。該信如下：

　　蒯大富同志並轉清華大學革命委員會籌備小組：
　　　　你們今天成立革命委員會，我請示了周總理，周總理對你們學校運動非常關心，他要參加你們的革命委員會成立大會，但是總理近幾天中央工作特別忙，今天不能參加

---

[7]　同上。

94　水木風雨：北京清華大學文革史

你們的成立大會，總理建議你們革命委員會成立大會往後推遲幾天，請考慮。

謝富治
1967年5月30日 [8]

5月30日凌晨2時許，蒯大富等返回清華。蒯大富大哭一場，說：「總理給我們當頭一棒，又加盆冷水」。3時許，團派廣播臺廣播了謝富治致蒯大富和「革籌小組」的「信」，以及推遲召開革命委員會成立大會的「通知」。[9]

5月31日，團派成立了其核心組織「六二四戰團」，以1966年6月24日蒯大富等人同工作組論戰的日子來命名這支隊伍，旨在專門與四派進行針鋒相對的鬥爭。這也標誌著團派與四派的對峙和衝突已經不可調和。

清華團記「革命委員會」的流產、夭折，無疑是清華大學文革初期史上更是團派與四派關係史上的一件大事。四派從井岡山兵團分裂出去到另立「山頭」並給予團記「革命委員會」美夢以致命的打擊，前後只有一個半月時間。在這較短的時間裡，四派崛起，成為敢於向團派問鼎清華大權並角逐清華文革天地的一支重要力量。自1967年4月開始，團派與四派的對立直至1968年春夏的生死之戰，給清華文革初期歷史烙上了濃重的群眾衝突的「底色」，這種「底色」在許多方面遮掩或沖淡了1967年4月之前清華文革的種種矛盾及對抗。例如，1967年春夏開始的全國性的文革群眾運動中不同派別的矛盾和衝突，已經大大超出了1967年年初及其之前的文革所謂同「走資派」鬥爭的主題。文革在進行了一年左右的時間，就進入了它遠遠始料未及的群眾運動的總體內訌直至全面內戰的階段。

---

[8] 同上。
[9] 同上。

清華文革群眾兩派的分歧主要圍繞著以下幾個方面：一是如何理解和如何運作文革？具體地說，文革是所謂「徹底砸爛舊國家機器」、「改朝換代」、「大翻個」，還是「部分地改善無產階級專政」即「修修補補」？二是文革的主要矛盾是文革與走資派的矛盾，還是文革同時與走資派和「一小撮階級敵人」的矛盾，即文革的敵人是一個「一小撮」（走資派）還是兩個「一小撮」（走資派和階級敵人）？三是如何評價文革前「十七年」（1949年至1966年）？至少是在教育領域，「十七年」是由「資產階級知識分子專政」、是「爛掉了」，還是「毛主席革命路線占主導地位」？四是如何對待在文革伊始被暫時打倒或被「冷落」的清華中、基層幹部？對他們是「上揪下掃，除惡務盡」，把文革當成一場「批判幹部的運動」，還是積極給他們「平反平黑」，「大膽解放，大膽使用，」最終使他們重新走上領導崗位？五是如何看待文革群眾運動？包括文革在內的群眾運動是天然合理的、可歌可泣的，還是具有先天缺陷和現實弊端的？等等。清華文革群眾兩派就這些分歧進行了激烈的論戰。作為文革中激進的甚至極端的群眾造反派（團派）與溫和的、相對保守的群眾造反派（四派）的兩大代表，團派與四派的這種分歧和論戰集中體現了全國不同地區和部門（或單位）的文革群眾派別鬥爭的性質和特點，具有了文革全局性的意義和影響。實質上，概括上述分歧，我們就會看到：第一個方面關係到文革是否是一場所謂涉及到社會制度根本變革的「大革命」；第二個方面關係到所有與文革直接相關的人士的利益格局，特別是這種格局與文革前的利益格局的關聯，換言之，文革是否為文革前的政治運動的繼續和重演；第三個方面關係到文革開展並深入下去的合理性和必然性的問題，即文革是否是對文革前「十七年」的全盤轉換；第四個方面關係到在文革進行過程中誰占主導地位和誰發揮主要影響，亦即關係到群眾運動是否會重新轉化為原有的廣大幹部所「主宰」的運動；第五個方面關係到文革群眾運動的出路，亦即關係到群眾運動的興衰和成敗與否。這些分歧和論戰的深刻和重

大實際上意味著文革的走向和命運。同樣，這些分歧和論戰所具有的破綻、荒唐也是由文革整個理論的荒謬和文革整個實踐的異化所帶來的，並且反映出這種理論和實踐的衰敗和破產。[10]

　　需要再次強調的是，這種分歧和爭論都是與文革群眾在文革之前和文革之際的切身利益及其格局密切相關的。這種分歧和論戰體現在清華「革命委員會」籌備的全部活動中，就直接成為利益之間的交鋒和利益格局之間的混戰。成立一個由什麼樣的人所代表或所主導的革命委員會，不僅僅關係到文革某一特定群眾組織的權威和力量，更加關係到不同群眾的切身生活。同樣基於文革群眾鬥爭的原則和方法，對於清華文革群眾兩派的權力爭逐而言，幾乎沒有什麼妥協的可能和退卻的餘地。這兩派都把文革群眾鬥爭的「兩個凡是」原則，即「凡是對立派群眾所試圖達到的，就一定要阻礙、破壞；凡是對立派群眾所阻礙、破壞的，就一定要力爭達到；」淋漓盡致地推向了極端。例如，清華文革兩派各自內部的「鴿派」在革命委員會籌備問題上一度曾有的種種妥協嘗試，無不為自己組織中「鷹派」的極端行徑所否定、所推翻。

　　到了1967年底，四派的工作之重點已不僅僅是給清華廣大原幹部平反、平黑，而是竭力使他們加入清華文革的運轉甚至決策之中。最明顯的一點是，四派不斷從廣大原中層幹部中「物色」年富力強並具有代表性的人員準備進入將要建立的清華文革領導班子，例如，在1968年初給中共中央有關部門的報告中，四派總部建議：未來的清華革命委員會常委中，至少應該「結合」過去清華黨委成員8—10人以上，並且最好是由原清華中層幹部的代表人物擔任清華大學革命委員會主要領導人的職務。

　　1967年底至1968年初，團派與四派的關係已不同於半年多前兩派分裂之際，雙方由過去主要是認識分歧和觀點論戰轉移到了實際的對抗和衝突。雙方圍繞著幹部問題以及權力問題的鬥爭

---

[10]　參見唐少傑著：《一葉知秋——清華大學1968年「百日大武鬥」》，香港：中文大學出版社，2003年，第190—219頁。

逐漸達到了白熱化的程度。正是在這個時期，四派以多種不同的方式強調指出：「革命小將不能執掌未來的革命委員會大權」。2月23日，四派總部在向中共中央有關部門提交的簡報中明確提出：由革命小將擔任未來的清華大學革命委員會第一把手是不適宜的。言外之意，也是不會為四派所接受和所認可的。對於團派而言，四派所大力推薦和倚重的幹部勢力，無疑是一個巨大的挑戰。因而，削弱四派力量的主要途徑就在於加大打擊清華原幹部隊伍的力度，反過來說，亦然。於是，團派1967年底掀起了新一輪整治和迫害清華原中、基層幹部的高潮，而這次行動致使兩派徹底走向武鬥。

團派和四派主要圍繞著如何對待幹部問題的論戰，到了1968年春季，已經不可能在思想上和字面上得以解決了，終於在同年4月23日至7月27日進行了聞名遐邇的「百日大武鬥」。其中，5月30日，為「紀念」一年前團記「革命委員會」的流產並向四派報仇雪恨，團派在清華東區學生宿舍、食堂和浴室聚集的地帶，發動了清華文革史上最為慘烈的大武鬥。從凌晨三時開始（為「紀念」一年前同一時刻團派廣播臺播出了周恩來不能來清華參加革命委員會成立活動的消息，一說矛頭指向周恩來），這次大武鬥進行了近11個小時之久，動用了土坦克、土炮、炸藥包、輕機槍、步槍、長矛、大刀、箭矢、彈弓車、燃燒瓶、硫酸瓶、石灰瓶等等，兩派群眾還進行了殊死的肉搏戰，致使3人死亡，近300人負傷。[11] 文革群眾運動的「文攻」幾乎無一能夠逃脫「武衛」（實為武鬥）的下場，這也就從根本上敲響了文革群眾運動的喪鐘！眾所周知，在清華大學「百日大武鬥中」，約有18人被打死，1100餘人被打傷，30多人終身殘疾，巨大的經濟損失難以確切估計。

在「百日大武鬥」進入白熱化之際，團派報紙發表文章指出：「清華問題是北京高校中一個老大難問題。清華大學是北京

---

[11] 清華大學檔案：全宗號：2，案卷號：0175。

高校中唯一沒有成立革命委員會的大學，而目前仍在武鬥。『天下未亂蜀先亂，天下皆治蜀未治』。北京未亂，清華先亂，北京已治，清華未治。」[12] 清華群眾兩派都在這一大武鬥中意識到，包括清華革命委員會成立在內的所有清華文革問題不可能是北京市革命委員會及其領導人所能夠解決的，他們也就對北京市有關部門多次關於制止武鬥的指示或通知等不屑一顧。他們把解決清華問題的最後期望投入於中共中央領導層的直接干預。1968年7月27日，毛澤東派出3萬餘工人組成的、由他身邊的警衛部隊人員領導的「工人、解放軍毛澤東思想宣傳隊」，直接開進清華，打破了清華群眾兩派左右清華文革局面的狀況，給整個教育界派出了與以往不同的嶄新的文革領導者，並且實際上結束了文革紅衛兵運動，直至拉下了文革初期群眾運動的帷幕，標誌著文革進入了一個新階段。

　　清華文革群眾兩派在圍繞著清華革命委員會成立的籌備進行鬥爭之際，萬萬沒有想到，在他們的鬥爭之後所帶來的1969年1月成立的清華大學革命委員會，已經不是由真正的清華人所領導和所組成的，這個革命委員會的主要領導和一半左右的成員都是由非清華的上述工宣隊人員所構成，一直到文革結束，這個革命委員會都是清華大學的外來「主宰」之一。而清華文革兩派群眾自己也從文革的推行者變為文革所「再教育」、「再改造」的對象。在這個意義上，清華文革群眾兩派進行的權力爭逐，與大多數的文革群眾鬥爭相似，的確是自我異化的。

---

[12]　紅代會清華大學井岡山報編輯部主辦：《井岡山》，1968年6月18日，第149期。

進一步認識和研究「蒯大富現象」
——要寶鐘著《蒯大富》序

唐少傑

　　蒯大富，何許人也？大凡經歷過文革的人，都知道蒯大富。而這個名字，對於1980年代之後出生的中國大陸青年來說則很陌生。然而，正如蘇共和中共黨史上的「日丹諾夫現象」、「斯達漢諾夫現象」、「周揚現象」、「雷鋒現象」等一樣，作為一個政治符號，蒯大富和他所代表的思潮和運動已經成為中國當代史上一個重要的政治、文化現象。「蒯大富現象」也成為文革1966年夏季湧動和突起、1967年經歷高潮和狂飆、1968年陷於低潮和衰落的一個政治標記。

　　但是，由於眾所周知的原因，在文革故鄉，不僅對於文革歷史以及文革重大問題的研究門可羅雀，格外蕭條，而且對於文革歷史重要人物以及文革時的政治風雲人物的探究也是噤若寒蟬，視如畏途。這些狀況和做法與文革的深刻教訓和深遠影響遠遠不相匹配，也無助於更好地反思文革、更有力地防止文革災難重現。顯而易見，對於文革歷史中眾多重要的或著名的人物的歷史角色和歷史地位，或視而不見，或熟視無睹，或妖魔醜化，那就無法理解文革的複雜性、深切性、廣泛性和獨特性；也就很容易把一部文革史，按照毛澤東當年批評文藝界的那種說法，歸結為毛澤東、劉少奇、林彪、周恩來、江青等少數人擺弄甚至玩弄的「帝王將相」史。

　　在研究清華大學文革歷史之際，我總是在思考著這麼幾個問題：究竟是誰人造就了「蒯大富現象」？究竟是何種力量促成了「蒯大富現象」？究竟是什麼東西中斷了「蒯大富現象」？在我看來，至少應該十分明確的是：「蒯大富現象」不是蒯大富一人

造成的，而是文革發動者、領導者與文革廣大群眾共同造就的；「蒯大富現象」也不是文革一時一地的問題，在很大程度上，它是中國共產黨1949年至1968年的政治文化與群眾運動互動並進的結果。因而，「蒯大富現象」就絕不是僅僅涉及蒯大富一人的以及與之相似的「蒯氏人物」的現象，也絕不是只關乎清華大學文革一隅的現象。

那麼，什麼是「蒯大富現象」呢？簡言之，「蒯大富現象」是以在中國共產黨長期教育、培養下成長起來的青年學生蒯大富為代表，響應號召投身文革運動，由文革最高領袖鼎力支持並且由各行各業的草根大眾身體力行的，在「反修防修」大目標下反歧視、反迫害、反權威、反現行文化體制的「造反運動」。

從要寶鐘先生所著的本書中，不難看出，「蒯大富現象」的內涵大致上可以概括為以下四點：

首先，「蒯大富現象」是文革伊始工作組與群眾鬥爭問題的一個焦點。具體地說，這一現象關係到文革如何發動、如何進行和如何深入的大問題。質言之，「蒯大富現象」的萌發和出現，表明了1966年之前中國共產黨屢試不爽的政治運動及其模式在文革開始階段的危機和轉型，特別是凸顯了這種政治鬥爭機制及其經驗在文革爆發之際的失敗和破產；表明了文革不同於以往毛澤東以及中國共產黨領導的政治運動的最深切、最顯著的一點：文革是群眾「自己教育自己、自己解放自己」的所謂大革命。「蒯大富現象」在文革最初的運動中可謂所向披靡，高歌猛進，進而，間接地亦即從群眾的層面上終結了劉少奇等人所主導的、工作組所執行的整治、迫害群眾的「反右」式的路線，直接地亦即從歷史的契機上凝聚了集文革「上帝」、文革馬丁‧路德式的民眾改革家和文革世俗君王等諸多角色於一體的毛澤東與難以計數的文革群眾息息相關的「契合」。要寶鐘先生在本書所說的「開壇不講蒯大富，讀盡文革也枉然」，其道理主要就在這裡。

其次，「蒯大富現象」是文革造反派問題的真髓，是文革初期造反派運動的一面大纛。造反派問題和造反派運動，不僅比

紅衛兵問題和紅衛兵運動更加深刻、廣泛和重大，而且也是中國共產黨歷史上和中華人民共和國歷史上最為複雜、尖銳和棘手的群眾問題和群眾運動。正如要寶鐘先生在本書中所指出的那樣：「以蒯大富為代表的文革造反派，在實踐中反對僅僅根據家庭出身，在政治上把公民分成三、六、九等。主張所有合法公民都有參加文化大革命的平等權利和平等的社會地位。正因為如此，所謂『蒯派』在清華一直被對立面攻擊為『痞子運動』。……平凡、平等的訴求，反對打擊群眾、反對特權的主張，喚起了中國社會中下層廣大民眾的同情和支持，動搖了官僚階層『是人民利益代表』的『道義』和權威，沖決了當權派的思想政治戰線。原來被視為『思想落後』甚至『反動』的青年學生和青年工人，現在成了理直氣壯的革命者；而那些所謂的『革命前輩』，一向有權給別人定性、劃左中右的領導幹部，現在卻再三再四地當眾交待自己執行反動路線的罪行；那些貴族紅衛兵、官辦紅衛兵現在反而不如平民紅衛兵、群眾紅衛兵革命。總之，建國十七年以來形成的先進與落後、是非與曲直，一時都被造反派打了個人仰馬翻！」

再則，「蒯大富現象」是文革群眾運動及其歷史的一個癥結。文革的發動、普及和深入在一定程度上是借助於「蒯大富現象」及其類似的力量來進行的。「蒯大富現象」的意義是直接凸顯出了文革運動的群眾性，至少是文革初期運動的「全民性」。一方面，文革運動的緣起、文革勢力的因數、文革領袖的動機、文革群眾的運作、文革初始的異常、文革初期的機制直至文革自身的獨特和文革特有的缺陷，都會在「蒯大富現象」中體現或折射出來。另一方面，文革作為「史無前例」的群眾運動，它所固有的群眾的本性和追求、它所形成的群眾的「定勢」和「慣性」、它所展露的群眾的分化和思潮，它所獨有的群眾的「專政」、「武鬥」等「暴民政治」，乃至整個文革群眾運動失敗的命運和夭折的歸宿，也可在「蒯大富現象」那裡得到反映和闡釋。本書的一個長處就是要寶鐘先生在對蒯大富文革初期的歷史

活動進行相對比較細緻的梳理的同時，既對蒯大富及其所代表的文革群眾作用做出了恰切的、合理的評價，又對蒯大富和其所主導的一些文革群眾鬥爭給予了具體的、肯綮的批評。

最後，「蒯大富現象」是毛澤東文革異化和自我異化的一個凝結。我個人認為，從蒯大富本人在文革中的興衰和結局到「蒯大富現象」的裂變和終止，不只是蒯大富一人的厄運，不只是文革廣大群眾的不幸，更主要的是毛澤東本人「搬起石頭砸了自己的腳」。因為，無論從哪一方面來說，「蒯大富現象」都凝聚有毛澤東的文革目的和文革手段之間無法協調的「張力」（tension），都散發著毛澤東的文革理論和文革實踐之間不可適應的「悖論」，都映現出毛澤東的文革階段和文革過程之間「南轅北轍」的「矛盾」，都積澱了毛澤東的文革動因和文革結果之間相互否定的衝突。

誠如要寶鐘先生的結論所言：「從某種角度看，從某種意義說，不是別人，正是這位毛澤東先生，又親手掘開墳墓、親手埋葬了文化大革命；不是別人，正是這位毛澤東先生，在歷史舞臺上推出了文革造反派，然後又很情不自願地把他們推向了萬丈深淵。」

不僅如此，毛澤東先生最後也把他自己置於了文革的不歸之路。雖然蒯大富在文革歷史中只不過在頭兩年左右的時間裡顯赫一時，「蒯大富現象」也只不過在這兩年裡逞強作勢，但是，蒯大富問題和「蒯大富現象」實質上是貫穿於文革全部歷史和根植於文革主要方面之中的。即使四十餘年過去，在文革故鄉，無論怎樣，我們都很難說，由毛澤東本人所作用的這類問題和所引導的這種現象已完全過時或銷聲匿跡。

本書作者要寶鐘先生在文革初期與蒯大富本人的體驗和觀點有不少相似之處，這使得作者以飽蘸同情的或理解的筆觸來描寫本書的主人公。全書行文流暢，情節跌宕，富有文采。更為重要的是，本書作者能夠站在相當高的歷史點上、以相當廣闊的視閾來關注和評價蒯大富問題。這就使本書根本不同於那種過去中國

大陸內地出版、發行的有關描述蒯大富的作品，這些作品不是把蒯大富問題或蒯大富本人妖魔化（最典型的就是丘引著的《蒯大富演義》，發表在《中外通俗演義》1985年第一期，後收入《亂世狂女》一書，鄭州，黃河文藝出版社，1986年版），就是把蒯大富問題以及蒯大富的作用簡單化直至膨脹化（其代表之一就是清華大學校史研究室編的《清華大學九十年》第269頁至第275頁上關於清華文革初期歷史的記述，北京，清華大學出版社，2001年版）；前者實際上在妖魔化蒯大富的同時也往往妖魔化了文革，後者在過分誇大蒯大富的文革責任之際還從反面「抬高」了蒯大富的作用和角色。要寶鐘先生所著的《蒯大富》一書所記述的蒯大富個人的歷史及其事實不僅清晰、準確，而且鮮明。本書所闡述的觀點不僅開門見山、不落俗套，而且有膽有識、擲地有聲。儘管不同的讀者可能會對這些記述和闡述有所異議、有所商榷，但是，通過這些記述和闡述以及由此而來的異議和商榷，可以說，本書為進一步認識和研究「蒯大富現象」提供了一個開創性的嘗試。

毋庸置疑，本書作為一部紀實文學作品，只是限於1966年夏至1968年夏的蒯大富的主要經歷的寫作，這與本書的題名不相匹配。本書的主要缺點在於：在歷史資料的發掘和利用上還有「更上一層樓」的必要，例如，大可利用近些年來在中國大陸出版的一些領袖人物年譜和傳記的有關內容以及一些著名人物回憶錄的有關片斷等等，來充實本書的相關章節或段落。

當然，我們不應該苛求於本書作者，因為本書在歷史文獻資料上所受到的限制或「局限」實質上也是整個文革文獻資料（包括個人檔案）研究的落後甚至停滯的一個反映。另外，雖然本書是作者對於書中主人公幾次採訪後寫出的，但對於主人公在文革初期的思想演變、心理特徵、性格表現、精神取向等方面的描寫或評述，仍然大有深化和細化的餘地。

總之，在閱讀了從不同棱面展現出蒯大富文革初期諸多風貌的本書之後，我們更加迫切地呼籲蒯大富本人重視和抓緊他自

己的文革回憶的撰述，更加熱切地希望他本人的這種回憶著作及早完成和問世。無庸贅述，這樣的回憶著作不只是作為文革歷史人物的蒯大富給他自己，也是給文革、給歷史直至給他的後人的一份「答卷」。大約十年前，蒯大富與清華同學們聚會時，一位同學問起蒯大富那十歲左右的、聰明伶俐的女兒蒯小瓊：「小瓊，你知道你爸爸是文革名人的問題嗎？」小瓊似懂非懂地而又稚聲稚氣地回答說：「我知道。我爸爸跟著毛主席幹革命，沒有幹好，犯錯誤啦！」童言道真諦！是的，不僅僅是蒯大富本人跟著毛主席沒有幹好革命，確切地說是沒有幹好文革，而且在整個中國幾乎沒有什麼人可以跟著毛主席幹好文革，就連毛主席自己也不可能幹好文革！在得知小瓊的這一回答後，我的心情格外複雜和沉重，儘管這不是對小瓊本人而來的。我自然想到了：我們這些作為或參加或體驗或見證了文革的一代人，能否和怎樣向包括蒯小瓊在內的這一代人和蒯小瓊之後的下一代人去評說文革、去評說包括蒯大富在內的文革人物呢？對此，要寶鐘先生所著的《蒯大富》一書無疑做出了可貴的努力！

　　是為序。

2010年元宵節

文化大革命的一首斷魂曲
——重新解讀毛澤東1968年7月28日 召見北京紅衛兵五大領袖的談話

唐少傑

在「文化大革命」（以下簡稱文革，且不帶引號）期間，眾所周知，鑒於清華大學1968年7月27日發生大規模的武鬥流血事件，7月28日凌晨3時半至上午8時半，毛澤東在北京人民大會堂湖南廳緊急召見了時稱北京地區紅衛兵「五大領袖」：聶元梓（北京大學革命委員會主任兼新北大公社領導人）、韓愛晶（北京航空學院革命委員會主任兼北航紅旗戰鬥隊領導人）、譚厚蘭（北京師範大學革命委員會主任兼北師大井岡山公社領導人）、王大賓（北京地質學院革命委員會主任兼東方紅公社領導人）和蒯大富（清華大學井岡山兵團領導人）。

參加召見的還有時為「無產階級司令部」（實為以毛澤東為首的中共中央文革最高領導集體）的成員：林彪、周恩來、陳伯達、康生、江青、姚文元、謝富治、黃永勝、吳法憲、葉群、汪東興，另外還有北京衛戍區司令溫玉成、政委黃作珍和北京市革命委員會副主任吳德。迄今還不知道的原因，當時作為該「司令部」成員的張春橋沒有參加這次召見。參加這次召見談話的共計20人。

韓愛晶的回憶文本

當年參加了這次召見的韓愛晶，近些年來，從事了力爭比較完整地回憶和記述毛澤東的這次召見談話的工作。據韓愛晶所言，他收集了當時經過流傳的關於毛澤東此次召見談話的不同文

本，多次請當時參加談話的聶元梓、蒯大富、王大賓等人（譚厚蘭已經病逝）事後追述、補充。特別珍貴的是，韓愛晶在當時所記錄下來的談話速記稿，據我所知，是目前已知的關於這次召見談話的比較完整的文本。韓愛晶在自己所保管的這份速記稿的基礎上，參考其他文本，寫出了他自己的回憶文本。這個文本實際上已經以某種形式公開發表了，例如，據韓愛晶所言，已經出版發行的聶元梓回憶錄中轉述的毛澤東「7‧28」談話就是根據韓愛晶所提供的這個文本。韓愛晶的這個署名文本題目是「毛澤東主席召見五個半小時談話記」，全文約三萬字。這個文本寫成後，在韓愛晶的部分同學、朋友以及少部分文革研究者中流傳，現已在美國華人主辦的網站「新世紀」（http://www.ncn.org）上全文發表。遺憾的是，這個文本也存在當時的記錄者記錄不清和事後的回憶者回憶不明的幾個空白之處。

我對毛澤東這次召見談話的文本重新解讀就是根據韓愛晶撰寫的《毛澤東主席召見五個半小時談話記》（下面引用的毛澤東談話，皆引自該「談話記」，──注）。我個人認為，除了至今還沒有公佈的當時毛澤東召見這五位領袖的談話錄音以及錄音文字資料之外，韓愛晶的這個回憶文本是目前為止關於毛澤東1968年7月28日召見談話的比較可靠的文本。它比當時由北京許多所大學的紅衛兵組織廣為傳抄、印行的《毛主席、林副主席七‧二八召見紅代會代表》一文（該文注有「此稿經王大賓同另四位再去聽錄音而記成」，這在當時和以後都沒有證實）等，更為豐富和詳細。在記錄關於這次召見談話的幾個公開發表的文本中，韓愛晶的這個文本作為文獻的價值性、準確性和翔實性都是值得充分肯定的，其理由主要在於三點：一是在當時出現和流傳的文本，主要是力圖貫徹執行毛澤東關於制止和結束武鬥的指示精神，對毛澤東在這次召見的全部談話，完全是根據當時的形勢和需要，有所選擇地公佈或傳達；而韓愛晶的回憶文本不存在這種局限；二是在韓愛晶文本之外的其他文本，都有一個過於簡單的特點，即對於毛澤東這次長達五個半小時的談話，只是用幾千字（最多

的約一萬字）來記述，不能展現出這次召見活動的全貌；三是當時流傳的幾個有關文本還經過不同的紅衛兵組織或造反派組織的加工甚至「取捨」，過分折射出當時這些組織各自對於這次召見談話進行不同領會或不同解讀的功利目的和實用手段。而韓愛晶的文本基於當時的速記稿和當事人的補充，在事後二十年的追述，凸顯出它的相對客觀、平和、細緻。

毛澤東召見的由來

毛澤東此次召見北京紅衛兵五位領袖的直接起因是1968年7月27日在北京清華大學發生的嚴重流血事件。這一流血事件源自於清華大學文革群眾兩派，即作為激進造反派的「井岡山兵團總部」（以下簡稱「團派」）和作為相對溫和造反派的「井岡山兵團四一四總部」（以下簡稱「四派」），主要基於關於文革的分歧和各自利益的分化，展開了持久的論戰，並最終於1968年4月23日爆發了全校規模的大武鬥。這場直至7月27日由於毛澤東派出工宣隊才結束的、史稱「百日大武鬥」的事件，共造成清華師生員工11人死亡，400多人受傷，經濟損失無法估計。

根據毛澤東的決定，由來自北京61個工廠工人組成的、中共中央警衛團（8341部隊）人員領導的三萬多工人組成的「工人、解放軍毛澤東思想宣傳隊」（以下簡稱「工宣隊」）進駐清華，制止武鬥，遭到了團派的武力抵抗。而與此同時，四派採取了先是觀望後是認可的態度。自中午時分至子夜，共計有5名工人被打死，731名工人、解放軍官兵受傷。那一天，進駐清華的工人們和清華大學的所有人員都不知道這一工宣隊進駐是由毛澤東本人直接決定的。即使蒯大富在那一天的下午趕赴北京市革命委員會所在地，與吳德等人爭吵，他都不知道工人這次進駐清華的內情，直至次日清晨見到毛澤東不久，才如夢初醒。

從韓愛晶在7月27日午後才得知清華聚集了眾多工人的消息而趕往清華的經歷來看，他們這些紅衛兵領袖（如韓愛晶、李冬

民等）和前來清華的工人都不知道調集數萬工人來清華的內情。清華的團派喇叭還在廣播，指責工人們受到了所謂楊（成武）余（立金）傅（崇碧）及其黑後臺的操縱。韓愛晶給北京市革命委員會有關部門打電話，不得而知，給北京市領導人打電話，也聯繫不上。眾多的事例表明，毛澤東決定派出工宣隊進駐清華一事，在實施之前，僅限於毛澤東身邊的一些人和北京市革命委員會主要負責人所知。毛澤東的這個決定的保密性以及實施的突然性無論是在當時還是在以後都是頗有意味的。

7月28日凌晨2時多，住在中南海而入睡不久的毛澤東被周恩來的電話叫醒，周恩來向毛澤東報告了發生在清華大學嚴重的流血事件，毛澤東聽後，驚奇之餘，大為惱怒，脫口而出地說道：「造反派，真的反了？！」毛澤東對於清華「七‧二七事件」當下的反應，充分表明毛澤東完全沒有意識到他派出工宣隊所帶來的事態的嚴峻性。當時，毛澤東再也無法入睡了，他驅車前往人民大會堂，在那裡的湖南廳召集會議，開始著手處理這一事件。

凌晨時分，韓愛晶接到電話，通知他去人民大會堂參加中央首長接見活動。在這之前，韓愛晶等並不知道是毛澤東的召見。在韓愛晶、聶元梓、譚厚蘭、王大賓來到人民大會堂等待接見之際，韓愛晶已經感覺氣氛與以往多少有所不同。他們四人在等待時，議論起清華白天發生的事情，只是王大賓提起了清華學生開槍打死了工人，看來，韓愛晶、聶元梓、譚厚蘭三人當時並不知道清華發生了嚴重的流血事件。他們由謝富治領進會場時，才知道是毛澤東要召見他們。謝富治對韓愛晶、聶元梓等四人說，「今天是毛主席召見你們，還有中央首長參加。」謝富治又重複說：「是召見我們，不是接見啊。」這次活動，正如謝富治所強調的，不是毛澤東接見，更不是會見，而是「召見」。「召見」一詞的使用，即使在三十年後韓愛晶依然使用這個詞，表明了毛澤東實際上迫不得已地舉行這次與紅衛兵領袖的談話，表明了紅衛兵五位領袖在這次談話中所處的尷尬或窘境。這次毛澤東與紅衛兵五位領袖長達五個多小時的談話，是毛澤東在文革時期也是在毛澤

東一生中，第一次也是最後一次與紅衛兵領袖的正式談話。

從毛澤東接到周恩來報告清華發生流血事件的電話後趕往人民大會堂，到韓愛晶等人出現在毛澤東等人面前，可以斷定，毛澤東在召見這幾位紅衛兵領袖之前，已經同中共中央其他領導人亦即文革「無產階級司令部」的大多數成員有過商談。韓愛晶也指出了這一點。這個商談的內容至今沒有透露。而這種以毛澤東為首的中共中央領導人集體地與紅衛兵五位領袖的談話架勢，非同一般，也從未有過。

蒯大富因為忙於清華流血事件後疏散團派人員以及到北京電報大樓緊急致電中共中央領導人等等事務，沒有及時趕來。毛澤東在談話剛開始時，還有點不滿地問道：「蒯大富沒有來？是出來不了，還是不願來？」謝富治、韓愛晶分別作了解釋。由於在北京航空學院「暫時避難」，蒯大富是在7月28日清晨六時左右，才接到北京市革命委員會的通知以及聶元梓的電話轉告趕往召見會場的。在蒯大富進來時，據毛澤東身邊的警衛人員回憶，他們把蒯大富隨身所帶的刀子等加以收繳。根據蒯大富與我的多次談話記錄，蒯大富一再強調，他沒有攜帶任何刀子、手槍之類的武器。今天看來，蒯大富的說法是可信的。

毛澤東在談話一開始，就把向清華大學派駐制止武鬥的隊伍即工宣隊的決定當成他個人的不容對抗的命令。毛澤東說：「蒯大富要抓黑手，這麼多工人去『鎮壓』紅衛兵，黑手到現在還沒有抓出來，這黑手不是別人，就是我嘛！他又不來抓，抓我好了！本來新華印刷廠、針織總廠、中央警衛團就是我派去的。」據事後作為進駐清華的工宣隊指揮部成員之一的遲群的回憶，在7月26日，毛澤東在他的中南海住所裡就派出制止武鬥的隊伍進駐清華問題，親自做了決定，並在清華的地圖前還對隊伍的進駐路線作了具體的部署。

清華大學在「七・二七事件」之際，又一次成為毛澤東直接關注和直接左右的文革單位，工宣隊的領導人先是中共中央警衛團副團長楊德中、張榮溫，後是自1970年之後，遲群、謝靜宜成

為清華的主要領導人。不僅如此，遲群、謝靜宜還被委以重任，負責兼管教育部、北京大學、北京市共青團以及北京市文教等工作。他們兩人直接行使著來自毛澤東權威的清華大學、北京大學「總管」職責。文革之際，毛澤東很少向某個單位或部門直接派出有關隊伍或特殊組織，在某種意義上，以「七·二七事件」為標誌，毛澤東對於清華大學的關注和鉗制比以往任何時候都更加緊密、更加深切，這一點也為1975年清華劉冰等四人給毛澤東寫信而遭到毛澤東嚴加痛斥的事實所證明。無論怎樣，清華大學在文革時期都不愧是毛澤東的「點」，即毛澤東的「基地」之一以及文革的「樣板」之一。

召見完後，謝富治在湖南廳門口對出來的五位領袖說，「毛主席批評了你們，一句話你們都不檢討。」謝富治的意思是五位領袖尤其是蒯大富應該在毛澤東等人面前對「七·二七事件」表示出某種自我批評的態度，但是處在困惑甚至迷惑中的五位領袖怎麼能夠表示清楚這種態度呢？謝富治在這次召見之後，立即讓這五位領袖討論並且由韓愛晶執筆起草關於毛澤東這次召見談話的一個用於公佈的文件，旨在立即有效地結束北京地區特別是北京高等院校的群眾武鬥。這個名為《毛主席關於制止武鬥問題的指示精神要點》的文件，稍後得到周恩來等的認可，經上報毛澤東、林彪後，迅速地以佈告、更多地是以傳單的形式轉發全國，而沒有像以前以中共中央文件的形式加以正式公佈、傳達。另外，還可能有一份在周恩來主持下的關於這次召見談話的書面整理稿，這個整理稿沒有公佈。

肇始於清華大學武鬥事件而來的這次毛澤東召見北京紅衛兵五位領袖，既是毛澤東在文革經歷了兩年多後最終決定「重整」文革的群眾問題（即主要是群眾組織和群眾武鬥）的契機，也是毛澤東首次通過面對面地同紅衛兵五位領袖的談話方式，來總結和改變大學的文革運動的轉機。今天，解讀這個召見談話記錄文本，可以確定，它體現了毛澤東在文革初期理論的豐富內涵和其實踐的重要取向。

解讀毛澤東召見的談話

　　相比於毛澤東在文革時期幾個著名的、通過不同方式傳達到全國的講話（例如，1967年夏季毛澤東巡視南方的講話、1970年底毛澤東同美國記者埃德加・斯諾的談話、1975年底的「打招呼」講話等等），毛澤東1968年7月28日的這次召見談話，在當時，公佈出來的信息量似乎不是很多，但是它對文革局勢發展的作用，尤其是對文革群眾運動以及群眾組織的影響，卻非常重要，超過了我們提及的上述幾個談話。

　　在這次召見談話中，毛澤東還有一些情緒化的東西，還有許多事態並不明朗的特點，例如，是否把工宣隊作為大學文革的領導力量，是否把大學的整個師生尤其是那些在文革初期給文革立下犬馬之勞的紅衛兵和造反派學生列入文革的對象即「再教育」、「再改造」的對象，在7月28日當天的召見談話中並不明顯、具體和確定。顯然，經過這次召見談話，毛澤東最終決定從整體上轉換大學文革的局面，把他所派出的工宣隊提升為一支文革的嶄新角色，昔日被毛澤東所倚重的文革始作俑者的功能——造反及奪權功能轉入到文革「鬥（鬥資本主義）、批（批修正主義）、改（改革不合理的規章制度）」以及「教育革命」的整治功能。例如，毛澤東8月5日把巴基斯坦朋友送給他的芒果轉贈給清華工宣隊以表示慰問，8月15日接見了工宣隊代表以表示更大的關懷，8月中、下旬指示姚文元寫出有關指導性的文章並從總體上概述由清華文革帶來的新情況，以表示毛澤東的文革新策略的確定，等等，這些都表明，毛澤東在7月28日的召見談話與他8月之際的一系列措施之間具有強烈的互動，並且清楚地顯示出毛澤東那些直指文革全局愈益強硬的決斷和愈益具體的措施。在我看來，至少是毛澤東在7月28日之後，他對清華「七・二七事件」的進一步詳細瞭解，加上根據他的通盤考慮，他把清華這次事件當作一個轉機，來整合整個文革大局。

毛澤東的這次召見談話，我認為可以從下幾個重點來加以解讀：

1標誌著文革群眾運動的衰敗和群眾組織的終結

文革伊始，毛澤東依靠並利用群眾運動掀起了文革的狂風暴雨。這種群眾運動大致上包括了紅衛兵運動、造反派運動，前者主要是以中學生、大學生為骨幹的推廣和普及文革的群眾運動，後者是旨在奪權（即奪取各省、自治區級以下地區、各基層單位的權力）的群眾運動。例如，1966年7月底至8月，正是給了清華大學附中紅衛兵的「欽定」和鼓勵，毛澤東有了一支把文革的運作推向中華人民共和國社會各個角落的突擊隊；又如，差不多與此同時，正是借用清華大學以蒯大富為代表的激進造反派，毛澤東幾乎不費吹灰之力，就在文革初期戰勝了劉少奇、鄧小平等人所理解、所推行的那種沿襲過去政治運動模式的文革運作方式。1966年9月崛起的清華「井岡山紅衛兵」造反派是使文革矛頭直指清華之外的文革最大的鬥爭對象的一支生力軍。把清華大學作為文革初期的一個重要前沿陣地，毛澤東、中央文革小組就把大造劉少奇為代表的所謂走資本主義道路當權派之反的鬥爭由北京推向全國，由中央推向基層，由清華推向各地。以紅衛兵和造反派為主體的文革群眾運動無疑是毛澤東在文革初期屢屢得勢並且成功的一大「法寶」。

到了1968年夏季，經過兩年的文革群眾運動，已經把文革最初的打倒走資派和進行「鬥、批、改」這一文革主旨，轉換成了群眾運動的內訌直至內戰。不同的群眾派別圍繞著權力之爭，很有可能使得文革走向不歸之路。經歷了由「文鬥」到「武鬥」，群眾組織本身也已是千瘡百孔，群眾組織自身的弊端和危機不亞於文革最高領導層內部的矛盾和張力。

1967年夏秋，毛澤東一再主張，文革不同的群眾派別應實行聯合，認為在工人階級內部沒有根本的利益衝突。即使到了這次召見談話前夕，毛澤東也從不公開表示對文革不同的群眾組織的

具體看法，至少在表面上，毛澤東對於文革不同的群眾組織保持一個中立的態度，不贊成群眾組織的分裂和武鬥，殊不知正是他掀起的文革大潮衝開了群眾的利益急劇分化和群眾的派別四處對立的潘朵拉盒子，而一發不可收拾。

在蒯大富來到之前，毛澤東著重談論怎樣解決大學內的文革兩派難於化解的武鬥，對此，毛澤東在氣頭上說出的一些話，顯得有些凌亂。在重複地提出的幾種解決武鬥問題的辦法中，看來毛澤東最不滿意大學文革的一點的就是：文革由最初確定的「鬥、批、改」變為「鬥、批、走」，這裡的「走」既是指在武鬥形勢下廣大群眾對於自己所在單位的武鬥的回避或出走，也是蘊涵著對於文革初衷和文革主題的遊移或背離。

面對兩年來以清華為代表的大學文革群眾運動的弊端，毛澤東提出了四個具體解決辦法（這四個辦法又被林彪、姚文元各自歸納、強調了一遍）：一是軍管，二是把武鬥的學校一分為二，即讓武鬥的雙方分離開來，三是鬥、批、走，四是繼續武鬥並且大打。根據我的分析，第一種辦法即軍管在當時曾廣泛應用於許多的工廠、機關和部門，但對於學校是否進行軍事管制，毛澤東比較慎重，最終沒有決定在全國所有的大學實行軍事管制。這是頗為值得回味的。第二種辦法把各個大學武鬥的雙方安置到不同的地方，這畢竟不太切實可行，毛澤東說此話更多的是一種無奈，正如毛澤東所言，就是在同一個群眾組織內部也會有不斷的分化，即使從空間和地理上把對立的群眾組織分離開來，也是如此。第三種辦法是把文革初衷的「鬥、批、改」演變為「鬥、批、走」，這裡的「走」其實還進一步有可能顯示出由於文革群眾運動的內戰而有可能帶來文革的衰落或失敗。第四個辦法實際上也不可行，這更加顯示出毛澤東說出氣話之際的失望和焦慮。到了1968年仲夏，毛澤東再也不會放任群眾運動自行其是了，尤其是不會容忍群眾武鬥繼續下去了。

上述的四個辦法實際上最後都沒有採用。這四個辦法其實只有第三個辦法似乎有一定的可行性，恰如姚文元所說的：「我傾

向於學校鬥、批、走，鬥、批、散，或者在一些學校裡採用鬥、批、走方式，」最後演變為由進駐大學制止武鬥的工宣隊來主管大學全部「文革」事務的所謂「工人階級領導一切」，即工宣隊佔領並主導大學乃至整個教育界。

當初，毛澤東向清華派出工宣隊，他的打算是什麼？他所希望看到的結果或最理想的結局又是什麼？如前所述，毛澤東沒有預料到清華出現的嚴重流血犧牲的結果，沒有估計到團派對於工宣隊的激烈反抗。這是由於毛澤東派出工宣隊的決定沒有及時地、明確地、直接地傳達到清華，儘管毛澤東對蒯大富等人說過，向清華派出工宣隊「沒有打招呼，是我的錯誤，間接打了招呼」，還是在毛澤東之外的什麼人員或機構由於特定的理由而根本不傳達、不公佈毛澤東的決定呢？這些幾乎已經成為歷史的懸案，也成為由於錯綜複雜的因素導致清華乃至整個文革發生轉折的一個關鍵點。儘管現今人們無法完全復原毛澤東派出工宣隊的初衷，但是我個人推論，毛澤東當時是想以他的名義派出的數萬名工人進駐清華，制止武鬥，調和或結束群眾兩派的衝突，促成群眾兩派的大聯合，最終成立並形成以團派為主體的清華文革權力機構。從毛澤東建議蒯大富當清華大學校長、沈如槐當副校長的說法，可見其端。然而，工宣隊進駐清華所遭到的嚴重的流血犧牲，給毛澤東改寫文革初期歷史提出了一個嶄新的題目。

今天看來，毛澤東派出的工宣隊及其結局還形成了同文革諸多事件或事態相類似的某種歷史吊詭。雖然毛澤東當時派出工宣隊引起的境況可能超出了毛澤東的預料，但是毛澤東適時地利用這個境況，把它導向對於大學的文革運動乃至全國的文革運動的一次重整。在清華「七・二七事件」這個問題上，毛澤東的初衷與毛澤東的應變之間的張力，毛澤東的目標與毛澤東的手段之間的轉換，得到了一次淋漓盡致的發揮和表現。當然，在這些張力和轉換中，毛澤東失去的或漸漸失去的是給文革爆發和文革得勢效過犬馬之勞的紅衛兵及造反派群眾的內聚力和向心力。

1968年8月15日，《人民日報》在慶祝雲南省革命委員會成立

的社論中，公佈了毛澤東第一次發表的「最新指示」：「要充分發揮工人階級在文化大革命中和一切工作中的領導作用。」這是首次向全國公佈毛澤東以及中共中央基於清華「七‧二七事件」而來的文革策略的重大轉換。這也再次表明，在7月28日召見後，基於對當時大學文革情況的分析和對文革全局的推斷，毛澤東採取了把最初派駐大學去制止武鬥的工宣隊「升格」為領導大學的政治力量。隨後，毛澤東指示姚文元寫出「宜有一篇指導當前政治的文章」時，這一點就非常明確了。8月22日，姚文元在把自己寫就的題為《在工人階級的領導下，認真搞好鬥、批、改》一文送給毛澤東審閱。姚文元寫道：「整理了您的兩段重要指示，駁斥了一些錯誤的觀點，不知能否作為社論或署名文章在《紅旗》用。」毛澤東修改、審定了姚文元的文章，把原來的題目改為「工人階級必須領導一切」並加上了「姚文元」的署名。8月25日《紅旗》雜誌發表、次日《人民日報》轉載了經過毛澤東多處修改、補充的姚文元此文。毛澤東讓文革的頭號筆桿子姚文元而不是以文革時期著名的「兩報一刊」社論的形式來宣講文革的新策略，耐人尋味。毛澤東在姚文元文章的初稿上加寫進去的話語，則把由於清華「七‧二七事件」所導致的文革策略的變化加以明確的概括：

一是確立以工人階級身分出現的工人宣傳隊對大學文革的佔領地位，「並且永遠領導學校」。

二是所謂排斥工人階級的「全國各地那些被資產階級分子所把持的大大小小的獨立王國的公民們」不僅咎由自取，而且應當研究這類獨立王國被摧毀的教訓。

三是大學中所有的學生、知識分子，即使是那些在文革伊始造過「走資派」反的紅衛兵小將，都不可能完成鬥、批、改等任務。

四是在所有知識分子成堆的地方和單位，要「打破知識分子獨霸的一統天下，佔領那些大大小小的『獨立王國』，佔領那些『多中心即無中心』論者盤踞的地方」，只有如此，知識分子才「有可能得到改造和解放」。

五是繼續進行毛澤東所部署的鬥、批、改任務，即建立「三結合」的革命委員會權力機構、大批判、清理階級隊伍、整黨、精簡機構、改革不合理的規章制度、下放科室人員等等，言外之意，就是使文革沿著毛澤東指出的軌道進行，而不是陷於群眾內訌和群眾武鬥之中。在1968年整個8月裡，毛澤東一而再、再而三地指出，「認真搞好鬥、批、改」，這就表明，「鬥、批、改」這一文革初衷和文革主題，在經過了群眾運動的演變、取代以及被群眾武鬥所異化之後，開始重新回到文革運動的中心地位。

　　8月25日同日，毛澤東批發了中共中央、國務院、中央軍委、中央文革小組《關於派工人宣傳隊進學校的通知》，這個通知指出，根據進駐大學的北京工人宣傳隊的經驗，決定向全國大、中城市的大、中、小學派出領導各個學校文革的工宣隊。自那時起，文革形形色色的群眾組織實質上已經不起什麼作用了。從1968年底，毛澤東號召廣大中學紅衛兵學生到農村去、到邊疆去，接受貧下中農的「再教育」，到同年底次年初，在大學的幾屆高年級學生一起畢業分配和幾屆低年級學生幾乎全部到軍隊、到農場接受訓練和從事勞動，再到1969年4月隨著中共「九大」的召開而逐步恢復黨的一元化領導及幹部管理體制，以紅衛兵和造反派為主體的群眾運動經歷了由中心走向邊緣、由學校走向基層、由城市走向農村、由狂熱走向冷寂的命運，最終走進了它那衰弱、消解的歷史歸宿，並由此而宣告了文革初期的結束。

　　正如毛澤東在這次召見時談起北京大學文革的「鬥、批、走」問題，顯露出他對文革如何發展的困惑甚至被動。毛澤東說，從北大第一張馬列主義大字報出來，大學原計劃停課半年搞文革，到延長一年，再到延長兩年，他不願意繼續延長下去了，他說了一句很有分量的話：「我說三年就三年嘛！」到了8月19日，毛澤東在同中共中央文革小組碰頭會成員談話時，談及大學文革等問題，毛澤東強調了文革有關任務的部署，並作了一個判斷：「今年下半年，整頓、教育是差不多了，是時候了」。「三年就三年嘛」和「是時候了」，寥寥數語，既流露出毛澤東所期

待的文革初期轉變的將要來臨，又表明了毛澤東再也不願意讓文革初期的群眾運動進行下去了，再也不看好群眾組織的角色了。因而，文革群眾運動壽終正寢、文革群眾組織偃旗息鼓，就不是置身於其中的群眾及其領袖所能左右的了。

2意味著紅衛兵領袖和造反派領袖角色的衰竭

這次召見談話之所以對紅衛兵運動和造反派運動產生致命性的影響，還在於毛澤東對蒯大富、韓愛晶、聶元梓、譚厚蘭、王大賓這五位領袖所表示出的不信任和所進行的指責，儘管毛澤東在當時再三地表示出對他們的關愛和惋惜。蒯大富、韓愛晶等五人兼有文革紅衛兵領袖與造反派領袖之化身的集合，他們不僅在北京地區的文革初期群眾運動中叱吒風雲，而且在全國的文革初期形勢中獨領風騷。他們五人在當時被冠之為富有意味的「五大領袖」的稱呼，而毛澤東稱他們為「五大將」，就從諸多側面顯現出他們的文革角色及其「政治能量」。毛澤東說：「你們這五大將，我都是護你們的，包括蒯大富罵你們的，我也是偏向你們這一邊的。」毛澤東在蒯大富還沒有趕來之前說：「蒯大富這個人，我看是好人，出面多，操縱他的人是壞人。蒯大富以及出面的，我看是好的，這個經驗很多。」「我為什麼不找你們的反對派呢？找你們幾個人來人講講，這件事，使你們有個準備。我歷來不搞錄音，今天錄了。因為你們回去各取所需，我就放我這個東西，你們先去討論、討論。」毛澤東由昔日對這五位領袖的重視到此時所具有的懊惱態度，或多或少地體現出了毛澤東在文革初期矛盾而複雜的心路歷程。毛澤東已經體會到了，文革不同的群眾組織或派別對於他本人的諸多指示、講話等，加以唯己所需地利用所帶來的後果，造成了毛澤東不願意看到的群眾組織混戰致使文革天下大亂的惡果。毛澤東力圖糾正在他的文革麾下聚集的不同利益和不同要求的文革群眾對於整個文革大局的實用主義的目的和急功近利的做法，其途徑之一就是經過這次召見談話而使北京地區的這五位領袖逐漸地淡出文革大局，而直接的影響也

是自1968年底起，全國各地區、各部門的紅衛兵風雲人物和造反派代表人物逐漸地游離或遠離出文革的政治舞臺。

　　毛澤東對於這些領袖的複雜態度還可以從下面這個情節中體現出來。晚來參加這次召見活動兩個多小時的蒯大富，在清華、北京市革命委員會機關、北京航空學院等許多地方奔波了一天一夜之久，趕往人民大會堂時還不知道是毛澤東召見。當蒯大富一進到會見場地，見到端坐在沙發上、身著白襯衣的毛澤東時，悲喜交加之情，無以復加，放聲大哭。毛澤東站了起來，其他人也都站立起來。蒯大富多年後對筆者回憶說，他像一個受到委屈的孫子見到自己慈祥的爺爺一樣，雙手緊緊握住毛澤東的手，一頭撲進毛澤東的懷裡，縱情哭訴：「主席救我！主席救我！」毛澤東也落下眼淚，江青幾乎是失聲痛哭，其他人也淚盈眼堤。當蒯大富講到由「黑後臺」操縱幾萬工人打進清華園，清華「井岡山」群眾被抓或被迫撤出時，毛澤東轉過身來把手伸出來說：「你要抓黑手，黑手就是我。工人是我派去的。」蒯大富曾對筆者說過，他當時聽到毛澤東的此話，情緒頗為激動，脫口而出：「不可能！」蒯大富的理由是毛澤東每次派解放軍制止武鬥都是不帶槍、不打人、不罵人、不抓人，而「這次卻抓了我們清華井岡山的人」。毛澤東聽後有些惱怒，責問謝富治、溫玉成，並命令把抓的人統統放了。蒯大富進來以後，氣氛大變，因為蒯大富是「七‧二七事件」的一個主角。經過安慰，蒯大富平靜下來，毛澤東繼續他的談話。毛澤東有些氣憤地繼續說道：「蒯大富，你要抓黑手，黑手就是我，你來抓呀！把我抓到衛戍區吧！」「蒯大富，你真蠢呢，我們搭梯子讓你下來，你不下來」，問題在於蒯大富事先既不知道有這種「梯子」，又在事發之際根本不可能「下來」。

　　在7月28日的召見談話中，毛澤東對於五位紅衛兵領袖的關愛之情溢於言表，他強調說：「不管運動中有多少缺點，我都是護你們的」，他對這五位領袖情況的瞭解似乎如數家珍。毛澤東對於五位領袖的態度還分別具有不同的特點，他對聶元梓的批評

相比之下顯得過多，對蒯大富顯得恨鐵不成鋼，對王大賓有些欣賞，對譚厚蘭給了鼓勵和希望，對韓愛晶則是給予了多次的肯定和讚揚。毛澤東還讚揚韓愛晶和王大賓各自所在的北京航空學院和北京地質學院沒有發生群眾武鬥。又如，在參見召見的這五位紅衛兵領袖中，韓愛晶說話最多，在場的姚文元、陳伯達、江青、康生屢屢批評韓愛晶總是愛提出前途問題、信心不足、不懂馬列主義等等時，毛澤東一再制止這些人對韓愛晶的批評。在韓愛晶當面請教毛澤東關於中國未來前途的大問題時，毛澤東頗有感觸地說：「想的遠好，想的遠好。這個人好啊，這個人好啊。」「韓愛晶這個人好啊！他的性格很像我年輕的時候認為自己對的，就要堅持。」韓愛晶在受到毛澤東一再表揚的同時，他希望毛澤東和中共中央能給他以及他所在的北京航空學院派出解放軍，以便對他進行監督。

毛澤東在這次談話中再次強調：「現在是輪到小將犯錯誤的時候了。」毛澤東在1967年夏季外出巡視時，對於全國性的文革激進群眾運動達到狂熱之際，曾說過類似的話。但那一次，毛澤東的此話似乎對於廣大紅衛兵小將以及造反派群眾來說所起的作用不大，而在這次召見上述五位領袖時，毛澤東舊話重提，這就不是所謂的一般批評了，而是意味著即將對紅衛兵運動和造反派運動做出歷史性的扭轉即終止，也即在毛澤東看來，紅衛兵們和造反派們及其領袖在1967年與1968年所犯的所謂錯誤還是有所不同的，後一錯誤似乎是無法彌補的、無法原諒的。正如林彪給這次召見中毛澤東所說的一系列話語做出了畫龍點睛式的總結以及對於五位領袖的「錯誤」做出的一針見血的概括：「響應毛主席號召……你們要看到運動的需要、看到各個階段我們應該幹什麼。」紅衛兵小將和造反派群眾及其領袖在1968年所犯下的「錯誤」不但對於他們在政治上來說是致命的，而且給全國的紅衛兵運動和造反派運動帶來了全局性的影響。

在當時的召見談話中，毛澤東還沒有明確地形成處置這些紅衛兵領袖的具體意見或部署，至少，毛澤東在接見結束之後還

有些出人意外地、頗為令人感動地重新回到召見會場，囑咐在場的中共中央其他領導人以及有關負責人：「我走了，又不放心，怕你們又反過來整蒯大富，所以又回來了。」「不要又反過來整蒯大富，不要又整他們。」這表明，毛澤東在那一天還不可能下定決心，採取非常措施來處置這些領袖人物，甚至還談不上像後來幾年那樣從政治上用隔離、審查等方式懲治這些領袖人物。不過，到了8月8日，在接見中共中央文革小組碰頭會成員以及有關負責人時，毛澤東談及大學問題，他說道：「靠學生解決問題是不行的，歷來如此。學生一不掌握工業，二不掌握農業，三不掌握交通，四不掌握兵。他們只有鬧一鬧。」「所謂『五大領袖』，群眾不信任他，工人、農民、士兵不信任他，學生不信任他，本派的大部分不信任他，只有幾百人勉強控制，怎麼行呢？學生為人民沒作什麼好事，怎麼能取得群眾的信任呀？要二十年、三十年做了點好事，才能取得群眾信任」。 在這之後不久，在姚文元所寫的《工人階級必須領導一切》的文章中，對於那種所謂知識分子脫離實際、輕視工農的批評和對那些紅衛兵學生搞所謂獨立王國和「多中心」以及不搞文革鬥、批、改的任務等等所作的聲色俱厲的斥責，實際上也是毛澤東對於紅衛兵領袖們、造反派領袖們更加嚴厲的訓斥，似乎與毛澤東在7月28日召見中的批評不可同日而語。到了1968年年底1969年年初，毛澤東已經完全「冷落」了這些領袖。到了1975年年底1976年年初，在又一次緣起於清華大學的所謂「教育革命大辯論」和「批鄧、反擊右傾翻案風」的「打招呼」指示中，毛澤東提及這種大辯論必須在黨委領導下進行，不能像過去那樣受蒯大富、聶元梓的「無政府主義」影響，讓來聽「打招呼」的老中青幹部中，「青（年）要好的，不要蒯大富、聶元梓那樣的」， 毛澤東在文革末期對於蒯大富、聶元梓的失望甚至絕望，由此可見一斑。

從由毛澤東這次召見談話而來的紅衛兵領袖和造反派領袖角色的衰竭，可以展現出文革初期與文革中、後期在任務、主題、取向、群眾功能以及群眾領袖角色等諸多方面的深刻差異，同

時，也不難看出文革不同階段的劃分理由和不同階段的方針、策略、矛盾的根據所在。

3催生文革的「教育革命」

過去，人們對於毛澤東這次召見談話所忽視的一點就是毛澤東所談及的「教育革命」問題。這次召見談話，也是毛澤東在文革時期比較集中地談及「教育革命」的「範文」之一。毛澤東從重整大學文革到論及大學的教育問題，這不僅是必然的，而且也是毛澤東所主導的文革戰略在基本上結束群眾運動之後對於將要到來的大規模的「教育革命」的大致勾勒。

毛澤東在這次召見談話中用較長的時間談論了包括教學方式、教材體系、文科教學等在內的教育問題，這些都是他50年代「大躍進」時期許多言論和思想的重複，沒有什麼新意，例如，相比較於毛澤東1958年3月22日在成都會議上的講話和同年5月8日在中共八大二次會議上的講話，其主題論調，如出一轍，甚至所列舉的人物、事例都非常雷同。但是，不同於1958年全國眾多大學掀起的、為時幾個月的「教育革命」，在1968年夏季之際，對於「教育革命」，毛澤東老調重談，這不但成為開展文革「教育革命」的先聲，再次充分顯示出毛澤東對於知識分子的輕蔑，例如他就文革中大學的武鬥情況說：「知識分子最不文明了。你說知識分子最文明，我看最不文明。我看老粗最文明」，他對獲得書本知識的輕視和對經驗知識的重視，而且更為重要的是成為在1968年之後逐步開展的文革「教育革命」具體運作的基本準則。

由於文革頭兩年的群眾造反運動以及奪權和武鬥佔據著文革的主流地位，文革意義上的「教育革命」還沒有提到議事日程。而這種造反運動的日趨衰落，則「促生」了「教育革命」逐漸由後臺走上前臺。從目前已公佈出來的材料來看，在清華「七‧二七事件」以及毛澤東這次召見之前，毛澤東在1968年7月12日會見中共中央文革小組碰頭會成員的會議上，已經就教育問題以及大學辦學方針和政策作了有關談話。7月20日，中共中央文革小

組組長陳伯達、組員姚文元在提交給毛澤東一份關於上海機床廠培養工程技術人員道路問題的報告中，說明派出記者寫出此調查報告，加寫了編者按，並準備公佈毛澤東7月12日的那段談話，即「理工科大學還是要辦的，但學制要縮短，教育要革命，要無產階級政治掛帥，走上海機床廠從工人中培養技術人員的道路。要從有實踐經驗的工人農民中選拔學生，到學校學幾年以後，又回到生產實踐中去。」毛澤東審閱時，將其中的「理工科大學還是要辦的」改為「大學還是要辦的，我這裡主要說的是理工科大學還是要辦的。」7月22日，毛澤東的這一談話通過《人民日報》社論的方式公佈出來。我個人推論，毛澤東在7月28日召見中關於「教育革命」問題的談話與7月12日的談話和7月22日的公佈是有著前後關聯的，即毛澤東以及中央文革小組打算整治教育界尤其是大學的文革局勢，在文革群眾運動大潮過去之後，具體地說，在清華「七・二七事件」之後，將適時地、大力地開展文革「教育革命」。

在這次召見中，彷彿陳伯達最為重視「教育革命」問題以及學校辦學和復課問題。陳伯達說：「教育革命，教改搞不上去。」陳伯達似乎意識到了文革對於大學教育的嚴重衝擊使得大學已在1966年—1968年連續三年不但停止招生，而且幾乎完全停學的嚴重性。當然，陳伯達不可能主張恢復文革前的教育運作模式，他只不過是想使被文革群眾運動暫時阻斷了的「教育革命」走上文革的議事日程。陳伯達的這一見解與他在稍後起草的關於在中共「九大」報告中強調促進生產力、恢復經濟發展的見解是相輔相成的。

毛澤東接著陳伯達的話說：「教育革命搞不上去，甚至我們也搞不下去，更別說你們了，為什麼搞不上去呢？……我們的陳伯達同志在中央會議上著急，我說不用著急，過幾年人家走了就算了麼？」從毛澤東的話來看，主要是由於大學裡分成了群眾兩派及其對立，他似乎也拿不出完全有效的實施「教育革命」的解決辦法。文革初期的三年多，不僅大學的教學活動幾乎完全停

滯，而且大學停止招生直到1970年才告結束。像中國文革時期這樣一個全國停止大學招生長達四年之久的國度，恐怕在20世紀教育史中是絕無僅有的。因而，文革初期的群眾造反運動及群眾武鬥不停，「教育革命」就無法進行。這也就使得大學的本職工作究竟是以文革的群眾之戰為主，還是以辦學、教學為主，愈益成為一個迫切需要文革最高領導層加以解決的問題。

毛澤東說：「這個大學還要辦，講了理工科，並沒有說文科都不辦。但舊的制度、舊的辦法不行，學制要縮短，教育要革命。」「文科還要不要辦呢？文科還是要辦的，至於如何辦法，研究出另外一個辦法，過去的辦法是培養修正主義的。」毛澤東對於包括哲學在內的大學人文學科教育有著根深蒂固的偏見，他說：「這個哲學有什麼學頭呢？這個哲學是能夠在大學裡學來的嗎？沒有做過工人、農民就去學哲學，那個哲學叫什麼哲學。」毛澤東認為，「學文不是在學校裡學出來的」；他還說，「至於法律恐怕是不太要學為好」，這與他同意在文革初期「砸爛公、檢、法」有關；他強調不能拿學歷來看待人才。毛澤東還一以貫之地主張，學校教育要取消考試，教材要刪繁就簡；強調學生自學；認為師範大學、外語學院等還是要辦的，等等。

這次召見談話之後所帶來的文革「教育革命」已經不同於以往「教育革命」還是由學校幹部、師生來主導的，例如，毛澤東在1967年底還打算依靠學校的革命師生來進行「教育革命」，那時他發出的號召「進行無產階級教育革命，要依靠學校中廣大革命的學生，革命的教員，革命的工人，要依靠他們中的積極分子，即決心把無產階級文化大革命進行到底的無產階級革命派」，由於清華「七‧二七事件」所帶來的一系列後果，文革「教育革命」彷彿已經成為來自學校之外、從天而降的事情了，學校的一切主要工作都是由工宣隊主宰的，學校幾乎所有的師生員工成為「教育革命」的對象或被改造者。

在這次召見談話中，毛澤東也擔心，在辦學方面，「我們可能犯錯誤。」是的，毛澤東所主導的文革「教育革命」從根本上

講不僅非常荒唐，而且徹底破產。長達六年之久的文革「教育革命」不僅成為文革整個歷史上最大的「烏托邦」噩夢，而且從教育理念到教育實踐、從教學體制到教學的各個環節都成為不堪回首的教育史上的「怪胎」。毋庸置疑，毛澤東的這次召見談話是使文革「教育革命」開始湧動和鋪張起來的一個引子。

4評說清華團派和四一四以及四一四思潮

在這次召見談話中，給人印象最具體的是毛澤東對於清華大學兩派群眾組織——團派和四派（又稱「四一四」）——的評說。由於一再主張群眾派別的大聯合，毛澤東在文革時期，對於一個單位（或地區或部門）對立的群眾兩派的直截了當的評論，極為少見。這彷彿是毛澤東對於聚集在他的文革「角鬥場」中的不同群眾派別的一種表面上不偏不倚的姿態。正是基於這種策略，再加上清華武鬥給文革形勢帶來的特殊作用（主要是如何制止造反派群眾日益嚴重的武鬥），在1968年7月28日之後公佈的毛澤東此次召見談話的指示精神要點，刪掉了許多有關毛澤東談及的對於清華四派的指責。

在這次召見談話中，毛澤東對於團派的偏愛，對於四派的不滿，毫無掩飾，分外真切，這與他在文革以來一貫對待兩派群眾的所謂一碗水端平的政策，大相逕庭。毛澤東對於四派的不屑之情溢於言表，他對十幾個小時前在清華發生的流血事件看來頗為感歎：「現在四一四高興了，『井岡山』垮臺了，我就不信」。毛澤東對於團派抵抗而四派沒有抵抗工宣隊進駐清華，感到有些意外，痛斥團派的愚蠢。毛澤東恨鐵不成鋼地批評團派的策略：「四一四歡迎工人，你們『井岡山』很蠢，我才不高興那個四一四。那個四一四是反對我們的。」毛澤東的這個「四一四是反對我們的」說法不啻是他個人以及以他為首的文革「無產階級司令部」對於四派作出的歷史性結論，也正如江青所說的：「四一四專門反對中央文革」。毛澤東似乎對於清華整個四派的一系列行徑瞭若指掌，憤憤不平地說：「他（指四一四，——

注）搞抬屍遊行，他搞砸電線，四一四也沒有通知，為什麼他們歡迎？這一次你們很蠢，讓四一四歡迎工人。」毛澤東對於清華兩派的不同態度由此昭然若揭，只是當時出於文革大形勢的需要，制止包括清華在內的全國性的武鬥遠遠高於給清華一隅的群眾派別做出結論，毛澤東的這番對於四派不啻為致命性的評判才沒有得以公佈。毛澤東對於四派和團派在「七・二七事件」各自所採取不同的策略而做出的評價，看來有些惆悵和無奈，但他還是建議兩派實行聯合，並且這種聯合是要以蒯大富為主的，「沒有蒯大富不行的，蒯大富是偏左的，井岡山出兩個，四一四出一個。」「對待四一四的頭頭，要有所區別，分別對待。」毛澤東不愧是一位群眾運動和群眾鬥爭的大師，他非常準確又十分細緻地區分了團派與四派的根本不同，並且一針見血地意識到團派代表了他所推行的文革運動的正宗和體現了他所主張的文革理論的真諦，而四派不過是他統率的文革群眾中一部分人具有的偏執、「修正主義」甚至是異端的派別。毛澤東不看好四派，是非常容易理解的，也是非常合乎文革邏輯的。毛澤東對於清華四一四的評價堪稱清華文革歷史的一大「亮點」。在整個文革期間，幾乎沒有哪一個群眾組織像四派這樣受到了毛澤東如此明確、詳細的評價。四派的群眾當時不知道毛澤東的此番評論。可以想像，當時若是公佈了毛澤東的評價，四派群眾的失望、失落和失敗會是一種什麼樣的境況。即使在許多年後得知了毛澤東關於四派以及「四一四思潮」的評價，當年的四派領袖及其群眾對於毛澤東把他們自己視為文革的「另類」，特別是對「四一四是反對我們的」那句名言，一些人失望不已，叫苦不迭；一些人耿耿於懷，難於冰釋；更有一些人自以為是，見怪不怪。在這其中，最有代表性的是四派領導人沈如槐的看法：「毛主席把蒯大富看成是自家的好孩子，犯了點錯誤，上帝原諒他們；而四一四則是一群異己分子。在談論四一四時他老人家的用字遣詞、語調神情，跟談論右派分子、右傾機會主義分子時的用字遣詞、語調神情一模一樣。在他老人家眼裡的四一四完全是一個保守組織、右派組織，

他之所以沒有下令搞掉四一四，只不過是想保留四一四作為一個難得的反面教員而已。前不久，在與韓愛晶談到毛主席7·28講話時，我把我的看法告訴他，韓愛晶說：『你的感覺對極了』。」不過，說毛澤東想把四一四作為一個反面教員保留下來，值得商榷，因為在「七·二七事件」之後，不到二十天，團派與四派在清華大學似乎是「無疾而終」。顯而易見，自1968年8月起，團派和四派都已失去了他們存在的理由，也完全失去了他們各自的功能和價值。到了8月中、下旬，團派和四派都停止了運作，都從文革政治的輪盤賭局中迅速消失。

在毛澤東的這次召見談話中，對於清華文革最有意義的一點是他對「四一四思潮」的具體評價。從這些評價中，可以清晰地看出，毛澤東本人對於清華文革的諸多具體問題的心態和視角，尤其是他本人對於像清華這樣一個單位的文革運作的態度和策略。毛澤東說：「清華四一四說，四一四思潮必勝，我就不高興。說打江山的人不能坐江山，無產階級打天下不能坐天下，坐天下的就是四一四！四一四有個理論家叫周泉纓，理論家何必抓呢？人家是一派的理論家嘛，人家寫文章你抓人家幹什麼！應該放出來，人家有意見讓他再寫嘛，不然不是沒有言論自由了嘛？」溫玉成立即起身打電話指示北京衛戍區釋放被關押的周泉纓。在蒯大富進來之後，毛澤東又一次談到了四一四問題：「你們在抓黑手，黑手就是我。對於你們毫無辦法，你們打下去沒有出路，要消滅四一四也不行。我還是傾向你們這派，因為四一四那個思想我不能接受。但是對於四一四要爭取群眾，領袖也要爭取些。周泉纓的文章我已經看了，主要口號，打江山的不能坐江山，說蒯大富只能奪權交給四一四。」毛澤東實際上在這次召見之後所採取的一系列部署，既沒有讓整體意義上的造反派也沒有讓相互對立的造反派群眾兩派的任何一派「坐江山」，這同毛澤東開始把造反派從文革大局中逐出的策略有關。因而，毛澤東口頭上對四派的批評與他實際上對四派主張的默認之間的矛盾、反差再一次證明了毛澤東不可能完全放手讓造反派群眾橫行、恣意

文革天下。即使四派自己沒有「坐江山」，它也沒有讓團派「坐江山」的意圖得逞，這些從更大的層面上都是來自毛澤東的作用。

清華文革群眾兩派自1967年初圍繞著如何理解和如何進行文革、如何看待和如何評價文革前十七年歷史、如何評價和如何對待文革伊始被打倒或被迫「靠邊站」的清華原中、基層幹部等等重大問題，展開了激烈的論戰，進而圍繞著如何建立和如何運轉文革的權力機構——革命委員會發生了尖銳的衝突，並由這些論戰和衝突而走向曠日持久、無法調和的大規模武鬥。在這一論戰和衝突進行之際，四派所謂理論家周泉纓1967年7月寫出了著名的《四一四思潮必勝》一文，比較系統地概括和闡述了聞名遐邇的「四一四思潮」。「四一四思潮」的主要內容有以下幾點：一是文革中階級關係及階級陣線不變，即文革的對象不能因為包括了「走資派」而撇開了「地富反壞右」，文革的敵人是「兩小撮」，而不是「一小撮」；二是造反派只能造反即「打江山」而不能掌權即「坐江山」；三是文革已經到了必須修正、鞏固、妥協的階段；四是應該對廣大幹部「平反平黑」並大膽解放和大膽使用他們；五是文革的主流應回歸文革前十七年的河道。「四一四思潮」的提出和流行是文革初期來自群眾運動的對毛澤東的文革意識形態的一次重大的「修正」甚至解構。在這次召見談話中，毛澤東十分準確地看到，四派及其「四一四思潮」是與他的文革主張和文革部署難以吻合的，甚至有可能是南轅北轍的。而毛澤東對於清華團派思潮和主張的肯定就是不言而喻的，只不過是對其武鬥策略大為不滿。

今天看來，「四一四思潮」的確是文革初期對毛澤東的文革理論（或文革主張）和文革實踐的「偏離」，即從毛澤東的文革「原教旨主義」意識形態分離出來的「修正主義」思潮，甚至有可能演變為有悖於毛澤東文革正統意識形態的異端思潮。令人值得注意的是，這個思潮對於文革的懷疑、批評和動搖實際上有可能演變為導致對於文革的否定！這一點在文革結束後，非常明顯地表現出來，即許多人士對於文革的批判和控訴更多的是依據於

文革前十七年的情結和心懷來進行的。如果說，周泉纓在文革期間以對待十七年的看法來指責文革是相當有見地的話，那麼文革結束後，過多地從文革前十七年的取向和價值角度來評判文革，就遠遠不夠了。一個簡單的反問就可以說明這一點：文革十年的歷史直接源自於何處？周泉纓本人在文革後的反思也達到了一個新的高度。

「四一四思潮」既動搖了毛澤東的文革意識形態在文革初期對文革造反派的思想一統局面，又加劇了文革廣大群眾的思想分化以及部分群眾的懷疑傾向，更有效地削弱了以團派為代表的所謂文革群眾組織的「正宗性」並瓦解了同樣以團派為代表的文革群眾主流思潮的「真諦性」。文革眾多的思潮在文革結束之後，到目前為止，只有「四一四思潮」是最為走紅並且成為唯一勝者的文革群眾性思潮。

5 展望文革的前途

毫無疑問，毛澤東這次召見談話的內涵是非常豐富的。我個人認為，頗為有意思的一點就是毛澤東對於文革前途的展望。

韓愛晶在這次召見快要結束時，當面向毛澤東提出了一個在他心中久久揮之不去的問題：「毛主席，我想請教你一個問題。再過五十年，一百年，如果中國出現了分裂，你也說自己是毛澤東思想，他也說自己是毛澤東思想，出現了割據混戰局面，那我們怎麼辦？」換言之，這個問題就是毛澤東之後的中國的前途問題，也包含文革的前途問題。韓愛晶向毛澤東和在座的人員一再提及蒯大富不能及時趕來參加召見的難處，並強調蒯大富「的命運和全國紅衛兵的命運是有聯繫的，」這也意味著紅衛兵領袖們的命運是同文革的前途息息相關的。韓愛晶直言提出的包括文革前途在內的中國的前途問題是與會者們所始料不及的，會場氣氛變得嚴肅起來。韓愛晶提出的這個問題決不是偶然的、突發的，而是經過長期思考、孜孜以求的。例如，1967年7月初，在北京中南海西門形成的由學校、工廠、機關等七百餘所單位、數十萬

人參加的「揪劉（少奇）火線」步入高潮時，身處文革漩渦中心的韓愛晶已經充分地意識到了文革的「隱患」。8月9日凌晨，韓愛晶、蒯大富從這一「火線」上陪同陳伯達「視察」後，搭乘中共中央文革小組組長陳伯達的轎車返回清華。途中，韓愛晶向陳伯達提出了與其一年後向毛澤東提出的類似的問題，請陳伯達解答。韓愛晶的這個問題具體來說就是：在毛主席百年之後，中國會不會有像袁世凱竊取辛亥革命成果那樣的竊取文革成果的人物，中國會不會出現你說你堅持了毛澤東思想、他說他堅持了毛澤東思想的分裂、割據、混戰的局面？等等。在下車分手之前，陳伯達告誡韓愛晶、蒯大富說，在文革前進的路上，不要「行百里者半九十」，並鼓勵他們，文革有「無限的光明，無限的前途」。 以韓愛晶為代表的文革著名風雲人物在1967年夏季至1968年夏季就已經切切實實地體驗到了文革矛盾重重，危機四伏，他們的底氣不足和憂患意識預示了文革前途岌岌可危。在毛澤東去世後不久，文革的前途就被歷史地畫上了沉重的休止符。

對於韓愛晶提出的問題，毛澤東強調：「有文化大革命的經驗比沒有文化大革命好」。包括文革前途在內的問題，毛澤東只是籠統地談到要依靠人民，談到中國共產黨就是通過一次次黨內鬥爭而前進的。毛澤東有些信心不足地說：「你們年輕人就是沒有經驗，上帝原諒你們。韓愛晶你問起我，我答覆你了，不要以為我們這些人有什麼了不起，有我們這些人在就行，沒有我們這些人，天就掉下來。」差不多是在毛澤東回答了韓愛晶的上述提問後，這次召見談話也就基本上結束了。

這次召見談話還表明，毛澤東對於文革確實沒有什麼具體的計畫或方案，往往是隨著文革形勢的變化，窮於應付，顯示出他的文革諸多策略具有迫不得已的內涵和特點。不過，毛澤東應付文革危機和轉折的能力和對策無疑是獨一無二的，這固然基於文革中億萬大眾對他的愛戴、服從和迷信，但非常清楚的一點就是除了毛澤東之外，沒有什麼人能夠從大局上改變清華文革的武鬥形勢乃至清華文革的出路，也沒有什麼人能夠由此而制約文革的

全局。毛澤東的文革權威達到如日中天之際，也是它得過且過、四分五裂之時。

總之，毛澤東拿過去中國歷史以及過去中共歷史的鬥爭經驗來「度量」中國的前途以及文革的前途，這並不能免除文革在他去世不久的徹底破產，並不能免除他的文革理念和文革實踐隨著他的生命的結束而出現全盤崩潰。

曲終人散「魂」何在？

正如韓愛晶指出的，毛澤東的這次召見時間之長，遠遠超出了毛澤東會見其他人的時間，例如，毛澤東接見外賓一般也不過是在40分鐘左右，由此可見，毛澤東對於這次長達五個半小時召見談話的良苦用心。在《毛澤東主席召見五個半小時談話記》中，通過那親身體驗而維肖維妙的描寫，韓愛晶給人們提供了一幅多姿多彩的文革政治語義的畫卷。我們不僅可以感受到毛澤東在這次召見談話中的神態、語氣和舉止，栩栩如生，而且毛澤東之外的其他人的音容神貌乃至心境，也躍然紙上。而所有這些給我們重新解讀毛澤東的這次召見談話，同樣提供了非常值得回味的佐證。

例如，在這次以毛澤東談話為主的召見中，「無產階級司令部」其他成員各顯特色，林彪的一言中的和老謀深算，姚文元的咄咄逼人的講話，陳伯達的大大咧咧的插話，江青的大而無當的談論，一些發言者之間的相互吹捧，陳伯達、江青和康生對韓愛晶、聶元梓等居高臨下的訓斥，吳法憲和汪東興的一言不發，葉群吹捧江青而遭到毛澤東的白眼等。又如，軍方人士除林彪之外，大都保持沉默，或者不主動參與話題的談論。相比之下，文方人士，諸如陳伯達、康生、江青、姚文元，則顯得誇誇其談，喋喋不休。又如，黃永勝、溫玉成在回答毛澤東的問話時，他們各自立即畢恭畢敬地從座位上站立起來回答（黃永勝還把自己的軍帽拿下來，放在桌子上）。他們一個人民解放軍總參謀長，一

個人民解放軍副總參謀長兼北京衛戍區司令員，對於他們自己的統帥兼領袖的敬畏之情，拂面撲來。

概言之，毛澤東的這次召見談話作為文革的一首「斷魂曲」，其意義主要在於：

一方面，毛澤東通過這次召見談話，基本上成功地遏制了整個文革的無論是地區性的還是單位性的群眾武鬥。毛澤東承認，他在他的《湖南農民運動考察報告》中講的一些群眾鬥爭方法被濫用到文革之中，但他認為這個無關文革大局，即使是打死了人，即使兩派群眾各自虐待武鬥中的俘虜等，那也是策略和方法問題。儘管毛澤東口頭上說，清華武鬥造成數人死亡，眾人受傷，實際損失最小、最小，然而，有一點毛澤東是非常明確的，他堅決反對各種形式的群眾武鬥，並一再明令制止這類武鬥，強調堅決鎮壓繼續從事武鬥的行為，甚至不惜以解放軍的武力來加以殲滅。因此，遏制直至終止了武鬥，文革群眾運動的「氣數」就由來自這一運動之上的毛澤東的斷然干預而走到盡頭。在毛澤東這位文革不同群眾派別的同一個最高領袖的「強制性」的決斷下，文革群眾組織派別之間的分歧論戰也好，則不「休」而「休」；文革群眾派別之間的生死武鬥也罷，則不「敗」而「敗」。從這次召見談話之後，文革群眾運動開始徐徐落下它那沉重的歷史帷幕。以群眾運動為主的文革第一階段（1966年6月至1968年年底）作為文革最為激烈、最為狂熱和最為動盪的階段，則趨於結束。無論是在深遠性上還是在廣泛性上，文革以後的階段都無法企及文革的第一階段。在某種意義上，文革後期的七年歷史只不過是為時近三年的文革第一階段的「回聲」或「綜合後遺症」。

另一方面，毛澤東堅決反對在文革不同地區、不同單位或不同部門的群眾組織搞橫向聯繫，搞什麼「全國時事形勢討論會」之類的串聯會，他這裡批評的是北京和外地一些群眾組織及群眾組織頭頭在1967年夏季文革群眾運動高潮之際召開有關名目的討論會。在這次召見中，毛澤東以及江青、康生、姚文元等人在這

個問題上對紅衛兵領袖們的批評，表明「無產階級司令部」絕不容許群眾運動和群眾組織游離於該「司令部」控制之外的可能發生。毛澤東指責那些外地來京的群眾造反派頭頭躲藏於北京個別紅衛兵領袖的地盤，他認為，這些頭頭是「反對各省革委會和解放軍」的。而這些群眾造反派頭頭的作用已不是文革伊始的「開路機」，而是文革此時的「絆腳石」了。毛澤東還大力反對文革群眾的所謂無政府主義現象，表明他1967年夏季就意識到外地群眾組織頭頭來北京串聯，搞所謂形勢討論會一類的活動大有離心於文革「無產階級司令部」之虞。而到了這次召見談話之際和之後，這種無論是想像的還是潛在的危險都已化為泡影。正如毛澤東強調的，不能在文革中搞什麼「多中心」，全國「搞幾千個、幾萬個中心，就是無中心。還是他中心。各人皆以為天下第一，真是！那還有什麼中心！」毛澤東的這番話，在8月25日姚文元那篇對於這次召見談話精神做出注解的文章裡，得到了詳細的闡釋。進而，文革第一階段的一大「主體」——群眾運動和群眾組織全面的失落、衰敗、瓦解和消退，就是大勢所趨、無法阻擋的了。

那麼，什麼是由毛澤東這次召見談話所折射出的文革「斷魂曲」呢？一句話，文革群眾性的分崩離析和文革群眾問題的全面異化。

清華「二校門」的變遷

唐少傑

　　清華「二校門」既是清華大學著名的歷史建築之一，也是北京知名的歷史文物之一。它始建於1909年底，是清王朝政府在得知美國國會於上一年5月通過決議，退換一部分「庚子賠款」，用於在中國培養留美預科學生後，與美方達成協議，雙方決定在北京建立一所留美預科學校所用的校門。1911年4月29日，清華學堂（清華大學的前身）開學之際，正式啟用，門額上刻有晚清軍機大臣那桐題寫的「清華園」三個擘窠大字。這個校門在很長的時間裡成為清華的正式校門，名為「大宮門」，後來由於清華地盤的不斷擴大，不同的校門先後出現，這個最早的清華校門就被約定俗成地稱為「二校門」。

1949年之前的清華「二校門」

然而，在「文化大革命」（以下簡稱文革，且不帶引號）爆發不久，清華「二校門」就成為了文革最初摧毀的文物。事由如下：進入1966年8月下旬，清華的文革形勢愈益明顯，即文革最初兩個月在「工作組」支持下的、由若干位中共黨和國家領導人的子女為主體的紅衛兵學生勢力已不可逆轉地走向衰落，以這些學生為主導的「清華大學紅衛兵」在8月20日正式成立不久，為了轉變「工作組」撤走之後他們自己所處的不利地位，為了壓制或戰勝已與他們日趨對峙的「清華大學毛澤東思想紅衛兵」，更主要的是，一方面為了鞏固或擴大他們在清華文革已有的主動權以及話語權，另一方面為了制止或改變已經非常明確而又不斷惡化的他們自己父親的境況，他們於8月24日下午發起並實施了著名的「八‧二四聯合行動」。他們調集、指揮清華大學附屬中學等十二個中學的紅衛兵學生，進駐並封鎖了清華大禮堂至「二校門」一帶地區。在廣播喇叭持續不斷地播送諸如「通知」、「告示」、「通牒」之際，這十二所中學的成百上千的紅衛兵召開誓師會，「清華大學紅衛兵」主要負責人賀鵬飛（賀龍元帥之子）發表講話並佈置任務，強調「只許左派造反，不許右派翻天！」。這些中學紅衛兵學生與「清華大學紅衛兵」一起，看守大字報區，拍攝那些近幾天在清華園日益增多的批判劉少奇等人的大字報，隨後撕毀了這些大字報。正是在這種「紅色恐怖」的氛圍下，「八‧二四聯合行動」於下午5時許（一說6時許）達到了高潮，即清華「二校門」作為文革「破四舊」指涉的所謂封建文物被拉倒。[1]整個拉倒的過程大致如下：先由一名「清華大學紅衛兵」學生踩著梯子用大錘逐一敲毀那桐題寫的「清華園」三個大字，稍後，啟動清華大學汽車系用於教學的東方紅牌履帶拖拉機，由北向南拉動已套住門柱、門框的「二校門」上的鋼索，瞬間就拉倒了這個屹立於清華園五十六年之久的「二校門」。

---

[1] 參見邱心偉、原育蜀主編：《清華文革親歷 史料實錄 大事日誌》，第43-48頁，香港，香港五七學社出版公司，2009年。

1966年8月24日下午，清華「二校門」被拉倒之前，先有「清華大學紅衛兵」一人，登梯揮錘，敲毀晚清軍機大臣那桐題寫的「清華園」三個大字。圖中的門柱和門框所繫住的鋼索清晰可見。

清華「二校門」被拉倒的瞬間（1），圍觀的群眾鼓掌。

清華「二校門」被拉倒的瞬間（2）

今天看來，拉倒「二校門」，完全是有預謀、有計劃的，因為有事實為證，當時在場的中央新聞電影紀錄片廠工作人員用攝影機記錄下來相關的情景。那時，某個單位（或部門或機構）能夠請到攝影記者來現場真實記錄某一活動，可見這種活動非同小可。十分有意思的是，前幾年香港鳳凰電視臺在播放《校長蔣南翔》以及清華百年校慶的有關節目時，就播映出了當年記錄下來的「二校門」瞬間倒塌的活生生的鏡頭。

　　8月24日夜間，「清華大學紅衛兵」抓來了數十位主要是原清華大學中層（部、處、系）幹部，在對這些幹部實施抄家、辱罵、毆打、關押的前前後後，還對他們進行處罰勞動，即讓他們清理「二校門」拉倒後的現場，把拉倒的「二校門」的磚石搬運到東面數百米遠的河溝旁。在隨後連續兩天的處罰勞動中，一些紅衛兵學生圍在上述幹部搬運石塊所經過的路途中，不時地對這些幹部侮辱、打罵，還故意不許其中的部分幹部頭戴草帽遮陽、穿戴鞋襪，從而加大對幹部們的處罰。

　　從清華歷史的角度來看，拉倒「二校門」，既是「清華大學紅衛兵」的一大恥辱或罪過，也是整個文革運動施虐清華園的一大標記，更是清華大學全面進入文革的一大象徵！非常具有反諷意味的是：「二校門」的毀掉難道就是「清華大學紅衛兵」們乃至他們那些擔任中共黨和國家相關領導職權的爹媽們所視為如此的文革之初的「應有之舉」嗎？ 換言之，用文革剛結束時形容

清華「二校門」被推倒後，一些被打倒的清華幹部被「處罰」，在現場進行清理「二校門」石塊的勞動，四周是圍觀的群眾。

「四人幫」勢力掙扎、反撲的一句話來形容：「二校門」的毀掉可謂「清華大學紅衛兵」「滅亡前的瘋狂一跳」！

　　清華「二校門」原址自1966年8月24日之後「空白」了半年多，1967年3月25日，清華大學「井岡山兵團」總部決定在這一原址處建立一座毛澤東巨型塑像。這個塑像由高達4.8米的永久性鋼筋混凝土塑像和3.3米高的晚霞色大理石的基座所組成，整個塑像高達8.1米，象徵著解放軍建軍紀念日。林彪題寫的那著名的「四個偉大」手跡鐫刻在基座正中一塊長1.2米、寬0.9米的漢白玉上。3-4月，清華大學建築系的兩個美術教師主持了這座毛澤東塑像的設計、施工。經過清華校內外多方人士的大力協作和共同努力，僅用了一個月左右的時間就完成普通時期需要半年左右才能完成的毛澤東塑像的翻模、澆注、養護和拆模等等工作。5月4日上午9點半，清華大學「井岡山兵團」總部在清華主樓前舉行「慶祝毛主席巨型塑像落成大會」，該兵團總部負責人、校內外施工人員代表、外校文革群眾組織代表和一位外國人士等在大會上發了言。10點半，在新落成的毛澤東塑像周圍，舉行了慶祝落成的群眾遊行活動。[2]

1967年5月初，印製在清華大學文革群眾組織發行的有關報刊上的、建立於清華「二校門」原址的毛澤東巨型塑像的照片。

---

[2] 參見「紅代會清華井岡山報編輯部」：《井岡山》第41、42期合刊，1967年5月6日。

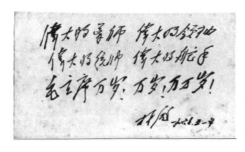

林彪為清華大學毛澤東塑像題寫的、在文革時期廣為流行、套紅發表的「四個偉大」手跡。

　　必須提及的是，林彪專門為清華大學毛澤東塑像的建立所題寫的「四個偉大」。林彪這「四個偉大」題詞的手跡自在清華出現之後，風靡整個中國大陸，不過在文革時期的一些地方或場合，有時把「偉大的領袖」提到了「偉大的導師」之前。林彪的這個題詞是蒯大富在1967年5月1日在天安門城樓上參加觀禮活動時，當面向葉群提出請求林彪為清華剛剛建成的毛澤東塑像題詞，葉群一口答應蒯大富，表示願意代向林彪轉告。[3] 據悉，林彪原想在其題詞署名下方寫下為清華大學所題之類的字樣，由於他先前給某個單位的有關題字遭到了該單位文革兩派群眾的爭奪以致發生武鬥，林彪遂決定不再在其題字中寫出相關的接收單位名字。此事有待進一步考證。1971年「九‧一三事件」之後，由於眾所周知的原因，鐫刻林彪「四個偉大」題詞手跡的漢白玉被消除。

　　在清華「二校門」原址出現的這個塑像完全可以稱之為文革時期風靡中國大陸的難以計數的毛澤東高大塑像的始作俑者，它自1967年5月4日正式揭幕起，一直矗立到1987年8月29日。這個塑像在其所經歷二十年的周圍環境遠不如今天的同一處環境那樣整潔、優雅。當時，這個塑像前的那條馬路還不像今天這樣由瀝青築成，這個塑像南面的那座小橋也不同今天這樣是由仿漢白玉石塊和水泥建成，而是一座很簡陋的小橋。這個塑像所面對的那條水溝（即排水渠）還不是今天這樣由磚石砌成的河道，而是一條小河似的地溝。這個塑像坐落在這裡顯得很不協調、很不雅觀，

---

[3]　《唐少傑對蒯大富的訪談》，2010年1月19日，深圳，未刊稿。

我自己就數次見過毛澤東塑像頭上有鳥或鴿子站在上面以及雨雪天氣時給這個塑像套上特製的大雨衣的情景。

　　文革結束後十多年，清華「二校門」原址的這座毛澤東塑像受到了諸多清華校友的批評。最主要的是，時過境遷，人去物非，清華大學校方決定拆除這座毛澤東塑像。在拆除之際，清華校方發佈了一個關於此事的文件：

> 「文化大革命」高潮時期的1966年8月24日，在極左思潮的影響下，清華的「紅衛兵」組織拆除了作為清華象徵的「二校門」，後在該處樹立起一座高大的毛主席全身塑像。塑像正面的底座上，曾鐫刻著林彪專門為此塑像落成題寫的「四個偉大」的題詞。這座塑像首開先例，在全國引發了共建毛主席塑像的風潮，在毛主席的嚴厲批評下才得以制止。二十年後，在清華廣大教職工和海內外校友的要求下，學校決定拆除這座毛主席的全身塑像，在原址重建清華二校門，同時學校鄭重決定，在主樓大廳北牆上建立永久性的毛澤東青銅浮雕頭像，以緬懷毛澤東同志的偉大歷史功績和對清華大學的關懷。[4]

1987年8月—2011年底貼掛在清華大學主樓大廳正面牆壁上的毛澤東青銅浮雕像。

---

[4] 轉自黃延復、賈金悅：《清華園風物志》第113頁，清華大學出版社，2005年第3版。

在拆除之前的幾天裡，清華校方向其所屬的下級單位和教職工傳達有關決定拆除毛澤東塑像的文件。我依然記得在我參加的清華大學社會科學系（清華大學人文社會科學學院前身）大會上，有關負責人剛講解完這一文件，一、兩位講授中共黨史的教師情緒憤然，大聲斥責。

　　在正式拆除毛澤東塑像之前的三天，即「1987年8月26日 在主樓大廳舉行毛澤東青銅浮雕像揭幕典禮，高景德（當時的清華大學校長，——注）在典禮上講話，150多人參加。毛澤東圓形青銅浮雕像直徑2米，貼掛在主樓大廳正面的牆壁上，以代替目前已局部損害破損的位於二校門的舊塑像。」[5]

　　清華「二校門」原址的毛澤東塑像於1987年8月29日深夜拆除之時，我到了現場。我清楚地記得，毛澤東塑像處在用化纖編織袋圍起來的腳手架之中，幾個工人用大錘、電鋸不斷地敲打、切割。為了維持秩序，清華園派出所的民警也出現在現場。

　　自1987年8月29日之後，清華「二校門」原址又「空白」了近四年的時間。1991年4月，清華校慶八十周年前夕，清華海內外校友捐助200餘萬元人民幣，清華「二校門」得以重建。這離清華原有「二校門」的毀掉相隔約二十五年，也就是說，在清華大學一個世紀的歷史上，竟有四分之一的世紀失去了自己最悠久而又最富有意義的校門！

　　這裡，有必要簡述一下清華主樓那個毛澤東頭像的經歷。前面引用的清華大學校方文件所說的「在主樓大廳北牆上建立永久性的毛澤東青銅浮雕頭像」，事實是還不到十五年，就悄然無聲地被摘下而再也沒有出現。直接原因是2002年初美國總統來華訪問要在清華大學發表演講。那年2月22日，美國總統布希一行來清華，當時的中國國家副主席、清華校友胡錦濤在清華主樓接待廳歡迎來賓。之後，布希在清華主樓大廳發表演講。他所演講的地

5　　方惠堅、張思敬主編：《清華大學志》下冊，第812頁，清華大學出版社，2001年。

重建於1991年4月的
清華「二校門」。

處北面牆壁正是原來的毛澤東頭像所在之處，這時已改為了一直
到今天都高懸在上的清華校徽和清華校訓「自強不息　厚德載
物」八個大字。據我所知，毛澤東頭像被取下乃至以後沒有再掛
上的原因，清華校方沒有做過任何公開說明或解釋。

　　近些年來，每到暑期，每日進入清華園、駐足「二校門」周
圍的各地遊客，川流不息，絡繹不絕。經常是高達數萬餘名的遊
客從早到晚在「二校門」四周觀賞、留影。有的導遊在向遊客們
介紹「二校門」的經歷時，竟然把當年毀壞「二校門」一事說成
了是蒯大富及其「清華造反派」一夥所為。路過他們身旁的我，
聽後不禁啞然失笑。望著那些大多數是年輕學生模樣的遊客，我
心裡一再發顫：年輕人啊，你們可否從清華「二校門」的變遷，
體驗或理解清華大學文革那風雨如晦的歲月？

今天的清華大學主樓正廳牆面景
色，原毛澤東頭像安放處改為懸
掛清華校徽。

附錄一：蒯大富的「三十六條權經」

1968年2—3月，北京市革命委員會舉辦由北京眾多高等院校文革群眾組織負責人參加的毛澤東思想學習班，旨在使各高校中敵對的群眾組織進行「大聯合」。蒯大富在這個學習班有關會議上和談話中談了他自己的一些「奪權、掌權」的經驗和體會。後經人整理成文，在北京許多高校不脛而走，成為所謂「蒯大富的三十六條權經」（當時還有一個題為「掌權三十六條權經」的相同內容文本）。蒯大富本人並沒有對自己的這個發言或談話冠以什麼名稱，也無法左右這個所謂「權經」的廣泛流傳和不同評說。隨後在毛澤東批發全國作為清理階級隊伍樣板的「六廠二校經驗」中，遲群在代表清華工宣隊所做的報告中對「三十六條權經」作了擇要批判，從而使之傳遍全國。這個所謂「權經」的形成、傳播、闡釋在某種意義上成為文革前期群眾政治文化的一種折射或注解。——唐少傑

1. 要努力學習毛澤東思想。
2. 要想反復辟就必須改造世界觀。我們有兩種可能：第一種是被別人搞垮；第二種是自己的世界觀沒改造好，垮掉了，這太可惜了，太痛心了。
3. 掌權者要學會團結中間群眾，要使中間群眾有飯吃，能說話。我們能否團結中間群眾，也是掌好權的重要標誌。
4. 必須學會在權力機構中設置反對派，要保護反對派，因為壟斷為垮臺製造條件。
5. 最高當權派必須學會保護廣大下級幹部和群眾，尤其是犯過錯誤的要保護，不要隨便踢，要拼命多保人，對戰友立功的人更要保，有代表性的人物（政治代表、群眾代

表）要重點保護。多保一個問題不大，少保一個不得了。

6. 凡群眾中分成兩大派的，在最高權力機構中都肯定能找到代表人物。

7. 主要領導人要特別謹慎，不要說別人壞話，小節要注意。

8. 要誠心實意待人。

9. 在人民內部切不可樹敵太多，以防別人聯合起來將你打倒。

10. 當權派的正確與否，就看中間群眾能否接受。

11. 好心人的糖衣炮彈最可怕，來自同志和戰友的吹捧最可怕。

12. 只有當你最困難的時候，你才知道有多少朋友。

13. 要敢於承擔責任，不許互相埋怨，職務越高者越要承擔責任。

14. 有志者立長志，無志者常立志。

15. 胸懷遠大目標，堅定不移地向前走，在命運的道路上碰得頭破血流也決不回頭。

16. 對當權派周圍的人，必須提倡為人民立新功，否則他們是位高而無功，俸厚而無勞，當權派一倒，他們也就倒了。

17. 「出師未捷身先死，長使英雄淚滿襟」！要實現自己的政治目標，必須進行長時間的積蓄力量，在這段時間內，不要由於自己的不慎重而被人搞垮。

18. 今日山頭之爭，幾十年後可能就發展為階級之爭。因此，今天必須正確處理多種山頭之間的關係。

19. 夾起尾巴做人是我們的座右銘。孔子曰：「君子敏於事而慎於言。」要多想，多看，多總結，少發表意見，尤其是不成熟的意見。風頭主義卑鄙可怕，要少說話，多幹事。

20. 要有賞有罰，賞罰分明，以賞為主。

21. 領導者說話要算數，允諾要實現。

22. 要謙虛。

23. 不夠格就知趣點主動下臺，硬賴在臺上，總有一天會被臭哄哄地趕下去。

24. 準備走曲折的路，善於用間接的手段，達到直接的目

的。迂迴是建立在明確的政治目標上。

25. 敵人會利用我們犯錯誤而突破缺口，來向我們進攻。

26. 當權者最容易背包袱，尤其在一個地方長時間幹下去。所以，當權者往往是很蠢的。因此，主席提出要換地方鬧革命，我們也應換地方鬧革命。

27. 與其自己花很長時間去學一樣本領，還不如去交一個精通這種本領的朋友。

28. 要多交多種朋友是當好權的重要因素。

29. 要善於利用革命高潮時，把革命推向新階段，使長時間的量變產生飛躍。在這種關鍵時刻，切不可糊塗起來，要有氣魄，有膽量，機不可失，時不再來（如十月革命時就是這樣）。

30. 山崩於前不變色，遭到突然事變、大規模襲擊時，不要驚慌失措，要冷靜下來，迅速調查，分析事物本質，以採取相應措施。

31. 無產階級對資產階級必須選擇在適當時間給以毀滅性的打擊，能現在消滅的就不要等將來。在政治上只有頭腦而沒有良心，菩薩心腸在階級鬥爭中站不住腳。

32. 政治威信和組織手段是穩固政權的兩大重要因素，要加強組織手段，即健全機構、清理壞人。

33. 當處於形勢大好、戰略進攻時要分權，即要放手發動群眾；當戰略退卻時，要大膽果斷、高度集權，此時極端民主化會毀掉自己。

34. 一個單位的當權者，必須使本單位大多數群眾放心，多階層、多團體的利益都必須在權力機構裡得到反映，按功過大小，在權力機構中有一定的地位和榮譽，多得其所。

35. 領導核心要善於調節多山頭之間的不平衡，不能壓。

36. 得到政權後就得運用，而且不容得稍稍猶豫，正是「一朝權在手，便把令來行」。

附錄二：毛澤東主席召見五個半小時談話記

韓愛晶

一九六八年七月二十七日上午，我來到北京大學俄文樓，這是首都紅衛兵代表大會總部辦公地點。午飯後，我順便在工作人員宿舍睡午覺。當時我擔任北京航空院會革命委員會主任和北京市革命委員會常委。我也是首都紅代會核心組的副組長。我大部分時間忙於北航的運動。紅代會的日常工作，由我校陳良同學常駐紅代會代表我處理。

熟睡之中，我被陳良叫醒，他很激動地說：「快、快起來，清華出事啦！多少萬人把清華包圍了，工人要強行拆除武鬥工事！」我一骨碌從床上坐起來，拍手叫道，「那太好了，那太好了！」陳良問：「怎麼好？」我說：「這樣不就把武鬥問題解決了嗎？」陳良說：「還搞不清怎麼回事！」我下了床說：「走，我們去看看。」

我們從北大往清華走去。只見清華大學圍牆外面的路上人聲鼎沸，停靠著許多卡車、吉普、大轎車⋯⋯我們走近看，車上貼著「北京針織總廠」、「新華印刷廠」等字樣。路邊、樹下、河坡到處是待命的工人。他們處在熱烈而有組織的狀況。看著這種平常少見的場景，我想起謝富治在北京市革委員會跟我們講過的話：「我可沒你們那麼大的膽子，一聲令下，隨便就在北京開十萬、二十萬人的大會。我開一萬人的大會都要請示毛主席。」謝富治是國務院副總理、公安部部長、北京市革命委員會主任、北京軍區政委，還是軍委辦事組成員。

我對陳良講：「這麼大的行動，調動幾萬人可不是兒戲！這麼大的事情發生在北京，誰有這麼大的膽量？黨中央，毛主席能不知道嗎？」我們邊走邊看，我走到隊伍裡去，向一些工人師傅打聽：「請問，誰派你們來的？怎麼動員的？」工人回答：「不

知道。」「領導組織我們來我們就來，別的我們也搞不清。」

　　問了幾處，工人們沒有誰能說得出內情。他們是由工廠領導組織來的。我和陳良繞到北面清華附中，從北面小門進了清華園。聽說清華出事了，老百姓從四面八方趕到清華園。外面的人往裡走，想看個明白，裡面的人沒看出名堂，又往外走。進去的人和出來的人如同兩股河水在對流。

　　清華園裡高音喇叭像炸了鍋，廣播員聲嘶力竭：「工人同志們，工人同志們，你們受騙了，楊餘傅及其黑後臺，操縱你們鎮壓紅衛兵⋯⋯」聽到這個廣播，我的腦袋嗡地懵了，我又急又氣地跟陳良說：「這是誰定的調子？這個定調子的人要撤職，這麼大的事情還沒搞清楚，怎麼就可以輕率地說是楊餘傅黑後臺操縱的呢？定這樣的調子太被動了。」在迎面走過來的人潮裡，正巧碰到北京市中學紅代會李冬民和另一個女頭頭，好像是陳文香。李冬民是北京市革命委員會常委，陳文香是委員。他們從清華校園裡看熱鬧往外走。我趕緊問：「冬民，到底怎麼回事？」李冬民說搞不清。總之，此時的清華，用北京話講是「炸了鍋了！」我們在人群裡擠來擠去，也搞不清怎麼回事。一直走到一個再不能向前走的地方，好像前面是工人控制的區域，不允許再往裡去。真是問不清看不明，心裡急沒辦法。我們也只好改變方向，跟著人群又往外走。我決定回北航再想辦法。走到四道口，還遇到從清華被衝出來的，蒯大富領導下的散落的學生。我忙問到底怎麼回事，回答是：「工人來拆除武鬥工事，於是跑出來了，在馬路邊坐著。」

　　我回到北航，想和蒯大富取得聯繫，讓他改變廣播臺的政治態度。避免學生和工人之間發生衝突。我打電話給清華大學總機，找蒯大富，電話總機回答：「接不通，找不到人。」當年沒有手機，如果有手機，歷史就要改寫。我又急忙打電話到市革委會總機，找吳德。很奇怪，找不到吳德。我又請總機找分管文教的丁國鈺，也找不到丁國鈺。平常，只要一報我是北航韓愛晶，總機馬上會接通要找的市領導，這很正常，我是常委，吳德是副

主任，丁國鈺也是常委。

在電話裡我問市革委會工作人員講了清華大學的情況，回答是搞不清楚。總之，當時我處在被蒙蔽的狀況。我只好在電話裡請他們趕緊把清華大學的情況向領導彙報，我非常嚴肅地強調，搞不好要出大事的。我毫無辦法，找不到上級領導，我無可奈何地坐在院子裡的臺階上，望著天，恰見濃雲密佈，我仰天擊掌，對天大喊：「老天爺、老天爺，你快下雨，快下大暴雨，下刀子！把工人和學生分開，只要過了今夜就好了。」晚飯前後，一場大雨把天地沖刷得清新宜人。有人告訴我，說清華那邊已經開槍了，具體情況搞不清。呼天天不應、呼地地不靈！

晚飯後，我心潮難平，叫上尹聚平、朱芒大、蔡新榮三個同學，出門散步，我們從北航南校門走出，向北醫三院方向漫步，快到了三院門口，看到路旁一堆石頭子，上面蹲著四五個中學生模樣的大孩子，有男有女，我走過去問：「這麼晚了，你們怎麼在路邊待著？從哪裡來？」他們說：「我們是廣州來的中學生，住在清華大學，瞭解運動情況，今天那裡出事了，我們跑出來，找不到去處，只好在路邊待著。」我說：「那怎麼行，走、跟我走，今天晚，我給你們安排。」一個小男孩說：「只要有個坐在的地方就行，明早天一亮，我們就走。」我們也不散步了，帶著他們往回走。我把這幾個中學生交給我的同學們。讓他們去安置。我就休息去了。因為太疲勞，很快就睡著了。

電話鈴驚醒我的時候，大概是深夜兩點鐘，那時候也買不起手錶。是北京衛戍區軍代表劉豐打來的電話。劉豐說：「韓愛晶嗎？今天夜裡中央首長在人民大會堂接見，要我通知你來開會。」我說：「可以派別人代替我去嗎？」劉豐說：「中央首長要你自己來，到人民大會堂西側南門口。」我起床，準備好紙和筆，又打電話給汽車班，請司機到紅旗院門口，當即趕到人民大會堂。令人不解的是，這次見中央首長與哪次都不同，有一種受冷落的感覺，不是直接進大會堂會議廳，而是在西側南門過道口坐下來等。

我到大會堂參加中央首長接見和開會早就習以為常。如果是重大活動有正式入場券，一般從東側正門進大會堂，有時還在主席臺就坐。至於平時，周總理，中央文革領導接見，我們一般從南門進，汪東興同志經常站在門外，見面說一聲：「來了？」握握手，就進到會議廳，比如安徽廳，或福建廳，或江蘇廳坐下，等待中央首長。如果學生、工人、農民代表來得多，有時我們北京的一些學生負責人或者再加上工人負責人，會被按排在小客廳裡等著。周總理、江青、陳伯達等中央文革領導總是先跟我們北京主要的頭頭小範圍談談，聽聽我們反映的情況，見面十分、二十分鐘左右，然後周總理和中央文革領導再到會議廳。那時在安徽廳接見次數最多。周總理，中央領導在臺上，我們就坐在下面。還有幾十或幾百個學生、工人、或者外地來京的群眾組織負責人。往往每次接見要持續一兩個小時。這是文化大革命時，周總理和中央文革領導與群眾對話的最常用形式，所以這種會議的記錄稿，在文化大革命中流傳最快，流傳最多，影響很大。可是七月二十八日凌晨。我們來到人民大會堂西側南門，只允許進到過道口等著。聶元梓、我、譚厚蘭及王大賓先後來了，我們很自然地議論起清華發生的事情。王大賓嚴肅地說：「清華學生開槍，打死工人！很不應該！」

　　聶元梓說：「這麼多工人包圍清華，是怎麼回事？我已打電報給中央反映了這一情況。」

　　等了大約二十分鐘左右，謝富治副總理出來問：「都來了嗎？」我們說蒯大富還沒來，謝富治對我們說：「不等了，進去吧。」我們跟在謝副總理後面向裡走，因為我年齡最小，腳步快，挨在謝富治身邊。走到樓道中間要向右拐時，謝富治突然停住腳步，看著我，問道：「身上有小刀沒有？」我們都站住了，我說：「沒有。」他們也都說：「沒有。」謝富治彎下身子，用手把我的褲腿抹下來。因為天熱，我把褲腿捲到膝蓋上。謝富治站起身說：「快進去，毛主席在裡面等你們好一會了。」他這句意想不到的話所表達的內容，跟他剛才在外面平淡的表情反差

太大。我覺得自己好像一下子飛騰到雲霧之中，頓時有迷離為夢的感覺，簡直不敢相信，也來不及想什麼。我們快步，跟著謝富治往裡邊一個門走。後來才知道這是人民大會堂的湖南廳。我還是走在前面。快到門口，就看到毛主席和身後陪同的中央領導已經站在門口。我們三步並著兩步走上前去，毛主席也往前走動一下，我非常激動地跟毛主席握手，嘴裡說：「毛主席，您好！」大家和毛澤東主席及中央領導人一一握手。

毛主席說：「都是一些年輕人！」

毛主席同黃作珍握手說：「你叫黃作珍？我還不認識，沒有打死？」

陪同毛主席的中央領導人有：毛主席的接班人、中共中央副主席、國防部長林彪、國務院總理周恩來、中央文革小組組長陳伯達、文革小組顧問康生、毛主席夫人文革小組副組長江青、文革小組成員姚文元、林彪夫人葉群、中央辦公廳主任中央警衛團負責人汪東興、國務院副總理、公安部長、北京市革委員會主任、北京軍區政委謝富治、解放軍總參謀長黃永勝、空軍司令員吳法憲、副總參謀長北京衛戍區司令溫玉成、北京衛戍區政委黃作珍、北京市革命委員副主任吳德。

進屋之後，毛主席要大家坐下。這是毛主席會見客人，召集中央領導人議事的一個廳室，一個一個大號的籐涼椅，圍成大半個圓形，座位旁邊有茶几，茶几腳旁有白色搪瓷痰盂。我看著毛主席面色很健康，大概因為經常游泳的緣故，臉上皮膚映著紅褐色的光澤，微黑，如同古柏，顯出超人的神聖。看得出來，毛主席和中央領導們剛才在這裡，已經議論了一個時候〔注1：據毛澤東的警衛人員回憶：1968年7月28日凌晨兩點多，入睡不久的毛澤東被周恩來的電話叫醒，當毛澤東得知清華流血事件之後，他的第一個反應就是脫口而出：「造反派反了！」〕大家坐定以後，大會堂女服務員給各人分別倒了茶水。江青說：「好久不見了，你們又不貼大字標語。」毛主席說：「還不是在天安門上見過，又沒談話，不行嘛！你們是無事不登三寶殿啦，其實你們的小報我都看過，你們的情況我都瞭

解。」我趕緊拿出鋼筆和紙一邊聽一邊作記錄。

毛主席問：「蒯大富沒有來？是出來不了，還是不願來？謝富治回答：「恐怕是不肯來。」我覺得謝富治說的太不合情理，就急忙替蒯大富解釋說：「不會的，這個時候，他要是知道中央文革接見不會不來，他要是見不著主席，他會哭的，肯定是出不來。」毛主席說：「蒯大富要抓黑手，這麼多工人去『鎮壓』『壓迫』紅衛兵，黑手是什麼？現在抓不出來，黑手就是我嘛！他又不來抓，抓我就好，來抓我嘛！本來新華印刷廠、針織總廠、中央警衛團是我派去的，你們就給吹。我說你們去做做工作看看。結果去了三萬人，其實他們恨北大，不恨清華。」毛主席一邊說著，一邊抽紫褐色的大雪茄，當時我不懂，心想，毛主席怎麼還抽捲煙葉？毛主席偶爾咳嗽，聲如鐘磬，清脆順暢。

毛主席轉向聶元梓問道：「工人和學生這樣搞，幾萬人遊行。聽說你們那裡招待還好，是你們，還是井岡山？」

溫玉成說：「不是他們。」黃作珍說：「北大和那個單位衝突了。」

聶元梓說：「是與農科院，我們還在門口擺了茶水，他們罵我們二流派，老保，還罵我破鞋。」

我說：「不要在主席面前說這個。」

毛主席說：「你們沒跟他們打？」

聶元梓回答：「互相打了。」

毛主席說：「那不知道，抓黑手，這個黑手不是我，是謝富治，我也沒有這麼大的野心。我說你們去那麼一點人，跟他們商量商量，蒯大富說有十萬。」

謝富治說：「不到三萬人。」

毛主席說：「你們看大學武鬥怎麼辦？一個是統統撤出去，學生也不要管，誰想打就打，過去北京市委、衛戍區對武鬥的態度是不怕亂、不管、不急、不壓。這看來還是對的。另一個是幫助一下，這個問題深得工人的贊成，深得農民的贊成，深受學生大多數歡迎。大專校院五十九個，打得兇的，大概五六個，試試

你們的能力，至於如何解決呢？你們提出意見。我看天下大勢，合久必分，分久必合。你們北京大學要那麼大幹啥？如果解決不了，不一定住在一個城市，一個住在南方，一個住在北方，都叫新北大。在一個城市打一個括弧，括弧『井』，在一個城市打一個括弧『公社』。就像蘇聯共產黨打一個括弧『布』，另一個蘇聯共產黨打個括弧『孟』。」

毛主席說得大家都笑了。主席又接著說：「如果你們不能解決，第三個辦法，要麼軍管。請林彪同志掛帥，還有黃永勝，問題總能解決。你們搞了兩年文化大革命了，一是鬥，二是批，三是改。鬥是鬥，你們是搞武鬥，也不鬥，也不批，也不改，現在是少數學校搞武鬥，人民不高興，工人不高興，農民不高興，居民不高興，部隊不高興，多數學校學生也不高興，就連擁護你的那一派也有人不高興，就這樣一統天下！你新北大老佛爺，你是多數，是哲學家，新北大公社、校文革裡就沒有反對你的人了？我才不信呢！當面不說，背後還是會說怪話。」

毛主席把臉轉向王大賓問：「王大賓，你的事情好辦一些吧？」

周恩來說：「他們學校還好。」

王大賓說：「那幾個反對謝副總理的、反我們的人都跑了。」

謝富治說：「他的二把手聶樹人要奪權，說他右了。」

毛主席說：「他就那麼左？馬克思！」

王大賓說：「那是他們挑撥關係、他是一個好同志，出生又好，苦大仇深，這個人很正直，革命幹勁也大，革命性強，就是急一些，不大會團結人，工作方法生硬一些。」

毛主席說：「你能團結他嗎？一個左、一個右，很好團結嘛！你坐那麼遠，你坐過來些。」

林彪說：「來嘛。」

謝富治說：「去、去。」

王大賓原來坐在離毛澤東較遠的位置，好像是女服務員拿來一

把椅子，放在後面離毛澤東較近的地方。王大賓起身坐了過去。

毛主席說：「坐下，坐下。」毛主席說：「事情都要留點餘地，都是學生，你們也沒搞黑幫，最近有些學校鬥了些黑幫，畫了像，新北大搞了十幾個，就那麼點黑幫？我看不止那一點，就是因為關鍵兩派忙於武鬥。心都到武鬥上去了。這麼鬥、批、改不行，或者鬥、批、走，學生不講了嗎？鬥、批、走，鬥、批、散。現在的逍遙派那麼多，現在社會上說聶元梓、蒯大富的壞話的多起來了。聶元梓的炮灰不多，蒯大富的炮灰也不多，真的打起來，有時候三百，有時候一百五；哪裡有林彪，黃永勝的那麼多，這回我一出就出三萬多。」

林彪說：「哪有黃永勝那麼多。」

毛主席說：「天下大勢嘛，合久必分，分久必合。把武鬥工事統統拆掉，什麼熱武器、冷武器，要刀槍入庫。聶元梓，他們叫你老佛爺，叫你佛爺老巢。還有你這個譚厚蘭同志，你還是個小辮子嘛？你就要下放？在學校讀了十幾年書，大家贊成你下去，我怕你走不開，你走了誰來代替你呢。」

譚厚蘭說：「都安排好了。」

毛主席說：「你們這五大將，我們都是護你們的，包括抓黑手的蒯大富，我也是偏向你們這一邊，你們回去一講，我們有偏向，井岡山〔注：北大井岡山兵團〕、四一四兵團，就會對我有意見。我不怕別人打倒，清華四一四說四一四思潮必勝，我就不高興。說打江山的人不能坐江山，無產階級打天下不能坐天下，坐天下的就是四一四！四一四有個理論家叫周泉纓，理論家何必抓呢？人家是一派的理論家嘛？人家寫文章，你抓人家幹什麼！應該放出來，人家有意見，讓他再寫嘛！不然，不是沒有言論自由了嗎？」

溫玉成立即起身打電話，叫衛戍區放人。

毛主席接著說：「我說你老佛爺，也大方點。你北大井岡山有幾千人，那一河水放出來，你受得了受不了？你這個老佛爺，不然就實行軍管，第三個方法，按照辯證法，而且不要住在一個

城市裡，就一分為二，一個南、一個北，或者你搬到南方，或者井岡山搬到南方，根本不見面，打不起來，各人自己清理自己的內部，一統天下，不然你也害怕，把你那老佛爺老巢一捅，捅得你睡不著覺，你怕，他也怕，稍微留一手是必要的，你們大概還是留一手的，所謂……根子。留一手也是必要的，何必那麼緊張呢，怕人家打，你不留點後手，人家一衝怎麼得了啊。聽說不是有一個兇手要戳你嗎？知道了也不一定抓。算了，明明知道是誰也不要說啦。不過你以後要注意點、不要一個人亂跑。」

江青說：「她有人保鏢。」

聶元梓說：「沒有。」

毛主席說：「人家說你哥哥也不好，姐姐也不好，你這個聶家就是不好。哥哥不好是哥哥，姐姐不好是姐姐，為什麼一定要牽連妹妹呢？」

這時有人進來報告說：「還是找不到蒯大富。」謝富治說：「廣播了，點名說中央文革要找，請蒯大富來開會，他就是不肯來。」江青問：「是他自己不願來，還是出不來？」謝富治回答：「我估計有人控制他，有控制也不緊。」姚文元說：「有可能。」

毛主席說：「蒯大富這個人，我看是好人，出面多，操縱他的人是壞人。蒯大富以及出面的，我看是好人，這個經驗很多。」毛主席又問：「王大賓你那裡沒有打架？」

王大賓說：「沒有，六六年九月二十三日與保守派奪電臺幹了一下，是伯達同志派人救了我們，以後我們取得了勝利。」

毛主席說：「那就好，以後一個你、一個韓愛晶內部就沒打過架。」

毛主席風趣地說：「韓愛晶，你是韓信的後代，很會打主意，是個謀士啊？」

我說：「我們學校工農子弟多，比較樸實，雖然有不同意見，但沒有分裂為兩派。」

姚元文說：「我才不信呢？你們那裡就沒有不同意見，純之

又純。」姚元文總把頭仰得高高的，一副誰也瞧不起的樣子。

我說：「蒯大富周圍有一批人，裡面比較複雜，運動初期靠寫大字報起家的人權少了，搞武鬥的一派權多了。要求改組總部。蒯大富控制不了。當面勸他，可是他回去就又變了」

康生說：「韓愛晶，不是你說的那樣吧？」

毛主席說：「你們不要把韓愛晶說得那麼壞，人家很難受。」

毛主席說：「譚厚蘭，文化革命兩年了，你那一個兩百人的兵團也沒解決得了。弄得你睡不著覺，你暫時還不能走，你是女皇啊！今天到會四個，兩個女的，真了不起，我看你暫時還不能走，你要給他們糧吃，出入無阻，那些人也夠慘的，『省無聯』式的大雜燴，還要搞反奪權。別的學校也參加了。」

我說：「我參加了。」

江青說：「那是韓愛晶去顛覆人家。」

毛澤東說：「你也有份，我們的蒯司令也有份。青年人就是要做些好事，也會做些壞事。你們說中央沒打招呼，林彪、周恩來在3月24號、27號講了話，又開了十萬人大會。這次黃永勝同志、溫玉成同志講了話，可是下面還打，好像專門和我們作對。我們這麼一個道理，第一條要文鬥，不要武鬥，如果你們要打，就打，也可以，越大越好，兩方面都有土炮，你們算什麼打嘛！你們的打法算不了打，把卡賓槍、大炮都使出來，像四川一樣，把高射炮對天上打。」

江青說：「敗家子！」

毛主席一邊抽雪茄，一邊說話，有時還用火柴重新點燃雪茄。毛主席說：「你這個老佛爺，那麼大的神通，調起兵來也只有那麼兩三百，你的兵跑哪去了嘛？還得靠工人、復員軍人為主力，沒有那個你還不行。護兵，林彪同志兵多哪。給你幾千、幾萬，可以把井岡山統統滅掉嘛！這個問題也不要在這裡答覆。商量商量，也可以開會討論討論，但是首先還是要聯合。」林彪說：「首先還是要聯合。主席講了四個方案：第一是軍管；第

二，一分為二；第三，鬥批走；第四，要打就大打。」

毛主席說：「一分為二，就是因為結了仇，雙方緊張得很，雙方都睡不著覺。搬家可是個問題，找地點，在北京就會爭起來。我看這個大會堂很空的，中南海地方很大，接待四、五萬紅衛兵，辦個學校還不行？或者你聶元梓來，或者侯漢清來，你們不是叫『殺牛、宰猴、斷羊腰嗎〔有的版本是：燉羊肉〕』？牛是牛輝林、侯是侯漢清、羊是楊克明，這三個人，我只知道楊克明。楊克明也是個青年人嘛！還到過十一中全會，那張大字報楊克明還幫了忙，你們這張大字報分成了兩家，這種社會現象是不以人們的意志為轉移的，誰會料到會這麼打起來呢？原來打算停課半年，登了報，後來不行，延長一年。不行再延長一年、又不行，我說三年就三年嘛！我說如果還不行，要多少時候就給多少時候，反正人是在長的，你一年級，現在就是三年級了，再搞兩年、四年、八年的，你還不是在哪裡過一天都要長大一天。鬥、批、走也是一個辦法，譚厚蘭不就是想走了嗎？走光，掃地出門，大學要不要辦呢？要不要招新生呢？不招新生也不行。我那個講話是留有餘地的，這個大學還要辦，講了理工科，並沒有說文科都不辦。搞不出名堂就拉倒。我看高中、高小、初中基礎課跟大學差不多，上六年、十年頂多了。高中重複初中，大學重複高中，基礎課都是重複。這專業課先生都不大懂專業，哲學家講不出哲學，還學什麼？你聶元梓不是哲學家嗎？」

聶元梓說：「我不是哲學家。」江青打趣說：「她是老佛爺。」

毛主席說：「這個哲學有什麼學頭呢？這個哲學是能夠在大學裡學出來的嗎？又沒有做過工人、農民，就去學哲學，那個哲學叫什麼哲學？」林彪說：「越學越窄，是窄學。」毛主席說：「如果學文學呢？就不要搞文學史，但要寫小說，每週給我寫一篇稿，寫不出來就到工廠當學徒，當學徒就寫當學徒的過程，現在學文學的寫不出小說、詩歌。上海的胡萬春原來還是寫了很多東西，以後就沒有看見什麼了！」周恩來說：「還有高玉寶，都

進了大學，後來頭腦就僵化了。」

毛主席說：「我跟你們講講馬、思、列、斯。除了馬克思讀完了大學，其他人都沒有讀完，列寧讀法律讀了一年，恩格斯只上了一年半，中學還沒有讀完，父親叫他到工廠當會計，後來工廠搬到英國，在工廠裡接觸了工人，恩格斯的自然科學是怎麼學的呢？他是在倫敦圖書館裡學的，在那裡待了八年，根本沒有進過大學。史達林沒有進過大學，他是教會中學畢業的。高爾基唯讀了兩年小學，比江青還差，江青是高小畢業，讀了六年，高爾基唯讀了兩年。」

葉群馬上接著說：「江青同志自學很刻苦。」

毛主席衝著葉群說：「你不要又吹她。學問才不是靠學校裡學來的，以前我在學校裡是很不規矩的，我只是以不開除為原則，考試嘛，60分以上，80分以下，70分左右，好幾門學科我是不搞的，要搞有時沒辦法，有的考試，我交白卷，考幾何，我就畫了個雞蛋，這不是幾何嘛！因為就一筆，交卷最快。」

林彪說：「我讀中學讀了四年，沒畢業就走了，自動退學，又沒有中學文憑，去當小學教員，喜歡自學。」毛主席說：「現在辦的軍事學校害死人，黃埔軍校你們知道多長？三個月，六個月。」

林彪說：「一、二、三期只有三個月，到了四期加長了。」

毛主席說：「就是訓練一下，改變一下觀點，至於有什麼學問呢？不太多，實際學一些軍事教練。」林彪說：「有一點，學了就忘了，學幾個禮拜的東西，到軍隊裡幾天就一目了然，讀書結合不起來，百聞不如一見。」毛主席說：「我就是沒有上過什麼軍事學校，我就沒有讀過什麼兵法，人家說我打仗靠《三國演義》《孫子兵法》。我說《孫子兵法》我沒有看過，《三國演義》我是看過的。」

林彪：「那時候你叫我給你找，我沒給你找到。」

毛主席：「遵義會議的時候，我跟誰辯論？」

毛主席記不起那個人的名字，看看周總理。周恩來說：「是何克全。」

毛主席接著說：「他問我，《孫子兵法》你看過沒有？我問他：同志，《孫子兵法》一共有多少篇？他也不知道。我問他第一篇叫什麼？他還是不知道。後來我寫什麼戰略問題才把《孫子兵法》粗粗望過一遍。」

江青說：「那個何克全……主席要他……他不肯……」

毛主席說：「什麼叫兵法？誰學英語，阿特密爾就是兵法，阿達密爾孫子就是《孫子兵法》，還是學英文好，我半路出家，外文吃了虧，學外文要趕快，年輕時學好，譚厚蘭你學什麼？」

譚厚蘭說：「我學俄文。」

毛主席又轉向我和王大賓。

我說：「學了八年俄文，學過一點點英文。」

王大賓：「學俄文。」

毛主席：「學地質沒有外文不行，還是學英文好！學外文要從小學學起。」

這時，談話離開文革的事，顯得輕鬆，我向主席提出個人前途問題：「主席，文化革命搞完以後讓我當兵去吧。」

毛主席回答道：「當半年兵就夠了。當那麼長時間兵幹什麼？當兵半年，一切就範，再當一年農民，兩年工人，那是真正的大學校啊！真正的大學是工廠，農村，你說林彪同志還算個知識分子，上過中學。黃永勝、溫玉成算什麼知識分子啊？還不是丘八！」

毛主席問黃永勝：「黃永勝同志，你念過幾年書？」

黃永勝馬上站起來，把軍帽子放在茶几上，畢恭畢敬答道：「一年半。」

毛主席又問：「你家什麼成分呢？」

黃永勝回答：「算下中農。」

毛主席又轉向溫玉成：「溫玉成，你念過幾年書呢？」

溫玉成又畢恭畢敬地站起來回答說：「三年。」

毛主席問：「你家什麼成分呢？」

溫玉成說：「算貧農。」

毛主席說：「都是土包子，就這麼點學問，黃永勝那麼點學問，他當總參謀長，你信不信？黃永勝這個人，我原來也不認識，到北京來談了兩次就認識了。」

林彪說：「黃埔軍校×××，蔣介石獎給他一隻金錶，後來在南京，就是不能打仗。」

葉群說：「他是反對主席的。」

毛主席：「世界上的人，沒人反對行？反對就讓他反對，我說他譯的孫子兵法有缺點，讓他改也不行。周約翰、王明、還有王德侯，還到蘇聯學過呢。」

葉群：「在延安他給朱德當秘書。」

林彪說：「×××在南京軍事學院，××學科、××學科、很多學科都能考五分，就是不能打仗。」

毛主席說：「所以，鬥、批、散，還是個辦法。走譚厚蘭的道路，譚厚蘭現在不是想走嗎？我並沒有說文科都不要辦，但要改變辦法。學文學的要寫小說、詩歌，學哲學的要寫論文，論述中國現在的革命鬥爭過程。至於法律，恐怕是不學為好。我說砸爛公檢法，聽說天派反謝富治，不了了之，天派又不反了。砸爛公檢法，砸爛謝富治。實際上砸爛公檢法，是謝富治第一個提出來的，北京公安局三萬人，弄出九百幾十個地富反壞右。因此提出砸爛公檢法，三萬人只留下百把十人，其餘進學習班。你們也提口號，謝富治是中央的人，一定要打倒。匆匆忙忙地抓，人大三紅總部不講話，讓個小戰鬥隊出大字報打倒謝富治，一去追查責任呢，就說『我們總部沒有打倒謝富治，只是一個戰鬥隊』。他們提出打倒反革命趙桂林。趙桂林我不認識，但怎麼是反革命呢？你們那些材料我都看了。聶元梓，侯漢青你們還沒有提他是反革命嘛？」

聶元梓說：「侯漢青在社會上搞了個反動集團，惡毒攻擊主席、林副主席。」

毛主席說：「我們這些人誣衊些也不要緊。牛輝林的綱上得不好，又不是什麼大的政治問題。法律也不一定要否定。政法學

院，一個政法公社、一個政法兵團，他們聽了要不高興的。要把時間減少，挑工農子弟。鞍鋼一個審訊偵緝的案子，有群眾參加辦，他消息靈通，多少年沒有查出來的案子搞出來了。公安局預審，沒有別的辦法，打人。現在由群眾來審，又不打人。用偵緝得來的材料不確切，軍管會還不是丘八。溫玉成這些人又不認識幾個人，就根據幾個偵緝能行嗎？我們說，學習群眾，他們……我說一不要殺，二不判重刑，判他兩年、三年算了。軍隊裡過去關禁閉，現在還有沒有了？『逃兵』，你們還抓嗎？」

溫玉成說：「禁閉早取消了，逃兵不抓了。」

毛主席說：「人家還想逃，你抓回來幹啥呢？鬥、批、走，要走就算了。為什麼人家要走呢？還不是鬥了他，批了他，打了他，不舒服。或者家裡有家事，或者軍隊太苦了，他受不了，逃兵不捉，不關禁閉，逃兵比過去反而少了。我們是人民解放軍。現在學校捉了人要做俘虜，要供，不供就打，打死了，打傷了，知識分子最不文明了。你說什麼知識分子最文明，我看最不文明。我看老粗最文明，黃永勝、溫玉成也不抓逃兵了，也不關禁閉了。現在發明了一種噴氣式，這個罪魁禍首是我，我在《湖南農民運動考察報告》裡講戴高帽子遊鄉，我可沒講坐飛機。我是罪魁禍首，罪責難逃啊！今天怎麼樣？以為要抓你們來坐禁閉嗎？井岡山他們這個做法不好，我說的是蒯司令的井岡山，打死四個人，打傷針織總廠五十個，就是這個社會影響，我也不是看一個人，損失最小，最小。」

林彪說：「值得，損失最小」。

周恩來說：「林副主席說得好，損失最小最小，成績最大最大。」

毛主席說：「如果以後有工人到你們那裡去，應採取歡迎的態度，你們不要採取蒯大富這個辦法。」 周恩來說：「六六年下半年，去工廠串連，人家歡迎你們，就沒有打你們。」

毛主席說：「讓他們去宣傳嘛！不要開槍，是工人嘛，是中央派出的嘛！不是說工人是領導階級嗎？工人階級專政嘛！專

你們學校裡極少數壞人的政。不能專工人的政，你們都是主要人物，知名人士，包括蒯司令。現在還在搞串連會，又在清華開會，又在北航開會，還在什麼和平里開會，很多是外省來的，又是廣西的『四‧二二』，河南分出來的『二七公社』，四川的『反到底』，遼寧『八‧三一』的一部分，錦州的糟派，黑龍江的炮轟派，廣東的旗派……不要搞這套。」

我說：「我也不知道有這些組織參加！」

姚文元：「你們侯玉山不是做了報告嗎？」

林彪笑著說：「我們沒有開九大，他們就開了。」

周恩來說：「也沒有開十二中全會。」

毛主席說：「又說是中央開十二中全會，鬧得一塌糊塗，鬥爭很激烈，什麼『社會鬥爭是中央鬥爭的反映』。不是社會鬥爭反映中央，應當是中央鬥爭是社會鬥爭的反映。」

周恩來說：「北航要開什麼國防科委系統的會議，開了沒有？」

我說：「我聽到有這樣的建議，一嚇，沒敢開。」

周恩來說：「不要開了，你是知道的嘛，國防機密嘛。」

毛主席說：「我為啥不找你們的反對派呢？找你們幾個人來講講這件事，使你們有個準備啊！我是歷來不搞錄音的，今天錄了。不然你們回去各取所需，如果你們各取所需，我就放我這個東西。你們先去討論討論。這麼一放，搞得許多人都被動。搞了這麼多天不算數，開了這麼多天會。開始，黃作珍講話不算數，謝富治講話也不算數，一定要中央直接表態。我對你們的事，除了開始管了一下。後來事多，也就管不上了。北京有謝富治來管嘛。過去召集你們開會，我也不到的，林彪同志也不到的。當了官僚了，這次怕你們把我開除黨籍。官僚主義就開除，我早就不大想當了，我又是黑手，鎮壓紅衛兵。」

林彪說：「昨天我開車子，我說去看看大字報吧。我問，『怎麼沒有北大、清華的大字報？』人家說：『他們武鬥』。我說，你們脫離群眾，群眾要求制止武鬥的呼聲很高。」

毛主席說：「群眾就不愛打內戰。」林彪說：「你們脫離了工農兵。」

毛主席說：「有人講，廣西佈告只適用於廣西，陝西佈告只適用於陝西。在我這裡不適用。那現在再發一個全國性的佈告，如果誰繼續違反，打解放軍，破壞交通，殺人放火，就是犯罪。如果有少數人不聽勸阻，堅持不改，就是土匪，就是國民黨，就要包圍起來，還繼續頑抗，就要實行殲滅。」

林彪說：「現在有的是真正的造反派，有的是土匪、國民黨分子，他們打著我們的造反的旗號，廣西燒了一千多間房子。」

毛主席說：「在佈告上寫清楚，給學生講清楚，如果堅持不改，就抓起來，這是輕的。重的要實行圍剿。」

林彪說：「廣西燒了一千多間房子，還不讓救火。」

毛主席說：「國民黨還不是這樣，這是階級敵人的一種垂死掙扎，燒房子要犯大錯誤。」林彪說：「我們長征過廣西時，和白崇禧打仗，他也用此計，先放火，冒充共產黨，現在是舊計重用。」毛主席說：「韓愛晶，你是蒯大富的朋友，你要幫助他，做政治上的朋友。」

我說：「蒯大富是騎虎難下，下不來。」

康生說：「不是你說得那種情況！」

毛主席說：「騎虎下不來，我把老虎打死。」

周恩來說：「廣西老多也在你北航。國防科委系統，你怎麼召集會議？」

毛主席說：「你們把廣西四・二二藏起來了，廣西學生住在北航。」

康生：「他們想控制全國運動。」

我說：「那個會不是我們召集的。中央可以調查，當時，我生病在北京體育學院休息，學校裡打來電話，說從廣東來兩個省革委會常委。一個是工人邱學科，一個是中山大學的武傳斌，他們是找黃永勝總參謀長，他們說黃永勝支持他們。他們說與黃永勝、溫玉成很熟，來見黃永勝、溫玉成。」

江青笑著對黃永勝、溫玉成說：「呵，原來還是你們兩個的關係呢。」

　　我接著說：「那個會不是我們召集的。可以調查，是廣東武傳斌召集的。我有病，住院前在體院。學校裡同學打來電話，要我接待廣東省這兩個革委會常委。我說自己沒有體力接待。北航的學生說，現在外面說你『上有天堂、下有北航』。五四國防科委學代會，外省來了很多造反派頭頭，外地群眾組織負責人，可是你根本沒有熱情接待，見都不見。人家說你老大作風，驕傲自滿，是富農，不革命了。於是我在體育學院接待了邱學科、武傳斌。送行之時，他們提出要開一個全國形勢串聯會。我說北京不比外地，北京不能隨便開會，北京開會就是黑會。北京還有天派、地派，很複雜。武傳斌說他和北京還有天派、地派關係都很好。最後我只同意，在天派、地派都參加的情況下，找幾個可靠的外省造反派頭頭，革委會負責人，聊聊天，只擺情況，不談辦法。蒯大富、王大賓都參加才行，後來我住了醫院，開會的那天，學校的同學打電話說，大家感到不對頭，地質學院只參加籌備會就不參加了。蒯大富來聽一會兒就嚇跑了，井岡山也嚇跑了。同學們紛紛打電話給我反映情況。我說，那你們趕緊寫報告，把這件事報告中央，誰知道報告還沒有寫好，中央批評已經下來了，說是黑會。」

　　毛主席說：「有些……」

　　康生說：「你韓愛晶……」

　　姚文元說：「韓愛晶……」

　　毛主席說：「你們把韓愛晶講得太多了，他才二十二歲嘛！」

　　江青說：「在運動初期，北航也好，北大也好，外地上訪，你們接待他們，作了很多工作。你們把他們藏起來，我們也有委託。現在變了，要認識到，現在再搞這個就不行了，他們反對的是各省革命委員會和人民解放軍。譚厚蘭，「九‧七」是誰給你穩定局面的？」

譚厚蘭說：「是毛主席，中央、中央文革。」 謝富治說：「是江青同志。」

江青說：「對兵團我也不一定有多大好感。這麼大熱天，斷水、斷電、斷糧。三伏天，三個月不見陽光，虧你做得出來，我聽了都流淚。他幾百個人，幾十個人，也是群眾嘛。還有蒯大富，最聽韓愛晶的話，我們的話不聽，你們想推翻譚厚蘭。開頭是韓愛晶不對，去顛覆人家。」

我說：「我錯了。」

毛主席說：「相當有點無政府主義。世界上無政府主義是跟有政府相對的。世界上只要有政府，無政府就不會消滅，這就是過去說的奴隸主義、馴服工具的走向反面，這是對右傾機會主義的懲罰，這是對我們中央右傾機會主義的懲罰。」

江青說：「我對你們那個對立面並沒有好感。據說兵團是反對我們的，我們不是替他們說話，你們把他們放了吧！無產階級要講無產階級人道主義，就是幾十個反革命，也是年青人。」

聶元梓說：「北大井岡山兵團有人要油炸江青同志。」

江青說：「老佛爺也是這樣，你也是絕對的，什麼油炸我啦，絞死我啦，我不怕別人油炸。」

姚文元說：「油炸只是說一說。」

毛主席說：「那是希望，什麼絞死蒯大富啦。」

謝富治：「牛輝林不好。」

江青說：「牛輝林可能有點問題，也可以教育嘛。聶元梓，我還有沒有點發言權？我躲著為你們難過，你們現在都是群眾鬥群眾，壞人藏起來了，我說過四一四，你們不是必勝嗎？四一四是專門反對中央文革，也反對總理，康老，可他是個群眾組織啊，蒯司令就要搞掉他。」

毛主席說：「你搞又搞不掉，幾千人。」

江青情緒激動起來，說：「我住的地方，你們都知道，要油炸就油炸，要絞死就絞死。我們都是一塊共過患難的，就不能容人家，將來還要治國同天下呢！我看你們不學習主席著作，不學

習主席的作風，主席向來是團結反對他的人。」

　　毛主席說：「可以不提了，『宰牛、殺猴、斷羊腰〔有的版本是：燉羊肉〕』，牛可以耕田嘛，宰了它幹嗎？你們列舉的罪狀無非是攻擊江青，林彪，我。統統可以一筆勾銷，人家在小屋子裡講的嘛，又沒到外面貼大字報。」

　　江青說：「貼大字報，我也不怕。」

　　毛主席問：「前年，那是什麼人啊，反對林彪同志？」

　　周恩來、葉群說：「是伊林、滌西。」

　　毛主席說：「此外，北外『六一六』的領袖劉令凱反對總理，總理一直保護著他。有人講，總理寬大無邊，我就同意總理這樣做。聯動這些人開始就不應該抓。抓多了，是我點了頭。」

　　謝富治說：「這與主席無關，是我抓的。」

　　毛主席說：「你不要給我開脫錯誤，給我掩蓋。抓，我也是同意抓的，放也是我同意放的。」

　　謝富治說：「沒叫我抓那麼多。」

　　毛主席說：「放了，就上八寶山、天安門，騎著自行車，搞了一、二個月，他們也沒意思了。有些人耍流氓，無非弄幾個錢，路上弄一個女人……彭小蒙不是那麼反動吧？我看彭小蒙這個人還是不錯的。」

　　姚文元說：「他的父母很壞，跟伍修權搞在一起。」

　　毛主席問：「彭小蒙父母是幹什麼的？」

　　姚文元答：「紅十字會秘書長。」

　　聶元梓說：「牛輝林很壞，他父母與彭小蒙父母有關係。」

　　江青說：「在政治上，我們對你們都是有政治責任的，幫助你們不夠，你們自己去搞，各抓各的，抓出黑手，搞聯合。」

　　聶元梓說：「井岡山，下山一千多人，正在辦學習班。」

　　毛主席說：「你那下山的人靠不住，你那裡井岡山大多數人身在曹營心在漢，身在你老佛爺，心在井岡山。不要去搞牛輝林，讓他們回山去，有自由，不勉強，不要侮辱人家，尤其不要打，不要搞逼、供、信。我們過去是犯過錯誤的，你們初犯錯

誤，也怪不得你們。」

江青說：「樊立勤怎麼樣？」

聶元梓說：「沒有搞他，他和彭佩雲反革命集團搞成一塊。」

毛主席說：「牛輝林，把他看起來了嗎？」

聶元梓說：「他內部看的，一部分同意，一部分不同意。」

毛主席說：「侯漢青是學生，還是教員？」

聶元梓說：「是研究生，他父親在63年搞投機倒把。」

江青說：「最壞的，不是他們，是幾個組織聯起來的，裡邊有壞人，有外國特務，他們還搞什麼單線聯繫。」

聶元梓說：「他們是井岡山、紅旗飄、零等聯合起來的。」

毛主席說：「這個作風不好，飄、零、井、紅，應該變成團、零、飄、紅，他小，可是他厲害。你們今天兩個地方。兩個天派，兩個地派。兩個支持清華四一四，兩個支持北大井岡山，兩個天派同意蒯司令。老佛爺，這個天派、地派我也搞不清，學校那麼多。總而言之，你們五大將我們是有經驗的，就是一個叫聶元梓，一個叫譚厚蘭，女將，一個叫蒯大富，一個叫韓愛晶，一個叫王大賓。其他各個學校都有領袖，著名的就這五個，你們作了很多工作。不管你們工作有多少錯誤，我們是護你們的。你們工作也確實有很多困難。文化革命我沒有經歷過，你們也沒有經歷過。多數學校沒有打，少數學校打，一打就不可開交，現在五十九個學校，打得厲害的也就幾個，清華、北大、人大、石油、輕工、電力。為什麼那麼多逍遙派？他們影響工人、軍隊，也影響內部統一。所以為什麼這麼多逍遙派，炮灰那麼少呢！你們想過這個問題沒有？」

我一邊聽，一邊記錄，鋼筆水寫空了。我低聲問進來換茶水的女服務員：「請問有沒有墨水？」女服務員說：「沒有。」隨後遞來幾隻鉛筆，我開始用鉛筆記錄。後來，每過一會兒，女服務員就遞來一把削好的鉛筆，換走我寫禿的鉛筆，直到談話結束。

談話過程中，毛主席幾次看手錶，時間已經很長了。文革中

毛主席見外國元首一般也才四十分鐘左右。

謝富治說：「主席愛護你們，是紅衛兵小將，林副主席、總理、中央文革，特別是江青同志很關心你們，這個事情說起來主要責任在我，幫助你們不夠，我可以向你們檢討。」

毛主席說：「首都大專院校學習班，又不向中央報告，引起聶元梓他們不滿，你又開學習班，又不讓串聯，人家就開大串聯會，不准串聯，不對。不過，你打倒謝富治也不對。」

謝富治說：「對我幫助很大。」

毛主席說：「北京有個習慣，今天打倒這個，明天打倒那個。」

林彪說：「一場大雨就把打倒吹了，現在外面的大標語字越寫越大。」

毛主席說：「小孩子揭大字報當廢紙賣，幾分錢一斤」。

謝富治說：「七分錢一斤，小孩子發大財。」

毛主席說：「我才不相信那一套呢！中國人有個好處，就是有意見就講出來。講不讓串聯是對的，但一點不讓串聯也不好，人家還在串聯。砸三舊派在串聯，反砸三舊派也在串聯，串聯一下為什麼不行？天派、地派串聯一下為什麼不行？我講串聯一下可以，實際在串聯，你不讓好人串聯，壞人在串聯，你不讓多數人串聯，多數人是好人，百分之九十以上是好人，壞人是極少數。」

江青說：「通過串聯把觀點統一起來，把壞人揪出來。」

黃作珍報告說蒯大富來了。蒯大富走進來，嚎啕大哭。毛主席站起身，在座的也都站了起來。毛主席向門口走兩步，大家都站在主席周圍。江青看著蒯大富狼狽樣子，又好氣又好笑。

蒯大富握住毛主席雙手，腦袋靠在毛主席胸前。他一邊哭，一邊告狀：「主席救我，主席救我！楊餘傅黑後臺調幾萬工人突然把清華包圍。我們跟工人講理，他們也不講。我們學生一出去，他們就把學生抓到卡車上拉走。我們打不過工人，我們的人現在都在大街上……」

毛主席轉過身，把手伸出來說：「你要抓黑手，黑手就是我。工人是我派去的。」

我緊挨毛主席右邊站著，一邊流淚，一邊對蒯大富講：「不要胡說！工人、解放軍是毛主席派去的。」

蒯大富說：「不可能！主席每次派解放軍制止武鬥，都是个帶槍、不打人、不罵人，把人隔開。這次怎麼抓我們的人！」

毛主席對著謝富治、溫玉成問道：「是不是抓人了？誰讓你們抓人！統統放了！」

蒯大富說：「我們二把手鮑長康也被抓了。」

毛主席又對謝富治說：「把所有的人都放了！把鮑長康放到人民大會堂門口。」

蒯大富如在夢中，無知的悲痛感染著氣氛，蒯大富嗯嗯地哭。他還完全認為自己是無辜遭劫。見到毛主席，如同在外面挨打的小孩回到家裡一樣，只顧告狀。整個氣氛被蒯大富的情緒所影響。毛主席是極重感情的人，毛主席流著眼淚，江青也哭了。

江青重複著說：「蒯大富，安靜點，不要激動。蒯大富，你不要激動。你坐下來。」

蒯大富暈頭轉向，不知怎麼回事。大家又坐下。毛主席問黃作珍：「你叫黃作珍，哪裡人？」黃作珍回答：「江西寧都人。」

毛主席說：「老表麼！久聞大名。黃作珍同志講話不算數，謝富治講話不算數，市革委會委開會也不算數，不曉得我們中央開會算不算數。我變成了黑手。蒯大富，你要抓黑手，黑手就是我，你來抓呀！把我抓到衛戍區去吧！」

謝富治說：「伸出紅手！宣傳毛主席思想，我們都緊跟！」

聶元梓說：「領導也找不到，工人包圍清華之後，我們到處找中央，我就給中央打電報。」

毛主席說：「聶元梓打給中央的電報我們也收到了。不是說派三萬人嗎？怎麼說十萬人。」

毛主席問：「四個辦法，是哪四種？」

因為蒯大富遲到，話題又轉回武鬥問題。姚文元說：「軍管；一分為二；鬥批走；要打大打。」

毛主席說：「一是軍管，二是一分為二，三是鬥批走，你們一不鬥，二不批，三不改，一直打了幾個月了？」

周恩來說：「從去年開始。」

毛主席說：「第四再大打，打它一萬人。工人撤出來，把槍還給你們，像四川一樣大打一場。」

江青：「敗家子！」

毛主席：「我才不怕打呢，一聽打仗我就高興。北京算什麼打？無非冷兵器，開了幾槍。四川才算打，雙方都是幾萬人，有槍有炮，聽說還有無線電。」

江青：……

毛主席說：「以後佈告出來要廣泛宣傳，再不聽的，個別的抓起來，個別的包圍消滅，反革命嘛！」

江青說：「廣西圍了快兩個月了。」

周恩來說：「你們不想想，廣西佈告為什麼是主席的戰略部署，說關心國家大事，你們五個人也不發表聯合聲明，表個態度什麼，做做工作。」

毛主席：「他們忙啊！」

周恩來說：「這就是國家大事嘛。」

毛主席說：「不要分派了。」

江青說：「希望你們團結起來，不要分天派，地派。什麼張家派，李家派，都是毛澤東思想派。」

毛主席說：「不要搞成兩派，搞成一派算了，搞什麼兩派？困難是有的。」

陳伯達說：「教育革命，教改搞不上去。」

毛主席說：「教育革命搞不上去，我們也搞不上去，何況你們。這是舊制度害了他們，為什麼搞不上去呢？我們的陳伯達同志在中央會議上著急，我說不要著急，過幾年，人家走了就算了麼？我看無非這麼幾條，搞什麼教育革命，搞不成了，還不就

散了，這是學生講的，我還不是從消遙派那裡得點消息。恩格斯還不是中學沒畢業，馬克思搞經濟，變成搞哲學研究，什麼…研究……他的一本什麼書？他的資本論，第一卷為什麼不能出版？你說創建黨就這麼容易？第一國際至少分三派，一個馬克思主義，一個蒲魯東主義，一個布朗基主義、拉薩爾主義，布朗基的所謂報告，只不過是根本無政府，為什麼搞不下去呢？第一國際還不是四分五裂？現在我們來管些事情，我看不公道。打一點內戰無關緊要嘛，所以四條中有一條要打就大打。打上十年八年、地球照樣轉動。」

姚文元說：「我傾向有些學校鬥、批、走，鬥、批、散。」

毛主席說：「地球一轉一年、十轉十年，兩派這樣下去，我看不走也得走，要打就讓他們大打，空出地盤來，讓人家寫小說的去自修。學文寫的，你要寫詩、寫劇本；學哲學的，你給我搞家史、寫歷史革命的過程；學政治經濟學的，不能學北大的教授，北大有沒有什麼出名的教授？這些東西不要先生教，先生教，這是個害人的辦法。」

姚文元插話：「少慢差費。」

毛主席說：「組織個小組，自己讀書，自修大學等等。來來去去，半年、一年，二年三年均可。不要考試，考試不是辦法。一本書考十題，一本書一百個觀點，不只是十分之一嗎？就考對了麼，對其它百分之九十怎麼辦呢？誰考馬克思？誰考恩格斯？誰考列寧？誰考史達林？誰考林彪同志？誰考黃作珍同志？群眾需要，蔣介石當教員。我們都是這樣。中學要教師，小學要教師，但要刪繁就簡。」

姚文元說：「辦好幾個圖書館。」

毛主席說：「讓工農兵都有時間去，到圖書館讀書是個好辦法。我在湖南圖書館讀了半年，自己選擇圖書，誰教啊！我只上了一門新聞學。新聞班我算一個。那個哲學研究會，辦哲學研究會的，沒有誠意，胡適簽的名，還有譚平山、有陳公博。大學辦得那麼死，這個大學應該比較自由一些。」

江青說：「現在是搞武鬥。」

毛主席說：「武鬥有兩個好處，第一是打了仗有作戰經驗，第二戰爭要暴露了壞人。這個事要分析，這種社會現象，是不依人們的意志為轉移的。不以中央為轉移，不以我為轉移，不以你聶元梓為轉移，也不以牛輝林的意志為轉移。現在工人去干涉，如果不行，把工人撤出來，再鬥十年，地球照樣轉動，天也不會掉下來。」

江青說：「我們真痛心你們，瞎說什麼我們不要你們了，我們是要你們的，你們有時還聽我們一些，你們後頭的東西我也搞不清。」

毛主席說：「背後不聽，我們這裡有個辦法，工人伸出黑手，用工人來干涉，無產階級專政去干涉。」

聶元梓說：「我要求派解放軍到北大來。」

毛主席說：「你要合你胃口的63軍，別的你又不要。如果對井岡山，38軍真支持，我就給你派63軍，你應該去做38軍的工作。」

江青說：「聶元梓在對待解放軍這個問題上很好。如果做38軍工作，你們歡迎38軍行不行？」

毛主席說：「去一半38軍，去一半63軍，38軍不像你們講的那麼壞。有錯誤，主要根子在楊成武。北京軍區開了兩個會，第一個會不太好，第二個就比較好了，鄭維山作了檢討。譚厚蘭，其實你的炮位一直在聶元梓身上。你譚厚蘭，這位女將，轟了一炮，鄭維山夠緊張的，鄭維山正好不在北京，到保定、山西去解決問題去了。我們不是沒有見他嗎？各軍都不知道這個軍長是好的還是壞的，把將軍們都嚇壞了。他找你的麻煩沒有？」

譚厚蘭說：「沒有，同學們對他有意見。」

毛主席說：「過去是有歷史原因的，有點歷史，這些事情不是偶然的，不是突如其來的。」

陳伯達說：「緊跟主席教導，堅決照辦。」

毛主席說：「不要講什麼教導。」

姚文元說：「主席今天語重心長。」

陳伯達說：「六六年上半年是比較好的，北京大專院校在全國煽風點火，點革命風暴。後來腦子膨脹了，以為不得了了。蒯大富、韓愛晶到處伸手。就要一統一天下了。又沒有什麼知識和學問。」

毛主席說：「二十幾歲，周瑜嘛！周瑜出身騎兵，才〔有的版本有：周瑜在吳國當宰相〕16歲。不能輕視他們年輕人，你擺老資格。」

江青說：「我們十幾歲參加革命。」

毛主席說：「不要膨脹起來，全身膨脹，害浮腫病。」

陳伯達說：「韓愛晶對毛主席的思想，對中央意見沒有很好地思索、考慮。傳小道消息，開秘密會議。個人第一，要走到危險道路上去。」

毛主席說：「第一條是我們官僚主義，一次沒見過你們，人家不要抓我黑手，我還不見你們呢，讓蒯大富猛醒過來！」

陳伯達說：「蒯大富，你應該猛醒過來，懸崖勒馬，道路是危險的。」

林彪說：「懸崖勒馬。承認錯誤。」

毛主席說：「不要叫錯誤了。」

陳伯達說：「蒯大富不尊重工人群眾，再不聽就是不尊重中央，不尊重毛主席，這是危險的道路。」

毛主席說：「是相當危險，現在是輪到小將犯錯誤的時候了。」

周恩來說：「毛主席早就講了，現在是輪到小將犯錯誤的時候了。」

林彪說：「蒯大富，我們的態度是通過衛戍區和市革委會，你說不瞭解中央的態度，今天是毛主席親自關心你們，作了最重要的、最正確、最明確的、最及時的教導，這次還置若罔聞，要犯很大錯誤。你們紅衛兵在文化大革命初期在全國起了很大作用，現在全國很多學校實現了革命大聯合，超過北大、清華。」

毛主席說：「湖南、天津、青島、瀋陽、包括廣西⋯⋯大學我們都不管，都是市委管。」

林彪說：「要響應毛主席號召，大聯合問題，你們有些學校走到後面去了。要趕上去，你們要看到運動的需要、要看到各個階段我們應該幹什麼？」

毛主席說：「譚厚蘭那裡對立面只有兩百人，一年也不能解決問題，兩百人都不能征服，快一年了。其它學校對立面更大的，你怎麼能征服呢？曹操征服孫權，赤壁打了敗仗，劉備用武力征服孫權，也打了敗仗。孔明想征服司馬懿，也不行，頭一仗打得很長，張飛只剩下一匹馬〔有版本是張郃〕。」

葉群說：「那是失街亭。」

林彪：「打走資派是好事情。文藝界的牛鬼蛇神也必須鬥。現在不是，而是學生打學生、群眾打群眾，都是工農子弟，被壞人利用。有的是反革命，有的是開始革命，慢慢革命性少了，走向反面。有的主觀上要革命，但客觀上行動是相反的。也有一小撮人，主觀、客觀上都是反革命。這樣發展下去，就會走向反面，你們脫離群眾。」

毛主席說：「工農兵占全國人口百分之九十幾，你們學校百分之九十以上是比較好的，打內戰的比較少，北京只有六所。」

謝富治說：「清華兩萬人，參加武鬥的不到五千人。」

林彪說：「那些不參戰的人就是不同意。」

毛主席說：「他們也是上了老虎背，想下也沒有個好辦法下。蒯大富可以下來嘛！下來照樣做官，也要當老百姓。蒯大富應該歡迎工人。」

謝富治說：「工人手無寸鐵，只帶三件武器：一是毛主席語錄，二是毛主席最新指示，三是『七・三』佈告。」

康生說：「聽人家說，蒯大富是司令，韓愛晶是政委。北航支持清華兩汽車槍。」

我想不到會有人向中央報告這樣的假情況，趕緊申辯說：「沒那回事，根本沒有那回事，衛戍區到我們那檢查了好幾次，

槍一條也不少。」

謝富治說：「就都是你正確，又全是你對。我批評了你幾次，你也都不接受，你毫無自我批評。」

陳伯達說：「是不是把他們槍給收回來？」

我向毛主席表示：「主席，我有個要求，給我派個解放軍監督我，很多事情不是那麼一回事，我是很愛護蒯大富的。我也知道，跟他好，許多事情要受牽連，但我覺得，要努力保護他，不讓他倒臺，他的命運和全國紅衛兵的命運是有聯繫的。給我派個解放軍，這樣什麼事情就清楚了。」

陳伯達說：「沒有自我批評精神。」

江青說：「我有錯誤，寵了你。謝富治，我比你還寵，寵壞了，現在下點毛毛雨，還是主席這個辦法好。」

毛主席說：「不要老是批評，我是覺得……。國防科委搞多中心論，這個楊成武搞多中心，全國可以搞幾千個、幾萬個中心。都是中心就是無中心了。各人皆以為自己天下第一，還有什麼中心？一個單位只能有一個中心，一個工廠，一個學校只能有一個中心。」

江青說：「韓愛晶，我批評了你好幾次，你就一直沒很好地給我表個態。」

毛主席說：「不要總說他！你們專門責備人家，不責備自己，不在自己，總在人家。」

江青說：「我是說他太沒有自我批評精神了。」

毛主席說：「年輕人聽不得批評，他的性格有點像我年輕的時候。孩子們就是主觀主義強，厲害得很，只能批評別人。」

江青看看蒯大富說：「蒯大富有點笑容了，輕鬆一下，別那麼緊張了。陳育延出來沒有？告訴宣傳隊，陳育延是個女孩子，要保護。」

蒯大富說：「陳育延在北航睡覺呢。」

毛主席說：「你們要抓黑手，黑手就是我。對於你們毫無辦法，你們打下去沒有出路，要消滅四一四也不行。我還是傾向

你們這派，因為四一四必勝那個思想，我不能接受。但是，對四一四要爭取群眾，領袖也要爭取些。周泉纓的文章，我已經看了，主要口號，打江山的不能坐江山，說蒯大富只能奪權交給四一四。我們叫人去做宣傳，你們拒絕。佈告明明宣傳好多天了，你們仍然要打，你們打到哪一年去？黃作珍、謝富治講了話，毫無辦法。工人是徒手，你們反對工人，還打槍，打死打傷工人。正如北大一樣，我們比較偏向聶元梓派，並不偏向井岡山〔北大井岡山兵團〕。今天我們放了錄音，今天我們開了好幾個鐘點的會了。譚厚蘭學校主要偏向譚厚蘭，就是偏向你們五個領袖。」

江青說：「就是……」

毛主席說：「你們想想，幾萬人去，什麼事情，沒有中央的命令，他們敢？你們完全被動，四一四反而歡迎，井岡山反而不歡迎，你們搞得不對頭。今天來的就沒有四·一四，井岡山。他們一聽，就要罵我了，罵我就是有道理，你那個四一四思想必勝是不對的嘛！你那個團、零、飄、紅，四個組織就是壞人比較多，聶元梓一派好人比較多一些。」

聶元梓說：「王、關、戚插了一手。」

毛主席說：「你們反王、關、戚好嘛，你們要串聯，學習班也是對的嘛！韓愛晶、蒯大富你們不是好朋友嗎？你們兩個以後還要作好朋友。韓愛晶以後要幫助他，政策上作得好一些，現在四一四高興了，井岡山垮臺了，我就不信，我看井岡山還是井岡山。前年我就上了井岡山，我不是說的你老佛爺的井岡山。」

姚文元、謝富治：「革命的井岡山！」

江青說：「不要搞得我們愛莫能助……」

毛主席說：「有很多打工人的，不是你們，聽說是外地來的。」

周恩來說：「你們那裡還有沒有人呢？」

蒯大富說：「有。」

毛主席：「今天晚上睡覺。你們都還沒睡覺呢，蒯大富你沒

有地方睡覺，到韓愛晶那裡去睡，韓愛晶好好招待。韓愛晶，你要好好招待他。你們幾個人找到一起，都到韓愛晶那裡去，休息一下，然後開個會。」

江青說：「……」

周恩來說：「韓愛晶，你得幫他想點辦法。」

毛主席說：「蒯大富，你真蠢哪，我們搭梯子讓你下來，你不下來。你們這樣和中央的政策對抗，黃作珍講話不聽，謝富治講話不聽，市委開會不算數，中央才出來，伸出『黑手』，調動革命，制止武鬥，宣傳多少天，敲鑼打鼓，你們又不理，你們脫離群眾，脫離工農兵，脫離絕大部分學生，甚至脫離自己領導下的部分群眾，你領導下的學生，說你的壞話的不少。沒有打招呼，是我的錯誤，間接是打了招呼的。」

黃作珍說：「……」

吳德說：「昨天我找蒯大富談過，他不聽。」

毛主席說：「四一四歡迎工人，你們井岡山很蠢，我才不高興那個四一四。那個四一四是反對我的。」

江青說：「四一四是罵我的。」

謝富治說：「四一四也是反對我的。」

毛主席說：「他們搞抬屍遊行，他搞砸電纜，在這個時候，四一四也沒有通知，為什麼他們歡迎？這一次你們很蠢，讓四一四歡迎工人。」

江青說：「就是四一四的群眾，他們也說蒯大富偏左，沈如槐偏右的。清華搞大聯合，沒有蒯大富還是不行的。」

毛主席說：「蒯大富，你能不能當校長？井岡山出兩人，四一四出一人，沈如槐當副校長。」

蒯大富說：「我不能當了，當不了。」

毛主席說：「還是要聯合，還是要蒯大富。沒有蒯大富是不行的，蒯大富是偏左的，井岡山兩個。四一四右的。」

江青說：「現在你們五個人先做起來，反正先不要打了。」

毛主席說：「第一條，軍管；第二條，一分為二，四一四分

一個，你蒯大富分一個；第三條，鬥、批、走，這都是學生提出來的，他們不願幹了，你們一不鬥，二不批，三不改，集中精力打內戰。當然，打內戰是幾個月了。第四、把工人撤出來，把槍都還給你們，無非是大打，要打就大打。文科要不要辦呢？文科還是要辦的，至於如何辦法，研究出另外一個辦法，過去的辦法是培養修正主義的。」

譚厚蘭說：「師範大學要不要辦？」

毛主席說：「不辦，誰教高中，誰教中專？外語學院不辦怎麼行！一風吹不行，吹那麼幾年，也可以，天塌不下來，歐洲大戰，一打幾年，不僅大學沒辦，其實中學小學也都沒辦，但我們辦了西南聯大。辦了一下，但也辦得可憐，打得雞飛狗走，我們可能犯錯誤。」

王大賓說：「現在搞教改困難很大，要下去和工農結合，到實際中去，但沒錢，卡得要死。」

江青說：「改是個艱苦的工作，你們屁股坐不下來。」

毛主席說：「學問不是在學校裡學出來的，林彪剛才不是講了嗎？他的學問哪裡學來的？難道是黃埔大學學來的？黃永勝學了一年半，溫玉成你是黃崗的？也就認識幾個字，社會是個最大的大學嘛，坐在那個樓裡怎麼能行。整個社會是個最大的大學，列寧大學讀了一年半，恩格斯中學沒讀完。我們兩個比高爾基高明得多，高爾基只上過兩年小學。華羅庚，數學家就是個中學生，自學的。蘇聯衛星上天，祖宗是中學教員。發明蒸氣機的人是工人，不是什麼大學教師，是工人。我看我們的一些孩子，讀書十幾年，把人毀了，睡不著覺，一個孩子讀歷史，不懂階段鬥爭，歷史就是階段鬥爭的歷史，可是讀了好幾年，就是不懂階級鬥爭。」

江青說：「讀那些什麼厚本本，幾十種，而馬、恩、列、斯和你的書都成了參考資料、輔助材料，他們老師的書才是正式教材。」

毛主席說：「小學六年太長，中學六年太長，荒廢無度，又要考試，考試幹什麼呢？一樣不考那才好呢？對於考試一概廢

除，搞個絕對化。誰考馬、恩、列、斯，誰考林彪同志，誰考我，以後，特別是反杜林論，杜林活了88歲，到了三十年代還活著。謝富治同志，把他們統統招回來，統統回學校，可能有些生了氣，不勉強，把四一四留在學校裡，井岡山反而統統在外邊，這樣不好，井岡山統統到大會堂來，對四一四的頭頭，要有所區別，分別對待。」

毛主席看看手錶，說：「現在八點多了，五個多鐘頭了。」

談話的過程中，埋在我心裡的一個大問題又出現在腦海裡。我認為這是有關中國前途的問題。我想問毛主席，可又不敢開口，幾個小時過去了，我又想，今天不問，什麼時候才能有機會再問呢？今天不問，今後要後悔的，主席百年之後我怎麼向人民交代呢？於是我鼓足勇氣問道：「毛主席，我想請教您一個問題。如果幾十年以後，一百年以後，中國出現了分裂，你也說自己是毛澤東思想，出現了割據混戰的局面，那我們怎麼辦？」

我的話音一落，在座的中央領導人神情都變得很嚴肅。我明白，誰也想不到我會向毛主席提出這樣的問題，氣氛有些緊張。而毛澤東主席卻顯得很平常。

毛主席回答說：「這個問題問得好，韓愛晶你還小，不過你問我，我可以告訴你，出了也沒啥大事嘛。一百多年來，中國清朝打二十年，跟蔣介石不也打了幾十年嗎，中國黨內出了陳獨秀、李立三、王明、博古、張國燾，什麼高崗、劉少奇，多了，有了這些經驗，比馬克思還好。」

林彪接著說：「有毛澤東思想。」

毛主席說：「有了這次文化大革命的經驗，比沒有好。當然也不能保證，但我們保證要好些，對於在座的，跟林副主席他們走。跟人民在一起，跟生產者在一起，把他們消滅乾淨，有人民就行，就是把我、林彪，以及在座的都消滅，全國人民是滅不掉的，總不能把中國人民都滅掉，不能把人民都滅掉，只要有人民就行。最怕脫離工人、農民、戰士，脫離生產者，脫離實際，對修正主義警惕性不夠，不修也得修。你看朱成昭，剛當了幾天司

令，就往外國跑。或者保爹，保媽，就不幹了。聶元梓，攻她哥哥、姐姐不好來攻她。你那個姐姐聶元素也不那麼壞嘛，哥哥，姐姐為什麼一定和妹妹聯繫起來呢？」

周恩來說：「我的弟弟周永愛，跟王、關、戚混在一起，我把他抓送到衛戍區去了。」

毛主席說：「我那個父親也不大高明，要是在現在，也得坐噴氣式。」

林彪說：「魯迅的弟弟是個大漢奸嘛。」

毛主席說：「我自己也不高明，讀了哪個就信哪個，以後又讀了七年，包括在中學讀半年資本主義，至於馬克思主義，一竅不通，不知道世界上還有什麼馬克思，只知道拿破崙、華盛頓。在圖書館讀書實在比上課好，一個燒餅就行了，圖書館的老頭都跟我熟了。」

陳伯達批評說：「韓愛晶，你的缺點就是沒有毛澤東思想，就是不知道這次文化大革命的偉大意義是什麼。」

姚文元說：「韓愛晶提出這個問題，我們去年就說過，有林副主席做毛主席的接班人，有毛澤東思想、就不怕出修正主義。」

毛主席說：「不能保證這次文化大革命以後就不搞文化大革命了，還是會有波折的，不要講什麼新階段。好幾個新階段，我講上海機床廠又是什麼新階段。一次文化革命可能不夠。」

姚文元說：「毛主席已經談過這類問題，不要再提新階段。」

周恩來說：「林彪同志對主席著作學得好，包括蘇聯在內，對馬列原著都沒掌握好，林副主席掌握了。」

毛主席說：「黨內出了陳獨秀，黨就沒有啦？黨內出了李立三，黨犯錯誤，黨還是有的，還是要革命的，軍隊還是要前進的。第四次王明路線那麼長，還不是糾正了，張聞天搞了十年也不高明。災難多了。解放後又是多少次？我們這個黨是偉大的黨，光榮的黨，不要因為出了劉少奇、王明、張國燾，我們黨就

不偉大了。你們年輕人就是沒有經驗，上帝原諒你們。韓愛晶你問起我，我答覆你們了，不要以為我們這些人有什麼了不起，有我們這些人在就行；沒有我們這些人，天就掉下來了。這也是迷信。」

陳伯達又批評說：「韓愛晶，你讀過多少馬列的書，你懂得多少馬克思主義！」

毛澤東對著陳伯達說：「你們不要光說人家韓愛晶，他還小嘛，才二十二歲，你們就是不說你們自己，你們自己懂得多少馬列主義？」

江青接著說：「韓愛晶給我寫過好幾次信，提出這樣那樣的問題。脫離實際，脫離工農。一到我跟前，就問將來，為什麼韓愛晶總喜歡提這類問題呢，總說幾十年以後的事，還問我第三次世界大戰什麼時候打。」

毛主席說：「想的遠好，想的遠好，這個人好啊，這個人好啊。我有幾種死法，一個炸彈炸死，二是病死，被細菌鑽死，三是火車、飛機摔死，我又愛游點水，淹死。無非如此，最後一種，是壽終正寢。這無非還是細菌嘛。薄一波差點死了，聽說劉少奇也救活了，一種肺炎，一種心臟病高血壓，還有腎感染，糖尿病，四種病。四五個醫生、兩個護士搶救，可以說脫離危險期了，你們聽說了嗎？」

有人搖頭，有人答道：「沒聽說。」

姚文元又指責我：「韓愛晶，你是個悲觀主義者，對共產主義沒有信心。」

我反駁姚文元說：「我相信共產主義一定會勝利，如果我對共產主義沒有信心，我就不會獻身共產主義事業，可是我認為，歷史的發展是波浪式的，不可能是條直線，難道中國革命，由民主革命到社會主義革命到共產主義就是一條直線走向勝利嗎？不會出現反覆嗎？不是波浪式嗎？按照辯證法肯定有曲折。」我還抬起右胳膊往上劃一個直線。

毛主席說：「韓愛晶這個人好啊！他的性格很像我年輕的時候，認為自己對的，就要堅持。」

毛主席又說：「一次前進是沒有的，歷史總是曲折的，一九二七年受挫折，二三次受挫折，勝利了以後，又出現高饒反黨聯盟，廬山會議以後，彭德懷。現在的走資派，像蒯大富那個『徹底砸爛舊清華』，四一四就不贊成，四一四說教員也有好的，可你們說的徹底砸爛，不是砸爛好人，而是一小撮壞人，你把含義講清楚，他就駁不倒了，趕快把六七個領導找來，集中起來，你們今天晚上睡個覺，明天再開會，散會算了，以後再來。」

江青又看著蒯大富說：「蒯大富，看你那樣子難過，不過對你也是鍛煉。」

毛主席站了起來，大家也都站起來。我們圍到毛主席身邊，一一跟毛主席握手告別。我拉著毛主席的手說：「主席，我一定為您的革命路線奮鬥終生。」

蒯大富握著主席手說：「主席，謝謝您，祝您萬壽無疆。」

……

過來一個女工作人員，表情平靜，她扶著毛主席胳膊。向客廳一側走幾步，掀起一個黑色的布簾，走過去，布簾放下。

我們又分別跟林彪、周總理、江青等中央領導人握手告別。沒想到，那個黑色的布簾又掀開了，毛主席又回來了，我們又趕緊迎上去。毛主席走過來說：「我走了，又不放心，怕你們又反過來整蒯大富，所以又回來了。」

毛主席對在場的中央領導說：「不要又反過來整蒯大富啦，不要又整他們。」

毛主席說完話，我們又跟毛主席握手告別，依依不捨地，看著那個女工作人員，又掀起那個黑色布簾扶著毛主席走了。我們又分別跟林彪、周總理、江青、中央領導握手告別。可能因為人多，分開時，江青說：「韓愛晶，怎麼不握手就走了！」我又急忙上前跟江青握手告別。

召見到此結束。中央領導人只有謝富治仍然留下。我和聶元梓、蒯大富、譚厚蘭、王大賓跟在謝富治身後，一起走出毛主席

召見的湖南廳，走向另一個大廳。我的腳踏在過道長條地毯上，可是整個人好像飛騰在飄渺的天空，周身好像依附在雲裡霧裡。我覺得自己根本失去了自我控制、像被超越人群、超越正常生活的魔力烘托在天上，而社會人間都在看不見的腳下。覺得不可思議，不可想像，也不敢相信。我覺得自己「輕」、「稚」。心想，我憑什麼置身於這種最高決策的範疇之中，我憑什麼參於處理這樣重大的事件！我意識到，這是億萬人根本不可望也不可及的無比高貴的領地。作為一個紅衛兵頭頭，與統治全中國的神在一起，我好像被吹飄在空中，真切感覺是：「回頭下望人寰處，不見北京見雲霧。」我鎮定自己，表面很正常地跟大家在一起走到另外一個大廳。

謝富治說：「已經九點了，毛主席還沒有睡覺。我們吃點飯，然後討論怎樣傳達毛主席的指示。」

人民大會堂的工作人員端來一盤雞蛋炒飯和湯，還請謝富治到後面就餐。謝富治說：「不用了，就在這裡一起吃吧。」

大家都吃雞蛋炒飯和湯。工作人員又給謝富治端上來一個盤子，盤子上有一個蒸熟的大蜜桃。謝富治剝去桃子皮，吃了桃子，算是特殊待遇。接著就開會。

謝富治又說：「今天，毛主席接見你們，從三點到八點半，談了五個半小時，內容很多，我們先整理一個簡單的統一稿，統一傳達。一起整理，一起備案，一起簽名。要把對自己有利的先壓下來，把批評的先傳達。工人階級是毛主席派的，對外先不講。我再說一句話，如果有利的記下來要吃虧，批評的要記清，多從批評方面去接受。」

大家圍在一起，大家發言，由我執筆，一起組織了一份一千多字的稿子。整理好之後，念了兩遍，又做了些補充改正，五個人都簽了名，就交給謝富治了。這就是第二天印著大紅標題在北京市散發的統一稿。

謝富治說：「我看先照這份稿子傳達，其他內容今後再說。我們馬上出發，先到北航去，到那裡看看跑到那裡去的清華學

生，然後再到清華大學去。」

　　出了人民大會堂，果然像毛主席命令的那樣，清華學生鮑長康站在大會堂門外等著，衣服上還沾著血跡。我和蒯大富坐在謝富治的車裡，後面有吳德、黃作珍的車，還有聶元梓、譚厚蘭、王大賓的車。一行車子，向北航駛去。

　　（2013年5月26日，韓愛晶根據多種版本，重新校對整理。）

附錄三：清華大學文革時期歷屆領導成員名單

唐少傑輯錄

1、1966年6月6日之前（原黨政領導執政時期）

　　校長：蔣南翔【國家高等教育部部長】

　　副校長：劉仙洲、陳士驊、張維、李壽慈、張子高、趙訪熊

　　校黨委書記：蔣南翔【北京市委大學工作委員會書記】

　　副書記：劉冰、胡健、李壽慈、何東昌、艾知生

2、1966年6月9日至7月29日（即工作組執政的所謂「五十天」裡）

　　北京新市委派駐清華大學「工作組」——

　　組長：葉林【國家經濟委員會副主任】

　　副組長：楊天放【林業部副部長】、周赤萍【冶金部副部長】

　　（清華「工作組」成員共計528人，接管清華全部幹部職位，行使清華黨委領導職權。「工作組」中有一位6月19日到任的特殊成員，即劉少奇夫人王光美，擔任工作組「顧問」。）

3、1966年7月至1968年8月16日（群眾組織控制學校時期）

　　「清華大學文化革命代表大會臨時籌備委員會」（成立於1966年7月29日），組成人員有：賀鵬飛、劉濤、李黎風、花純榮、王新民、雷蓉、王曉平、喬宗淮、馬恩德、張欽志、王天明、晁學賢、張蘭茂、袁塞風、王聽度、程炎南、杜文達、李振民、賈春旺、楊仁明、雷世東、王培信、夏紀辰、張文。

　　「清華大學紅衛兵臨時總部」（成立於1966年8月19日），具體組成人員不詳，其主要領導人員為賀鵬飛、劉濤、李黎風、王曉平、喬宗淮、劉菊芬等。

　　「清華大學紅衛兵總部臨時主席團」（成立於1966年9月16

日），組成人員有：賀鵬飛、張泰山、佟德雲、劉濤、張精忠、李黎風、韓占和、閻勝義、李有道、何秀風、馬躍、董建國、孫賓昌、洪三里、聶紹眠、張蘭茂、袁塞風、劉開敏、朱光升、居繼忠、李振民、陳士發、孫淑蘭、王永山、李振濤、劉菊芬、唐偉。

（上述「三臨」即「臨籌」、「臨總」、「臨主」於19966年9月底被迫解散）

清華大學「井岡山兵團」（1966年12月19日——1968年8月16日）總部委員：蒯大富、陳育延、唐偉、劉泉、鮑長康、寧喜奎、夏紀辰、韓富強、劉才堂、朱德明、李寶餘、王良生、許勝利（許征強）、張雲輝、孫怒濤、郭西安、崔兆喜、魏戍源、邵凱勝、潘劍宏。

〔「井岡山兵團」成立於1966年12月19日，其總部成立於12月21日，三天後，唐偉、朱德明、許勝利（許征強）宣佈退出總部。〕

清華大學「井岡山兵團四一四總部」（1967年4月14日至1968年8月16日）委員：沈如槐、孫怒濤、汲鵬、陳楚三、劉萬璋、蔣南峰、周泉縷、張雪梅、李秀芙、宿長忠、任彥申、傅正泰、譚浩強等54人。

清華大學「井岡山兵團」聯合總部（成立於1967年11月8日）委員：蒯大富、沈如槐、孫怒濤、鮑長康、宿長忠、劉才堂、汲鵬、劉萬章、龍連坤、韓銀山、陳繼芳、任傳仲、馬小莊、陳楚三、張雪梅、李振民、譚浩強、吳國樑、高季章、傅正泰、王永縣、尹尊生、吳棟、陳育延、王良生、韓啟明、湯亞美、曹維滌、王其林、崔兆喜、劉泉、張學琛、何光永。

4、1968年7月27日至1972年1月（工宣隊進駐學校之後）

1968年7月27日，進駐清華大學「工人農民解放軍毛澤東思想宣傳隊」（簡稱「工宣隊」）——

總指揮：張榮溫【中共中央警衛團副團長】

1969年1月25日，清華大學革命委員會——

主任：張榮溫

副主任：阮世民、劉承能、韓銀山、白喜善

1970年1月10日，清華大學黨委──

書記：楊德中【中共中央警衛團副團長】

副書記：張榮溫、遲群、劉承能、阮世民、劉冰

5、1972年1月至1976年10月（重建黨政領導機構之後）

1972年1月，清華大學革命委員會──

主任：遲群

副主任：劉冰、艾知生、呂方正、呂應中、張維、胡報清、
　　　　惠憲鈞

1976年3月，清華大學革命委員會──

主任：遲群

副主任：張鳳瑞、胡健、呂應中、劉夫山、陳棟豪、李士
　　　　存、周家愨、裴全

1972年1月，清華大學黨委──

書記：遲群

副書記：謝靜宜、劉冰、何東昌、胡健

1973年11月，清華大學黨委──

書記：遲群

副書記：謝靜宜、劉冰、胡健、惠憲鈞、柳一安、張鳳瑞

1975年11月，清華大學黨委──

書記：遲群

副書記：謝靜宜、胡健、張鳳瑞、榮泳霖、夏鎮英

【注釋】

清華文革中期、後期的領導人員構成主要分為三個部分：

一是來自解放軍部隊的：張榮溫、楊德中、遲群、謝靜
宜、劉承能、惠憲鈞、呂方正，其中前四位來自中共中央警衛團
（8341部隊），曾是清華的主要領導幹部；

二是來自狹義上的「工宣隊」人員，即有關工礦企業或機關、事業單位的：阮世民、白喜善、柳一安、胡報清、劉夫山、李士存、張鳳瑞、夏鎮英；

　　三是清華原有的、即被「結合」的幹部：劉冰、韓銀山、呂應中、何東昌、艾知生、胡健、榮泳霖、陳棟豪、周家懋、裴全。

我們這一代人最後的責任

陸小寶[1]

　　有校友把孫維藩的《清華文革親歷》的書稿從網上給我傳了過來，[2]我連夜一口氣讀完後，第一個感覺是：這些資料實在是太珍貴了。孫維藩是清華大學工物系1967屆學生，書中所載主要是他在清華大學文革中的親身經歷，從1966年6月1日開始，幾乎是逐天逐日的日記，加上200多幅清華文革各種活動的照片，還有一些當時的大字報文稿。孫維藩書中所記的那段時期，我也在清華園，其中的許多事情，我也都看到過、經歷過，所以看他的書稿時感到格外真切。我在清華的年級比孫維藩低，在學校不認得他，至今也沒同他見過面。通過書稿，我感到這位老學長真是個有歷史責任感的有心人，感謝他為我們那段複雜而重要的清華歲月留下了真實的記錄。孫維藩書中所記的內容看起來十分普通，沒有其他許多文革歷史回憶中所透露的什麼高層內部材料，也沒有什麼驚心動魄的場面，甚至沒有什麼深刻「尖端」的思想觀點，那麼，為什麼我要說它「非常珍貴」呢？因為我認為，它是中國文化大革命的特殊場景中平民視角的實錄；它是一個文化大革命親身參加者對文革活動無隱無諱的原生態實錄；它是當年最高學府知識分子在荒謬籠罩中對中國前途的真誠探索的實錄。

　　像孫維藩這樣，為歷史，為後代，留下文化大革命的真實記錄，是我們這一代人最後的責任。

---

[1]　本文作者陸小寶，男，1946年生，浙江東陽人，清華大學冶金系1965屆學生，1970年畢業，分配到青海西寧，文革後調成都和廣州等地工作。1993年到美國，現居紐約。

[2]　本文是作者為清華大學工程物理系67屆學生孫維藩的《清華文革親歷——孫維藩日記》一書（已由香港新世紀出版社出版）寫的讀後感，被收入該書作為「後記」。

特殊場景中的平民視角

　　眾所周知，清華大學在文革中處在一個不同尋常的重要位置。劉少奇夫人王光美曾是清華大學工作組的幕後指使者，周恩來曾受命親自過問清華大學的文革問題，毛澤東曾多次關注清華文革並作過具體指示。清華大學各個系中有不少高幹子女，在人們眼中，他們的一舉一動都反映了中央不同派別高層領導的升遷沉降動態，以及這些派別的政治利益和政治態度。可以說，清華大學文革中一切重要事件都在中國最高層領導人的密切注視之下，有些甚至是他們親自操縱的。研究中國文化革命，清華大學是一個最好的窺視口。仔細分析孫維藩的日記，人們可以尋蹤文革中最高層各派力量之間博弈爭鬥的脈絡。

　　我們看到，孫維藩在文革早期的觀點變化很大，文革剛開始時他在農村四清，是忠實於黨組織的學生，過幾天回到學校，就批判蔣南翔是「黑幫」了；再是跟著工作組「反蒯」，開始他還認為反工作組的同學是「人民內部矛盾」，很快又認識到是「敵我矛盾」了；工作組要撤了，他跳上大禮堂講臺為工作組辯護，不多久他又批判起王光美工作組來了；對劉少奇，開始認為是最尊敬的黨和國家領導人，緊接著是犯了錯誤的領導人，再接著又成了堅決打倒、批深批臭的對象了；他本來是積極「反蒯」的，不久，他又參加到蒯大富的井岡山去了，甚至成了井岡山機要部門的成員；再不久，他又反出井岡山，變成了四一四觀點了。　這樣的變化，叫現在的人看起來一定覺得十分奇怪，但對當時的人來說，卻是極其正常的現象。作為一個「革命群眾」，每步都在「緊跟」，不是孫維藩變得快，而是高層的鬥爭形勢變得快。從他的日記可以看到，他前期每一次大的變化幾乎都是由「首長講話」或幾篇高幹子女的大字報促成的。文化大革命根本不是什麼「群眾運動」，實際不過是中央高層借群眾聲勢在那裡互相鬥法罷了。這鬥法的一招一式，有心的讀者從「首長講話」

和高幹子女的大字報可以看出門道。所以，孫維藩保存下來的這些原始材料十分珍貴，值得對中國文革史感興趣的人去仔細地分析揣摩。

國內有位研究清華文革的專家，曾將這種中央和群眾的特殊關係定義為「互動」。我認為，「互動」這個名詞不恰當，因為它容易混淆彼此的主次責任，不能反映客觀事實。還有，一些研究者常把中央文革和群眾的關係描繪成「欺騙」和「受騙」的關係，有人說，發動文革的人是騙子，參加文革的人是瘋子，底下群眾是傻子。對於這種說法，我認為同樣也不恰當。實際上，文化大革命是億萬人的運動，它的出現有很深的歷史淵源，是社會矛盾長期積累的結果。文革初期，中央高層確有人在蓄意挑動群眾，運動群眾。但運動深化以後，每個人都被各自的利益驅動著，選擇他們自認為正確的言行，在充分表演。文革運動並沒有按照任何人意願的方向發展，它反映的是全社會各個利益集團的合力。實際上，沒有一個人，包括毛澤東在內，有本事能夠自始至終隨心所欲地掌控文革運動的方向。

反思文革，禍害全國的主要責任者是在最高層，這是毫無疑問的。學生中的部分幹部子弟，引人注目，在文革初期起過一些頗為特殊的作用，這也是有目共睹的事實。那麼，我們這些普通群眾，平民子弟學生，是否就毫無責任了呢？我認為，面對歷史，要有坦誠的態度。反思文化大革命的責任，我們這些親歷者不能將自己完全置於事外，高層有高層的責任，頭頭有頭頭的責任，學生群眾也確實有學生群眾自己這方面的責任。那時候，我們已經是二十多歲的清華大學學生，是一些有責任能力的成年人，多少還算是知識分子。怎麼說「受騙」就被人家騙了呢？難道就沒有自己的原因嗎？

我這輩子忘不了參加批鬥彭德懷時的情景，看到這位不屈的元帥雙手被人強扭向後，吃力地彎著腰在臺上站著，我卻在臺下隨著大家一起呼口號。文革後四十多年，每回想起這個場面，我一直良心難安。我是農村學生，我親眼看見了大躍進後農村大饑

饉的慘狀，我自己也曾被餓得半死，彭德懷為農民鼓與呼，何罪之有？他的政敵要打倒他，尚有理由可講。我是一個農家子弟，有什麼理由要跟在別人的後頭起鬨！事後，我憎恨自己沒有勇氣表達自己的反對意見，放棄了一個公民的社會責任。文革後，我曾經為此寫過一首詞叫《青玉案》，其中一句是「國內吾人應自愧」。 我確實覺得自己心中有愧，我覺得全國人民都該感到有愧。作為一個平頭百姓，在運動面前，我們心裡都有自己的小九九，世故、懦怯、趕潮頭，往往還夾雜著一些「要求進步」的投機心理，這些都不是簡單用「受騙」兩個字就給自己開脫得了的。其實，專制和獨裁只有在大多數民眾的公民責任心覺醒前才能得以存在，有時甚至是集體縱容的產物。如果我們每個中國人、每個知識分子都能擔負起自己的公民責任，文化革命還會搞成這副模樣嗎？如果今天我們再不反省，還一味抱屈說自己「受騙」，中國的將來還有希望嗎？

清華大學是中國文化革命的一個特殊場景，而孫維藩卻是從一個普通平民的視角觀察並記錄下來的，它反映了當時絕大多數群眾的實際感受。孫維藩出身普通家庭，不是高幹，也不是地富反壞右。文革中，他的家庭成員和他本人基本沒有受到大的衝擊。正因為如此，這本書所記的內容就較少摻雜個人利益恩怨的成分，而較為真實地反映出當時絕大多數群眾的心理和情緒。

在學校裡，孫維藩只是一個普通的學生，他關心國家命運，緊跟中央精神，但他沒有後臺，也不是極端分子，只憑著當時的形勢和自己的感覺在一邊隨波逐流，一邊積極地參加運動。他後來是四一四派的，他的戰鬥組叫「山裡紅」，也不屬於發起四一四串聯會的23個核心戰鬥組之列。孫維藩是5月29日正式宣佈加入井岡山四一四總部的，而這個時候正是四一四面臨最嚴峻考驗的時刻：如果530革委會成立，搞分裂絕對是一個很嚴重的政治錯誤。像孫維藩這樣的普通清華群眾，文革以來一直都是緊跟中央首長講活和高幹子女動向行事的，這一次他們終於開始自我選擇方向，而且是毅然抉擇了具有較大政治風險的四一四一邊。

說起四一四觀點，現在研究文革的人似乎馬上將它等同於周泉纓的「四一四思潮必勝」，事實遠非如此簡單。孫維藩的日記還記下他參加「反革命小丑周泉纓批判大會」呢。無可否認，周泉纓當時的某些觀點，對抵制文革極左做法是有一定貢獻的。但是也應看到，周泉纓的認識不能完全代表四一四群眾的認識。其實，當時廣大四一四派群眾普遍反對周泉纓的走極端和妄圖做王者師的言行。

本書所錄「山裡紅」一批「井岡山幾大怪」的文章，看起來又散又亂，毫無「理論色彩」，還有一些關於蒯大富的流言如「李琴珠懷孕之死」之類，也是似真似假。其實，這些文章和傳言都不過是發洩對蒯大富極左做法「看不過眼」和為受壓制、受迫害一方「打抱不平」的情緒罷了。這種不滿情緒表面看是對蒯大富的，其實很大程度上，它們是對中央文革的，是對江青等「中央首長」的。當時清華學生中，不少人對文化革命開始產生厭倦、反感和抵觸，對「首長講話」也不再步步緊跟，而是議論紛紛，雖然不會形諸筆墨公開反對（在日記上都不會），但在底下罵兩聲，在大字報上搞點怪，那是家常便飯。再過一段，許多人越來越失望，熱情消失，大字報寫得少了，連怪都懶得搞了，乾脆「逍遙」，談戀愛、焊收音機、搞「線路鬥爭」去了。他們雖然手在「線路鬥爭」，心中還是放不下「路線鬥爭」，不時會找人一起討論形勢，巡看學校各派的動向。現在回過頭來看，四一四思潮的實質，是在廣大群眾中一種逐漸產生的、尚不自覺的抵制文革的思潮，而不是周泉纓那樣致力於為文革尋找另一種正面理論和較好出路的思潮。從這個角度看，研究孫維藩的日記比研究周泉纓的大字報更有意義，因為它如實地反映了民心的向背。

通過日記，大家可以看到：像孫維藩這麼忠厚、誠實、上進的知識分子，從緊跟中央精神、積極參加運動，到對中央精神開始玩世不恭、對運動產生反感和抵制的過程，是一天天、一步步、真實地走過來的。而這個過程，只花了區區一、兩年的時間。這個事實說明什麼呢？它說明：文化革命運動在普通國民

中，以驚人的速度耗散了共產黨和革命領袖長期積累起來的權威資源；迅速解構了經過長期宣傳、教育和灌輸才得以建立起來的社會主義正統思想框架。這個變化的速度是驚人的，如果沒有文化大革命這樣特殊的政治運動，這樣的變化絕對不可能在這麼短的時間完成。這種變化的作用，更是驚人。如果問，什麼是文化大革命的最大成果？可以說，對傳統社會主義的解構，這才是文化大革命的最大成果。這個成果是發動這場運動的人所始料不及的，但正是它，一直在制導著中國過去幾十年、現在和將來的發展走向。

無掩無諱的原生態實錄

孫維藩書中所記的部分文革事態不是發生在清華園，而是他到外地串聯時的經歷。文革初期，即使在學校裡持保守觀點的學生跑到外地去，往往也會變得很激進，到處煽風點火，鼓吹造反，這是當時的普遍現象。他在1966年10月跑到黑龍江的一個邊遠農場，揪鬥著名「大右派」丁玲的一段記錄，特別引人注目。深入分析他的這一段經歷，對正確解讀中國文化大革命的重重迷團，有著特別的意義。

孫維藩為什麼要到黑龍江邊遠農場去呢？原來他一個朋友叫杜玉璽，是那邊農場學校的教師，文革中被打成了反革命，「被鬥了三次」，於是孫維藩「決定立即組織隊伍北上為他翻案」。去了以後，又是怎麼翻案的呢？首先就是揭開階級鬥爭的蓋子，「像丁玲這樣的大右派卻被農場小汽車接進去，住在招待所，生活安排得很舒適，一天仍是幾個菜，過資產階級寄生生活。他愛人陳明是摘帽右派，每月129元，不幹什麼活。還請丁玲教夜校，輔導學毛選哩，簡直是笑話！」於是他發動群眾，「……寶泉嶺沸騰了。革命群眾拉出了丁玲、馮萬鐘遊了街。汽車隊、機關職員、中學紅衛兵搞的。也沒什麼統一組織，但民情很熱烈，得到群眾好評和擁護。這次遊行是寶泉嶺第一次，原他們沒勇氣，問

我可以不，我說民憤太大只要群眾要求遊就遊吧。於是他們要把黑五類全遊，我說先重點突出找民憤大的馮大鼻子及得到這兒黨委保護的丁玲先遊，於是就這麼幹了。大長了無產階級革命派的志氣，大滅了資產階級反動派的威風。造反派揚眉吐氣了，保皇勢力害怕了。」

這種通過「揭開階級鬥爭蓋子」來解救自己人的做法，在文革中十分典型，孫維藩將它照樣學來，套用到了丁玲的頭上。但是，當時他能如實地記錄下來，現在又能無掩無諱地公之於眾，這卻非常難得。它揭示了一個基本事實：文革中受迫害者，或預感到將受到迫害者，為了自保，往往拋出比他自己低一層級的「階級敵人」，變本加厲地加以迫害。他們是受迫害者，同時也是迫害者，結果導致文革的受迫害層面越擴越大，迫害程度越演越烈，而受迫害最深的還是那些處於最低層級的「階級敵人」：地富反壞右「黑五類」以及他們的子女。這個文革中的叢林生態法則，是解讀清華大學乃至全國文化大革命迷團的鑰匙。

文革初期劉少奇派工作組進入高校，種種作為，後來遭到毛澤東的批判，他自己辯解這是「老革命碰到新問題」，這種說辭已被現今話語界和學術界普遍認可。但是，事實真相當真如此簡單嗎？文革的鬥爭目標是「整黨內走資本主義當權派」，這一點在「五一六通知」上已經確立，劉少奇當然早有準備。毛澤東搞文化大革命，主要是解決劉少奇的問題，這點早有許多端倪可尋。如果說處於當事人一方的劉少奇對此毫無覺察，這也未免太低估劉少奇的政治敏感性了。那麼，他採取了什麼措施來自保呢？他派出工作組後，立即拋出一大批大學黨委書記和校長，作為「黨內走資本主義道路當權派」提供給青年學生去批判鬥爭。清華大學校長蔣南翔就這樣莫名其妙地成了「反黨反社會主義的黑幫」。霎時間，清華大學各級黨組織被衝垮，幾百名大小領導幹部被戴高帽、遊街、批鬥和強迫勞動。這種做法是任何「老革命」歷史上從無先例的，總不能說是因循老經驗吧？從1966年12月開始，清華有人一直在追問「蔣南翔是被揪出來的還是拋出來

的？」其實，這個問題根本用不著問，該認真地問一問的是「蔣南翔是誰拋出來的？為什麼要把蔣南翔拋出來？」公平地說，接下去劉少奇決心鎮壓反工作組的浪潮，進行「反蒯」鬥爭，將全國幾十萬學生打成「反革命」，倒真是完全因循1957年反右運動的舊例，不該算是「資產階級反動路線」，即使錯了，也真是「老革命碰到新問題」。我們這些當年清華文革的親歷者，現在回想起來真是後怕：如果劉少奇模式的文化大革命得以繼續下去，那末我們這些人不就統統當真成了反革命了？我們這輩子不也是隨時可以被人拋出來，被人任意凌辱、宰割的「右派分子」嗎？現在社會輿論一致公認，57年反右是知識分子的浩劫。那末，怎麼能夠僅僅因為劉少奇是文革的主要受害者，就掩諱不談、甚至對他先是拋出大批幹部、接著又迫害無辜學生這樣一種已經成了事實的、比57年規模更大的知識分子浩劫持肯定態度呢？

再看1966年8月24日，清華人公認這是清華園歷史上最黑暗的一天，清華大學的標誌性建築二校門就是在這一天被推毀的。這是簡單的「破四舊」嗎？事實真相是，毛澤東《炮打司令部》的大字報傳到清華，敏感的學生猜測到有所指，幾天內貼出大量的反劉少奇和其他中央領導人的大字報。清華紅衛兵的幾個高幹子女，和也是紅色後代的中學紅衛兵們，為了保護劉少奇和他們的父輩們，策劃、秘密串聯、調動幾十個中學的老紅衛兵2000餘人到清華園，進行鎮壓，實行所謂的「紅色恐怖」。為了保護「革命領袖」，他們照例要大抓階級鬥爭，迫害低層次的「階級敵人」。他們威迫清華中上層幹部推倒二校門，並對正在強迫勞動的「黑幫分子」進行毒打。這個場面十分淒厲恐怖，慘不忍睹，許多目擊者現在回憶起來都是心驚肉跳。孫維藩這一天的日記，雖淡淡寫了一句「然後紅衛兵決定撕掉給中央首長的全部大字報，一會兒便付之一炬」，而他拍下的清華二校門倒塌一剎那，以及讓「黑幫」們去清理殘渣的殘酷場面，卻活生生地見證了這段歷史。十分清楚，這就是這次紅色恐怖行動的真正目的。有文

革歷史研究者經查證指出，正是這次紅色恐怖行動，開創了全國打砸搶暴力行為的先河。

再來看孫維藩8月1日的日記，「從航院傳來了一副對聯：老子革命兒好漢，老子反動兒混蛋——基本如此」。當時文革的邪火正在燒向一批革命老幹部，為了自保，必須把這股邪火引開。引向誰呢？當然還是引向較低層級的「階級敵人」以及他們的子女。荒謬的「血統論」頓時蔓延全國，所到之處一片腥風血雨，成千上萬的人遭受殘酷迫害，家破人亡。不知這幅對聯的炮製者們現在有何想法。

許多文革中的被迫害者，為了自保，「轉移鬥爭大方向」，以「抓階級鬥爭新動向」為名，引導群眾迫害別人，有時他們自己也親自參加對他人迫害。從被動的受害者轉為主動的施害者的手段，文革中司空見慣，屢見不鮮。而今天，孫維藩通過他是如何發動群眾批鬥丁玲的事實，毫無隱諱地講了出來。這是需要一點道德勇氣的。孫維藩有這個道德勇氣，很不容易，因為至今許多人，還沒有這份良知，也沒有這份勇氣。他們在寫回憶文革的文章時，往往只是寫自己如何受「四人幫」迫害，卻從來不寫自己又是如何迫害別人的。他們只控訴別人，從不懺悔自己。許多作家依此基調創作出一批批電影、小說、文藝作品，以至今天的社會上形成了一種臉譜化的文革話語模式，似乎文革中全國各地、各單位突然神秘地冒出一批「四人幫」的爪牙，兇神惡煞，專門整人。這些所謂的文革歷史，我們這些親歷者看起來覺得總不大對勁，顯然，還歷史本來面目還是十分艱巨的事情。

在荒誕籠罩中的真誠探索

仔細研讀孫維藩的文革日記，有心的讀者可以梳理出清華文革的主要脈絡，並發現：團派和四一四派之間爭鬥矛盾的主根是文革初期的工作組給種下的。工作組在清華做了兩件事，一是拋出蔣南翔，並將清華的70%黨政高中層幹部打成「修正主義黑

幫」；二是鎮壓反工作組的學生，進行「反蒯」，將大批「蒯派」群眾打成了反革命。工作組將學生打成反革命的做法，毛澤東定性為「資產階級反動路線」，委派周恩來親自過問，1966年8月4日周恩來主持開大會給「蒯派」平反。而對工作組將廣大幹部打成黑幫的做法，1967年3月31日《紅旗》雜誌發表評論員文章《在幹部問題上的資產階級反動路線必須批判》和調查員文章《打擊一大片，保護一小撮是資產階級反動路線的一個組成部分（一九六六年六、七兩月清華大學工作組在幹部問題上執行資產階級反動路線的情況調查）》。清華文革後來分化為團派和四一四兩派：團派借毛澤東批判資反路線為動力，以無產階級專政下繼續革命為主導思想；四一四則以《紅旗》的調查報告為依據，將解放幹部作為自己的思想基礎。雖然，後來兩派的人員組成上互有穿插，四一四中有「蒯派」人物，團派中也有被打成「黑幫」的幹部，但兩派思想的分野則起源於這兩條主根，後來兩派的種種爭論，甚至殘酷的武鬥，也基本可以溯源到這兩條主根上去。由於工作組是劉少奇派出的，所以，這兩條主根其實又可以歸於一條總根，都被定性為「劉少奇的資產階級反動路線」，一是毛主席大字報定的性，一是《紅旗》文章定的性，都是中央精神，都用來打倒劉少奇。那麼，為什麼清華兩派卻會鬥得如此激烈，難解難分呢？文化大革命的奧妙就藏在這裡面。

按照大多數人的常規想法，毛澤東發動文化大革命的主要目的就是為了搞掉劉少奇，為自己爭奪權力。從這種想法出發，當時的《紅旗》雜誌的秀才們和四一四的學生娃娃「理論家」們，自作聰明地給毛澤東設計了結束文化大革命的「收官」招數：批判劉少奇在幹部問題上的資反路線，然後順勢解放幹部，恢復秩序，從此「河歸舊道」。常人看來，這種做法確實是一著好棋。文革初期，劉少奇工作組打倒大批幹部，還有高幹子女為轉移鬥爭方向而大肆打人整人，都是證據確鑿，天怒人怨，打倒劉少奇後借此結束混亂局面，應該說是非常順理成章。但是，出人預料的是，毛澤東不願意下「秀才」和「理論家」們給他設計好的棋

路，他有自己獨特的思路。因為，毛澤東發動文化大革命的目的，絕對不僅僅是要打倒劉少奇，他的宏偉目標是打造出一個他理想中的全新的社會來。

作為新中國的締造者，他對自己創建的這個社會的政治、教育、文化體制都是十分地不滿意。其實，他比誰都早就看出了蘇聯模式社會主義體制的根本弊病，他不願意再朝這條路走下去。他對自己期許的使命是創建出一個聖朝的社會體制來。現存的社會體制就像他自己雙手捏造出來的一隻碗，但那是仿照別人的坯子做成的，現在端起來怎麼看怎麼不順眼。他存心將它全部打碎，重新團成泥巴，再捏它一個。做成一個什麼新式樣的碗呢？這是深埋在他頭腦深處的一個美不可言的理想世界，時而清晰，時而飄渺。這個理想世界的成分十分龐雜，有他少年時期信奉過的無政府主義，而後的馬克思共產主義，張魯的五斗米教，秦始皇的封建制、農民造反的均貧富、西方的烏托邦、東方的大同世界，他也不完全排除民主自由，巴黎公社式的選舉之類也在其中，當然最念念不忘的是他自己施行過的「三錢油、三錢鹽、一斤半麵」式的戰時共產主義。這個理想模式具體是什麼樣子，他自己心裡也飄忽不定，只能常常用隻言片語來描摹一二。但這個理想世界的誘惑實在太大，他三番五次地公開向全國全黨號召，不惜一切代價向這個偉大理想發起衝擊。解放後搞的一系列運動，合作化、雙百方針，大躍進、人民公社、辦公共食堂、教育革命，反修防修，都是為了這個理想，無奈屢試屢敗。

他深感老的一批文臣武將理解不了他的這番宏圖，不得力，不肯出力，做官當老爺，沒有革命精神了，成了他實現這宏圖的最大阻力。這一次文化大革命，他決心讓青年學生「革命小將」打頭陣，把一切舊體制砸爛打亂，建設一個他在「五七指示」中粗線條描繪的史無先例的新體制。所以，他寧願容忍蒯大富團派的「大翻個」理論，放任他們先胡打亂鬧地折騰一陣試試。而四一四這種沒出息孩子的模樣，說來說去，無非讓他回到老路子去，這是他老人家最不喜見的。打倒一批幹部，那是小意思，讓

他們多挨挨整怕什麼，以後選些得力的人再上來就好了。武鬥死人，甚至內戰，在毛澤東看來也根本沒有什麼大不了的。他指揮過雙方投入幾百萬軍隊的大戰，幾十萬幾十萬地死人，結果天下打下來了。今天為了那個宏偉的理想社會目標，再死個幾千、幾萬人，不值得大驚小怪。幾個秀才「理論家」要給毛主席支招，實在是有點自不量力了。你們的那點小伎倆，哪能放在毛澤東的眼裡！把文革初期搞亂的責任全推到劉少奇一個人頭上，他老人家根本不屑玩這種小招術，因為這麼一來，不僅會坐實了外界關於文革就是打倒政治對手的謠言，而且文革「鬥批改」新事物都沒弄出個名堂就匆匆收兵，就是承認自己對理想社會衝擊的又一次失敗。所以，毛澤東竭力反對劉少奇工作組在學生問題上的資反路線來鼓動文革，卻不情願因反對劉在幹部問題上的資反路線來過早地結束文革。四一四思潮的理論總是得不到毛澤東的支持，根本原因就在這裡。

前面我們問過「蔣南翔是誰拋出來的？為什麼要把蔣南翔拋出來？」很難想像，劉少奇拋出蔣南翔時，毛澤東完全不知情，很可能是他們通過氣，雙方同意才拋出來的。其實他們心裡誰都不會真正認為蔣南翔是「反黨反社會主義」，因為完全沒有什麼可信的事實根據。為什麼還要將他拋出來呢？他們兩個人的目的是完全不同的。對劉少奇來說，這是政治策略，為了自保，為了引開禍水。除此外，很難作別的解釋，因為在劉的思想體系中，找不出蔣南翔有什麼不對的地方。而對毛澤東來說，這是政治理想，是為了教育革命。因為按毛的理想，蔣南翔的一套教育方法簡直是完全不合他的心意。他和劉兩人雖然動機不一，先搞亂了再說，卻是不謀而合。這裡我不是說，毛澤東的動機，就一定比劉少奇的動機要高尚多少。無論什麼動機，整了這麼多的人，使國家和人民遭受了這麼大的苦難，都只能說是歷史的犯罪。

毛澤東是一位權謀家，也是理想家。可以說，文化革命就是權謀和理想相結合的產物。有必要指出，搞權謀不一定卑鄙，有理想也不一定就崇高，它們各自都可能造福人民，也可能禍害

社會。關鍵是，一旦失去人性和人權的道德底線的約束，將權謀和理想兩者結合起來，卻會對人類文明形成最大的破壞力。我認為，這一點，是文化大革命給我們留下的最重要的教訓之一。長期以來，人們習慣於推崇理想主義的品格，只要為了理想，似乎一切不擇手段的行為都可得到容忍和原諒。文革中許多駭人聽聞的惡行，都是在理想主義的掩護下進行的。自以為真誠的理想，為行惡者解除了心理障礙，使惡行更加肆無忌憚。大家都記得，文革初期，任何醜惡的行徑，只要冠上革命的名義，就可以理直氣壯地暢通無阻。文革中有不少熱血青年就是被毛澤東的理想主義所吸引，鑽進「四人幫」的「理論」怪圈中去的。清華有一些很有天分的同學做出一些顯然違反常理的舉動來，其原因也在這裡。縱觀世界歷史，理想主義侵害人類文明的例證屢見不鮮。今天，我們再也不應該盲目崇尚理想主義了，但是，也不能就此擯棄理想主義。只有那些在總結歷史教訓中，找到並把握理想主義的現實基礎和道德基線，還能堅持遠大理想的人們，才是推動中國社會前進的中堅。

毛澤東的理想社會是虛渺的和荒誕的，文化大革命的錯誤是顯而易見的，文化大革命的失敗也是理所當然的。但是，有必要指出，文化大革命中全國各地，包括清華大學，確實有一批人在真誠地、勇敢地探索著中國的前途和命運。中國知識分子的良心沒有變。這一代清華學生，仍然是全國知識分子中的精英。他們的政治責任感和正義感，同「五四」和「一二·九」時的清華學生是一脈相承的。這一代年輕學生從小接受的是共產主義思想正統教育，開始思想確實比較封閉，容易上當受騙。政治運動的殘酷和險惡，使他們中的大多數人很快清醒。而文革初期提倡的大民主和造反精神，對他們來說，反而成為一個思想解放運動。思想空前活躍，班系的界限打開，自由組合成許多「戰鬥組」，有些戰鬥組其實等於讀書會。馬列原著、魯迅作品、西方經典哲學、政論和文學名著，一些供高級幹部參閱的內部書刊，甚至秘密文件（如赫魯雪夫二十大報告，彭德懷萬言書之類）從各種管

道流到學生手中，大家一邊傳閱，一邊討論。不同年級、不同專業的學生融匯一起，思想互相碰撞，學會了獨立思考，迅速成熟起來。

他們中有的人投身在運動中，主觀上雖不自覺，客觀事實上在群眾中組織起一股抵制文化大革命極左做法的力量；有的人退出運動，在複雜多變的形勢中進行冷靜的觀察。他們在反思文革和建國以來的歷次運動中，看到了十七年舊體制的諸多弊病。他們反對「四人幫」在文化大革命中的一套極左路線，也不願意退回到文化大革命前的舊體制去。當時，他們中的少數人已經朦朧地感覺到中國的社會主義應該補資本主義的課，應該走一條更為務實的道路。這樣的事情，在當時我是親身經歷的。現在的人或許不相信，下面我引周泉纓1967年10月24日大字報上的幾句話來作證明：「逍遙派中一些人是一直在學馬列主義、毛澤東思想，以及古今中外的一些文件書籍的。他們在這裡下的功夫很大。他們不僅這樣深入細緻地批判黨內一小撮走資派，而且對文化大革命中的具體問題進行研究。我是很尊重他們的。他們是小人物，似乎是默默無聞的，對小人物不要蔑視……」

打倒「四人幫」後，清華大學一批文革時期經受了考驗的運動積極分子，以及一些默默無聞的「逍遙派」學生，堅決擁護改革開放的方針政策，許多人成了「改革開放」的骨幹和領頭人。文革時期在校的幾屆清華大學畢業生，文革後在中國各級黨、政、經、學各界擔任要職的人數，比任何別的時期都要多。這絕不是偶然的。這幾屆清華學生對促進中國社會的進步，做出了很大的貢獻。目前我們國家和清華大學本身的現任一把手，都是這幾屆清華畢業生，這就很說明問題。

當然，這幾屆清華學生對中國社會的貢獻，遠遠不能單用多少人在體制內做了大官來衡量。文革中默默無聞、探索中國前途的小人物，有些在文革後做了大官，有些現在還是小人物，有人甚至為此受了不少挫折，遭到不公正的待遇。現在，他們中不少人還在無怨無悔地探索著，這些人是這幾屆清華學生中最可敬的

英雄。公正地評價文革中幾屆清華學生對中國社會發展的推動作用，是清華大學校史工作應盡的職責。但是，清華大學校慶90周年，有關方面總結清華大學歷史時，對清華在文革這幾年的發生的事情諱莫如深，寥寥幾筆帶過，似乎這幾屆學生在學校中做的事都是見不得人的，實際上是無視，甚至抹殺了清華這幾年對社會的重要貢獻。這樣的認識和態度，實在是令人感到非常奇怪的。

我們這一代人最後的責任

文化大革命後，研究文革一直是中外學術界的重要課題。應該說，前些年中國人民對文革的反思和批判是卓有成效的。通過批判文革極左思潮，否定了以階級鬥爭為綱的錯誤路線，改革開放後，我國的國民經濟建設取得空前的巨大成就，這是有目共睹和世界公認的事實。但是，也應該看到，多年以來中國對文革的研究一直採取「淡化處理、全面否定」的態度，對文革的批判普遍存在著標籤化、漫畫化的現象。至今，有些事實的真相還沒有完全揭秘，有些事件的過程還沒有梳理清楚，有些思想、文化層面上的經驗教訓還沒有認真總結。現在社會上甚至出現一些「極端逆反」的文革後遺症現象。比如，文革提出「反對幹部特殊化」，現在領導幹部的貪污腐化愈演愈烈，腐敗已經到了事關黨和政府生死存亡的關頭；文革中提倡「道德新風尚」，現在全國存在著嚴重的信仰危機和道德危機，為金錢可以不顧廉恥、不擇手段，社會道德風氣已經快要守不住最後的底線；文革中提倡「為理想獻身」，現在中國知識分子中普遍流行犬儒主義，只關心自己的升官發財，如此等等，不勝枚舉。文革時，我們國家走了一個極端，現在反其道而用之，又走到另外一個極端。這不是一個成熟社會的正常現象。更加深入地研究文革，對克服這些文革後遺症具有重要現實意義。

同時，在思想、文化的層面研究文革，對確定中國未來的政治走向，也具有深遠的意義。現在有人呼籲中國進行政治改革，

提倡西方的民主政體。我個人十分讚賞民主政治，但是也隱隱地擔憂：民主政體這個好東西，搬到我們這個國度裡來會不會變質？文化革命時在清華園，我們搞過「無產階級大民主」，試行過「巴黎公社式的選舉」，團派和四一四在一定程度上也相當於兩黨制。結果怎麼樣呢？大民主成了無政府的大混亂，自由選舉成了「揭老底戰鬥隊」的「大家臭臭臭」，「兩大派」最後演變成刀槍相見的血腥武鬥。美國的民主政治建立在歐洲啟蒙運動的基礎上，它提倡人人生而平等，每個人都尊重自己的人格，也尊重別人的人格，每個人都要為自己的思想和行為負責。來看看我們的國民性：文革中的造反英雄沒有真正的獨立思想，往往是猜測中央動態的押寶投機，而只要以革命的名義就可以不擇手段，為了避免自己受迫害就可以犧牲別人、變本加厲地迫害他人。文革後，很少有人深刻反省自己的行為，人們往往只控訴自己如何受迫害，不懺悔自己怎麼去迫害別人，把一切責任都往「四人幫」的筐裡裝，把自己所作所為統統歸為上當受騙，振振有辭地說是「人所共知的違心行為」。這樣的國民性如果不反省、不改變，誰敢保證在中國搞自由選舉和兩黨制而不會重蹈文革的覆轍呢！

在美國，我深深地感到，儘管文化革命已經過去多年，它始終是一個淡化不了、回避不過的話題。我有一位業務很平庸的臺灣同事，當聽到文革期間我正在北京讀書時，臉上不禁顯露出一種莫名其妙的優越感，因為在他的印象中，北京的紅衛兵不是掄著皮帶打人，就是圍著圈跳忠字舞，都是些道德和智力有問題的人。還有一次，我所在高中的老師進行業務學習時，輔導老師拿出一疊寫有「紅衛兵」、「四人幫」等字樣的卡片來向教師們示範怎麼教中學生掌握名詞概念。當然，美國也有一些很嚴肅的學術機構在專門研究中國的文化大革命。我女兒在耶魯大學讀書時，她們的一位名教授開了一門「中國文化革命」的課程，去修這門課的學生十分踴躍。還有我聽說過，一位正在攻讀歷史專業博士生的博士論文題目是：「清華大學文革井岡山紅衛兵兩大派

分裂的原因分析」。這些教授和專家有研究歷史的專業方法，但他們沒有親身的經歷和感受，所能收集到的資料也只能是已見諸文字的史料，從文字到文字，難免會有些片面和失真的地方。我們是文化革命的親歷者，不管我們願不願意，我們過去的行為都已成了眾人評論和研究的對象。與其讓旁人或後人來猜測我們、研究我們，我們何不自己站出來反省自己，解剖自己。我們這一代人應該把自己的心路告訴後代，向歷史作一個交代。

有人說，真正認識和評價文化革命現在還為時太早，重大歷史事件需要時間的距離感，才能看得明白。我認為，這種說法或許有理，但歷史可以等待，我們卻不能等待。我們親身經歷和見證文革的這一代人，老之將至，許多人已經退休，有些人甚至逐漸失去了追憶往事的能力。許多事件的具體情景，尤其是我們當時的思路和心態，如果再不抓緊記錄下來，就可能永遠湮沒，永不會被後人所知。從目前反思文革的情況看，中學紅衛兵寫的回憶文章較多，大學紅衛兵的回憶還不太多，清華大學文革親歷者的回憶就更少了。我看到有位文革研究者在他的文章中說：清華大學文化大革命中在全國出盡風頭，但在反思文革、否定文革的行動中卻乏善可陳。這個評論無論是否中肯，對我們都是一個警策。

我們這幾屆清華學生是不幸的，政治運動虛耗了我們最寶貴的青春和才華。我們這幾屆清華學生也是幸運的，我們近距離地見證了中國歷史上最宏大、最荒誕、也是影響最深遠的一場政治運動。但我們沒有消沉，在相當長的一段艱苦生活中，在冷靜的反思中尋找中國的出路。文革後，我們中的大部分人事業有成，有的人還官居高位，退休後不少人已經含飴弄孫，安享晚年了。文革運動搞得天下大亂，害了這麼多人，死了這麼多人。我們的一些同學就在清華大學的百日武鬥中失去了生命。每想起他們，我們心中都會產生出一種錐心的傷痛。為了死去的他們，為了未來的後代，我們應該利用漸逝的老暮之年，把我們當年那段親身經歷說出來。只要我們說的是真實的，就會有價值。只有我們說的是真實的，才會有價值。真實的東西，只有我們將它們說

出來，才會有價值。當時你屬於什麼派，是保守還是造反，是老團還是老四，並不重要。史識可以不同，史實只有一個。真實與否，不能任人雕刻；正確與否，聽憑後人評說。真實比正確更重要。為歷史，為後代留下真實的記錄，這是我們這一代人最後的責任。

2007年12月於紐約

直面我們自己的歷史
——讀《清華文革親歷——史料實錄大事日誌》

陸小寶

清華校友編輯了一本《清華文革親歷——史料實錄大事日誌》,我在一次次翻閱這本書稿時,感到有些興奮,又有點沉重。這本書裡記錄的是一段真實的歷史,而這段歷史是我們親身參加了的。我們見證了這段歷史,我們經歷了這段歷史,我們改變了這段歷史。這是記錄在歷史書上的「我們自己的歷史」。

也許有人會認為,翻閱「我們自己的歷史」是別有趣味的一件事。老同學們「一壺濁酒喜相逢」,幾多文革事,俱付笑談中。但是,我心裡沉甸甸的,實在有點笑談不起來。對這段「我們自己的歷史」,我常常感到不堪回首,不敢回首,甚至有點羞於回首。眼前這本書把我們當年經歷的事情一件件、一天天地陳列了出來。不管它們是多麼的莊嚴而荒謬、多麼的虔誠而幼稚、多麼的瘋狂而慘烈,無可否認,這確實是我們這一代清華學生當時的所見所聞、所作所為。這本書在提醒我們:我們自己的歷史,需要我們這些親歷者鼓起勇氣,去認真地直面。

直面自己當年的所見所聞、所作所為,回顧、解讀和反思清華的文革歷史,對研究中國的文革歷史真相,和總結文革的慘痛教訓,有著重要的意義。

一、清華文革是研究中國文革史不可缺少的樣本

當年有人說,清華大學是中國文化大革命的櫥窗和樣本,可見清華大學在中國文革史中佔有重要的位置。中外文革史專家將清華文革作為研究的重點是理所當然的。但是,不能不看到,由

於缺乏有扎實依據的資料,現在流行的不少關於清華文革的文章是失真的。為了舉例,我在網上遊走,隨手抓了兩篇文章,都是講清華大學文革歷史的。

第一篇文章,題為《毛澤東在文革中變態整人記》,其中涉及清華大學的內容不少,其開頭是這樣寫的:「在七千人大會上,劉捋了毛的虎鬚。面對臨頭大禍,王光美沒有像有的夫人那樣勸丈夫向毛磕頭請罪,反而與丈夫配合默契,協助丈夫鞏固地位,使毛難以對他下手。一九六六年六月,毛在學校挑起暴力時,劉想制止混亂,派『工作組』進校管理。王光美成了清華大學工作組的成員。」

另一篇是一個電視臺的專訪節目,題目叫《水木清華九十年——大革文化命》,是採訪吳晗外甥女的。主持人叫陳曉楠,其中一段,她說道:「1967年,蒯大富的清華井岡山兵團分裂,分化出賈春旺的『清華四一四井岡山兵團』。1968年,蒯大富指揮井岡山兵團,掀起『百日大武鬥』,把賈春旺分割圍困在清華各個建築之中,致使武鬥劇烈升級。蒯大富沒有想到,這時他作繭自縛,迅速滑向毀滅的邊緣。」

相信所有參加過文革的清華學生一眼就可看出,這些文章的作者對清華文革的歷史實在是知之太少。可是他們卻能說得如此有根有梢,有名有姓,似是而非,而又義正詞嚴。遺憾的是,在現在的媒體上,類似這樣的現象實在太多了。

這次《清華文革親歷——史料實錄大事日誌》的出版,在一定程度上填補了清華文革公開資料不足的缺口,為深入研究清華文革史鋪設了堅實的路基。清華大學是研究中國文革歷史的櫥窗和樣本,而這本《大事日誌》提供了這個研究樣本的原生態的記錄資料,雖然它不夠完整,還不夠深入,但在現有的條件下,以它為線索,還可以再引發出更多的資料,更多的回憶,將清華文革乃至全國的文革研究進一步擴展開來,深入下去。

我們說,清華文革是研究中國文革歷史的不可缺少的樣本,一個重要原因,清華大學是當時中央高層各種力量相互爭奪的制

高點，從毛澤東、周恩來、林彪、劉少奇、陳伯達、康生、陶鑄、王任重、謝富治，江青、王光美、張春橋，到薄一波、賀龍、王力、關鋒、戚本禹等，幾乎所有文革「中央首長」統統在清華文革的歷史劇中充當過角色。清華學生中還有眾多高幹子女，劉少奇的女兒劉濤、賀龍的兒子賀鵬飛、李井泉的兒子李黎風、王任重的女兒王小平、劉寧一的女兒劉菊芬等等，在文革初期非常活躍。所以，清華文革也是觀察中央最高層內部動態的窺視口。離開清華大學，中國文革的許多事情就無法說得清楚。

眾所周知，文化革命的最重大的政治鬥爭就是毛澤東發起對劉鄧資產階級反動路線的批判，打倒了劉少奇。王光美是清華文革工作組的幕後主使者，清華大學就成了毛澤東襲擊劉少奇的觸發點。現在許多文革研究者似乎認為，派工作組是毛澤東羅織劉少奇罪名的一個口實，劉少奇則是一個無辜入罪的受害者。仔細閱讀清華文革《大事日誌》的話，你可以看到，事實並沒有如此簡單。劉少奇一方也進行了種種的抵抗、反攻和掙扎，而這些反抗行動大都是接過毛澤東文革的口號，順其勢將運動推到更荒謬的極端，力圖將鬥爭的矛頭引向下層幹部和底層百姓，從而把文革運動搞得更加擴大、更加汙黑、更加殘暴。

《清華文革親歷——史料實錄大事日誌》記錄了劉少奇所派工作組在清華大學主要活動的全過程。在王光美的直接指使下，工作組先是拋出蔣南翔，將百分之八十以上的清華黨政幹部打成黑幫，接著又在反蒯鬥爭中將大批學生打成反革命，進行殘酷鬥爭，逼出了幾條人命。工作組依靠的核心對象是高幹子女，打倒的是眾多無辜的幹部和學生群眾。不管毛澤東的動機如何，劉少奇工作組的所作所為早就不得人心，當時清華大多數同學對王光美的反感程度，同文革後期對江青的反感程度，沒有什麼很大的差別。這本《大事日誌》中，附有劉濤的揭發材料，和王光美給清華大學師生員工寫的書面檢查，都是很有說服力的史料。特別是王光美在檢查中承認，她「具體地組織和領導」了「轉移了鬥爭大方向，造成了學生鬥學生的嚴重錯誤」的反蒯鬥爭。在這份

檢查中，她並沒有太多給自己上綱，而是一件一件地就事論事，應該說基本上反映了事實。

這本《大事日誌》基本上是按天記事，但也有幾天格外詳細，精確到按小時記事。正是這幾天，是清華文革史中的重點。1966年8月24日，就是按小時記事的一天。

這一天，許多清華人認為，應列為校恥紀念日。清華大學的標誌性建築二校門就是在這一天被推倒的。當時，毛澤東「炮打司令部」大字報剛開始外傳，清華校園中出現了一批反對劉少奇等中央領導的大字報，這些大字報中有不少其實是幹部子女們自己寫的，或者一些學生們看著這些高幹子女們的言行，猜測著毛澤東的意圖寫的。在中央高層某人的示意下，幾位高幹子女策劃、調動了12所中學的2000多紅衛兵進校鎮壓。他們的鎮壓，是借用「破四舊」和「打黑幫」的名義而進行的。他們製造紅色恐怖，摧毀了二校門，對強迫勞動的清華黨政幹部「黑幫分子」和「黑五類分子」進行毒打，場面極為淒厲嚇人。這本大事日誌真實地記下了這一史實。解剖這一個典型，對全國文革前期紅衛兵運動中那些「破四舊」、「揪黑幫」、「打黑五類」、抄家、打人等種種暴行的真相和實質含義，也就可以看得更加明白了。

二、極端的意識形態取向是文革大折騰的思想根源

這本書還翔實地記錄了清華文革造反派紅衛兵組織從發起、成長、壯大、分化，內鬥、武鬥直到同歸於盡的全過程。文化革命的一個重大特徵是「運動群眾」——巨手操縱下的「群眾運動」。這本書提供的清華井岡山團派和四一四派的群眾組織的研究樣本，十分珍貴。說它珍貴，有兩個原因：其一，清華的群眾組織受到中央高層的直接操控和影響，分析清華群眾運動可以明顯看出背後「運動群眾」的官方痕跡；其二，清華大學是中國的最高學府，其群眾組織的成員主要是清華學生，他們被認為是當時社會的精英。清華兩派製造了不少派性觀點和派性理論。這些

派性觀點和派性理論，大多是從毛澤東的文革理論中引申出來的，其顯著特徵是極端的意識形態取向。分析這種極端的意識形態取向產生的原因和重大危害，可以從思想文化的角度總結文革教訓，進一步將文革的研究引向深入。

如果說，權力之爭是文化大革命的實質的話，那麼，極端的意識形態取向則是它的思想支柱。在中央是這樣，在基層也是這樣。在目前的文革研究中，人們往往將比較多的注意力，集中在對高層權力之爭和對文革造成的嚴重後果進行揭示的工作上，而對文革中思維方式的特點和危害性的反思，還遠遠不夠。

清華兩派爭論的實質是權力之爭。《大事日誌》，一次次記下某省某省成立了革委會的消息，並非閒筆。仔細分析後可發現，隨著越來越多的單位成立革委會，清華兩派的鬥爭也隨著急速升級。蒯大富儘管在全國是大名鼎鼎的學生領袖，在清華校內卻始終搞不掂一個四一四，成立不了革委會。這是他最大的心病。為了建立他的「紅色政權」，他下的賭本也越來越大。

清華兩派爭論的內容，是各趨極端的思想觀點。文革中外校許多人都愛到清華來看大字報，說是清華才子多，大字報水準高。確實，清華的大字報詩詞對聯，五彩紛呈，更重要的是兩派都有一批核心戰鬥組，經常製造出一批批的理論文章來。現在回過頭去看，這些理論中真正有創見性的思想並不多，基本上是被當時的報刊社論和中央文革首長的講話牽著鼻子走。團派和四一四在思想觀點上的分歧，實質上反映了毛澤東的文革理論存在著內在的矛盾。兩派各執一端，你說堅持社會主義道路，我說無產階級專政下繼續革命，你引你的毛澤東語錄，我引我的毛澤東語錄。為了證明對方荒謬，團派攻擊四一四是「復辟」，四一四攻擊團派是「大翻個」。奇怪的是，為了旗幟鮮明，兩派筆桿子都索性認下了對方給自己演繹到極端的觀點：你說我要復辟，我就正是要復辟；你說我是大翻個，我就正是要大翻個。就這樣，雙方觀點越來越極端，雙方的情緒越來越對立。

當然並不是說，清華的團派和四一四派之間的一切爭論，

都是毫無意義的。事實上，四一四和團派在幹部問題上的一場大辯論，「理論含量」既深且廣。對17年的評價、文革中的極左行為，以及文革後中國往何處去等等，都可以打包到幹部問題中來辯論。幹部問題的辯論，說到頭，是對文革本身的辯論，也可以說，這是清華部分造反派對文革提出了最早的反思。這樣的反思，不能完全否定。

但是，事實證明，兩派的思想都不能說是正確的。文革後，中國走上改革開放的道路，既不是「復辟」完全回到十七年，也不是「大翻個」完全否定十七年。任何意識形態，任何理論，只要一極端化，必定是謬誤，必定是罪惡。因為這種極端的觀點，不把事實作為依據，沒有客觀的標準，永遠都不會有統一的認識，爭論只會越爭越烈，走進死胡同。爭不出結果，最後兵戎相見，殘酷的清華百日武鬥就是這種派性觀點爭論的必然結果。

清華從1968年4月23日起開始了「百日武鬥」，其規模在全國武鬥中算不上是最大的。但是在首都北京，在全國最高學府，雙方千餘人披堅執銳，從最原始的長矛短劍、攻樓雲梯，發石機、毒箭，到現代化武器手榴彈、燃燒彈、穿甲彈，一個接一個的學生死於自己的同學之手，不少人造成終身殘疾。它歷時之長，景象之慘，真可謂是空前絕後。

這本大事記中，1968年7月27日這一天，也是按小時記事的。在這一天，數萬首都工人進清華制止武鬥，發生了大規模的流血事件。這一事態使得全國文革從群眾運動時期切換到工宣隊時期，工人和軍隊佔領了上層建築，從而宣告了轟轟烈烈、歷時三年的學生文革運動的全面終結。用四一四頭頭沈如槐的話說，是「兩派同歸於盡」了。

清華兩派同歸於盡了，但這種極端的思維方式並沒有同歸於盡。文化大革命結束三十多年了，這種以權力之爭為實質、極端的意識形態取向為思想支柱的爭論，至今還沒有結束。

不久前，胡錦濤提出「不折騰」的政治主張，引起了海內外各界的普遍關注。但是，究竟「不折騰」的含義是什麼？什麼叫

「折騰」？什麼叫「不折騰」？過去為什麼會「折騰」？以後怎麼樣才能「不折騰」？對這些問題，各個階層、各類人士卻有很不相同的理解。

我認為，胡錦濤的話絕對不是無的放矢，目前在中國確實存在著一些不安定的因素，也確實存在著發生某種折騰的可能性，而極端的意識形態取向，仍然是隱藏在權力之爭背後的思想支柱。例如，有一部分人堅持共產主義意識形態取向，他們否定改革三十年，主張回到毛澤東時代的社會主義。還有一部分人主張自由資本主義意識形態取向，他們將西方的民主自由看作是普世價值，主張徹底走歐美的資本主義道路。這兩種政治主張雖然不同，但他們的思想卻有一個十分相似的特徵，這就是先抱定一種抽象的意識形態，絕對化、走極端，非此即彼，不斷地否定歷史，不斷地「矯枉過正」、「推倒重來」。從根子上看，這種思維方式，是一種文革遺風。

從這本書中可以看到，文化大革命中，有人提出否定十七年。當時在清華兩派爭論中，叫做「大翻個」理論。文革後，有人提出否定改革前三十年，事實上，也是一種「大翻個」。走到現在，爭來吵去，有的提出否定改革後三十年，有的提出否定解放後六十年，甚至否定中華三千年文化的歷史，竟然還是「大翻個」。沒有任何一個國家和民族經得起這樣反覆的否定和「折騰」。「矯枉過正」就像一根鐵絲，大幅度地彎過來又彎過去，反覆扭曲，「金屬疲勞」後，最後一定折斷。大家都痛恨文化大革命的折騰，想不到過了三十年，繞來繞去又繞回來了。難道，我們就繞不出這個文化大革命的「折騰怪圈」了嗎？

怎樣才能「不折騰」呢？「不折騰」不等於無所作為，也不等於「穩定壓倒一切」。社會矛盾是客觀存在的，隱蓋矛盾、躲避矛盾的做法，不能真正防止折騰，相反只會使矛盾越積越深，越積越大，最終造成社會的大動盪和大折騰。「不折騰」不等於不辨是非，也不等於「不爭論」。事實上，在「不爭論」的名義下，公然塞進違背廣大勞動人民利益的極端意識形態的政策，本

身就是折騰。

看來，要繞出文化大革命的「折騰怪圈」，還要從正確認識和總結文革教訓入手。首先，我們應該透過文革的種種荒謬現象和慘重後果，重新認識文革運動的某些合理內核，認識人民群眾利用民主權力的合法性和必要性。阻止黨內腐敗現象的惡化膨脹，是避免社會發生動亂和折騰的根本。同時，我們還要透過文革的失敗和巨大破壞性，重新認識文革的歷史教訓，認識「極端的意識形態取向」和「矯枉過正」思想方式的危險性，才能清除反覆折騰的思想根源。我們應該正視自己的歷史，立足中國實際，放棄任何原教旨主義的完美模式，探索走出我們自己的發展路子來。

三、直面我們自己的歷史

現在不少清華學生開始寫回憶文革的文章。這本清華文革《大事日誌》，提供了不少當時的情景和線索，可以幫助校友們記憶，讓更多的同學都參加到反思文革的隊伍中來。

在彙編這本文革大事日誌的時候，有的校友對《大事日誌》中寫出當事人的真實姓名提出疑義。他們擔心同學間重新引發派性鬥爭。事實上，的確有一些同學不希望在文革資料中出現他們的真實名字，有的人或許是害怕回首自己所受的心靈創傷，也有的人恐怕是不願意讓自己當年所做的事情重新曝光。這樣的想法都是可以理解的。但是，我認為要認真總結文革的教訓，首先必須還原文革的真實面目。還原真實的歷史很不容易，有時可能會揭開傷疤，刺痛心靈。我們要直面自己的歷史，敢不敢去直面，考驗著我們的勇氣。

直面我們自己的歷史，要有一個嚴肅的態度：如實回憶、認真思考，求真，求實，不媚俗，真正做到對歷史負責。清華文革的歷史是我們大家寫的，在文革中每個人的經歷不同，觀點不同，角度不同，反思的形式、內容和結論也不可能相同，但是，

湊合在一起，就會形成一個真實而清晰的歷史畫面。

直面我們自己的歷史，並不等於完全否定我們的過去，也不意味著要刻意地抹黑自己的歷史。整個來說，文革是錯誤的，但是，並不是我們在文革中所做的一切都是錯誤的；文革是荒謬的，並不是我們在文革中所做的一切都是荒謬的。文革中的有一些東西，我們應該肯定和堅持。

也許有人要問，在文革這樣的荒謬運動中，你們還有什麼可以肯定和堅持的？我認為，我們要肯定和堅持的，最重要的一點，是我們清華知識分子的良知，我們對中國前途命運的深切關懷，我們的探索精神和犧牲精神。這是當時我們這一代清華學生的共同特質。文革初期，我們是正面理解毛澤東的文革理論，積極參加運動的。毛澤東的文革理論，有某些合理的內核，我們跟著做的某些行為，也有其合理的成分。文革中，我們為了中國前途，爭吵、辯論、甚至付出生命。我們的這種精神絕不是愚昧的，虛無的。文革時期的清華學生中，後來不但有胡錦濤、吳邦國為代表的一大批體制內改革開放的帶頭人，也出了一批對中國前途和命運的不懈探索者。有的同學用詩歌的形式呼籲為劉少奇平反，有的同學寫了全國第一本揭露反右鬥爭真相的書籍，也有的同學在全國首次以詳細資料揭開三年大饑饉的歷史蓋子。他們的政治觀點雖不相同，甚至相反，但他們探索中國前途和命運的宗旨和精神是相同的。他們都是我們這一代人中的佼佼者，都是我們清華的驕傲。

從某種角度說，文化大革命是中國知識分子的一次思想啟蒙運動和思想解放運動。正是這種思想解放運動，促成了中國歷史的轉折。

今天，我們回憶文革，一個更重要的方面，是要反省我們自己。

在這本大事日誌中，1968年5月30日，也是按小時記事的。這一天，兩派幾百人擺開決戰的陣容，在東大操場和東區浴室拼死搏殺，用長矛和毒箭，血淋淋地將自己的同學置於死命。最近，

我看到一篇談到清華530的網上文章，文章作者責問道：「這些被殺和殺人的，都是中國最高學府的精英，天子門生，為什麼一個純良的學生會變成亂了性的凶徒呢？中國人要反省，也要承擔歷史責任，除非中國人真的相信過去幾十年來的罪孽只是『極少數極少數』的幾個人的錯誤，其他人不是受騙，失了心瘋，就是『大機器裡的小零件』。」

實在說，看到後人這樣的責問，我的心靈在顫抖。這些為什麼，正是我們這些清華文革親歷者應該責問我們自己的問題。文革研究，不能只關注揭露高層內幕，反思文革，也要反思我們自己。

文革後，不少清華學生在回顧這段經歷時，覺得自己做了政治鬥爭的「替罪羔羊」，感歎自己「受騙」了，甚至說，被人家「耍了」。也許，從某種角度看，這種抱怨不無道理。但是，從另一種角度看呢？我們是文革的受害者，我們還是文革的參加者，畢竟是我們的行為本身給社會造成了巨大的侵害。為了我們這個國家，為了我們這個民族的將來，我們有必要反省：作為一個普通公民，在文革中我們到底做錯了什麼。我們應該總結出我們自己的歷史教訓，告誡後代，不要再犯我們在文革中犯過的錯誤。

文革中我們的所作所為確實暴露了我們這一代清華學生的不少嚴重問題，也暴露了解放後清華大學在教育方面的不少嚴重問題。我們當時接受的都是傳統共產主義的正面教育，宣傳和灌輸到我們頭腦中的東西，意識形態和理想的成分太多，內容太單向太封閉。這種單向和封閉，一旦決堤，逆反效應就會化為喪失人性的氾濫洪水。劉少奇的《論共產黨員的修養》叫我們做「黨的馴服工具」，對我們影響不容低估。文革初期的造反是「奉命造反」，是甘願的盲從。清華的校訓是「自強不息、厚德載物」。我們這一代清華學生有「自強不息」的精神，有在社會上努力表現自己的願望，但不能不說在接受清華教育時「厚德載物」的「厚」字上有所欠缺：我們缺乏深厚的中國文化學養，也缺乏寬厚的傳統道德素養。陳寅恪先生提倡的「自由之思想，獨立之精神」，其實也應該列為清華的校訓，但我們那個時代的清華教育

對此卻是完全排斥的。這是清華教育史上應該總結的一個教訓。

在文革中，還有一些更加惡劣的現象。血腥的暴力，是人性的喪失，是知識分子的恥辱。為了「政治進步」或者保護自己，對同事和同學進行陷害或告發，是知識分子基本人格的喪失。對權威盲目隨從，喪失了知識分子的社會責任。更可怕的，是對權力的主動迎合，這是知識分子道德靈魂的喪失。而極端的意識形態取向，又是知識分子學術靈魂的喪失。所有這些，我們必須痛切反省。

我們對文革的反省，不只是為了自身的靈魂救贖，而是為了總結文革的慘痛教訓。過去我一直認為，研究文革的任務可以分成兩個部分：我們這一代人的責任，主要是留下史料，而解讀真相、總結教訓的那部分工作，只能留給後人去做。現在看來，對後人寄以過高希望的想法，本身就不可靠。要靠，只有靠我們自己。我們自己的歷史，還是需要我們自己來整理和詮釋。

文化大革命是億萬人的運動。群眾運動的歷史，最好能讓更多的人都來寫。我們應該、能夠給後人留下真實的史料；我們也應該和能夠給後人留下我們的反思。我們整理的原始史料，是我們的切膚所感；我們總結的文革教訓，是我們的銘心之痛。其實，對文革的反思能否做到公允和可靠，不在於是「當時人」，還是「後來人」，主要是看這個人是否能夠跳出個人的是非恩怨，是否能夠跳出個人眼皮下的政治、經濟利害的小圈圈。我們已經老了，不必再斤斤計較文革派性的你對我錯，爭名奪利的人間俗務也應逐漸淡化。在文革中，我們的行為給我們的國家造成災難，我們自己也蒙受不少不公正的待遇和損害。今天，我們應該把自己感受最深痛的、文化大革命中最內在的歷史教訓挖掘出來，告訴我們的後代。

2009年3月於紐約

文革研究的一個新課題

陸小寶

2012年元旦剛過，孫怒濤同學寄來一封信，信上說：「在你的敦促和鼓勵下，歷時四年多，終於寫完了很粗的初稿。」隨信而寄的，就是他的文革回憶錄書稿《良知的拷問——一個清華文革頭頭的心路歷程》，厚厚一本，長達三十多萬字。在給我的信中，他還調侃自己說，「我要自我表揚一下，這兩年來，我很勤奮，每天都要寫一點，改一點，雖然對自己寫的東西越來越不滿意，但寫作的態度是問心無愧的。」我們這些清華校友對老孫的認真精神最是瞭解，我被他這幾句樸素的話深深感動了：這本書稿可真是他多年心血的結晶啊。

孫怒濤說，他寫這本書是因為我的「敦促和鼓勵」，這是他的謙詞，我受之有愧。但他這麼說，也確實有一點來由。那是2008年的冬天，我回國探親，順便到深圳和杭州，找了蒯大富和孫怒濤，目的就是要說動他們寫文革回憶錄。這件事過後，我還寫了兩首詩，登在清華校友網上：

促寫文革回憶錄七律二首

其一

年末過深圳同學聚會特約蒯大富催促寫文革回憶錄

書生狂態共當時，各歷風霜鬢有絲。
聚話席前燒烤久，散談午後早茶遲。

戎行百日曾相鬥，文革三年足反思。

紙筆催君不媚俗，要留真實後人知。

其二

杭州見孫怒濤促寫反思文革文章

清華才子舊音容，對面驟然如夢中。

俗務經年人遠隔，清茶一盞話相通。

昨天能鑒明天事，盛世望敲警世鐘。

引玉之磚我先出，西湖楊柳待春風。

　　2008年那個時候，清華校友中反思文革的熱潮初步形成，但有些文革時的重要人物卻尚未啟動。正如汲鵬在為邱心偉、原蜀育兩位同學編的《清華文革大事日誌》一書寫的文章中說的：「反思文革這件事，從去年開始，經幾個人一攪活，許多人都動起來了。但是，有些最該動的人還沒有動。」在此情形之下，我想用自己的行動再來促進一下。

　　促寫清華文革回憶錄，我為什麼最先想到去找蒯大富和孫怒濤呢？幾乎所有研究中國文革史的人都會知道，清華文革的群眾組織分成團派和四一四兩大派，團派的一把手是蒯大富，四一四派的一把手是沈如槐。2004年，沈如槐已經出版了他的回憶錄《清華大學文革紀事——一個紅衛兵領袖的自述》一書。為了多角度、更真實地反映文革歷史，我認為蒯大富也應該寫出他的書來。對這一點，我想大家都會理解。但是，對孫怒濤呢，一些不是親歷清華文革的人恐怕就不是那麼瞭解了。

　　其實，要研究清華文革，孫怒濤是一個不容忽視的重要的代表人物之一。在清華文革頭頭中，他對團、四兩派都比較瞭解，是唯一在團派和四一四派都當過核心組成員的人物。孫怒濤很有才氣，善思考，講道理，得人心。在文革的狂熱和極端的兩派對立中，他的態度一直比較溫和、中肯，很得一大批中間群眾的擁

護。如果說，蒯大富代表團派，沈如槐代表四派，那麼也可以說，孫怒濤代表了許多中間派群眾。在文革中，像孫怒濤這樣的人，當然不可能得勢，甚至還常常被譏笑為「孫老機」。但是，今天我們反思文革，需要的就是這份溫和、客觀和真誠。這就是我動員孫怒濤出來寫文革回憶錄的原因。

我的那次促寫文革回憶錄的回國之行，是有效果的。在深圳，蒯大富答應我說，他已經有寫回憶錄的打算。可惜的是，他後來身體不好，未能親自執筆，最終由他的朋友韓愛晶寫了《清華蒯大富》一書。2011年，清華百年校慶，在陳育延牽頭組織的盧溝橋小聚會時，蒯大富帶了剛剛出版的書，分發給參加聚會的兩派朋友。他說，他認可韓愛晶書中所寫的是歷史事實，書中觀點則由韓愛晶自己負責。在送我的這本書上，蒯大富簽的是他自己的名字。

我看了韓愛晶這本書，感到他寫得確實不錯。他對蒯大富比較瞭解，留下了許多重要的史實，很多觀點也很鮮明。但是，畢竟他沒有親歷清華文革的全過程，有些敘述很難做到真切到位，有時還會讓人有一種隔靴搔癢的感覺。我想，如果他寫一本書叫《北航韓愛晶》的話，一定會寫得更好。

令我十分滿意的是，我的杭州之行，四年後的今天，也終於結出了一個碩大的果實。這就是孫怒濤剛剛寄來，擺在我面前的這本書稿。

一收到信，我急忙打開書稿，花了一天的時間，匆匆地看了一遍。我的第一印象，總覺得他的書同其他回憶文革的文章相比，有一種很獨特的東西。但是，這種很獨特的東西到底是什麼呢，一時間，我想抓，抓不住；想說，說不出來。三天以後，突然之間，我明白了，原來，孫怒濤書稿中這種很獨特的東西，同我久久思考的某種想法非常契合。我的這種想法，埋在腦海裡，且深且久，現在經孫怒濤書稿的激發，一下子開始清晰起來。我十分興奮，馬上給孫怒濤回了一封信：我準備為他的書寫一篇讀後感。

孫怒濤的書稿啟動了我的思想。我認為：他的書，有兩大特色，要做到這兩個特色，難能可貴；他的書，具一個貢獻，開拓文革研究的一個新課題。這個課題，意義重大。

兩大什麼特色？這就是：第一，在內容上，著眼於自已經歷的群眾運動本身：第二，在態度上，內心反省式的誠懇總結。

一個什麼新課題？這就是：總結文革時期的大民主實踐。

群眾性的民主活動應該成為文革研究的重要內容

先說孫怒濤書的第一個特色：在內容上，著眼於自已經歷的群眾運動本身。

我們看到，文革過去四十年，回憶文革的文章成千上萬，汗牛充棟，內容十分豐富。有的是揭秘，主要是揭高層內部機密、宮廷秘聞、決策過程，以及權力之間的互相傾軋和爭鬥。還有的是曝惡，主要是揭發和披露文革期間各地發生的惡性事件和血腥暴行、酷刑、殺人、武鬥。再有一些是談自身遭遇和感受，主要是普通平民在文革中的這個動亂環境中的所受到的迫害、冤屈和苦難。把這些真實的史料，留給我們的後代，當然是非常必要的。但是，看了這麼多這麼多後，慢慢地，不知為什麼，我卻常常會產生一種不足的缺憾。心裡總是隱隱覺得，文革中還有一部分內容沒有得到應有的反映。什麼內容呢？看了孫怒濤的文章，我明白了，這個內容，就是我們大多數人自已經歷過的群眾運動本身，也可以說是，文革期間群眾性的民主運動本身。

我們經常說， 文革十年動亂，其實，群眾運動，只有其中的兩三年。大概的時間，從我們清華大學來說，應該是劉少奇工作組撤走，到工宣隊進校。也就是，從1966年8月到1968年7月。這一段時期，是中國歷史上，最為獨特的時期。在此期間，根據中共中央決定的「十六條」精神，全國推行所謂的「無產階級大民主」，黨的領導和各級政府的行政領導，都暫時停擺，改由群眾自己組織的各式各樣的群眾組織來進行「自我教育和自我管

理」。運動中，喊得最多最響的是所謂「大放、大鳴、大字報、大辯論」的「四大自由」，以及中央文件應許的「巴黎公社式的選舉」。且不管決策者的最先動機是什麼，也先不問社會效果最後怎麼樣，也先不去說高層內部的權力之間的互相傾軋，如果單從群眾運動本身看，從當時的表面現象看，這個時期，或許是歷史上中國民眾被官方賦予「民主」和「自由」最多的時期。從孫怒濤的文章可以看到，思想上，66年8月工作組撤離時，我們許多人都實實在在有一種解放的感覺。那時候，民眾自由結社集會，基本上沒有問題。我們跨系跨年級，組織戰鬥組，自行選舉群眾組織領導人。言論自由，也是實實在在的，群眾可以貼大字報，可以召集會議，人人可以上臺參加辯論。出版呢，群眾可以編寫和印刷小冊子，群眾組織自己辦報紙，也是可以的，比如當時清華井岡山報的發行量可能比許多官方報紙都大得多。

孫怒濤是文革運動的一個積極參加者，但他當然沒有資格參與高層決策，對文革理論當時他是正面理解的，事後也沒有去熱衷什麼宮廷內幕。他平民出身，是個地地道道的江南才俊、清華大學的優秀學生，在文革前的政治環境下，卻受到種種壓抑，也就是他書中說的所謂「差質生」。文革中他做了一個群眾組織的頭頭，卻始終保持書生本色，沒有殘酷迫害過什麼人，也基本沒有幹過什麼過分的壞事，更沒有參加過武鬥。幸好，文革後，他受到的整肅也不算太大，隱退下來做了一個他本來想做的本分的技術人員。他在書中記錄下來的，主要的就是這些在文革中他自己經歷過的群眾運動本身。比如，怎麼思想解放、怎麼寫大字報、怎麼上臺辯論、怎麼組織群眾，以及群眾組織怎麼形成、怎麼成長、最後分成兩大派、兩派又怎麼協商、怎麼紛爭，等等。更難能可貴的是，他在記下這些活動的時間、地點和參與人物之外，還用很大的篇幅，記下他個人的思想和心理活動。

這些內容，在我們讀其他回憶文革的文章時候，見到不多。感謝孫怒濤的文章，一一地真實記錄下來了。這些內容，雖然發生在文革特定的畸形民主的時期，但是，無可否認，其中的有一

些內容，是所有民主運動本身中都會有的內容。無疑，在我們將來在中國推進民主化的過程中，難免還會碰到這些內容。所以我想，或許可以這樣說，在文革中，我們所做過的其中的一小部分事情，是中國民主政治的一次初步嘗試。

這裡我說「文革中的一小部分事情，是中國民主政治的一次初步嘗試。」我知道，對這句話，許多人是堅決反對的。我看過一本書，叫《親歷文革》，其中有一段文字，是採訪南京大學一位教授對文革的看法。這位教授，參加過文革，當時還是江蘇省委寫作組成員，文革後，成了著名學者。他對訪談者說道：「還有一次，我在上海參加一個國際學術會議，談到文化大革命問題，我同兩個從美國來的人發生爭論。他們認為文化大革命具有偉大意義，是一次全新的民主政治的嘗試。我問他們文革時你來過中國嗎？他們面面相覷，啞口無言。我說，我是親身經歷過的，接著就給他們上了一課。哈哈哈，文化大革命的醜惡只有我們這些親身經歷過的人才知道。他們沒有經歷過，所以覺得好玩。其實，他們根本不瞭解。」

我也「親身經歷過文革」，現在我可以說也是「從美國來」的吧。我親身體驗了文革的混亂、殘忍和醜惡，不會給文革冠上什麼「偉大」、「全新」之類的字眼，更絕不會「哈哈哈」覺得文革好玩。但是，經過在國外長久的觀察和反思再反思以後，現在我已經部分同意了那兩位美國學者的看法：真的，從某個意義上，文革確實可以說是中國民主政治的一次嘗試。

為什麼我在美國待了一陣以後，也會開始部分同意這兩位美國學者的看法了呢？我想，是因為遠離了國內對文革個人恩怨和情緒化的環境氛圍以後，慢慢學會從更多的維度和更廣的角度來觀察世界、觀察文革。這位教授對「民主政治嘗試」的觀點如此義憤，可能是他對世界民主的歷史瞭解的還不夠，而把民主政治概念化和理想化了。也許他覺得，民主這麼好的一個東西，在它嘗試的過程中，是絕對不可能出現在文革中有過的那樣兇殘行為和醜惡現象的吧。

民主不是抽象的理念，而是具體的政治形態。實際上，民主政治可以分成多種不同的模式。從大的說，有英國那樣君主立憲式改良主義的民主，也有美國那樣代議制式比較溫和的民主，還有法國大革命那樣全民參與的比較激烈的直接民主。從歷史上看，有些民主式樣，在它們的「嘗試」階段，確實出現過混亂、殘忍和醜惡的現象。我們總是愛把文革說成「史無前例的浩劫」，其實，像文革這樣的「浩劫」，可以說是「史不乏例」的。讀過世界歷史的人知道，法國資產階級民主大革命時期，他們的動亂和血腥，並不亞於我們的文革。

有一本書，名叫「烏合之眾」，是法國心理學家勒龐在一百多年前寫的，我看了以後，感觸非常深。我覺得他寫的真是太真切、太生動了。我們文革群眾運動中發生的許多現象，我們自己都覺得很離奇，很不可思議。他在書中一一道來，彷彿親眼看到過一樣，而且把原因剖析得頭頭是道，令我十分折服。比如，我一直想不通，文革中這麼多的人為什麼一下子都會失去理智，彷彿都中了邪似的，變得如此瘋狂？受過高等教育，這麼些有知識、有教養的清華大學生，怎麼會去殺人放火，將人活活打死，變得野獸般的殘忍？文革中有些人的信仰、崇高的獻身精神和不計名利的行為，為什麼會與他們的愚蠢和殘暴同時並存？勒龐先生指出，群體具有強大的破壞力。「個人一旦進入群體，其個人就被不復存在，取而代之的是群體行為，而群體行為通常具有三個特徵，一個是一致性，一個是情緒化，一個是低智商。」原來，我們文革中發生的許多行為，勒龐先生早就見過，並且分析透了。勒龐先生是群眾心理學的開山鼻祖，而他自己說，他的這種心理學是總結了許多國家和民族的「民主、社會主義和宗教」等等群眾運動，而建立起來的。

我們國內有些人往往把文革的醜惡和兇殘，完全歸因於獨裁、社會主義或無神論，認為只要西化了，有了民主，就可以避免文革重演，看來是將這個問題過分簡單化了。

勒龐先生考察了法國大革命的民主運動，他主要指出這種

類型的民主運動可能產生巨大破壞作用。必須看到，在各種民主模式中，法國大革命那樣全民參與式的民主，在我們國家是最有深厚根基的。我們文革中崇尚的大民主，是這種式樣的民主；而國民黨崇尚的，同樣也是這種式樣的民主。去年紀念辛亥革命一百周年時，有臺灣學者著文指出：上世紀初，我國知識界，從國外輸入兩種民主思潮，法國盧梭式全體公意的民主，和英國彌爾（嚴復翻譯成穆勒）式代議制民主。這兩種民主思潮對辛亥革命的成功，都起到一定作用。但是，革命派支持的盧梭思想最後占了上峰。他們指出，孫中山民權主義裡所講的民主，主要是盧梭式的民主。中山先生的民主思想其實蘊含了一種全體人民參與的「全民式的民主」。延存到今天，臺灣實行的民主，「總統直選」和「全民公投」等等，同美國式的民主，還是有些不一樣的。臺灣選舉的時候，有人調侃說，不到臺灣，就不知道文革還在搞。他們由臺灣選舉聯想起文革的亂象，可不是完全沒有一點來由的。

2012年臺灣大選時，汲鵬正好到臺灣旅遊，目睹了大選場景，不禁聯想到清華文革時的諸位頭頭。他特意給我說，「孫怒濤是個平民政治家」。最近，我又看到鄭易生同學的一封信，也把孫怒濤稱為平民政治家，不過，他在前面加了一個定語：短期、業餘的平民政治家。

需要指出的是，孫怒濤可能從來都想不到，有人竟會稱他為「平民政治家」。他可能也從來沒有想過，要在他的書中寫什麼文革中的民主嘗試。他想的只是，真實地記下自己在清華文革中的一段經歷，不過由於他本人在文革中的位置，使他能夠記下、也只能記下了群眾組織的種種活動本身而已。但是，正因為他寫得認真，寫得真實，他的書就像全息攝影的底片，包涵原生態的全部豐富性。人們可以多層面的解讀。

我相信，不久後，人們總會看到：除了「高層揭秘」和「血腥控訴」之外，揭示群眾組織的興起、消亡、活動內容、活動方式和意義，將是文革研究中最值得深挖的一個巨大金礦。文革中

的群眾性民主運動，一方面呈現了它的非理性和巨大的破壞性，另一面也展示了草根平民的抗爭、正義、善良和創造性。它們才是文革運動最深層次的原始動力。

拷問良知在文革研究中的重要意義

接下去，我們再來看孫怒濤書稿的第二個特色：在態度上，內心反省式的誠懇總結。

在我看到的眾多文革親歷者的文章中，其對文革的態度真可謂五花八門。有譴責毛澤東和中央文革的，或抱怨自己得到不公正境遇的，這種態度居多，也還算屬正常吧。有些人呢，是掩飾，掩飾自己在文革中做過的錯事和壞事。他們的文章中，從來只說別人怎麼整他，卻避而不談他怎麼去整別人。有的人呢，是自贊自誇。他們念念不忘自己在文革中當過什麼頭頭，有過什麼驚人舉動，或者得到過最高領袖的一句什麼什麼話的評價。還有些人呢，是自詡正確，總想證明自己這派是對的，對方一派是錯的。當然，也看到過有人在懺悔的，但這是極少數。

孫怒濤同上面所說的幾種人的態度都不一樣。

我們看到，在追述事實的同時，書中有大量篇幅的分析和議論。而在這些分析和議論中，且不說沒有掩飾，沒有自誇，沒有自詡正確，就是懺悔，也只占很少的部分。他花了大量的功夫，用來檢討自己在文革中的所作所為。他把自己在文革中的行為，放在道德良知的案板上，非常認真而且嚴格地進行解剖、分析、審查，並且重新作出評價。他審視自己的行為，真是做到了一絲不苟，毫不留情。比如，一事當頭，他當時是怎麼想的，有過什麼個人名譽利害方面的考慮，導致什麼決策錯誤和後果，通通和盤道出。對自己這樣做，已經非常難能可貴了，但是，相對來說，這還不算是最難的。那麼，什麼是最難的呢？那就是：不顧情面，不怕得罪人，真正做到秉筆直書。比如，孫怒濤在文章中，涉及到沈如槐的某些行為，以及評論周泉纓的某些觀點，很

可能會得罪同一個派別的生死戰友；又如，他反思、追悔四一四的分裂行為，這樣，肯定會引起一些本來一直相信他、擁護他的四一四基本群眾的反對，可能從此失去民望。他明知後果，還是憑籍良心說出自己的觀點。這需要很大的道德勇氣。設身處地，捫心自問，像他前面那樣解剖自己，我有時或許還能勉強做得到；而像他後面那樣不顧情面的秉筆直書，我實在自愧不如。所以，我很理解孫怒濤的摯友王允方同學的意見：雖然不太贊成孫怒濤「成立四一四總部是最大錯誤」這樣的說法，但不妨礙他對此書作出很高的總體評價。

我認為：這本書的價值，不是指他的史料多麼豐富、多麼炫人耳目，也不是指他的分析多麼精當，認識多麼正確，而是指他在書中展示出來的人格和良心。

前幾天，有好幾位同學分別給我寄來一篇網上熱傳的文章，題目是「文革，為什麼沒有人懺悔」。在問到個體懺悔問題時，作者徐友漁先生回答說：「要求人懺悔是一件很難的事。」「還有一點需要強調的是，如果罪惡元兇都不被追究的話，要叫平常人懺悔，這說不通，甚至對大多數人沒有說服力。我曾經編過一本書，是文革參加者的回憶錄，一個作者文章的題目就是『我不懺悔』。他實際上主張懺悔，那些負有重大責任的黨政幹部事後都胡說八道，文過飾非，讓我們懺悔，怎麼懺悔？懺悔這個問題其實是一個道德問題。除了人的天性在感情上是非理性的，在本性上要抗拒懺悔的以外，道德問題的最重要的特點不是講道理，而是榜樣的力量最重要。如果最高負責的，該懺悔的人不懺悔，要叫別人懺悔確實很難。所以，我覺得必須有這麼一點來補充，如果帶頭的人懺悔了，該追究的人都追究了，你再來要求一般人懺悔可能就要容易一點。」

徐先生的話講得有幾分道理，在網上博得許多人的贊同。但是，我覺得，追究文革罪惡元兇，和個體懺悔不是一回事，更不是什麼前提條件。同樣，那些負有重大責任的黨政幹部事後都胡說八道，文過飾非，也絕不是「我不懺悔」理直氣壯的理由。如

果個體懺悔需要這樣那樣的前提，那麼，只會陷進一個責任鏈的怪圈，誰都可以期待別人先懺悔，結果誰都不懺悔。現在不正是這樣嗎：人人都覺得文革錯誤，事實上，當時也幾乎人人都加入了這種錯誤，而事後人人都覺得沒有責任，自己受迫害，自己委屈，自己不該先懺悔。互相指責，互相埋怨，就是不反省自己。這是我們這個民族的悲哀。懺悔，是靈魂的自我救贖，必須出於自己本身的覺悟，別人是無法要求，更無法強迫的。你可以要求別人認罪，但無法強求別人懺悔。在精神和靈魂的層面，每個人都是平等的、獨立的，無論事大事小，是官是民，每個人都要為自己做過的事負責。我們反思文革這麼多年，看來，能夠反思到這一點的人還不是很多。而這一點，正是民主社會的根基啊！

徐先生有句話說的很對：「道德問題的最重要特點不是講道理，而是榜樣的力量最重要」。孫怒濤不是「文革元兇」，不是「那些負有重大責任的黨政幹部」，也不是在文革中殺人放火「最該懺悔的人」，但他，至少在部分清華校友眼裡，確實為我們反思文革作出了一個榜樣。在孫怒濤「拷問良知」的啟發下，孫耘同學寫了一篇讀後感，回顧了自己在文革中的行為和遭遇。前幾天，他把這篇文章寄給我，讓我提意見。我看了以後，非常感動。我給他回信是這樣說的：「你的文章寫得很好，主要是談自己經歷的事實，和自己的內心感受，沒有刻意迎合某種潮流，沒有攻擊別人，也不糟蹋自己。」我認為，這種態度，就是良知的態度。文革中，我們同孫耘屬於對立的派別，當時的觀點和做法很不一樣，以後的境遇也很不同。但是，在用良知反思文革這一點上，我們是相通的。

不過，需要說明的是，孫怒濤作出的榜樣的意義，不僅僅是懺悔，而且主要不是懺悔。再說了，全民反思文革，主旋律也不應該是懺悔，畢竟，在文革中做過傷天害理惡事的人是極少數。有一件事比懺悔更重要。那麼，這又是什麼呢？以我個人的看法，這就是；用一個普通人的良知來反思文革、審視文革和總結文革。

孫怒濤將他的書命名為「良知的拷問」。什麼是良知呢？對此，孫怒濤的同鄉先賢王陽明先生有過非常有名的論述。陽明先生認為，所謂良知，是天賦的為人之道，「只是個是非之心」。孫怒濤作出的榜樣，就是用陽明先生所揭示的這個普通人的「是非之心」來反思文革。

　　據說，秦暉先生提出不同人對文革的四種判斷，即體制內肯定、體制內否定、體制外肯定和體制外否定。徐友漁先生又提出「站在世界政治文明和從普世價值的角度來看待文革。」我個人認為，兩位先生的這種種分法，不管體制內體制外還是普世價值等等的角度，說到底，都是以意識形態作標杆，先認定某種自以為一定正確的主義、社會制度或者時代潮流，將其作為鐵定的標準來評判文革。這樣的評判，很容易鬧意氣，很容易趕潮流，很容易走極端，很容易失真。在網上，大家都可以看到，只要一涉及到什麼體制呀、什麼意識形態呀之類的話題，許多人好像一下就會失去基本的理智。兩種不同觀點的人往往各執己見，完全沒有討論和辯論的氣氛。我一向主張，應該創造條件讓盡可能多的文革親歷者都來回憶文革，訴述自己親身經歷和自身的內心感受，激發自己天性的良知，來反思文革。這樣的反思，既不是被某個威權政治所強迫的；不是被某個利益集團所誘導的；也不是被某些精英專家所劫持的；更不是被某種輿論媒體所裹脅的。每個人先把各自的意識形態主張放一邊，為了自己的靈魂，為了我們這個民族的未來，靜心內省，不要情緒化，也不要絕對化。揭露、譴責極左和暴力是良知；揭示、堅守理想和正義也是良知。只要相信天底下確實有良知這件事，用這種方法來反思文革不是更好嗎？

　　問題是，良知這個東西到底存不存在、靠不靠譜呢？徐先生在文章中就說「人的天性在感情上是非理性的，在本性上要抗拒懺悔的」。你孫怒濤受過高等教育，也許有良知，那麼多普通老百姓難道也都有良知嗎？用我們中國傳統文化來看的話，良知這個東西是存在的，每個人都有一種天性和本性。徐先生所說的

「非理性」和「抗拒懺悔」的天性和本性，現實中確實普遍存在，沒有錯，但這只是靈魂蒙塵後，沒有及時清除時的天性和本性。在心靈的積垢清除以後，一種真正的天性和本性才會顯露出來。在王陽明那裡叫良知，在佛教裡叫佛性。這種真正的「天性」和「本性」，是能夠辯明是非的，是願意棄惡從善的。

有人或許會說，現在已經是講究科學民主的現代社會了，你念念不忘地總是講精神呀靈魂呀良知呀這一套，沒有可操作性，恐怕不行吧！其實，在西方的文化中，也是很講究精神和靈魂的淨化。相對中國文化的「內省」，西方更注重「懺悔」，兩者的實質意義是一樣的。而且，我們前面說了，西方人將個體精神的平等和獨立的觀念，逐漸演化成人人要為自己的行為負責的公民責任準則。良知這個東西，也是西方民主制度的有機組成部分。比如，美國憲法規定，執政者必須通過人民自由選舉產生，並且有一個明文規定的任期，然後重新回到人民的自由選舉中去再生。這樣做的基本考慮依據就是：只要人民的整體性還保留有良知，那麼這個政府就不至於長期退化為專制暴政。又如，美國的陪審團制度，要特意選出12個沒有專門法律知識的普通老百姓，讓他們聽取法庭辯論，互相討論後，對被告作出最後的審判決定。這樣的做法無疑就是說：一切法律制定的最初依據是普通老百姓的內心良知；一切法律執行的最終結果也必須取決於普通老百姓的內心良知。

以上看出，傳統文化、西方文化和民主社會是多麼地看重「內省」、「懺悔」和「良知」這些東西啊！但是，生活在當今中國的人們，對這些東西，又是多麼地陌生和隔膜啊！我們失去了它們，我們失去它們已經很久很久了。既然，良知是民主制度的有機組成部分，那麼，失去了良知的社會就很難建立起真正的民主制度。從文化層面上看，我們完全可以這樣說：失去對良知的追求，這是文革產生和失敗的重要原因之一。

接著還要問：我們國家是從什麼時候開始失去對良知追求的呢？有人說是文革開始失去的，這好像不對。文革時期，肯定

是失去了，但不是開始。有人說是1949年開始的，這好像也不對。又有人追的再遠一點，說是從共產黨主導意識形態時就開始失去了。這下追朔得很遠了，是不是追到根了呢？其實，還不夠遠，還沒有追到根，而且，對責任者的認定也不全面。說起來，早在中國學術界著手構築科學民主新文化基礎的創始階段，就發生了一些偏向。而這個偏向，是當時國共兩黨頂尖理論家、哲學家、科學家和知識分子精英在一個戰壕裡共同戰鬥的重大成果。讓我們回到90年前，從中國知識界一場「科學和玄學」的大辯論說起。

1923年2月14日，張君勱在清華大學作了一次演講，題目是：「科學能支配人生觀嗎？」從而引發了這場對中國學術界影響深遠的大辯論。鑒於一戰以後，在西方社會出現的一些精神危機（用梁啟超的話說，就是：科學的勝利卻把人對天的信仰和對自己靈魂的信仰一掃而光），張君勱提出了一個觀點：自然科學不能完全涵蓋人的道德規範和價值觀念等等有關心理和精神範圍的問題。他的許多論點主要來自西方唯心主義哲學，以及中國宋明王、陸學派的內省、良知等等哲學思想。張君勱好像十分心儀王陽明的「良知」說。他說，良知是羅盤，是矩尺，是量器。只要稍微刺激一下良知，人就可以發現自己是走向善和惡。而且，只要有這些輕微的警告，人就應該更嚴格地約束自己。張君勱的觀點在當時的中國學術界引起了大辯論，歷史上稱為「科學與玄學」的爭論。首先出來應戰的是著名地質學家丁文江，隨後參加辯論的有國民黨理論權威吳稚暉、共產黨的總書記陳獨秀、學界泰斗梁啟超，以及新銳著名學者胡適等等一大批精英中的精英。這場辯論歷時很長，牽及的學術問題也很多，這裡不想具體介紹他們各自的論點，只想簡單說一下大辯論的最後結果：除了梁啟超和張東蓀等少數幾位學者站在張君勱一邊以外，吳稚暉、陳獨秀和胡適等大多數學者都站在丁文江所代表的科學「賽先生」的一邊。科學戰勝了玄學，丁文江、吳稚暉、陳獨秀和胡適都成了鼓吹科學的受人歡迎的英雄人物。

但是，我們有必要回過頭來檢討一下。由於當時中國的啟蒙學者們急於拋棄中國老舊傳統，而對西方哲學的瞭解可能又有點夾生，雖然這場辯論在宣傳科學上取得重大勝利，而在構築科學民主現代社會的哲學基礎的時候，還是暴露和遺留下一些問題。美國學者費俠莉在《丁文江科學與中國新文化》一書中，總結這場大辯論時寫道：「科學贏得宣傳上的勝利，如果不是理解上勝利的話。宋明理學的學術威望遭受了一次嚴重打擊，而張君勱版本中的歐洲唯心主義成分，一直存在到後來作為新生活運動的思想支柱，到頭來聲名狼藉。後來一位觀察家詼諧地總計得分如下：『利用耶穌和佛陀的神聖名字無效；對待孔子、老子、柏拉圖和亞里斯多德很不公正；嚴重傷害了康德、黑格爾和柏格森；對宋代和明代的哲學家進行了致命的打擊；唯獨卡爾‧馬克思、伯特蘭‧羅素和約翰‧杜威有幸逃脫了槍林彈雨。』」

　　你看看，這種橫掃古今中外一切精神和思想巨匠，只留下馬克思唯物主義和杜威實用主義的大辯論，結果是不是真的有點可怕呀！是不是已經留下可能產生文革的胚芽了呀！是不是已經留下改革後唯利是圖、唯錢是圖、唯官是圖的信仰危機的胚芽了呀！

　　那麼，通過這次大辯論，科學的觀念是不是真正樹立起來了呢？遺憾的是，這一點也還是打了折扣的。上面我們看到費俠莉說了這麼一句話，「科學贏得宣傳上的勝利，如果不是理解上勝利的話」。至少在她看來，中國學者們對科學實質意義的理解存在著偏差。這個偏差是什麼呢？原來，在辯論中丁文江提出「科學的萬能，科學的普遍，科學的貫通，不在他的材料，在他的方法。」同時，又提出了「存疑的唯心論」這樣一種的觀點。費俠莉評論道，「正如我們所看到的，丁文江提出的『存疑的唯心論』招致兩個方面的攻擊，然而理由卻是站不住腳的。丁文江最重要的見地，即必須把科學主要當作一種合乎理性的方法論，卻被大多數人忽視了。」直到今天，雖然我們國家到處都是「科學是生產力」和「科學發展觀」之類的口號，但是，如果問：科學的真正含義是什麼？科學的定義是什麼？科學的方法是什麼？學

校裡的科學教育最重要的應該抓什麼？科學發展觀怎麼個發展？能夠確切回答的人恐怕不多。現在許多人對科學的理解恐怕還遠遠到不了當年丁文江的高度。

90年前在清華大學引發的這場大辯論，中國思想界開始選擇摒棄「良知」、「內省」和「懺悔」等等一套「玄學」東西。這套東西，卻是現代民主社會不可或缺的。前些年，我們經歷了文革暴亂的思想危機；今天，我們正在經歷改革後浮華的信仰危機。好了，90年後，現在有一位清華大學畢業的工科學生孫怒濤，寫了一本書來反思文革，書名就叫做「良知的拷問」。這件事本身，具有豐富的象徵意義，給我們留下許多聯想和深思的空間。

我過去說過：反思文革，第一層次，要從事實上反思；第二層次，要從體制上反思；第三層次，更深的層次，是要從文化上反思。孫怒濤不一定有意識，但他確實是從現代中國新文化的源頭上開始反思了。雖然這種反思，還剛剛開了個頭，後面還有很長的路要走。但是，畢竟有了線索，有了路徑，下面的路就要靠大家一起來走了。

警惕以徹底否定文革為由阻礙中國的民主進程

孫怒濤一再給同學們說，他寫這本書的目的很明確，就是批判文革，否定文革。他邀約多位同學給他的書中「文革　反思」專題寫稿，要求的條件只有一個：只要否定文革就行。對於這一點，我非常理解，非常贊同。因為我們都是文革的親歷者，也是文革的受害者。我們親眼看到文革極左理論的荒謬，文革暴力的血腥，文革給我們這個國家、我們這個民族帶來的災難後果。在學校的時候，我參加孫怒濤所在的那一派，他是頭頭，我是小兵。我擁護他的原因，就是他主張反極左、反暴力。

但是，看了孫怒濤的書稿以後，我發現了一件有趣的事情。看他寫的內容，並不是單純地暴露文革的荒謬和殘暴，許多是他

自已經歷的群眾運動本身；看他寫作的態度，也並不是絕對的否定、指責或者懺悔，而是發自內心的誠懇反省。我突然覺得，在不知不覺之中，孫怒濤的這本書已經超出了他給自己預設的目標主題。除了「批判文革、否定文革」之外，它又向前推進了一步：「反思文革、總結文革」。總結文革，主要的就是總結文革時期的群眾性大民主實踐。

孫怒濤這本書的主題發生了超出他本人預料的變化，絕非偶然。憑著良知來反思歷史真實的親歷者，這樣的變化可以說是必然的。我們不能忘記，當時我們是抱著對大民主理論的正面理解投入這場運動的；我們不能忘記，當時我們是在強權勢力的壓制和迫害下起來反抗的；我們不能忘記，當時我們的理想、我們的激情和我們衝破專制的勇氣。文革中的平民造反派，不是每個人都是打砸搶分子；文革中平民造反派做的事，也不僅僅是血腥的武鬥。文革中我們做過的一部分事情，是中國將來民主進程中必定要做的。我們的錯誤，有歷史的原因，應該放到歷史的情景中去分析考察。我們的失敗，是無數鮮血和生命換來的歷史教訓，應該認真總結。

看了孫怒濤的書稿和拙文初稿後，鄭易生同學說了一段話，很能說明孫怒濤當初的心態。他說，「有一些東西自己一直感覺到而說不出來，這次小寶的文章多少將這種感覺說出來。我們那時候的勇敢和幼稚，其實是一種模糊而又強烈的對民主、平等和公正的訴求。不管它一廂情願地借助給予的那一種意識形態和話語體系來表達，抽出時間語言，許多群眾組織，如清華414中的三七戰團等，其原始動機有較多追求正義、不欺負人、講道理的價值觀。這是不是可以說文革中人們行為的兩重性，形式和內容、強力和自發、禁錮和自由，一一複雜地結合在一起。分析起來，說一些人是在先天不足的條件下，形似盲目實是自發地追求和擴大社會正義性，也不為過。這與美化自己無關，卻事關對人們良知的潛在力量的認知和肯定。這點應該告訴國人。為什麼我一直自我糾結，為什麼我們不太敢說，缺乏自信和底氣呢？我想

一個原因是，思想被一種已有的、現成的思想框架緊緊地束縛住了。」

現在，我們要大聲地說：文革必須否定，但不能徹底否定，更不能簡單否定。

徹底否定文革的口號，得到許多人的贊同，並不奇怪。文革的極左政治主張，有許多明顯的理論漏洞。文革的許多暴亂和血腥的事實，群眾留下的只是厭惡的記憶，不願去分析總結它的合理成分。許多文革的積極參加者，事後受到整肅，不堪回首往事。目前的一些知識精英，希望通過徹底否定文革，揭示共產黨意識形態的邪惡本質，達到政治改革的目的。更主要的是，某些文革中的當權者，對群眾運動給予他們的衝擊，不能原諒，甚至刻意報復。文革後上臺的某些特權階層和既得利益集團，恐懼文革時期的群眾性的民主運動重來。在徹底否定文革的強大輿論潮流的裹挾之下，對文革應該進行理性的分析和總結的呼聲，得不到群眾的理解和響應。更有甚者，有些政治集團，對不同政治派別，隨手扣上「文革餘孽」的大帽子進行清洗。對民間出現的反對之聲，也輕易冠以「企圖復辟文革」的罪名，進行打壓。連老百姓的上訪和起碼的人權申訴，都以害怕釀成文革式群眾性動亂為由，嚴格加以監控和防範。

我們這個國家，要啟動民主這個程式，跨不過總結文革群眾性大民主歷史這個坎。目前，我們要警惕的是，以徹底否定文革為由來阻礙中國的民主進程。

從世界各國的民主進程看，我們可以知道：民主是人類不斷追求的一種偉大理想。它的內容和方式，不是既成的、固定的和單一的，而是多元的、動態的，是在探索和糾正錯誤中不斷完善的。

民主這個概念，起始於古希臘雅典城邦，就是提倡公民直接參加管理和決策。從這個概念出發，法國的盧梭提出了民眾直接參與方式的民主理念，導致法國資產階級民主大革命。顯然，這種民主模式最接近民主的原始理念。但是，法國大革命發生了空前的暴亂和血腥，絕對不亞於我們的文革。比如，文革中，我們

的國家主席劉少奇受到迫害；在法國大革命中，國王路易十六和他的王后都是被送上斷頭臺活活處死的。又比如，文革中，我們的許多學術權威受到批判和虐待；在法國大革命中，發現氧氣的現代化學的鼻祖拉瓦錫，是被直接宣佈處以死刑的。但是，法國人民和世界人民並沒有提出徹底否定法國大革命的口號。如果徹底否定了法國大革命，就不可能有今天法國以致世界各國的民主社會。

鑒於直接民主模式的缺陷，有些民主的啟蒙思想家又提出了代議制民主的模式：民眾定期選出自己的代理人，由他們代替人民制定公共政策、管理公共事務。這種民主模式，美國是領跑者。美國的國父們，在憲法中規定了選舉的程序，以後又產生政黨，出現兩黨制，民主程序也就慢慢完善起來。現在，代議制民主式樣、民眾投票選舉，政黨輪替，成了現代民主的核心體現。有些人甚至將它認為是普世價值。其實，儘管有這些民主程序，長期以來，美國的民主存在著重大缺陷，比如宗族問題、婦女問題和階級問題，矛盾突出，有時非常尖銳。上世紀60年代，幾乎與我們文革同時，美國社會也處於動盪和混亂之中。當時美國大學的校園，反戰、反叛運動風起雲湧，與社會上黑人解放運動、婦女解放運動結合一起，有的甚至走向了政治暴力鬥爭。那時候的青年學生，普遍流行一種偏激的嬉皮士風氣。他們脫離家庭、群居、吸毒和性解放，無所不用其極。他們的行為，無疑對社會形成巨大衝擊。但是，美國民眾沒有徹底否定他們的騷亂運動。相反，美國歷史對上世紀60年代定位是「理想的年代、激情的年代」，並且將他們的運動定位成「民權運動」。經過民權運動的洗禮，美國模式的民主理念進一步深化，美國社會更加平等、更加進步。可以肯定地說，如果當時美國的當權者徹底否定學生運動，就不可能有今天美國社會的民主進步局面。

再來看臺灣的選舉。前面我已經說過，由於國民黨的民主先行者受盧梭直接民主理念的影響較深，同時臺灣選舉又同臺灣獨立派的意識形態攪混在一起，在最初幾屆全民直選中，確實產生

過一些亂象。「不到臺灣，就不知道文革還在搞」的話，也不能說是完全污蔑。我們看到，經過幾年實踐以後，現在臺灣的選舉已經變得理性多了。如果當時臺灣朝野被「文革來襲」的論調嚇到，徹底否定選舉的話，就不可能有臺灣今天民主的成績。

　　民主的進程還沒有結束。它還在探索，還在深化。代議制民主，並不是最終完美的民主模式。代議制民主意味著精英或政客代理民眾進行社會公共事務的管理，這些選舉產生的政治領導人是否能真正代表民眾的利益，始終遭人質疑。加上，代議制民主模式日趨老化，許多令人擔憂的問題漸漸顯露。精英政治、官僚政治、被資本控制和操縱的寡頭政治，明目張膽地將人民邊緣化。除了充當選舉機器以外，人民參與管理自己的事務這一民主理念得不到真實的體現。上世紀70年代，我們的文革中後期，美國的一些學者首先提出了「參與民主」的理論。他們主張讓民眾直接參加部分公共事務的決策和管理，來彌補代議制民主模式的不足。民主理論家和社會活動家們，做了很多推廣工作。但是，成效不很理想。

　　上世紀末和本世紀初，「參與民主」的理念在拉丁美洲許多國家取得了長足的實質性進展。在全球化和「華盛頓共識」新自由主義經濟的大潮流中，拉丁美洲的許多國家出現了所謂「拉美化」的社會困境。為了尋找新的出路，這個地區的許多國家紛紛向左轉，提出了「21世紀社會主義」的口號。他們標榜：「21世紀社會主義」與傳統社會主義有著些許區別，其中一項就是民主，而且明確是民眾直接參與的民主。2007年厄瓜多爾總統科雷亞在中國社科院演講，他說：「人民有權尋找解決方案，而最重要的就是加強人民的民主參與。我們不應該把民主等同於大選。民主的進程是多樣的。」在參與民主的理念推動下，他們上下結合，成立了幾萬個社區委員會、幾萬個工會和農會組織、成千上萬個經濟合作社，鼓勵民眾繞過官僚體系，對社區政治和經濟活動，積極參與決策和管理。這種參與民主的實踐，方興未艾，有些措施卓有成效，有些措施出現新的問題。

毫無疑問，無論是美國學者提出的理論，還是拉美國家人民正在進行的實踐，「參與民主」，都是人類社會的民主進程的重要部分。

　　「參與民主」這樣的名詞，也許我們不熟悉。其實，對它包含的某些理念、內容和方式，我們並不陌生。有一些，是我們新民主主義革命延安時期做過的；還有一些，則明顯帶著文革時期「自己解放自己，自己管理自己」的印記。我們曾經有過這麼多的工會和農會、那麼多的經濟合作社、那麼多的基層群眾組織。甚至，我們曾經自信地提出過「兩參一改三結合」為內容的「鞍鋼憲法」。參與民主理論的提出者和實踐者，並不否認，他們的思想和方法，受到過我們的啟發。拉美地區的領導人毫不諱言，過去他們是跟著中國學的，現在中國變了，不管他們了，他們只能自己探索自己的道路。

　　我們國家很早就提出了這種民主理念，也進行了許多這種民主理念的嘗試。毛澤東在蘇聯《政治經濟學教科書》批語：「勞動者最大的權利是管理國家。」文革的許多內容是為了貫徹他的這個理念。但是，在提出和實踐這種民主理念的同時，我們摻雜了許多極端的思想。我們將我們認定的目標絕對化，提倡的民主叫作無產階級專政下的大民主。什麼是專政？毛澤東說過：專政就是獨裁。所以，我們的民主，勢必成為獨裁的民主；我們將階級鬥爭絕對化，推行的民主叫作無產階級革命的大民主。什麼叫革命？毛澤東說過：革命是暴動，是一個階級推翻另一個階級的暴力行動。所以，我們的民主勢必成為暴亂的民主。這種獨裁民主和暴亂民主，得不到多數民眾的理解和擁護。我們在民主進程中走了不少彎路，犯過不少錯誤。最終，文革失敗了。我們的民主嘗試也失敗了。這當然是很遺憾的。

　　但是，這還不是最遺憾的。最令人遺憾的是什麼呢？最遺憾的是，我們的當權者，徹底否定和改變了自己國家的民主進程。在徹底否定文革的口號下，群眾性的民主運動一律給予打擊；文革中群眾民主運動的頭頭，一律嚴加整肅；文革中人民一度已經

取得的民主權利，一律予以取締；長期摸索而得「民眾參加管理」的理念一律批判；在國有企業行之有效的民主規章制度一律強制拋棄。不能不說，在某些方面，我們國家的民主理念是倒退了的。

還有最遺憾的是，我們的一些知識分子精英，文革後分裂成互不相容的左、右兩大派別。左派提出徹底肯定文革，右派提出徹底否定文革。他們互相攻訐，互相謾罵，無休無止。其實，這兩個派別在思想方法上，都犯了文革時期我們這些人犯過的同樣的錯誤。這就是，極端的意識形態取向。他們各自抱定某種社會體制或意識形態模式不放，絕對化，理想化，將其視為固定模式和終極真理。不是徹底肯定，就是徹底否定，從一個極端跳到另一個極端，沒有妥協的餘地和空間。兩種極端的模式都不可能馬上實現的情況下，雙方無心立足實際，為民眾的參與民主做點實事，剩下的只能是網上的口水戰。在這種徹底否定文革和徹底肯定文革的口水戰的噪雜聲浪中，世界各地的民主理念在深化、在發展，我們國家的民主進程卻陷入了僵局。

最近，我看了一本書，是美國著名評論家、《世界是平的》一書的作者佛里曼寫的。書名是《我們曾經輝煌》，這就明顯地表示，作者認為，美國正在衰落。在談到政治方面問題時，他說：「我們政治體系陷入僵局。兩黨嚴重分歧對立，無法達成任何深入、與意識形態相悖的妥協。」而美國需要兩黨妥協而成的「混合政治」。他說：「民主黨傾向於強調公平，共和黨則擅長於建立精英政治。」其實這兩者，美國都需要，不可或缺。他希望出現一種「激進中間派」。其實，佛里曼所說美國兩黨對立局面，同目前中國左右兩派的情況很相似。中國也需要一個混合的「激進中間派」，才能衝破目前民主進程的僵局。

說到「激進中間派」，我不由地想起孫怒濤在清華文革中扮演過的角色。孫怒濤是個「中間派」，可能算不上「激進中間派」。他在清華文革中，起到一定的緩衝作用，起不到掌控全域的主導作用。能夠掌控全域的「激進中間派」領袖，現在的美國沒有出現，在中國恐怕也難。

這裡還要指出，不管民主進程進行到什麼程度，直接民主也好，代議制民主也好，參與式民主也好，都有一些內容是作為前提條件，共同需要的。比如，言論的自由，結社的自由，等等。即使在文革群眾性大民主的特定環境下，這些內容至少在某些有限的條件下，也是得到官方許可的。一旦失去這些民主內容，必須首先爭取。

　　天上不會突然間掉下一個適合中國國情的、十全十美的民主政體。不管推行何種民主模式，直接民主也好，代議制民主也好，參與民主也好，一定都要有一個動員廣大民眾的過程；一定都會有廣泛民眾參加的對體制、政治、政策等等的爭論、評論和辯論；也必定會出現各種各樣的基層民眾組織。甚至，為了爭取某種民主權利，難免會有群眾抗爭的行動。如果一出現這些東西，馬上想起文革的群眾運動，馬上批判什麼民粹主義，馬上封網封口、取締組織，那麼，談一切民主模式，都只能是葉公好龍而已；那麼，如何一種民主模式，都無法邁開哪怕一點點的微小腳步。

　　民主的本意，就是民眾管理自己的公共事務。害怕民眾，害怕民眾組織，害怕民眾說話，就永遠不可能有真正的民主。

　　徹底否定文革的口號，很可能成為特權利益集團用來遏制民主的藉口。

　　徹底否定文革，很可能會徹底堵死中國啟動民主的任何路徑。

　　有人說，我們總結文革，是為了防止文革歷史重演。對這種說法，我只同意一半。我認為，文革大民主的部分內容是無法防止，一定會「重演」的。我們希望防止的，是文革中發生的動亂和血腥慘劇「重演」。

　　文革大民主的一些內容，雖然明文禁止，今天已經在社會上「重演」。比如，文革中提倡「四大自由」的「大字報、大辯論」，文革後把「大字報」從憲法中刪掉了，並被嚴令取締。結果呢？大家看到，今天互聯網上博客蜂起，比我們當年的大字報

範圍更大，傳播更廣。再說「大辯論」，文革後，權威人士明確規定「不爭論」，結果呢，你到網上去看看，左派和右派，幾乎每一天、每一小時、每一分鐘都在那裡不停地辯論著、爭論著。又比如，工人的罷工權利，文革後也被從憲法中刪掉了，今天中國的罷工浪潮可以說是風起雲湧，此起彼伏。還有，大家都記得到，文革時期，各地都爆發過群眾性組織的抗爭行動。文革後，此類行動是法律禁止的，但是看看目前中國各地的反腐敗、反剝削、反迫害的群眾抗爭運動，履禁不止。文革的這些東西，你再說不許「重演」，它們換個什麼別的形式還是在「重演」。一味靠維穩，靠禁止，肯定不會奏效。

文革大民主的還有一部分內容，將來有可能「重演」。比如，文革中各地群眾組織基本上都形成兩大派，某種程度上，也可以將它們看成是兩黨政治的雛形；文革中一度喊得最響亮的巴黎公社選舉，是提倡全民選舉制度。這些東西經過總結、提煉和改進，也許最後能夠找到一種適合中國國情的形式來。

如前所述，文革群眾運動失敗，釀成慘劇；而文革民主運動的部分內容，不可遏制地必將在中國一再發生。正因如此，我們這些文革親歷者，認真反思總結文革經驗教訓，具有十分重要的現實意義。我們就像參加過一次大型比賽的足球隊員，不懂章法，踢得很爛很次，頭破血流，損兵折將，敗得慘不忍睹。現在我們這些人老了，再也踢不動了。如果由於那次慘敗，足球運動就此廢止禁絕，那麼我們這些敗軍之將的最好選擇，當然是隱藏傷口，以閉口息言的方式來遮羞。但是，我們知道，足球運動勢必還會進行，以後有人還會組隊，還會參加比賽。我們希望新的球隊踢的比我們好，希望他們能取得好成績。這樣，我們就有義務、有責任將自己參賽的經驗教訓總結出來，供新的球隊參考。所以，我們才不顧失敗的羞恥和傷口的隱痛，像孫怒濤在本書中所作的這樣，將當時的動作一招一式地回憶、比劃出來，並且寫成文章。我相信，只要是局內的有心人，一定能夠看得懂我們的文章，也一定能夠體會到我們這代人的一片殷殷苦心。

總結文革時期的大民主實踐是文革研究的一個新課題

孫怒濤把自己的書定名為「良知的拷問」。良知兩個字，別具深意。對一個人，這是「良知」。許多人良知的疊加，就成為「民心」。我們贊同用良知反思文革，最終用意是贊同用普通老百姓的民心來反思文革。用普通老百姓的民心反思文革，對過去文革研究的判斷，是一個突破。過去文革研究中，按秦暉先生的概括計有四種判斷：體制內肯定、體制外否定、體制內肯定、體制外否定。這四種判斷，要不是體制內，就是體制外；要不是全盤肯定，就是全盤否定。用民心反思文革，沒有這樣的局限。管它什麼體制，只要符合民心，可以各取其優點。對文革的判斷，也不絕對化，既可以部分肯定，也可以部分否定，一切以民心為依歸。我們相信良知的存在，也相信民心分辨是非的能力。因此，我們只提倡分析的態度，而不鼓勵預設的立場。

胡錦濤在十八大報告上說，探索中國特色社會主義。我很贊成。但對他接下去說的話，我有疑問。他說：「我們堅定不移高舉中國特色社會主義偉大旗幟，既不走封閉僵化的老路，也不走改旗易幟的邪路。」我很奇怪：既然是「探索」，就應該努力研究、吸收和綜合包括中國過去和外國在內的一切優點和長處，怎麼能夠先用「封閉僵化」和「邪路」這樣肯定的斷語，一棍子把所有人通通打死，自己「堅定不移」起來了呢？

習近平在十八大新產生的政治局常委見面會上的講話講得很好，受到全國大多數人的交口稱讚。但是，我也還是有些許疑問。他說：「我們人民熱愛生活，盼望有更好的教育、更穩定的工作、更滿意的收入、更可靠的社會保障、更高水準的醫療衛生服務、更舒適的居住條件、更優美的環境，盼望著孩子能夠成長得更好，工作得更好，生活得更好。人民對美好生活的嚮往，就是我們的奮鬥目標。」習近平將人民的「盼望」和「嚮往」開列得很詳細，但是我覺得，他有意無意地把人民的還有一個重要的

「盼望」和「嚮往」漏掉了。其實,目前中國有很多人更「盼望」和「嚮往」的是:自己能夠親身參與決定自己的未來。如何正確引導、組織和幫助他們實行這種「盼望」和「嚮往」,這才是擺在中國共產黨面前最重要的問題。

說白了,就是一句話:人民「盼望」和「嚮往」民主。討論中國的問題,民主這個話題是絕對繞不過去。

討論中國問題,還有一個話題也是絕對繞不過去的。這就是:文革。

兩個絕對繞不過去的話題,一個是民主,一個是文革。如果把這兩個繞不過去的話題合併成一個話題,那就成為文革研究的一個新課題:總結文革時期的大民主實踐。這個課題對中國現實和未來的重要意義,不言而喻。

孫怒濤的書,已經將這個新課題推出前臺。

孫怒濤的書名是《良知的拷問》。但是,我們知道,「良知」還不是王陽明學說的核心部分,王陽明學說中最重要、最精華的部分是「致良知」。王陽明講的「致良知」,就是:把握良知這個根本,加以所向無敵的推導,然後達到知行合一、經世濟民的功用。

如果僅僅停留在「良知」的層面,那麼,孫怒濤這本書的價值還是有限的。因為拷問良知的目的,很可能只是為了滿足他個人道德的養護,或者為了他個人的靈魂救贖,這樣的話,對我們整個社會、整個國家的作用就不是太大。值得慶幸的是,孫怒濤的書並沒有停留的拷問自己良知的層面。雖然還不是那麼自覺、那麼目標明確,看得出來,孫怒濤確實努力在用他的良知,內心反省式地誠懇總結文革群眾性民主運動。比如,他特意地追憶了群眾組織從個人、戰鬥組、串聯會、縱隊,慢慢成長,再分裂成兩大派的過程,顯然是想去探求群眾性民主組織的發生機理。又如,他提出所謂「優質生」和「差質生」這樣一套概念,其目的或許是試圖尋找出詮釋群眾性民主運動發生的內在動力學。

下面，我從孫怒濤的書中再抽離幾條出來：

1）政治道德底線。文革中，有些人不講政治道德，唯權術是尚。比如，當時蒯大富就熱衷於什麼權經。西方的民主政治，也是常常迷失道德底線。尼克森的水門，陳水扁的兩顆子彈，就是例子。但是，孫怒濤現身說法，指出民主政治必須講究道德底線。

2）從民眾運動中產生領導。各種政治制度以不同的方式產生領導，古代有禪讓、有嫡傳，現代有選舉、有內定。文革開始，領導群眾的是一批高幹子弟，搞的是「紅二代」接班，有點像嫡傳，也有點像內定。這樣的領袖人物缺乏生命力。文革轉到群眾民主運動階段後，從民眾運動中產生一批群眾領袖，像團派的蒯大富，四一四派的沈如槐。這種產生領袖的方法，具有最大的優越性。一般來說，這些從運動中湧現出來的領袖不但有能力、而且也是有群眾基礎的。孫怒濤在他的書中說到沈如槐成為四一四的一把手的大致過程，沈如槐之所以能夠成為一把手，主要是得到群眾的認可。現在回頭去看，沈如槐這個一把手也確實比孫怒濤更合適。你想，孫怒濤連要不要把四一四從井岡山中分裂出來，是那麼的猶豫和舉棋不定，怎麼當得了這個派的一把手呢？

3）民主政治的致勝關鍵是爭取中間群眾。雖然，孫怒濤當四一四的一把手不合適，但他對四一四的存在和發展卻起到了至關重要的作用。孫怒濤說，如果沒有他所代表的勢力，四一四肯定還是會分裂出去，但是最後能否生存下來，和向什麼方向發展，就不好說了。這句話說得很客觀。當時，四一四在明顯得不到中央支持的情況下，如果沒有廣大中間群眾的支持，並且抵消掉太極端的政治觀點，是很難生存的。事實上，在所有民主政治中，兩派力量最後決戰時所要競爭的對象，都是中間派群眾。最後決定成敗的，不是得到多少鐵桿分子（所謂「鐵票」）的擁

護，而是在遊移不定的中間派中能夠贏得多少份額。爭取中間派的過程，也是兩派修正自己政治主張的過程，往往雙方都會向中間靠攏，克服走極端和情緒化，變得更為理性。

4）妥協是民主政治的真諦。從某種意義上來說，民主政治就是妥協政治。因為，民主講的是共存，並不是這一派要完全吃掉另一派。要共存，一方面要善於鬥爭，一方面還要善於妥協。從歷史上看，美國的憲法是妥協的產物，它的議會通過的所有決議案，幾乎也全都是妥協的產物。

5）責任心是民主政治的基本價值。最近我看「參與民主」理論創始人佩特曼的書，她把「責任和妥協」等等，稱為民主政治的「基本價值」。由此可見，一個缺乏公民責任心教育的民族，要實現民主政治是很困難的。

總結文革群眾性民主運動，顯然就不單單是「良知」，而是「致良知」了。而「致良知」，知行合一，就可能產生經世濟民的社會功用。

需要指出的是，我們看到，孫怒濤對總結文革群眾性民主運動，還不是那麼自覺，目的性還不是那麼明確，有一些根本性問題尚未觸及，比如：文革時期的大民主，有什麼內在矛盾和缺陷，將它導致一場血腥的民族的災難。我們提出這一點，沒有絲毫要苛責他的意思。相反，這恰恰說明，這是一個開拓性的工作。目前在國內文革研究界，認識到它的重要性，並動手做的人，還是很少很少。

的確，總結文革期間大民主實踐，這是文革研究中的一個新課題。寫了這篇拙文的初稿以後，我曾經將它寄給幾位朋友徵求意見。朋友們的意見非常兩極。有的人強烈堅持對文革就必須徹底否定。他們說：文革中，當年我們在學校裡自由折騰，沒有明確的行事規則，也沒有清晰的自我追求目標。在整個文革中，真正的民主內核並不存在，民主的諸多要素也未顯現，不能認為是

一次大民主的實踐。我們當年文革中的戰鬥組文化，怎麼能夠同臺灣現在的政治民主相提並論？

　　但是，也還有較多朋友，對這個課題表示出了很大的興趣和熱情。有位朋友說得很動情。他說：這個課題給反思文革提出了更高的目標，即從更廣闊的歷史視角認識我們那幾年無比真誠的折騰。我從心裡贊成。因為一直不甘心，甚至不放心已經付出血淚的我們這一代人將「發現價值」和「深加工」的使命這樣輕易地放棄，把它完全交給後人，或者那些政治家和歷史專家。

　　我十分感謝雙方朋友的不同意見。有人熱情回應，固然高興；有人強烈反對，至少說明這個課題能夠觸動人心。我今天說的「總結文革期間的大民主實踐」，絕對不是號召大家都來為文革唱讚歌，最主要的當然是總結失敗教訓。以上朋友所述，在整個文革中，真正的民主內核並不存在，民主的諸多因素也未顯現。如果這些朋友能夠把我們當年的戰鬥組文化同臺灣今天的政治民主作一對比，詳細闡明什麼才是真正民主的內核和要素，這不就是我們這個課題討論的成果了嗎？

　　我最沒有想到的，還是幾位70後和80後的反應態度。他們都是我的子侄一輩，分別已經在美國生活了近20年，竟然對這個課題表示出極大的熱情。那位70後，偶然看到拙文草稿，特地給我發來一封信，信中說：「陸叔叔，有幸拜讀您的讀後感，非常同意您的觀點：文革大民主是一個全新的視角，把它作為一種學術探討，對現今國內已發生的種種和將來的種種可能性，有相當的現實意義。非常希望能讀到您這篇讀後感的下篇，並期待著暑假能見到您！這是一個很新的話題，要使之成為一個課題從而能夠沉澱出一些普世的價值還需要很多人，包括學術界的很長的努力。但是我從您的文章裡讀到的真誠，我想會對很多人，尤其是我們，您的晚輩們有所啟發，從而參與到這件事中來。」

　　我非常感動，也非常期待。我期待著，有更多的文革親歷者，尤其是更多下一代的年輕人，參加這個文革研究新課題的開拓和討論。

復原清華百日武鬥的真實面貌
——讀《倒下的英才》有感

陸小實

　　清華校友唐金鶴同學花了數年的功夫，用血淚寫下了《倒下的英才》一書，她要我寫一篇讀後感。這篇讀後感我寫得很艱難、很痛苦，幾度徹夜失眠，幾番停筆掩泣。因為這本書寫的清華百日武鬥，是我們這幾屆清華學生心中永遠的傷痛。

　　清華百日武鬥是文化大革命歷史中的一個重大事件。說它重大，原因有三條：第一，它作為文革中的武鬥典型，曾經轟動全國，震驚世界。在武鬥規模上，它算不上是最大的，但是在首都北京，全國最高學府，歷時三個月，死傷數百人，戰況十分慘烈。尤其是530一仗，雙方近千名現代大學生，身穿護甲，手持長矛，在東大操場擺開原始陣形，血淋淋地相互搏殺，實在是驚心動魄。第二，它是全國文革歷史的一個轉捩點。清華武鬥進行到1968年7月27日這一天，數萬首都工人進清華制止武鬥，發生了大規模的流血事件。這一事態使得全國文革從群眾運動時期切換到工宣隊時期，工人和軍隊佔領了上層建築，從而導致轟轟烈烈、歷時兩年多的文革群眾運動的全面終結。第三，文革歷史的研究中，不少專家對清華百日武鬥產生了諸多疑問，比如，到底是什麼動機驅使清華同學之間的拼死搏殺；最高學府的知識分子精英為什麼會如此喪失人性；中央最高層，特別是毛澤東本人，在清華武鬥和727的事件中，到底起了一個什麼樣的作用。這些問題，至今尚無人能夠作出比較有說服力的解釋。

　　這樣一個重大歷史事件，理所當然地引起了中外專家學者的關注。到目前為止，正式出版有關清華百日武鬥的書籍已經有了幾本。其中最早的，是著名美國作家韓丁1972年出版的《Hundred

Day War》，譯名為《百日武鬥》，副題是「清華大學的文革」。「清華百日武鬥」這一歷史名詞，大概就肇始於韓丁。2003年，清華大學唐少傑教授出版了《一葉知秋——清華大學1968年「百日大武鬥」》一書，在社會上也產生了不小的影響。2004年，清華文革中四一四派頭頭沈如槐出版的《清華大學文革紀事：一個紅衛兵領袖的自述》一書，其中第六章「百日武鬥」，長達百頁，占全書篇幅的四分之一。除了出版物之外，涉及清華武鬥的其它媒體也不乏其例，如香港鳳凰衛視就曾派出相當規模的記者陣容，在清華大學駐守了三個月，專門採訪、編輯有關清華文革的電視節目，並早在海內外播出。

繼這些文學家、歷史學家、政論家和文革頭頭之後，現在，2009年，一個名不見經傳的小人物唐金鶴又寫成了《倒下的英才》一書。這個唐金鶴究係何人？她有什麼資格來寫清華武鬥？她寫的書又有著什麼特殊的價值和意義呢？

本書中，第二部第一節的標題為「我算老幾」。在清華文革中，唐金鶴只是一個普通群眾，對寫清華武鬥這樣震驚世界的歷史事件，看來連她自己都有點發怵。更有甚者，本書中唐金鶴不經意地暴露了自己的短處：她竟將當時幾乎每個小學生都能倒背如流的毛澤東的詩句「當年鏖戰急、彈洞前村壁」，硬是讀成了「當年塵戰急」。看來，唐金鶴這個清華大學工科專業的優等生，她的文學素養和政治敏感度，實在令人不敢恭維。

但是，超乎尋常的是，唐金鶴的書有著極強的感染力。幾年前，《倒下的英才》曾在互聯網「美國線上」上刊載，吸引和感動了一大片知識分子網民，大家爭相傳寄，在某些讀者圈中竟成了一時的熱門話題。我本人就是在朋友的推薦下，在網上最初讀了《倒下的英才》，然後又將它介紹給了幾位清華同學。畢業後，我同唐金鶴四十年未通消息，主要也由於這個原因，互相找到並恢復了聯繫。

現在出版的這本書，作者在網上版《倒下的英才》的基礎上，花了三年多的功夫，作了很大的修改和補充，使得內容更加

豐滿，證據更加充實，敘述也更加真切。我一遍一遍地閱讀書稿，幾乎每次讀的時候，都有一種撕心裂肺的臨在感覺。而讀後，我又幾乎每次都陷入了無盡沉痛的歷史思考。在我這個清華武鬥的直接見證人看來，唐金鶴的書有著特殊的文字震撼力，也有著特殊的歷史價值。

唐金鶴不是文學家，但她是工程師。她以一個工程師的方式，復原了清華武鬥的歷史現場。唐金鶴不是歷史學家，但她是親歷者。她以一個親歷者的感受，復原了清華武鬥人員的歷史形象。唐金鶴不是政論家，但她是有四個孫兒的老祖母。她以一個老祖母的價值觀，復原了評論清華武鬥的基準。本書的價值和意義，就在於它復原了清華百日武鬥的真實面貌。

一、以工程師的方式復原清華武鬥的歷史現場

目前中國大陸出版的歷史類讀物，戲說的成分過於濃重，大多已經與原本意義上的歷史不相搭界。即便是較為認真的歷史出版物，往往也存在著一個很大的弊病，那就是：擺脫不了報告文學的套路，文藝腔太重，以文學描寫的方式來敘述歷史事實。這種半真半假的歷史著作，無法作為科學研究的依據，無法取信於後人，更無助於總結我們這個民族沉痛的歷史教訓。不客氣地說，我看到的回憶清華文革的文章，不少是趨時之作，有意無意地扭曲了當時的歷史情境。

唐金鶴不是文學家，她是一位經過長期、嚴格訓練的工程師。工程師的工作方式，事事都得有可靠事實根據，不能模稜兩可，更不能臆造發揮。這種工程師的素養，唐金鶴在寫作《倒下的英才》一書中，表現得十分明顯。

《倒下的英才》有兩個部分，上部叫「清華園文革記事」，下部叫「我所經歷的清華百日大武鬥」。兩個部分都是寫清華武鬥的，只是上部以搜集和記錄武鬥親歷者的回憶為主，下部以她本人的親身經歷為主。嚴格說起來，這兩個部分都是最原始的第

一手資料。

　　工程師辦事的特點是：有所不言，言必由實。在本書中，作者不勉強地去概述百日武鬥的全過程，而是把著重點放在530大戰，以及團、四兩派武鬥傷亡犧牲者的具體情境中。凡是她所記的內容，都經過反反覆覆的調查核實。據我所知，為了寫作本書，作者幾次從美國專程飛回北京、廣州和深圳等地，對當事人進行採訪調查，並將書中所記的事發地點一一尋蹤確定，實地拍下照片。另外，她還打了無數次長達幾個鐘頭的越洋電話。本書採訪的主要敘述者之一鄭楚鴻，是唐金鶴的丈夫，香港工程師協會的會員（MHKIE），註冊的機械工程師（R.P.E）。他是清華同學中公認的實誠之人。他雖然不寫日記，但是幾十年來對自己的每天所為都有記錄。他在本書中所追述的武鬥場景，開始覺得好玩，戰鬥中的緊張害怕，在受傷和面臨生命威脅之時，卻默默地去盡自己覺得該盡的責任，一一道來，真是十分的真實可信，十分的令人感動。

　　唐金鶴所調查的其他清華同學，大都具有同樣務實的工作作風。為了核實某一個細微情節，比如，被槍殺時錢萍華穿的是黑裙子還是花裙子，他們曾經認真地爭論了好久。為了確定530武鬥中土坦克出現的時間，他們精確地查到1968年5月30日北京地區的日出時間是4點49分。為了指明武鬥地點和方位，他們用現代科技手段製作出逼真直觀的立面地圖。這些，都是工程師方式寫歷史的優勢。我記得，有位文革專家讀了唐少傑所寫《一葉知秋》後，在評論文章中，就曾為作者沒有提供清華武鬥地圖而感到遺憾。

　　本書對搜集到的史料，經過認真篩選，不肯道聽途說，也不肯媚俗隨眾。在追查卞雨林中箭死亡的原因時，唐金鶴曾專門向我調查：有人告訴她，卞雨林所中的箭上塗有氰化鉀，是我們班團派同學鄭××帶到現場的。她問我知不知道此事。我給她回信說，我過去從沒有聽說鄭××有過此舉。在本書中，唐金鶴就捨棄了這個說法。相反，她在追查許恭生之死時說到，在兩軍對陣中，一位四一四的「勇者」出陣向許恭生單兵挑戰。這一情節有

點類似小說中古代武士叫陣，太戲劇化，真實性叫人懷疑。部分團派同學對此提出激烈批評，有些參戰的四一四同學也不認同，我就是反對者中的一人。但唐金鶴認為，有二十多目擊者肯定這一情節，應是事實。在本書中，她堅持採用了這一說法，並將它列為許恭生身亡的原因之一。

或許有人會說，核查落實這些細微瑣碎的事實，對研究歷史，沒有什麼實際的意義。我認為，任何一件重大的歷史事件，都是由細節組成的。凡是事實，都有核查的價值。任何事情，只要說的是事實，就會寓有歷史的意義。舉個小例子，本書記述530在東大操場雙方長矛對陣拼殺的場景時，說到的「衝擊波」，其實就是我們耳熟能詳卻又不解其義的所謂「戰了若干個回合，不分勝負」中的「回合」，這是冷兵器時代自然形成的特定戰鬥景象。這種實地記錄，你說它是細節，其實是我們祖先幾千年戰爭文化的重要組成部分。借此機會弄懂這種細節，對加深瞭解中國古代文化，應該說不無價值。

而且，只有研究具體的事實，才能為歷史科學構建堅實的基礎，也才能為歷史評判提供客觀的依據。就拿研究530大戰這段歷史來說吧，四十年過去了，由於種種原因，對這一事件許多問題的看法，團、四兩方各執己見，至今沒能統一。但是，如果拋開政治觀點和感情的糾葛，專門追尋歷史發生過的事實，那麼，由於它的真相只有一個，兩派同學說話也就有了共同的基礎。在本書中，作者將團派武鬥指揮官李自茂的文章，與四派幾位武鬥指揮官的回憶文字，放到了一起來進行考察，互相補充印證，使得兩方指揮官的回憶能夠絲絲入扣，拼接出530大戰的歷史現場真實面貌：這次行動誰是肇起者，誰是策劃者；誰在進攻，誰在防守；在什麼情況下死了人，在什麼情況下放了火。通過這些細節的落實，誰應該為這次武鬥負責，誰應該為幾位同學的生命負責等問題，也就不辯自明了。

我這裡只是說，本書復原了清華武鬥的歷史現場，並沒有說，它已經復原了這場武鬥的全部真相。雖然作者的本意是要追

查事實，但由於個人經歷和調查範圍的限制，以及記憶的失真等等原因，我們不敢說，她所追查得到的，就已經是事實的全貌了。舉個例子，書中講到530大戰臨結束前，四一四「圍魏救趙」，蔣南峰曾帶一彪人馬去攻打一教。在我的記憶中，在蔣南峰之前，劉萬章就曾經從東大操場的隊伍中抽出一股，攻打過一教，轉了一圈，很快又回到東大操場。可見，即使是四一四中間，要復原全貌，就很不容易。何況，團派同學中像李自茂這樣追憶武鬥場景的文章，還很少見到。所以，要真正復原清華百日武鬥的全貌，還需要更多親歷武鬥的清華同學投入其中，並作出努力。

還有需要說明的是，唐金鶴運用工程師的工作方式來追查事實，是她的職業習慣所使。但是，工程師的工作方式有它特定的適用範圍，它的功用是處理「事實」。一旦離開處理「事實」的領地，而進入處理「觀點」的疆界，比如表達情感、進行政治評判等等地方，工程師的工作方式無法運用，他們的職業習慣也就無所適從。在這些地方，唐金鶴往往也會失去了她的冷靜和客觀。她那充沛的感情，容易衝動的性格，倔強的脾氣，就會一一顯露無遺。所以，有人也許會認為，唐金鶴在本書中抒發的感想、議論和評斷，不少是帶有派性和偏見的。畢竟，工程師也是人，他們也有人性的弱點。何況，經歷了像清華武鬥這樣的血腥對峙的兩方，要做到真正的冷靜和客觀，那是非常不容易的事情。

二、以親歷者的感受復原清華武鬥人員的歷史形象

說起文革造反派的形象，經過長期的政治宣傳和文學演義，大抵已經形成了固定的臉譜：兇殘，愚昧。參加武鬥的人員，那就更是一幫愚忠於毛澤東的亡命之徒了。這種臉譜化的歸類，過於簡單化，無法解釋一批高智商知識分子精英成為造反派、參加武鬥的歷史事實，也無助於讓後人理解我們這個民族在探索前進方向的過程中，走過的種種曲折道路和經受過的種種犧牲和磨

難。還原這一代人走過的複雜歷程，是歷史學家的任務。現在的歷史學家不去做，將來的歷史學家一定會去做。

唐金鶴不是歷史學家，她是一個親歷者。她在復原清華武鬥歷史事件的過程中，復原了我們這一代清華學生自己的形象。這個形象有極其醜陋兇殘的一面，也有極其悲壯俠義的一面。人性是惡的，人性也是善的。我們需要昭示於後人的是：在什麼特定的環境中，人性會暴露出它的醜惡；在什麼特定的環境中，人性又會展現出它的善良。

「清華園裡血斑斑」，本書一開頭就掀開歷史幕布，展示了一樁樁駭人聽聞、慘無人道、人對人進行殘酷迫害的事實。其實，這還不僅僅是人對人進行迫害，確切地說，是學生對老師的迫害，是同學對同學的迫害。什麼是法西斯？這就是法西斯。什麼是惡魔？這就是惡魔。令人深思的是，這些令人髮指的殘暴行為竟然發生在最高學府，行兇者竟是一些經過全國範圍內千挑萬選，才選拔出來的「英才」。本書的書名雖然叫做「倒下的英才」，其實它的更多篇幅寫的是「殺人放火的英才」，和「喪失了人性的英才」。當然，真正參加打人整人、殺人放火的，只是不多的幾個人，但是，這種現象在當時確是普遍可見的，而且在一段時間中，大多數人竟能夠容忍這種惡魔行為的公然存在。所以，如果把當時多數的清華學生說成是「中了邪的英才」，確實不能算是冤枉。

本書之所以起名為「倒下的英才」，是因為：作者最先決定寫作這本書的初衷，是紀念在清華武鬥中喪失了生命的老師、同學和朋友。作為一個清華武鬥中四一四方的救護人員，唐金鶴比其他武鬥人員更多、更直接地目睹和經受了鮮血淋淋的生、死、傷、殘的慘烈場面。這種記憶，就像利刃刻劃在心中，畢生不會忘記。把這份感受寫出來，用以祭奠死者的亡靈，這是唐金鶴給自己設定的責任。還有一個重要原因，在530大戰中團派方面死亡的許恭生，又正好是她的同班同學。這使得她追思死亡同學的這份責任，壓在心上更加沉重。

許恭生曾是全國高校擊劍冠軍，在武鬥中被對方用長矛刺死，其人其事，影響很大，至今網上有不少文章還在說到他。不久前，我在「清華大學本科招生網」上看到一篇題為《最憶是清華》的文章，寫的是作者兒時同韓丁的女兒卡瑪結伴在清華園嬉戲的回憶。文中有一段提到了許恭生，讀後讓我傷感下淚。我特將其摘抄如下：

　　　擊劍我們也常玩，主要是受電影《三劍客》的影響。我們
　　　很快弄清劍分三種，輕劍、重劍、花式劍。其中輕劍只能
　　　刺，不能砍，重劍只能劈砍而不能刺；而花式劍則又能砍
　　　又能刺。我最佩服的是當年全國高校的重劍冠軍許恭生。
　　　他的動作現在想起來，真的和佐羅差不多，既利索又美，
　　　而且一氣呵成。文革開始後，他加入了蒯大富為首的「井
　　　岡山派」。「井崗山」和「四一四」派發生武鬥時，許恭
　　　生總是擔當主力前鋒。當時的武鬥，因為是冷兵器，所以
　　　我們常去觀看。兩軍對壘，個個都身披飛機鋁做的盔甲，
　　　手挺長矛。但你來我往，並沒什麼傷亡。

　　許恭生確實稱得上英才，是當時花季少女心中的偶像。叫人感慨的是，作者筆下的清華武鬥場面竟然是「因為是冷兵器，……你來我往，並沒有什麼傷亡。」她們也許不知道，她們青春時的偶像許恭生就是在「冷兵器」的交戰中，被生生刺死的呀！她們也許也不知道，許恭生死後不久，清華武鬥很快從「冷兵器」升級到「熱兵器」，絕不是「並沒有什麼傷亡」，實際上，傷亡人數多到了幾百人。文章作者當時不是清華學生，她們不瞭解清華武鬥的詳情，並不奇怪。奇怪而且令人吃驚的是，清華大學竟然將這篇文章放在本科生招生網上。嗚乎，鮮血的教訓是這麼容易忘卻的嗎？歷史的事實是這麼容易湮沒的嗎？
　　許恭生是英才，在清華武鬥中喪生的其它同學，也都是英才。他們的死，讓活著的人扼腕痛心。對他們的死，我反對當時

的人們將他們稱之為烈士，也不同意現在的人們把他們說成愚昧的犧牲品。他們不是烈士，但是，他們也沒有白死，他們的死是有價值的。他們是清華大學的學生，絕不是愚昧的人，他們相信了某種理想，為了自己的理想，在探求中國前途和命運的過程中不幸身亡。無論他們所相信的理想是對是錯，他們肯為自己的這種理想去作戰，去面對死亡，他們的這種精神和行為，都是很了不起的。一個國家和民族為了求得生存和發展，這樣的知識分子不可沒有，這樣的精神不可或缺。我很願意看到，現在的青年大學生從「中了邪的英才」中清醒過來。但是，我不希望看到，今後的大學生從我們這一代人的身上吸取反面教訓，變得「精明」，變得犬儒，一個個都成了「范跑跑」那樣的人物。

現在的人們看來，當時清華學生的集體行為確實是太過怪異。20世紀的大學生，身披盔甲，手執長矛，近千人排列開古典戰爭的陣容，相互搏殺。這不是唐‧吉訶德嗎？這不是比唐‧吉訶德更加可笑嗎？須知道，人類的行為是由環境決定的，當時的環境下，我們並不覺得自己可笑，而是覺得勢之所迫，不得不為。到今天，我們中的大多數人，至少是我所知道的四一四方參加武鬥人員中的大多數人，並不後悔當時自己的選擇。他們可能會對自己處在那個時代環境而感到可悲，卻不會對自己那時的行為感到可笑。

評價人們的行為，不能只看他們做了什麼，還要看是在什麼情勢下，他們為什麼會這樣做。據我所知，一些國外的歷史學家在分析歷史事件時，往往習慣於要在意識的表像下找出實際的利益趨動力。清華百日武鬥使他們感到困惑：清華武鬥的參加者基本是一些學生，在這些同學之間能有什麼實際利害，尖銳矛盾，值得他們以死相搏呢？流行的解釋是，武鬥的實際利益趨動力是部分造反派頭頭的個人權力慾望。這當然是一個重要因素，否則，這場武鬥也打不起來。但是實際上，兩派頭頭和廣大群眾之所以投入武鬥，這並不是他們心中更深層的利害惦量。許多群眾參加武鬥，確實有著自身利益的趨動力，這就是為生存而鬥

爭，為不當反革命而鬥爭。在毛澤東的革命理論中，路線鬥爭是不可調和的，是「國共兩黨鬥爭的繼續」，不是你死就是我死。這可不是說說而已！如果自己這一派真的被打成反動組織的話，最後清算起來，許多人可能真的就成了反革命，至少也是嚴重的政治錯誤。這個政治錯誤可犯不起啊，年紀輕輕，這一輩子可就慘了。清華文革的頭頭唐偉同學曾經說過：「我們是『奉旨造反』，或者叫『跪著造反』的人，經常想的決不是升官發財，而是不要成了五七年的右派，不要被打成反革命。而像沈如槐等四一四派同學，堅持武鬥到最後，他們真的是害怕蒯大富上臺後大搞像現在陳水扁一樣的流氓政治和統治權術。」他的話一針見血，道出了這個問題的真相。

另一方面呢？這些外國研究者產生困惑的原因，部分可能也由於他們太重視實際功利，而忽視了意識形態對當時中國大學生所起的作用。這種意識形態，最顯見的當然是毛澤東思想。據我所知，當時清華學生中真誠相信毛澤東的文革理論，願意為這種理想而拼命的人，確實也還是有的。而除了這種毛澤東思想的影響外，還有一種更深層次的思想的影響，常被許多研究者所忽略。這就是，中國傳統文化的思想影響。

清華物理教研組有一位小王老師，由於種種原因，被陷在科學館裡面。他寫過一篇文章，平實地記述了他在科學館中所見所聞。他將留在科學館裡的幾位女同學稱為「俠女」。讀者自己可以看出，本書作者唐金鶴同學在武鬥中的所作所為，其實，也可以算是一個「俠女」。唐金鶴在本書中記敘的不少人和事，也都有這種俠、義之風。這「俠」和「義」兩個字，是我們幾千年中華傳統文化的組成部分，在文化革命中並沒有消失。它超越「極左或者極右」、「無產階級或者資產階級」等等意識形態的紛爭。在我們這個民族處於危急患難之時，深深根植於中國文化之中的這種品性，勢必會展現出來，來應對這種危難局勢。

現在的文革研究者可能認為：留在學校參加武鬥的人，一定都是那些團、四兩派中派性觀點最極端的鐵桿分子。事實不是

這樣，至少就我所知道的四一四方，不是這樣。事實是，四一四派內部還分成幾派，其中原屬天安門縱隊的三七戰團是它的鴿派。沈如槐的文革回憶錄就認為，天安門縱隊的領導人是較得人心的「謙謙君子」。他們是一些頗具資格的平民造反派，觀點溫和，很有文采和口才。他們中的孫怒濤、汲鵬和王良生是被蒯大富列入530革委會名單的，但孫怒濤和汲鵬不滿蒯大富的極左做法，放棄官位，毅然同蒯大富決裂。本書有很多處提到汲鵬，他是四一四方武鬥中的主要領導成員之一。沈如槐在他的著作中還曾指出：清華百日武鬥中，四一四方武鬥的中堅，特別是各系、各戰區級的武鬥指揮官，臨危受命的，基本是三七戰團的「謙謙君子」。像唐金鶴這樣，連溫和觀點的天安門縱隊都沒有參加，那就是更加中間的溫和派了。他們一向不想武鬥，抵制武鬥。但是，武鬥戰火燒起來後，他們留在隨時有生命危險的學校裡。而唐金鶴，那是離開了以後，又回來的。這個現象說明什麼？它說明，不能簡單地將清華武鬥全部看成是兩派政治觀點之爭，它其中的一部分是道義之爭。這一部分人參加武鬥的主要思想趨動力，不是毛澤東思想的意識形態，而是俠義、仁愛等等傳統的中華道德文化。

當然，清華學生不是金庸筆下的俠客。他們是當代知識分子中的精英。從唐金鶴搜集到的資料可以看到：清華武鬥中出生入死、負傷流血的這些人，在改革開放後，憑著自己的聰明才智和真才實學，大部分人做到事業有成，他們中有的是博士，有的是教授，還有人在科技領域作出了傑出的社會貢獻。在文化革命中特定歷史環境中，作為一個有正義感的知識分子精英，參加武鬥是他們自己認為最應當的選擇。

從本書中，人們可以看出，文化革命中的這場武鬥召喚出人類靈魂深處最醜惡的部分，也召喚出最高尚的部分。簡直可以說，這是天使和魔鬼的共舞。但是，看了書中的事例，讀者千萬別以為四一四就是天使，團派都是魔鬼。事實絕非如此。其實，每個人的靈魂中都有兇惡和善良，每個派別組織中都有天使和魔

鬼。目前有人已經寫文章揭示，四一四派也有非法關押無辜群眾的，也有虐待俘虜打人的。最近，團派頭頭陳繼芳同學在談到反思文革時說，妖魔化對方就是妖魔化自己。她說得不無道理。如果有人借反思文革的名義，有意捏造事實而妖魔化對方，那當然是絕對錯誤的。汲鵬曾給我說過這樣的話：四一四和團派其實是一對雙生兄弟，團派犯過所有錯誤，四一四幾乎全都犯過。比如，團派關押了羅徵啟老師，四一四也關押了陶森老師，人心都是肉長的，他們受到的身體摧殘和心靈的創傷，那都是一樣的呀！對他們，現在我們的心裡都是深深的懊悔和內疚。

唐金鶴不是不想公正，只是囿於個人經歷，她沒有能夠看到並寫出事件的另外一面。我想，如果團派同學也寫出一本回憶清華武鬥的著作，他們中必定也會有不少救死扶傷、見義勇為的動人故事。我還認為，即便是那些在武鬥中作出錯誤行為的同學，也絕不是天生的壞人。他們的一些殘暴行動，乃是在當時特定的歷史環境下，被教唆、被誘導出來的。在正常的社會環境中，他們本來也是十分優秀的人才。本書講到在清華有過一個從活人口中拔牙的殘暴事件，對此，汲鵬曾給我講過一個故事：那個在活人口中拔牙的同學，事後受到公眾的譴責，大家給他起了個綽號，叫做「牙科大夫」。汲鵬一次見到他，開玩笑地給他打招呼：「牙科大夫來了。」那知這位同學聽到後，很誠懇又不無詼諧地調侃自己說：「我不做牙科大夫了，我現在改行學針炙了。」汲鵬後來瞭解到，這位同學確實業餘學會了針炙，免費為不少人解除了病痛。就是蒯大富本人在武鬥中，同樣有著善良不忍之心。他在深圳同唐金鶴談到謝晉澄之死時，我就坐在旁邊。我看到他說起這段往事，聲音哽咽，沉痛之情溢於言表。如果謝晉澄剛死的武鬥初期，蒯大富就能將這份善良不忍之心萌發擴大，以此心此理來處理武鬥中的團、四兩派的矛盾，那麼，清華武鬥的許多悲劇恐怕也是可以避免的了。

但是，我不想說，在清華武鬥中團派和四一四派犯了同樣程度的錯誤，你錯我錯大家錯，沒有什麼差別。這種差別是客觀

存在的，早在工宣隊時期，有關部門就已經查明：最先策劃挑起武鬥的，是團派一方；發動530大戰的，是團派一方；幾起惡性事故，將人活活毒打致死的，是團派一方；放火焚燒東區浴室和科學館頂樓的，是團派一方；開槍打死同學的，是團派一方；七二七那天，打死打傷多名來校阻止武鬥的工人群眾的，還是團派一方。在文革中和文革後，受到法律懲處和政治處理的人數，團派方確實比四一四方要多得很多。這些早已成了不爭的事實。

有意思的是，這些不爭的事實，卻在文革研究專家中間引發了一個爭論不休的問題：這兩個學生群眾組織的行為差別到底是由什麼原因造成的？難道真的老四比較善良，惡人都跑到老團那裡去了？

對這個問題，有幾種不同的解釋。有一種解釋是組織成員決定論。有些研究人員運用毛澤東階級分析的方法，將兩派群眾的家庭成分、黨團員人數等等一一進行對比，試圖從統計百分比中找出答案。他們甚至將某些武鬥打死人的現象說成是壞人進行階級報復。團派同學葉志江在他的《我所經歷的清華百日大武鬥》一文中，談到團派觀點的教師群眾組織「紅教聯」時，說：「就是我這種經歷過這段歷史的人，也一直以為『紅教聯』的成員中有很多壞人。」在談到武鬥中開槍打死楊樹立的趙德勝時，他說：「聽說，趙的父親或別的什麼親人被共產黨鎮壓了，趙是懷著對共產黨的仇恨參加文化大革命的。」而且他也相信了「趙德勝的心靈深處懷有仇恨。否則，我難以理解趙德勝何以有勇氣扣下扳機。」可見葉志江基本上是傾向於這一種解釋的。還有一種解釋是政治觀點決定論。他們認為，毛澤東繼續革命的本性就是走極端、排除異己，是邪惡的。團派受毛澤東繼續革命理論的蠱惑比四一四深，所以在文革中做的壞事也就比四一四更多。本書末尾，唐金鶴引用了四一四頭頭孫怒濤同學的一封信，他的論述大概就屬這種解釋。

應該說，這兩種解釋都有它們一定的道理。在這裡，我還想補充一點自己對這個問題的看法。

我認為，團派在武鬥中過失較多，其主要原因不在群眾，而在頭頭。同學中分派站隊，有很多偶然的因素，兩派群眾的人品和能力，基本一樣，至少沒有什麼明顯的差別。雖然總體上，團派的造反精神比四一四強，具體到個人，其實，大多數團派同學比四一四的同學更聽話，更順從，甚至更怕事。因為文革已經進行了兩年，每一個人都能看得出：毛澤東和中央文革是支持蒯大富的。選擇參加團派，這是跟形勢，隨大流；選擇參加四一四，反倒需要一點反潮流精神，多少有點要與中央文革別著勁幹的意思。團派頭頭在武鬥中出錯的原因，是因為他們認准了自己的政治觀點符合毛澤東和中央文革的意圖，他們吃準了毛澤東在內心是支持他們的。正因為這樣，他們有恃無恐，頭腦發脹，有點肆無忌憚，做事失去了基本的分寸。

沈如槐在看了毛澤東728召見的講話後，在他的書中說：「我最深刻的印象是：毛主席把蒯大富看成是自家的好孩子，犯了點錯誤，上帝原諒他們；而四一四則是一群異己分子。」其實呢，不如打個更形象的比喻：在毛主席眼中，蒯大富和四一四都是自己家的孩子，只是蒯大富是親生的，四一四則是前娘生的，手掌手背的肉不一樣疼，偏心肯定是有的。兩個兒子都喊娘，爭著表示自己最有孝心，其實誰得寵誰不得寵，他們各自心裡早就體會得明鏡似的。小哥倆一見面就吵，終於打起架來。當娘的喝令幾次都息不下來，乾脆放話不管你們了，任你們兩個小孩子自己打去吧，看你們能鬧到什麼田地才罷手。兩個孩子越打越厲害，娘在一邊坐著，說是賭氣不管，心裡卻是巴不得自己的親生兒早點能夠打贏。蒯大富動刀子出狠招，她半閉眼睛看不見。她的全副眼神盯著四一四，一旦四一四使出什麼傷人的打法來，她就會立即變臉，對他實施最嚴厲的懲罰。這種態勢，蒯大富清楚，四一四頭頭清楚，在旁邊作勢勸架的管家謝富治的心裡也是清清楚楚。蒯大富有恃無恐，大開殺戒；四一四顧忌重重，縮手縮腳，當然就只能多吃些虧了。四一四頭頭不是沒本事打，也不是生性善良不忍心打，實在是在偏心後娘的眼皮下，不敢放開手腳

來打。這就叫「不得寵的孩子有眼色」。也幸虧他們有眼色，在這樣瘋狂險惡的環境下少犯了好些更嚴重的錯誤，正如四一四頭頭蔣南峰在本書中所說的：四一四能夠全身而退，簡直是一個奇蹟。蒯大富呢，他錯以為只要靠到一個娘，天底下殺人放火的事都可以幹，竟然將家裡特地請來拉架的叔叔伯伯都打死打傷一大片，這叫做「寵壞了的孩子惹大禍」。到了這種地步，已是天理不容，天底下沒有任何人護得住你、救得了你了。

上面我把毛澤東比作偏心的後娘，可能有點失敬。其實，毛澤東作為一個政治家，有他自己的政治理論和政治主張。對符合他政治主張的群眾組織，他當然要愛護；對不符合他政治主張的群眾組織，他也當然要反對。這是很正常的態度。對這一點，他是公開明示了的，並不掩瞞。在蒯大富闖下了大禍的時候，他還是堅持說，他站在蒯大富一邊，不喜歡那個四一四。這也應該說是一種光明磊落的風度。還有，儘管他很不喜歡四一四，至少在大面上，還是給了團、四兩派一個平等的測驗機會：沒有把「制止武鬥的工人隊伍是他親自派的」這個資訊，單方面通知蒯大富。儘管測驗的結果，十分的不如他的心願，他一再遺憾地責怪蒯大富太蠢，為什麼四一四不開槍，偏偏你蒯大富開了槍呢！這真是恨鐵不成鋼的一片護犢之心呢！現在我在網上看到，有人寫文章埋怨蒯大富在727的作為，壞了全國造反派的大事；還有人說，毛澤東沒有把派隊伍制止武鬥的消息私下通知蒯大富，是故意誘使蒯大富犯錯誤，是有意要收拾造反派；還有一位團派同學竟然說，727是毛澤東自導自演，演砸了鍋的一場戲，等等。我覺得，他們這樣的一些說法，對毛澤東實在是太不厚道了。

三、以老祖母的價值觀復原評論清華武鬥的基準

對清華武鬥這一重大歷史事件，四十年來，中外學術界有好幾種不同的評價。同是政治評論家，寫《百日武鬥》的韓丁和寫《一葉知秋》的唐少傑，兩個人的看法，就很不一樣。這不僅因

為寫作年代不同，中國政治形勢發生了變化，究其內裡，他們兩個人的政治理論和政治標準也是很不一樣的。在我們這些老百姓眼裡，政治評論這一套東西實在太玄妙，同一件事，你說「好得很」，可以寫出大篇文章來；他說「糟得很」，也可以寫出大篇文章來。這裡頭，怎麼沒有一個統一的評論基準呢？

唐金鶴不是一個政治評論家。看她所寫的文章，不少讀者可能會有一個共同的印象：這是一個不怎麼過問政治的人。唐金鶴一向對政治不感興趣，這是事實，但這並不等於她沒有自己的政治觀點。現在她有兩個兒子，四個孫子，是一位典型的老祖母了。古今中外的老祖母，都有老祖母自己的一套價值觀。她們對政治的看法往往是既幼稚，又固執，嘮嘮叨叨，卻常常能把那些偉大政治家嗆得一楞一楞的，實在拿她們沒辦法。她們的價值觀說起來很簡單：你們那些政治理論一套一套的俺們弄不明白，俺就是一句話，殺人放火的事肯定是錯誤的！

在美國，民間有個特別的反戰組織，叫作「老祖母和平旅」（Granny Peace Brigade）。只有當上祖母的人，才能參加這個組織。一兩年前，這些老太太反對小布希政府侵略伊拉克，活動十分活躍。她們或靜坐、或示威，還編了許多反戰歌曲，一路遊行一路唱。更有絕的，她們集體佔領徵兵站，說是寧願自己代替她們的孫子去當兵。小布希政府被弄得哭笑不得、惱羞成怒，還真下手抓過她們中的一兩個人。這一下，更犯了眾怒，連老布希的夫人都不幹了，因為她也是老祖母。小布希沒奈何，只好趕緊放人。「老祖母和平旅」的政治主張，也是極其簡單：那怕你小布希的侵略理論說破天去，反正打仗殺人的事情就是要不得！

唐金鶴對清華武鬥的評判標準，同「老祖母和平旅」對伊拉克戰爭的評判標準，本質上是完全一樣的，簡單地說就是：「人性為本」的標準。這個標準，簡明地說出了人類政治最原始的真理。正因為它原始，所以我認為，我們應該用這種老祖母價值觀，來復原我們對歷史重大事件進行評論的基準，當然也應該用來復原對清華百日武鬥，乃至對整個中國文化大革命進行評論的基準。

老祖母的價值觀，並不是真的只是老祖母才有的專有品。其實，在人民群眾中間，無論男女老少，持有這種價值觀的人為數甚多，而且越來越多。我們這些當年清華百日武鬥的參加者，經過四十年的社會磨練，現在大多數人也都基本認同了「人性為本」的標準。唐金鶴在書中引用了但燊同學的一段話：「人性是一個社會的根本，國家大政方針的根本。心地善良是做人的根本。社會要以人為本，人要以善為本。」他的話，說出了我們共同的心聲。今天我們回顧清華武鬥，和反思文革的目的，就是力圖嘗試運用這種「人性為本」的基準，來重新認識和評價我們自己的這段歷史。

　　我這裡只是說，我們在「嘗試」以「人性為本」的基準來對清華武鬥和文化革命進行歷史評論。我並沒有說，現在我們「已經能夠」用這種基準來評論這段歷史了。用「人性為本」基準來評論歷史，看起來很簡單，而且好像已經是大家的共識。其實遠非如此，在對歷史事件進行評論這個問題上，政治學家和歷史學家幾乎從來不用「人性為本」的基準，他們用的是另外一些基準。那是些什麼基準呢？他們的基準各式各樣，有的是意識形態，有的是政治集團的利益，還有的是本民族的經濟利益。他們往往認為，一個歷史事件，只要它是為了達到這些目標的，那麼，做一些違反人性的舉動，那就是可以理解的，或者是應該肯定的。有些重大歷史事件，殺了幾萬、幾十萬人，並不妨礙它們得到大多數歷史學家的正面評價。比如在中國，為了鞏固社會主義制度，對一些人進行鎮壓和打擊，一向被認為是正確的；在美國，為了推進民主自由的制度，發動戰爭，屠殺別國人民，許多政治家認為也是應該的。為了同「人性為本」的歷史評價基準相區別，我暫且將他們這些各不相同的基準，起個簡化了的名詞，叫做「政治利益為本」的基準。

　　到目前為止，中國的主流學術界和話語界，評論文化大革命的歷史，所用的仍然是「政治利益為本」的基準，而不是什麼「人性為本」的基準。

本書「清華園裡血斑斑」一章中，一開頭舉的就是羅徵啟老師的例子。書中記錄了羅徵啟老師遭到兩次殘酷的人身迫害的經過，一次在1966年的824事件中，一次在1968年的武鬥期間。這兩次迫害的手段都是極為殘暴，令人髮指。對清華文革歷史略有瞭解的人們知道，824的恐怖事件不是蒯大富幹的，而是一些擁護將蒯大富打成反革命的劉少奇工作組的高幹子弟幹的。對羅老師進行第二次迫害的清華武鬥，現在的主流史學界基本持否定態度，其施暴的兇手，也已經基本得到懲戒。羅老師對在這次迫害中對他的弟弟之死負有責任的孫耘同學表示寬恕，受到大家的交口讚揚。但是，對羅老師進行第一次迫害的824事件，到目前為止，還沒有一個主流的歷史學家對它表過態，其組織者和施暴的兇手不但沒有得到應有的處罰，其中有的人還官運亨通，身居高位。不要說羅老師沒有機會對這個事件的責任者表示寬恕，他們中有人甚至在文革後對羅老師又進行第三次的迫害，他們至今對羅老師卻是毫無寬恕之意。我們這些老百姓用「人性為本」的基準來評論，可能認為這樣處理既不應該，也不公正。但是主流學界用的是「政治利益為本」的基準，他們就認為很應該，也很公正。因為他們看來，824的紅色恐怖是保護劉少奇，政治目的完全正確。既然是你毛澤東提出來要打倒走資本主義的當權派，那麼把像羅老師這樣中下層黨員幹部、小當權派拋出來痛打，這個歷史責任就應該算在毛澤東的賬上。當時痛打像羅老師這樣中下層黨員幹部，是政治策略的需要，這樣做的人不但無過，而且有功。在以「政治利益為本」的基準下，他們的理由確實也很充分。

　　這樣的例子是不勝枚舉的。文革初期紅衛兵運動中「破四舊」、打砸搶，打出人命的，現在春風得意的人，為數還少嗎？民憤最大的「老子革命兒好漢，老子反動兒混蛋」對聯的始作俑者，老百姓想得到他在文革後當了多大官嗎？所以說，以「人性為本」的基準來復原文革中的歷史事實，並不這麼簡單。要復原文革中的惡性歷史事件，順著主流學界的聲勢，批批清華百日武鬥中的殘暴行為，那是遠遠不夠的。

我決不是說，清華百日武鬥這樣的文革惡性事件不該揭露、不該反思。相反，我深深感到，現在揭露得還太不全面，反思得還太膚淺。不過，我對揭露和反思文革這件事，同主流學界的想法略有不同。他們揭露也好，反思也好，主要目的是全盤否定文化大革命。而我的目的，主要是想從中找出文化革命失敗的歷史教訓。

　　毋庸諱言，作為一個上世紀六十年代在校的清華學生，文革初期我也曾經狂熱地擁護過毛澤東的文革理論。當然，我們理解的是正面宣傳的理論，覺得社會主義制度下確實存在許多不公正的現象，確實有一些黨內的當權派仗勢欺壓老百姓；群眾用大民主的方式揭露他們，監督他們，是完全應該的。今天有的同學還記得，我當時曾在黑板上寫了一首詩：「生逢時，死無怨。少年立志，赤化乾坤，誓將碧血薦。」但是很快，我失望地看到，那些高呼文革口號的紅衛兵，以滅絕人性的手段，做盡人間壞事。我感慨萬千地又在黑板上寫了一句繞口令似的感言：「用文化大革命中應該清除的東西，拿到文化大革命中來左右文化大革命，是一定會斷送文化大革命的」。

　　我對蒯大富他們這樣的平民造反派曾一度抱有好感，對他們某些觀點也並不十分排斥。但很快我又發現，他們得勢之後，整起人來也是滅絕人性，同以前壓迫他們的那些高幹子女相比，有過之而無不及。於是，我對文革理論產生懷疑，從消極抵制，逐漸發展到堅決反對。我對團、四兩派的極端理論都深感厭倦，長時間中整天沉浸在書籍堆裡，試圖從馬列原著和西方資產階級啟蒙運動的思想中尋找答案。在清華武鬥中，我這個文弱書生，竟以一個普通士卒的身分，留在學校同蒯大富的團派勢力作殊死抗爭。530以後，形勢變得十分嚴峻，留在學校裡的人都有一種隨時面臨死亡的感覺。我曾向汲鵬提出過一個要求：如果哪一天我真的死了，這是我自願的，只是要求，千萬不要在悼詞中說我是保衛毛澤東革命路線而死的紅衛兵或者烈士之類的話。那時，我最反感的就是這種話。

文革中，我同廣大民眾一樣，對「四人幫」和造反派最痛恨、最反感的，是他們那些喪盡天良的整人手段，也就是說，我們是以「人性為本」的基準來反對他們的。在武鬥中，眼睜睜地看到身邊同學一個個的死去，我心中有一個聲音在呼喊：在堂堂首都，為什麼會這樣沒有王法？這樣公然殺人放火的事情，最高領導為什麼不出面喝令制止？這種徒呼奈何的憤懣之情，鬱結於心，至今未能消散。

「四人幫」對立面的政治力量，開始時也曾發動人民群眾以「人性為本」的基準打倒他們。但是，這種政治力量取勝之後，很快收起「人性為本」的基準，在不知不覺中換上了以「政治利益為本」的基準。蒯大富領導的武鬥打死這麼多人，後來把他判刑關牢的主要罪行並不及此，而是「投靠四人幫，打倒劉少奇，顛覆無產階級專政」，等等。

文革以後，當時群眾揭發出來的幹部腐敗行為的種種事實，統統成了造反派無中生有編造出來的不實之詞，一風吹掉。經過文革的風浪重新掌權的黨內當權派，將人民運用民主監督的權利，視為文革餘毒，理所當然地給予取締和打擊。正因為這樣，現在，黨政官員的腐敗現象，愈演愈烈，已經成了中國政界的痼疾。人民群眾的不滿之聲，不絕於耳。

發生在中國的種種現實，促使我對文革在經過反思以後，又進行了再次的反思：現在被批得臭不可聞的文革理論，是不是也會有可能存在著某種合理的內核呢？記得文革初起時，美國記者找到當時居住香港的張國燾進行採訪。張國燾認為毛澤東發動文革的動機，主要是追求他心中的社會平等。作為毛澤東長年的同志和政敵，張國燾對毛澤東的這種理解，對我們今天追索文革歷史教訓，有著特殊的意義。連張國燾都承認，毛澤東發動文革的動機，部分是為了他的理想。這種理想的平等訴求，有它合理的一面。但是，任何理想，如果只有憑藉違反人性的殘暴手段才能實現的話，這種理想本身也是邪惡而不可取的。

這裡又引出了一個新的問題：社會平等的理想和違反人性的殘暴手段，這兩者之間，難道就必定是互相關聯而不可分割的嗎？

　　現在的文革研究者，對一度掌權的造反派往往抱有成見，認為他們都是些貪污腐化的痞子。事實不完全如此，有些掌了權的造反派，在經濟上，與改革開放後的許多當權派相比，實在是要清廉得很多。據我所知，即使在清華武鬥這樣的混亂情勢下，負責學生助學金發放的團派人士，一直忠於責守，帳目清楚，做到了一錢不沾。掌管團派「井岡山報」收入財務的人員，也真正做到廉潔奉公。工宣隊進校後，對他的帳目進行審計核查時發現，一份份井岡山報所賣的收入，全然入帳無誤，所差的幾萬人民幣，乃是經蒯大富批准，用於資助武鬥中負傷殘疾的同學。最後，在工宣隊的監視下，這個團派人士到負傷同學的家裡取回這筆差額現款，他流著眼淚卻把自己身上的錢，全部掏出來，放在這個困難同學的家裡。

　　我們不能因為文革中追求的某種理想，而原諒、容忍、甚至肯定那些喪失人性的殘暴行為。同樣，我也不認為，由於充滿了喪失人性的殘暴行為，文革中所提倡的一切東西就必定都是錯誤的了。難道，為了徹底否定文革，文革中所極力反對的黨政幹部特權、貧富兩極分化、道德敗壞和貪污腐化等等社會醜惡現象，就能統統變成合理、合法了嗎？

　　我在再反思中還是堅持認為，文革中那些滅絕人性的理論和做法，毫無疑問，是百分之一百完全錯誤的。正是這些百分之百錯誤的、滅絕人性的理論和做法，使文革喪盡了民心，遭到人民的唾棄。而我耽心的是，人民群眾這種唾棄，在某些政治利益階層的導引下，連將文革理論中可能存在的那點合理內核，也一併全部唾棄掉了。

流著眼淚「剝洋蔥」
——《倒下的英才》再版後記

陸小寶

> 回憶就像洋蔥
> 每剝掉一層
> 都會露出一些
> 早已忘卻的事情
> 層層剝落間
> 淚濕衣襟
>
> ——鈞特・葛拉斯

　　唐金鶴所著《倒下的英才》一書，去年十一月在香港出版，現在正在準備再版。這麼快就再版，是因為此書大受廣大讀者，特別是文革研究者的歡迎。還有一個原因，這此書出版後，唐金鶴對清華百日武鬥的歷史又進行了一些調查和瞭解，她準備用這些新的資料對此書進行一些補充和修訂。比如在再版中加進了七二七事件中工人宣傳隊的死亡者名單，等等。無疑，這些補充和訂正是很有意義，也是很有必要的。

　　但是，此書的再版，還有更加重要的理由。

　　此話怎講？

　　原來，《倒下的英才》出版以後，在社會上、在清華文革的親歷者中引起了很大的反響。特別在清華校友網上，引發出一系列的精彩文章。說其精彩，是因為這些文章幾乎是清華文革的原班人馬、保持當時派別的陣容，對唐金鶴的書展開的一場尖銳的辯論。參加辯論的不少還是當年清華文革中的成名人物。如果

有一位文革研究專家，追蹤此書從初版到再版的過程中發生的種種事態，把所有相關辯論文章搜集成冊發行，這將是一件非常有意義的工作。它可以讓人們看到，這些參加清華百日武鬥的知識分子精英，過了四十年後，他們的思想有了哪些進展。對唐金鶴在書中揭露出來的血腥暴行，他們敢於直面承認嗎？他們願意為自己的行為負責嗎？這個工作可以促進我們對文革的反思逐步深入：從復原事實深入到分析原因，從回憶歷史深入到聯繫現實。

我想起了一本書，書名叫做《剝洋蔥》。

《剝洋蔥》是1999年諾貝爾文學獎得主鈞特・葛拉斯寫的一本回憶錄。葛拉斯是德國人，這此書記敘了他從12歲到32歲的生活經歷。書中最引人注目的一段敘述，是作者在17歲時，曾經參加過黨衛軍，未發一槍，受傷被俘。他在回憶中說：「我曾被納入一個體制，而這個體制策劃、組織、實施了對千百萬人的屠殺。即使能以沒動手幹壞事為自己辯白，但還是留下一點兒世人習慣稱為『共同負責』的東西，至今揮之不去，在我有生之年肯定是難脫干係了。」

在得到諾貝爾獎的崇高聲譽後，葛拉斯冒著千夫所指的危險，自曝其秘。其道德勇氣令我蕭然起敬。

當時年僅17歲，又沒有放過一槍的黨衛軍，為了一種他稱之為「共同負責的東西」，一直承受著「恥」和「愧」兩個字的良心自責。在大多數中國人的眼裡，大概是病態的自尋煩惱吧。問題是，對德國精英的這種「病態」的道德良知和道德勇氣，我們中國的精英，我的清華大學同學們，是否也該有所感悟呢？

我無意拿文革來同德國的二戰相比擬，這是兩種不同性質的歷史事件。令我深有感觸的，主要是葛拉斯的這個妙喻：回憶就像一顆要剝的洋蔥。洋蔥皮層層疊疊，緊緊包裹。剝的過程，總是讓人流淚。但是只有剝開它，洋蔥才會露出粉嫩的核心。

是啊，反思文革也需要多重剝離。

現在，我決心去剝「清華文革這顆洋蔥」。

一、反思文革需要多重剝離

文化革命是全國億萬人參加、長達十年的大運動。這裡面，上頭下頭，明裡暗裡，各種思想流派，各種利益階層，交混在一起，異常的複雜。長期以來，國內對文革的評論是非常政治化、非常牽強、也是非常不實事求是的。這就是上頭常說的，「徹底否定文革」，「宜粗不宜細」。人們習慣於把一切責任，推給「四人幫」；把一切污水，潑向造反派。許多文革回憶文章，往往是張冠李戴，將別人幹的壞事，統統加到「四人幫」和造反派的頭上。如果我們繼續套用這種「宜粗不宜細」的辦法，那就永遠也別想得到真相，永遠也別想吸取真正的歷史教訓。

那麼，要用什麼辦法呢？正確的方法，就是「剝洋蔥」的方法，對事實要一層層地分析、一層層地剝離。

洋蔥怎麼剝？

兩年前，我寫的一篇文章，曾嘗試過這種層層剝離的方法。在那篇文章中，我提出一系列的觀點，即：三種文革形態，兩支文革主力，兩個極端派別。這些提法在部分同學中引起關注。我認為：

一、在清華，文革運動大致可以分成三個階段或三種形態。開始，是劉少奇工作組的文革形態，主要內容是拋出蔣南翔，把80%的黨政幹部打成黑幫，把大批學生打成反革命。它的中心代表人物是王光美。接下去，是群眾運動的文革形態，主要內容是批判劉少奇、奪權、群眾組織分裂和武鬥。它的中心代表人物是蒯大富。最後，是工宣隊的文革形態，主要內容是清理階級隊伍和所謂教改。它的中心代表人物是遲群。這三種文革形態，都不高明，都發生了逼人致死的惡性事件。人們習慣於將清華文革中的種種壞事，歸咎於蒯大富時期的群眾運動。其實，文革中兩派分裂和爭鬥的因由總根是王光美時期種下的。特別應注意的是，遲群的工宣隊階段，可以說這是排除了前兩階段的干擾後，毛澤

東心目中最期許的文革式樣，而這個階段中自殺的人數，卻是清華文革中最多的。

二、文革群眾運動中，先後曾有兩種運動主力登臺表演。一種是幹部子弟為核心的紅衛兵，另一種是以平民子弟為核心的造反派。前者的先鋒力量，可溯源於三論「造反有理」並首倡成立的清華附中紅衛兵。他們「破四舊」、「鬥黑幫」，以「血統論」為名大肆製造紅色恐怖。它在清華的代表是劉濤、賀鵬飛等人領導的「八九派」。最早從幹部子弟控制的文革運動中掙脫出來，樹起平民造反派旗幟的，是唐偉領導的「八八派」。其後，受劉少奇資反路線迫害最深的「蒯派」成了平民造反派的核心，其群眾組織是「井岡山」。這兩種文革主力，幹部子弟的紅衛兵和平民子弟的造反派，都宣稱自己是「造反」，但兩者「造反」的動因，卻有很大的不同。幹部子弟紅衛兵要「造反」，是因為他們覺得他的特權不夠，要擴大這種特權；平民子弟造反派的「造反」目標，卻是要反對特權。這兩種文革主力，在他們行世的時期，都製造過血腥暴力事件。如，前者有八二四事件，後者有百日武鬥。但兩種文革主力的肇事者，在文革後的政治命運，卻有著天壤之別。幹部子弟紅衛兵，基本上安全過關，不少人還因之春風得意，官居高位；平民子弟造反派，在文革中和文革後受到一次次的清算和整肅，有的人甚至鋃鐺入獄。在文革回憶中，許多人習慣於將幹部子弟紅衛兵所做的壞事，有意無意地指認是平民造反派所為。幹部子弟紅衛兵卻大多安心於這種「黑狗咬人，白狗受罰」的錯誤處置，到目前為止，極少看到有幹部子弟紅衛兵站出來，主動承認自己對何種惡性事件負有責任。

三、在平民造反派內部，逐漸分裂成多種派別，最終形成觀點最走極端的兩派對立。在運動中，溫和與理性，沒有存活的條件。比如，一度自以為居中的「天安門縱隊」，很快解體。其成員分別只能參加極端的兩派：團派和四一四。這兩大派，各執毛澤東的文革理論的一個極端，都屬極左，其核心思想都具某種暴力傾向，導致雙方血腥武鬥，最後同歸於盡。由於某些值得探討

的原因，在清華文革中，團派一方所犯的暴行，同對立面四一四相比，確實是要多出很多、並且更為嚴重。在文革中和文革後，團方人員受到官方的整肅，也比四一四方更為悲慘。如果有人據此評斷這兩派，何方對，何方錯，或者何方勝，何方敗，都是有失公允的。

以上是我的一貫看法。洋蔥剝到了這個層次，裡面還有更深層次，即團、四兩派內部的層次，當然還可以再繼續剝下去。例如，作為一個平民造反派，他們大多數人思想中的某些訴求無疑是正當的，而他們中某些少數人的行為卻是殘暴的、嚴重喪失人性的。這兩者之間，應該再作剝離。唐金鶴《倒下的英才》的出版，這是一個機會。我早就一再指出，唐金鶴在此書初版中的某些說法，不是全無偏頗的。但我還是十分支持她，因為她畢竟說出了人們多年來一直不想說的許多事實。我希望，團方人士中有人能夠站出來，理性地進行反省和反思。

我之所以看中唐金鶴的書，並寫文章支持她，一個很重要的原因，就是因為唐金鶴的書基本上不涉及兩派的政治觀點，她只是盡量真實地揭露了清華百日武鬥中發生過的種種血腥暴行，並從人性為本的價值觀出發，而不是從政治觀點為本的價值觀出發來譴責這些血腥暴行。現在回過頭去看，事實上，無論是團方也好，四一四方也好，他們的政治觀點均屬極左，多不可取；但雙方的政治主張又都並非一無可取，許多乃是在極左的外衣下包含著對當時社會求變求新的躁動和嚮往，但他們都有過喪失人性的血腥暴行，則都是絕對錯誤的。雙方同學對自己的派別理應進行兩重剝離：首先，將政治觀點同血腥暴行剝離；其次，將政治觀點中的極左成分同合理訴求剝離。

從發表在網上的文章看，部分同學尚無意進行這種剝離的工作。他們也許還沉溺在長期被壓制的怨氣之中，對唐金鶴的書，他們本能的反應是自我防衛。他們沒有興趣去過問：迫害羅徵啟是不是事實？折磨謝引麟是不是事實？毒打孫華棟致死是不是事實？活人口中拔牙是不是事實？開槍打死錢平華是不是事實？主

動挑起530大戰是不是事實？放火燒樓是不是事實？開槍打死這麼多工宣隊工人是不是事實？……他們不關心這些，他們只是異口同聲地指責這是派性。對書中揭露的種種喪失人性的血腥暴行，我相信他們並非真的全然不知，也並非真的都會持贊同態度，但作為一個原先的「派」的成員，他們要維護這個「派」的最後名聲。

他們大多指責唐金鶴的書有派性，敘述不全面、情節有偏差，或者對方也有暴力傾向，也有虐俘行為，對方政治觀點「必勝」的荒謬，等等，似乎這麼一來，這些血淋淋的事實就一下變得不存在或毫無意義。有一位同學甚至寫道：「忘掉這該死的530！」但是，「該死的530」，在清華文革史上是永遠忘不掉的。如果拒絕剝離，那麼，參加這個派別的所有同學就只能永遠同這些血腥暴行聯結在一起。如果拒絕剝離，甚至，整個平民造反派的歷史都只能永遠被這些血腥暴行的製造者所綁架。

二、反思文革有三個主要層次

反思文革，我還認為，可以分成三個主要層次。對這三個層次，我們還是可以用剝洋蔥的方法，一層一層的剝離和分析。

三個什麼層次呢？

我先介紹梁啟超的一篇文章。這篇文章叫做《五十年中國進化的概況》，是梁先生在1922年寫的。

在這篇文章中，梁啟超指出近代中國在思想觀念上有三個轉化期，其實呢，也可以說這是梁啟超本人在探索中國現代化道路過程中逐漸加深認識的三個主要層次：第一期，先從器物上感覺不足，遂有洋務運動之發生；第二期，是從制度上感覺不足，這便引發了康梁的戊戌變法和後來的辛亥革命；第三期，是從文化根本上感覺不足。「只所以感覺如此，是原以為學了西方的政治制度，一切問題即可迎刃而解，後來發現大非如此。」

受梁啟超這篇文章的啟迪，我們也可以從事實、體制和文化，這三個主要層次來反思文革。

第一層次，反思文革中發生的具體事件，為後人提供歷史真相。在這個層次上，眾多的文革的親歷者和文革的研究學者已經做了大量的工作。有些揭發出來的事實，十分觸目驚心，駭人聽聞。我們這些清華文革的親歷者先前所作的回憶、出版的幾本書籍，基本上都屬於這個層次上的工作。這是文革研究的基礎。

　　第二層次，從中國的政治體制上反思文革，從社會制度上探究文革產生的原因。這個層次上的工作，也已經有不少人在做。他們從社會主義的政治、經濟體制、共產黨內的長期政治鬥爭的歷史、毛澤東思想的深層內涵，以及當時國內存在的各種社會矛盾糾葛中，去探索文革的起因和今後中國的走向。這些研究工作很有意義，但由於研究者各自所處的地位、認識水準和實際利益等等方面很不相同，導致他們研究的立場和結論也很不一樣。有人主張用徹底否定文革，來促變中國的政治體制；也有部分人，針對改革開放後中國出現的嚴重社會問題，提出重新肯定文革，肯定社會主義方向。清華文革親歷者當中，也有不少人在進行這個層次上的思考。

　　第三層次，在更深入的文化層次上反思文革，從中國固有文化傳統、國民性、信仰、理想，及現代社會應有的公民責任、道德準則和價值觀，等等方面，來探索文革的起因、文革對中國社會現狀的影響，以及今後的國民教育問題。在這個層次上，已經有人開始思考，但做的工作還遠遠不夠。而我認為，這是反思文革的工作中最值得重視的部分。

　　從政治體制的層次來反思文革，十分必要。在中國實現民主政體，也完全應該。我還是認為，文化層次上反思文革，對現在的中國，這是一個更加可行、更加緊要的任務。我之所以這麼說，基於三點理由：

　　首先，在體制上研究文革雖然前景誘人，但目前陷入僵局。我從網上看到，從體制層次上反思文革的知識精英，已經截然形成對立的兩大派，除了各自發表觀點和對罵之外，簡直水火不容，無法互相溝通。

其次,政治體制不能解決一切問題。1922年,梁啟超積五十年中國現代化進程的教訓後,沉痛認識到「原以為學了西方的政治制度,一切問題即可迎刃而解,後來發現大非如此。」梁啟超提出「新民學」、魯迅提出「立人」的思想,真正關心的人很少,人們熱衷於體制上的革命。至今,又有八、九十年過去了,政治體制變了幾變,中國的現代化依然問題叢生。

再次,從文化層次上反思文革,有助於深入透視和解決文革後中國社會的諸多問題。長期以來,人們習慣於將文革責任推給「四人幫」,對自身的公民責任和道德準則等,缺乏反省。這些問題遺留下來,在新的環境中,以不同的方式表現出來,造成對社會的侵害,有些甚至比文革時更為嚴重。

唐金鶴《倒下的英才》初版到再版過程中發生的一些事態,可以看出從三個主要層次來反思文革的必要性。

今年四月初,清華文革的重量級人物唐偉與張鴻慶聯名發表《一人之心,千萬人之心也》的文章,評論唐金鶴一書。他們的文章在清華同學中又引起一輪新的評論熱潮。尤其是唐偉、張鴻慶文中指出,蒯大富是清華武鬥的罪魁禍首。這個提法,不但團方,就是在四一四方內部,也有很大的爭議。孫怒濤同學就認為提法不妥,汲鵬也不同意唐偉的提法。他們認為清華武鬥的主要責任,不能由蒯大富來負,當然要由毛澤東、「四人幫」來負。汲鵬在電話中問我,同不同意他的觀點。我對他說,我是既同意,也不同意。

我認為,清華武鬥也可以從三個主要層次上分析,在這三個不同的層次上,其主要責任者也各不相同。在第一層次,主要責任者是蒯大富;在第二層次,主要責任者是毛澤東;在第三層次,即文化的層次上,我們每個人都有責任,都需要反省。

我這裡說,在第一層次上,蒯大富是清華武鬥的主要責任者。對這個提法,有些同學肯定還是不同意。在這個問題上,我想,蒯大富本人應該更有發言權。不久前,在唐偉、張鴻慶的文章尚未出來時,有一位記者採訪蒯大富,寫了一篇名為《蒯大

富：一個「紅衛兵領袖」向普通人序列回歸》的報導。在採訪中談到清華武鬥時，蒯大富說：「當時我是我們學校的一把手，影響力是很大的。我們清華最後大規模打起來是1968年4月23日，如果當時我主張不打，那場武鬥（百日武鬥）肯定打不起來。當時認識上發生了偏差。」在這段話裡，蒯大富表達了兩層意思：第一，當時打不打的主導權在團派一方；第二，他決定武鬥，並不是中央有什麼人給了他的什麼指示，而是他自己「認識上發生了偏差」。我認為，蒯大富的態度是真誠的，他的話反映了當時的實際情況。我一直有個感覺，在全國武鬥中，清華武鬥比較獨特，它不像四川和廣西武鬥那樣，有軍方和官方的直接介入。所以，對清華武鬥中的血腥暴行，我們有更多的理由在文化層次上進行剖析。

從清華校友網上的眾多文章看，部分同學對文革中的血腥暴力感覺麻木，對自己一派所做的行為不願承擔責任，對人性道德準則的缺失不願反省。有位同學寫道：「冤有頭，債有主，文革不是清華發動的。往事如煙，煙會熏人，還是暫時封起來好，自有蓮臺鑒心明。大家放下心懷，輕鬆愉快過好餘年，餘情尚在山水吧。」作為文革參加者，似乎完全不認為自己還有公民責任這麼一回事。

我不認為，文革中清華大學是最血腥的地方。我更不認為，文革後清華學生是對公民責任和道德準則最沒有認識的人群。其實，這個問題絕不只是清華文革中幾個人的問題，而是我們這個民族文化中長期存在的深沉隱疾。文革前即已存在，文革中發病最烈，文革後沒有認真清理，一直遺留到今天。這是我們以往反思文革中的盲點。

而這個盲點，卻是一個致命點。不管政治體制如何變更，也不管經濟如何發展，公民責任和基本人性的道德準則，都是一個現代文明社會必具的基本要素。缺乏這種基本要素的社會，是一個沒有根基的社會，是一個東歪西倒的社會，是一個隨時可能出現動亂危機和血腥暴行的社會。文化革命過去了，原式原樣的

文化革命歷史一定不會重演。但是，如果這種社會觀念不改進，文化革命的悲劇將在人們不曾預想的時間，以人們不曾預想的形式，一定會一再重演。甚至是，已經在重演，大家還不以為是重演。「范跑跑」、毒奶粉、槍擊小學生等等，就是例證。

唐偉和張鴻慶的文章還提出，應該從教育上反省文革暴力。我很贊同他們的看法。師大女附中的年輕少女，為什麼會動手打死自己的校長？清華大學的學生，為什麼會製造出駭人的血腥暴行？這些，確實應該從我們的教育制度和教育內容上深刻反省。我們的教育問題嚴重，這是肯定的。如果問，我們在教育上最嚴重的問題是什麼？以我之見，是過分強化意識形態，而對普通公民教育和道德教育的嚴重缺失。

反思文革，勢必應深入到文化層次上去反思。而在文化層次上反思文革，最重要的目的有兩條：其一，是喚醒我們這個民族的公民責任意識；再一，是重建我們這個民族的信仰、道德和價值觀念。

三、喚醒我們這個民族的公民責任意識

什麼是公民責任意識呢？我覺得起碼是兩條：其一，每個公民都要在整體社會中盡到自己的一份責任；其二，每個公民都要對自己的行為在整體社會中產生的後果負責。它的前提是，社會以公民個體為本，每個公民都有平等的相應權利。公民責任的觀念，與公民的獨立人格緊密相關。離開自由的精神和獨立的思想，就談不上為自己的行為負責。

網上有位同學說：「清華武鬥的發生是那個政治第一、階級鬥爭為綱的時代的產物，是誇大政治分歧鼓吹鬥爭哲學的結果。而這些恰恰都是中共當局一貫宣傳教育的結果。」對此，我很同意。但我還是認為，這個問題還有從我們自己身上檢討的必要。

文革中，青年學生喪失獨立思想和獨立人格，是普遍的現象。而這種喪失，有多半乃是自我放棄。更發人深思的是，這種

自我放棄，有著十分堂皇的自我支撐理由。理由一，領袖。毛主席是永遠正確的，跟著他，自然用不著我們自己去獨立思想；理由二，主義。這些主義既現成又權威，有此打頭，自然也用不著我們自己去獨立思想；理由三，群眾運動。群眾運動，天然合理，順著潮流，不會出錯；理由四，派性集體。集體行動有聲勢，出了事也有集體擋著，法不責眾。

既然文革是大家沒有經過獨立的思想、不是以各自獨立的人格而進行的，那麼，文革的慘重後果也用不著由大家中的哪個人來負責。文革是錯誤的，但是，它的參加者卻幾乎沒有一個人認為自己有錯誤。錯誤在誰身上呢？當然在領袖身上，在主義身上，在運動身上，在集體身上。每個人自己呢？是上了當，受了騙，「眾所周知的原因」，「違心地」怎麼怎麼了。

這不是很好嗎？這麼一來，大家不是就可以「將矛頭集中指向『四人幫』」，「輕裝前進」了嗎？

對此，我卻十分擔心：這種「沒有獨立思想、沒有獨立人格、人人沒有錯、人人不負責」的社會是十分可怕、十分危險的。萬一什麼時候又颳一陣什麼風呢？萬一又出一個什麼「幫」呢？再把這個社會乒乒乓乓地搗個稀巴爛後，大家「輕裝前進」再出發嗎？

文革中的血腥暴行，個人應不應該為之負責？為了間接說明這個問題，我想先講一個美軍的故事。故事發生在1968年3月，與清華百日武鬥差不多同時，地點是越南的美來村。美軍一個小分隊的凱利中尉指使士兵殺害幾十名越南平民，這就是著名的美來屠殺事件。當時有一位直升飛機駕駛員湯普森少尉，見狀奮起制止屠殺，他拔出手槍，站在美國士兵和越南平民之間，怒聲吼道：「你們敢再向越南人開槍，我就向你們開槍。」事後，湯普森少尉由於他的道德勇氣，獲得英雄的稱號，而凱利中尉卻送到軍事法庭受審。對凱利的審判，在全美國引起了一場熱烈爭論：凱利該不該對美來大屠殺負責？審判進行了四個月，篩選陪審員就花了三天時間，因為大部分陪審員候選人預先就表示凱利無

罪。審判中，辯方律師和不少證人也堅持認為凱利無罪。一位資深的軍事法官，挺身為凱利鳴不平，他說：「這個年輕人的錯誤是我們制度的產物。政府迫使他離開家，發給他武器，教他去殺人。然而同一個政府，卻對他進行審判，並挑選了法官、法庭和起訴人！」最終，凱利被判終身勞役，不久後，減刑為十年。大多數美國人贊同法院的判決，雖然他們痛恨發動越戰的上層政客，認為這些政客才是美萊大屠殺的主要責任人。但他們還是認為，畢竟政府並沒有指令凱利可以隨意屠殺平民，作為一個公民，凱利應該為自己的行為負責。凱利一直不服判決，但是刑終出獄後，不久前在一起聚會中，他終於說出了鬱積在心中四十多年的痛苦和懺悔：「我錯了！！！」

我經常用這個故事來對照、反思我們的清華百日武鬥，隱隱覺得，我們清華大學的有些高級知識分子的公民責任心和道德良知，似乎還遠不及美軍的幾位下級軍官。在血腥暴行中，我們缺乏像湯普森少尉這樣的具有道德勇氣的英雄，卻有幾位像凱利中尉這樣被判有罪的同學。凱利中尉在四十年後萌生了良知，衷心懺悔。而四十年後的我們呢？個別武鬥策動者還在振振有詞地說，《倒下的英才》中第二部分，唐金鶴所敘她所親身經歷的種種讓人撕心裂肺的武鬥慘狀，「不過是些花絮」；兩方在東大操場的長矛對陣，是「遊戲心態」；策劃530大戰，我不做，別人也會做，等等，來推卸自己的責任。

自由的精神和獨立的思想，是清華大學優秀傳統的靈魂。放棄了獨立思想的清華知識分子，是失去靈魂的知識分子。文革期間，我們許多人迷失了靈魂，處於精神的病態之中。在法律中，處於精神病態中人就喪失了責任能力，是無需為自己的所作所為負法律責任的。文革剛結束時，為了作法律辯護，如果有人說「由於當時我失去靈魂，沒有獨立的人格，沒有責任能力，所以對自己做過的一切無需負責。」或許還情有可原。問題是，四十年後的今天，已經不會再有任何人來追究什麼法律責任，不過是提議各人反省自己的公民責任罷了，這些清華同學還要大肆反

對，這無異於對公眾宣稱：「為了躲避這份公民責任，我拒絕找回自己的靈魂，我情願繼續留在精神病院裡，一輩子做一個沒有獨立思想、沒有獨立人格、沒有責任能力的人。」我真是很遺憾哪！

國內有些學者將文革期間青年學生中普遍喪失公民責任意識的原因，溯源於劉少奇的「做黨的馴服工具」造成的影響。對此，我很同意。但是，我痛心地注意到，雖然文革後劉少奇的「馴服工具論」早就完全沒有市場了，而年輕一代知識分子中缺失公民責任意識的現象，並無改觀，甚至有越演越烈之勢。現在不少人公然鼓吹極端自私的個人主義，為了個人的利益、錢財和官位，可以無視一切社會責任。最有代表性的是在汶川大地震中丟下學生自己搶前逃命的「范跑跑」。這位北大畢業生似乎很嚮往美國精神，他一再宣稱，他的行為是天經地義的，而反對他的行為的人，則是文革遺毒沒有肅清的偽君子。

我在美國公立高中供職已歷十多年，以我的實地長期觀察得出的結論是；美國的中小學教師不會出現「范跑跑」。在美國中小學裡，經常進行防火演練，有時一個月裡都要舉行好幾次。演練時，警鈴響起，課堂上不管老師講到哪裡，實驗做到哪裡，一律馬上停止，由老師帶領全體學生經由指定路線，有秩序地疏散到教學大樓之外。我可以很有信心地說，至少對這一點，美國教師早就養成習慣，一定會照料學生疏散，而絕不會自顧逃命。這是美國中小學教師必須做到的基本職業責任。

我們的問題出在什麼地方？問題的根子之一是，在中國教育中對個人主義這個概念，長期存在錯誤的理解。要不是把個人主義批得臭不可聞，要不就將個人主義視為「人不為己、天誅地滅」的最高信條。其實，人類個體是認識外在世界的基礎，公民個體也是任何社會的基本，公民個體更是現代社會自由民主的基礎。但是，隨著社會文明的進步，個人主義也有了更深層次的含義。什麼是高層次的個人主義？這就是陳寅恪先生所提倡的，也是我們清華傳統的靈魂：獨立之精神，自由之思想。在這種個人主義的主導下，每個人都堅持自己的獨立思想，堅守自己的獨立

人格，負起自己的公民責任，貧賤不能移，威武不能屈。總之，以我的理解，做人要做出自己這個人的品牌來，這才是真資格的個人主義。

臺灣學者李敖先生在《非個人主義的新生活》一文中說：「個人主義的真精神」的「特徵有兩個，一是獨立思想，不肯把別人的耳朵當耳朵，不肯把別人的眼睛當眼睛，不肯將別人的腦力當自己的腦力；二是個人對自己的思想信仰要負完全責任，不怕權威，不怕監禁殺身，只認得真理，不認得個人利害。」

今天我們反思文革，就應該宣導這種「有獨立思想，並為自己的思想、行為負責」的個人主義。

四、重建我們這個民族的信仰和人性道德觀念

文革中的非人性行為和血腥暴力事件，人們已經揭露得很多，批判得也很多了。文革過去四十年了，中國社會的道德狀況怎麼樣了呢？非人性的行為和血腥暴力事件，是不是就不見了呢？我相信，幾乎所有中國人的回答都是否定的。國內的大多數人，包括海外的大多數人一致認為，目前中國社會陷進了空前的信仰道德危機。貪污、腐化、色情、詐騙，已經成了這個社會的常態。毒大米、三聚氰胺、地溝油、販賣兒童、砍殺小學生、西太平洋博士門，等等等等，一次又一次衝擊著人們越來越麻木的神經，一次又一次拉低了人們能夠承受的社會道德底線。有識之士在驚呼：中華民族又一次到了最危險的時候，已經到了退無可退的地步了，已經到了必須反省、正視、重建我們這個民族的人性道德價值觀念的時候了。

有人認為，中國的道德問題都是文革弄壞的。對此，我不甚同意，因為它無法解釋：在徹底否定了文革、「撥亂反正」以後，為什麼中國的道德水準會再一次急劇下降了呢？甚至，我有一個看法：中國的道德危機部分原因，是不加「剝離」地、全面地否定文革而造成的。大批官員的腐敗，是全盤否定了群眾對當

權幹部進行揭發和監督的權力以後，才開始的。社會風氣的惡化，如色情、唯利是圖和揮霍，等等，也是把原來教育中正面肯定的許多基本道德，通通當成落伍思想，或文革餘毒加以拋棄以後，才開始的。

但是，我還是願意從反思文革的慘重教訓中，尋找中國道德危機的病灶。

病灶在哪裡？我認為，病灶還是在於評價一個人物、一個事件的標準上，也就是說，這個標準是「人性為本」呢，還是「政治利益為本」？我發現，無論在文革中，或是文革後，中國社會上都有一個放在絕對第一位的東西：文革中，這個絕對第一位的東西是政治，有道是「政治壓倒一切」嘛，為了推行社會主義，為了政治正確，任何傷天害理的事情，都有人振振有詞地去做，而且無所不用其極。文革後，這個絕對第一位的東西是經濟，有道是「發展是硬道理」嘛，為了推行資本主義，為了個人發財，任何傷天害理的事情，都有人振振有詞地去做，也是無所不用其極。可歎的是，無論在文革中，或是文革後，這個放在絕對第一位的東西，都與人性和道德無關。沒有一次說過「人性壓倒一切」，也沒有一次說過「道德基準是硬道理」。

在文革中，也不是完全不講道德標準，只是它的道德標準主要是按政治立場和路線來劃分的。只要站在「無產階級司令部的正確路線」一方，這就是「大節」，其餘一切，都是「小節」。如果站錯隊，立場反動，那麼不管你的品行操守如何，都是「偽君子」，「不恥於人類的狗屎堆」。

我讀過巴金給他侄兒寫的一封信，其中的兩句話，我感到有一股震撼的力量，願意奉為畢生圭臬。巴金說：「人各有志，重要的是做人。」是啊，每個人在這個社會上都應該有獨立思想的權利，他可以信仰這個主義，也可以信仰那個主義，可以持這種政治觀點，也可以持那種政治觀點。當然，他也可以按自己的理解和志向，自由選擇政治營壘，「各為其主，盡力划船」。只要他的政治主張不是為了一己之私，只要他的行為不逾越道德規

範，那麼，他的人格理應得到社會的尊重。在美國歷史上，有一名將軍最受公眾敬仰，他是美國國內戰爭時期的南軍總司令李將軍。儘管李將軍打輸了，投降了，並且歷史證明，他所服務一方的政治主張是完全錯誤的，但是，一百多年來，幾乎所有的美國人都十分崇敬李將軍。美國人民敬仰的不是李將軍的政治立場，而是他的道德、他的人格、他「做」的這個「人」。

我們的社會是由一個一個的人構成的，最重要的當然是人。所以，從根本上說，「做人」、「對人的關懷」和「發掘人的潛能」，才是「壓倒一切的」、真正的「硬道理」。

在文革中，也不是完全不講「做人」和「對人的關懷」，文革的一個重要目標就是：「造就共產主義的一代新人」；我們天天在「學雷鋒」，背誦「為人民服務」，立志做一個「高尚的人，純粹的人，有道德的人，有益於人民的人」。應該說，當時我們大多數人對這種提倡是態度真誠，也確實願意身體力行的。但是，文革中，不少人一面高喊「鬥私批修」口號，一面打人、製造恐怖血案。文革後，人們往往將當時的這些口號，當成笑料，棄之如敝屣。今天的中國，一直真誠抱著這種信念的人究竟還剩幾多？！

當時提倡的這些「新道德，新風尚」是完全錯誤的嗎？為什麼它不能長久存活呢？我認為，有些提倡本身並不錯，但它有基因上的內在缺陷。

一是割斷傳承。除此而外的中外道德準則，統統批判打倒。號稱偉大創新，其實誰也跳不出三界之外，這種理想不過是多種中外文化的精華和糟粕的揉合體；

二是陳義太高。極高標準的「大公無私」和「禁欲」，恐怕只有極少數先進分子或修行者才做得到，拿來要求芸芸眾生一律遵辦，結果只能使很多人違心「做假事」、「說假話」；

三是強迫改造。文革中某些人拿一些自己也做不到標準，竟然使用侮辱他人的人格尊嚴、甚至肉體暴力的行為，強逼著別人去做。這種做法與西方中世紀的宗教迫害，無太多差別；

四是與階級鬥爭理論共生。那時最響亮的是「為人民服務」和「以階級鬥爭為綱」這兩個口號，我們被教導的是「對人民要親，對敵人要狠」。但「人民」和「敵人」的界定標準有很大的隨意性。這種隨意性，常常被別有用心者利用，拉幫結派，殘酷整人，打擊報復，踩著他人的脖子往上爬，等等現象，是有些單位的常態。

　　即便有這些內在缺陷，我還是認為，為人民服務的思想，不能否定。新的道德觀念，不能在「一會兒全盤否定那個，一會兒全盤否定這個」的信仰真空中沖虛而出。剝離掉那些割斷傳承、不切實際和不講人性的成分，我們當時的道德教育並非一無是處。不久前，有一件事給了我很深的感受。

　　這就是，曹景仲同學的遷葬。曹景仲是誰？他是曹聚仁先生的長子，清華大學冶金系六八屆學生。唐金鶴在這本《倒下的英才》中專門寫到了他，是他幫助唐金鶴撤離武鬥中的清華園，書中也講到他不幸犧牲的事情。但是，曹景仲沒有參加武鬥，也不是在清華武鬥中死的。畢業後，他分在張家口，參加試驗炸藥的工作，雷管爆炸，因公殉職。對他的死，曹聚仁先生十分哀痛，寫了一篇文章，講曹景仲繼承了他祖父的品德，又講到曹景仲在犧牲前就曾被炸傷眼睛，回上海療傷，未待傷好，再回張家口試驗才遭的難。對此，我十分感動。今年一月，曹的家人將曹景仲的遺骨遷葬到上海龍華公墓，他的父母親墳墓的旁邊。我特地擬送了一幅輓聯：「家傳忠信三代人行狀數來海內學林同仰慕；國失英才四十年音容記起清華校友盡銜悲。」我想借此告訴世人，不能只看到清華武鬥中個別人的血腥暴行，還應看到，我們那一代清華學生中還有一種為國為民的獻身精神，這種獻身精神是有價值的，它是中國文化傳承的組成部分，不能輕易否定。

　　現在社會上流行一種叫「普世價值」的名詞，我不知道它的確切含義。我理解的有一種「普世價值」，倒是早就客觀存在的。人類文明從開始到現在，各個民族，各個地域，各個發展價段，各種宗教，一代一代的智識大德，一代一代的聖賢之士，都

是在提倡一個相同的道德價值觀。這就是：把他人視為同類，己所不欲，勿施於人，對人的生命的尊重，對幼兒的愛護，對弱者的憐憫，對所在社會集合體的忠實和誠信，等等，總起來一句話，人性為本。這種價值觀，在我們中國文化中觸目皆是，儒家也好，道家也好，佛家也好，沒有不闡述這個普世價值的。

回想起來，我們那個時候，學校裡天天講的是「世界觀」和「人生觀」之類的東西，沒有「價值觀」這一說。說實在的，價值觀這個詞，我還是在美國中學的教科書上才學到的。而且，美國中學的教科書好像沒有民主政體是「普世價值」的說詞，至少，我沒有看到這麼說的。那麼，他們教育孩子們樹立什麼價值觀呢？我看的那些書一連串開列了六、七個，負責任啊、誠信啊、道德勇氣啊，紀律啊，等等，也還是我們老生常談的這些東西。今年美國國慶長假，我們駕車去美國海軍軍官學校去旅遊參觀，海軍官校成立快兩百年了，它們校訓是三個詞：責任，榮譽，忠誠。我以前去過西點陸軍官校，記得他們的校訓也差不多是同樣的幾個詞。看來，這才是美國朝野最推崇的價值觀。

我認為，這些貌似簡單、了無新意的道德準則是每一個社會的基礎，也是重建我們這個民族的人性道德價值觀念的基礎。

五、不得不說的幾句話

前幾天，唐金鶴給我發了封電郵，她說：

「六十多歲的我們，今天重提四十年前的往事，為的是什麼？為了爭四十年前的誰對誰錯？為了爭那個屬於四十年前的榮辱？年近70的我們，早已跳出這些狹隘的框框，個人的榮辱對今天的我們又有什麼用？我們是為了真實地記錄下這段歷史，為了認真地總結歷史的經驗教訓，使我們的子孫後代，使中華民族再也不能重蹈我們的覆轍，這就是我們一寫再寫的目的。」

我很能理解唐金鶴寫這段話時的激憤心情，她在寫作出版和修改再版《倒下的英才》的過程中的遭遇，受到的種種的譏諷、

漫罵和攻擊，真是非一般人所能承受的。文革中過來的清華大學的精英嘛，批起別人來，一貫總是振振有辭的。要想讓他們反省和反思，是這麼容易的嗎？不管你的事實多麼確鑿，不管你的感情是多麼的真誠，不管你苦口婆心地想要表達什麼思想，他們可以用「派性」兩個字就將你的一切全部抹黑。

我本來也是，總以為事實和真誠能夠打動什麼什麼人，總是說寄厚望於什麼什麼人。現在我明白了，文革在好多人的心靈上的負擔是沉重的，我們這些在文革中沒有太多劣跡的人，站著說話不腰疼，是很難體會得到的。反思文革要靠內心良知，要靠各人自覺，這實在是無法勉強的事。

有感於上，在《倒下的英才》再版之際，我再抄錄李敖的一段話與唐金鶴同學共勉：

「四十年來，胡適被窮酸文人的浮議罵慣了，他才不在乎這些。有的甚至寫下洋灑千言的專書罵他，他只覺得好玩。他最喜歡的一句話是，You can't beat something with nothing.──只要我們有東西，不怕別人拿沒有東西來打我們。我要給他補上一句，只要我們負責任，不怕別人拿不負責任來罵我們。」

怎樣理解「剝洋蔥」
——與沈昆同學商榷

陸小寶

　　我在給《倒下的英才》一書所寫再版後記《流著眼淚「剝洋蔥」》中說：「如果有一位文革研究專家，追蹤此書（《倒下的英才》）從初版到再版的過程中發生的種種事態，把所有相關辯論文章搜集成冊發行，這將是一件非常有意義的工作。它可以讓人們看到，這些參加清華百日武鬥的知識分子精英，過了四十年後，他們的思想有了哪些進展。對唐金鶴在書中揭露出來的血腥暴行，他們敢於直面承認嗎？他們願意為自己的行為負責嗎？」[1]沈昆的《陸小寶校友「剝洋蔥」的誤區》一文正好提供了這樣的代表文本。

　　我相信廣大讀者的辨別能力，本來不想多說。但是，其中牽及到對鈞特·葛拉斯和李敦白兩位外國名人的理解問題，有必要稍作解釋。而且我認為，理解這兩位外國精英，對今天我們認識中國部分精英在文革中和文革後忽而極左忽而極右的現象，很有幫助。

一、「剝洋蔥」不是文革中的「剝畫皮」

　　我在《流著眼淚剝洋蔥》一文中提到了鈞特·葛拉斯，並說「對德國精英的這種『病態』的道德良知和道德勇氣，我們中國的精英，我的清華大學同學們，是否也該有所感悟呢？」不想竟讓這位諾貝爾文學獎得主受到牽累。一時間，某個清華校友網站

---

[1]　見《記憶》總59期。

上，充滿了對鈞特・葛拉斯的挪揄輕慢之詞，什麼「矯情」呀，什麼「流著眼淚剝洋蔥，蘸著鼻涕吃土豆」呀，都出來了。沈昆大概是文革時「剝開誰誰的畫皮」之類的文章寫多了，一看到「剝洋蔥」，馬上想起「要剝誰的洋蔥」，進而認定「陸小寶只剝半個洋蔥」。

其實，我在拙文開頭就介紹，鈞特・葛拉斯的「剝洋蔥」，主要不是要揭露自己幹了多少壞事（當時他17歲，未發一槍，受傷被俘，並「沒動手幹壞事」），而是正視自己應該承擔的「共同負責的東西」。因此，拙文也是秉承鈞特・葛拉斯的思路，提出主要從文化的角度反思我們每個人的責任。我明明說了「在第三層次，即文化的層次上，我們每個人都有責任，都需要反省」。這裡的「每個人」，當然包括我陸小寶自己。揭露文革中的暴行，無論是團派的暴行，還是四一四派的暴行，是我們每個清華文革親歷者的共同責任。我相信，葉志江和陳育延的回憶是真實的，我從來都是同情他們，支持他們的。據我瞭解，唐金鶴書中揭露的種種暴行也是真實的，我也支持她。對唐金鶴書中沒有提到的四一四方的暴行，我儘量提供線索，加以補充。比如，也許沈昆不知道，四一四有人在科學館打何東昌耳光這一事實，就是我親手調查，核實以後，特意建議唐金鶴加上去的。看看我所有的文章，哪篇哪段哪行哪句我寫過，「要剝團派的洋蔥」？查查我的講話，哪年哪月哪天哪次有誰聽到我說過，「團派壞人多」？沈昆如此指名道姓地批判別人，起碼應該認真讀一下別人的文章，理清別人的思路，怎麼能將自己的思想轉嫁到別人頭上，再振振有詞地批判起來呢？

沈昆批判道：「四一四相當一部分人對團派同學的階級歧視心態，甚至連已經定居美國多年的陸小寶至今對這種階級歧視仍持『猶抱琵琶半遮面』的態度（見陸小寶為唐金鶴《倒下的英才》所寫的序）。」

對這一莫名其妙的指責，我終於找到了出處，原來在沈昆《反思清華百日武鬥——兼評〈復原清華百日武鬥的真實面

貌〉》一文中，他就錯誤地編排我說：「陸小寶例舉趙德勝的命案作為所謂的階級報復案例，僅只是因為趙的父親或什麼親屬被共產黨鎮壓了。陸小寶在美國居住多年，總應該懂得，法律面前人人平等，除非有證據，不能因人的出身不同而加重定罪。要給趙德勝確定階級報復的罪名，就需要趙德勝專門針對貧下中農、工人階級、或黨員等特定人群犯罪的證據，就需要趙德勝開槍前就預先知道受害者是無產階級出身或是黨員等的證據。存在這些證據嗎？趙的提前釋放，就說明法院都認識到當年的判決有錯，而陸小寶校友至今還津津樂道，拿著多年以前的錯誤當寶貝，是否也太過落伍了吧？」我這才發現，原來，他的所謂根據，居然就是他自己編排的這段話。

　　但是，白紙黑字寫得明白，所謂「陸小寶例舉趙德勝的命案作為所謂的階級報復案例」中，「趙德勝階級報復殺人」的這個概念，是葉志江提出來的。（在我有限能查到的文字中，確實只看到過葉志江是這樣說的。）我不過是列舉介紹葉志江的觀點，摘錄了葉志江寫的一段文字而已。摘錄的文字有引號，提供了葉志江文章的名稱，有地方可供查證。而且，前面我還特地加了一句「他們甚至將某些武鬥打死人的現象說成是壞人進行階級報復」，明確表示了我對這種觀點的保留態度。緊接著，我說：「我還想補充一點自己對這個問題的看法。我認為，團派在武鬥中過失較多，其主要原因不在群眾，而在頭頭。同學中分派站隊，有很多偶然的因素，兩派群眾的人品和能力，基本一樣，至少沒有什麼明顯的差別。」我說得如此清楚，在「我認為」後面才是我陸小寶的觀點。

　　再說，無論在團派還是四一四派中，對趙德勝這樣槍殺同學的血腥暴行，只要有一點正義感的人，誰都痛恨異常。在清華同學當中，葉志江一向以思想敏捷受到大家的一致推崇。他對趙德勝的行為產生這樣的聯想，本來是很正常的事。如果沈昆對葉志江的觀點有不同意見，完全可以心平氣和地去同葉志江討論。沈昆不可能不知道，葉志江是團派的。我實在不明白，他為什麼一

定要把這樣一個可以互相切磋討論的問題，有意地注入派性，反說「四一四相當一部分人對團派同學的階級歧視心態」呢？

二、李敦白和沈昆的文革觀的差別在哪裡

沈昆在他的文章中多次提到李敦白，還加了「據李敦白對我說」之類的話，好像他對李敦白十分瞭解。他說：「我想，我們當中很多積極參與了文革的同學，大概都有類似李敦白從延安到文革那段時間的心路歷程——艱難而曲折但追求思想自由的初衷難改。」

李敦白是個美國人，有著傳奇般的經歷，曾經接近中國政治高層，又是文革名人。在中國文革中的經歷，他自己有專門的著作；近年來，各種媒體對他的經歷和政治觀點也多有報導。瞭解李敦白對文革的觀點並不難，也確實很有意義。

沈昆把李敦白引為同道，但是我認為，李敦白對文革的認識同沈昆有著很大的差別。差距在哪裡呢？我想大致可以列出下面三條：

首先，在意識形態上，是信仰和探索，還是跟風趨潮流。

沈昆的文章告訴我們，他是跟風趨潮流的。我不懷疑，沈昆在文革中和文革後，確實有著「艱難而曲折但追求思想自由」的「心路歷程」。但這只能說，他在追求個人的思想自由；還不能說，他具有某種信仰。沈昆一直在跟風趨潮流，在他的文章中，更進一步，乾脆把這種風和潮流當成了一種判斷是非的標準。他說：「文革中體現的順應時代潮流，利於社會進步，於人民群眾有益的種種訴求，則往往只能以粗淺幼稚的形式顯現，有時甚至不免荒唐。」他又說：「幾十年來，我們缺乏對文革正確的反思，對許多已知的事實也仍然存在尖銳對立的看法，就是明證。若要正確地反思文革，無論是制度層面的反思，還是文化層面的反思，前提都必須以世界潮流為背景，認清文革中各種訴求的正誤之分，才會對文革做出比較正確的反思。如何分辨文革中

各種訴求的正誤？方法之一是把中國的過去與現在分別與世界潮流相對照，符合世界發展潮流的訴求就是正確的，反之就是錯誤的。」

文革中，什麼是潮流？中央文革是潮流，堅持社會主義方向是潮流，防止資本主義復辟是潮流，批判鄧小平是潮流，極左是潮流。只要看看大字報彙編和井岡山報，白紙黑字俱在，都是在極力迎合和推助這個潮流。文革後，什麼是潮流？改革開放是潮流，走資本主義是潮流，罵社會主義是潮流，擁護鄧小平是潮流，極右是潮流。有些當年的極左派，眨眼功夫，似乎又成了這個潮流的鐵桿主力。

李敦白就不同了。他是一個有信仰，而且堅持探求的人。如果真的像沈昆所說那樣，為了「個人的思想自由」的話，他只要留在美國就行了，根本用不著到中國來。在香港鳳凰衛視《魯豫有約》專訪節目中，李敦白向觀眾講述了他的「心路歷程」。作為一個普通駐華士兵，看到舊中國的遍地餓殍，看到美軍汽車壓死中國女孩只賠14美元，他決心留在中國，幫助中國人民。由此，他接近共產黨，到了延安。在參加中國革命的過程中，李敦白受了不少衝擊和磨難。比如，沈昆文中所提到李敦白在延安躲飛機的事，還有因受斯特朗一案入獄受審查的事，在電視採訪中，李敦白自己都談到了。但同沈昆的想像不同，李敦白對自己當時的選擇至今沒有後悔，也沒有因此而怨恨什麼人。躲飛機的事，他還是把它作為自己剛參加革命時的思想差距提出來的。對入獄受審查一事，他是這樣說的：到中國參加革命，是我自己要來的，而對方要不要我，還有他們的條件，在還不知道我是否可靠之前，當然要進行審查。（大意）在鏡頭面前，他說的是這樣的純真，這樣的深情，感動了電視機前大批觀眾。

史達林死後，李敦白出獄，毛澤東和周恩來親自向他道歉說：「是我們中國共產黨錯了。」並問他有什麼要求，都可以滿足他，也可以讓他出國。李敦白表示，只有一個要求，就是回原單位工作。文革中，李敦白成立了一個造反組織，主動要求減少

自己這些外國專家的工資，也搞批判奪權，影響很大。不久再次入獄，一關十年，文革結束後才出獄。面對文革的沉痛教訓，李敦白進行反思，認識到自己過去的理想有許多虛幻的東西，革命黨中有許多殘暴的東西，革命領袖也有許多脫離群眾和脫離實際的東西。

但是，李敦白對中國人民的感情沒有變。回美國後，他成立了一個中國問題諮詢公司，盡力繼續為中國人民作一些事。更重要的是，他沒有完全放棄自己的信仰，像許多老革命那樣作「覺今是而昨非」狀。在電視節目中，主持人要他用一個字來概括自己的一生，他想了半天後說：學。也就是說，他沒有跟風趕潮流，他還在進行追求和探索。

不久前，在接受《共識網》專訪時，他說：「原來我設想的那種共產主義，馬列主義，蘇聯的那種走向社會主義的道路，我認為是失敗了，不然共產主義的道路不會是那樣的道路，我認為。是什麼樣的道路，我覺得我們還在摸索，還要摸索相當長的一段時間。」

今年四月，在美國華盛頓布魯金斯學會舉辦的一個研討會上，對著眾多美國的中國問題專家，李敦白尖銳地指出：「別以我們美國人自己的思維來看待中國，教中國人怎麼做。」在與記者交談中，李敦白又說：「我們美國人很容易從自己的角度來設想中國人應該要求什麼樣的民主自由，但與中國人的實際要求可能相差很遠，可能人家最急迫想要的並非我們想像的，而是適合他們現實的情況。」

他還說：「中國將會實現民主，不過可能以自己的方式和時間。共產黨在1949年後沒有能兌現自己的諾言——給予農民土地，民主，公平，這些都是中國共產主義意識形態本身就包含的東西。」

其次，對歷史和現實，是中肯的分析和總結，還是極端的肯定和否定。

沈昆的文章告訴我們，他是傾向於極端的肯定和否定的。文革期間，清華兩派中的有些人趕極左社會主義的潮流，在徹底反對資本主義復辟的鬥爭中，極端地認為：清華大學已經完全被修正主義佔領，所以要徹底砸爛，這就是他們「徹底否定十七年」和所謂「大翻個」的理論。為了追求極端的社會主義，他們不惜採取極端殘暴的手段，無情地批鬥、毆打老師和同學，製造了一件件觸目驚心的文革慘案。文革後，這些人又忙著趕否定社會主義道路的潮流，一反文革時做出對黨內當權派變質腐敗現象堅決鬥爭的姿態，對改革開放中出現的種種社會問題，一概採取包容和肯定的態度。這裡有個例子：四川汶川地震後，部分清華校友在清華網上，對某些當權派在校舍建築中偷工減料的腐敗現象表示義憤，這些人卻對這種義憤大加鞭韃，不惜扣上「反對改革開放」的大帽子，進行批判。兩年前在清華校友網上引起這場小小的震盪，我相信不少的清華校友至今記憶猶新。

　　與這樣的態度相反，李敦白對文革前和文革後的中國社會，不是簡單地一概肯定和一概否定，而是採取中肯的分析態度，有啥說啥，所以，比較接近真實。2009年年國慶六十周年，在接受記者採訪時，記者要求李敦白對毛澤東時代和毛澤東以後時代的中國社會作一個對比。李敦白是這樣說的：「毛澤東年代的中國是根本不一樣的，很多現在的社會公害那時候卻沒有，那時候沒有毒品，基本上也沒有什麼偷盜，也沒有貪官污吏，或是說極少，也沒有賣淫，沒有賭博，人和人之間都比較的親密，但同時有階級鬥爭，不少人被陷害，特別是知識分子，受的壓力非常大，所以有好的一面也有壞的一面。現在那種壓力就減輕多了，知識分子不太覺得自己受威脅，沒有人要改造他思想。但同時那些社會公害都挺猖狂的，我覺得這個對比是比較複雜的。」

　　在另外一次採訪中，李敦白還提出一種看法：是毛澤東時代給鄧小平的改革開放奠定了物質和國際環境的基礎。由此可以看出，李敦白不贊成那種將中國歷史截然分成正確和錯誤的兩半，非此即彼的看法。他肯定共產黨在解放戰爭和五六十年代時的一

些成績，也為當時極左政策造成的巨大傷害深感痛心；他為中國人民在改革開放後的經濟發展感到高興，也為目前中國的兩極分化和道德危機深感憂慮。他認為，目前中國「在長征70年後處在十字路口，一個生死的關頭」，「首要的問題是缺乏被傳授的道德和精神價值。」他深情而又痛切地說：「我要問一下中國，經濟強大了，卻失掉了靈魂，有什麼意義呢？」

再次，對自己在文革中的行為，是反省和懺悔，還是固執己見，認為自己一貫正確。

從沈昆寫的文章看，他是認為自己一貫正確的。明顯的事實是，清華文革的兩派，都犯了不少極左的錯誤，都有過一些血腥的暴力行為。時至今日，我原本以為，至少在譴責血腥暴行和反極左問題上，雙方總該有共同認識。所以，我在拙文中提出：「雙方同學對自己的派別理應進行兩重剝離：首先，將政治觀點同血腥暴行剝離；其次，將政治觀點中的極左成分同合理訴求剝離。」誰料想，沈昆完全拒絕這樣的剝離。沈昆對自己一派在文革中那些滅絕人性的暴行百般掩飾。甚至，連本派頭頭蒯大富反思武鬥的責任，他都表示反對。他一再強調，清華武鬥中四一四方也有許多暴行，團方的一些暴行被對方誇大，似乎這樣一來，唐金鶴的書中所揭露的血腥暴行就都不存在，或者毫無意義了。他的思維邏輯很奇怪，他再三指責「毒箭殺人」說，和「消防車噴油放火」說，但有意回避向讀者交代一下：卞雨林被殺了沒有？東區浴室被燒了沒有？再說了，實際上，唐金鶴的書並沒有採取這兩種說法，沈昆卻還是有意拿這兩說來反對唐金鶴的揭露事實。在沈昆看來，是不是不用「毒箭」和「消防車噴油」的殺人放火，就不許別人揭露，也用不著自我反思了呢？

李敦白怎麼樣呢？他在文革中有一陣確實跳得很高，有些跟風投機的行為，也發瘋做過一些不得人心的事，但他沒有參加過武鬥，也沒有殺過人放過火，很快就被抓入獄，到文革結束後才被放出來。而且，文革後，有關部門專門給他平反，明確表示，

當時對他的處理是錯誤的。按理說，他用不著太自責了吧。但是，從他自己的文章和記者的報導中，我們看到，他「自從離開中國後一直在尋找自己的靈魂」。他「承認犯下的錯誤、幼稚和盲目——尤其是支持1965年到1975年瘋狂和恐怖的文化大革命的狂熱」。他說，那是一個「瘋狂的意識形態」時期，人們「心腸冷酷，在做好事的名義下消除了所有人類感情」。

回憶起文革時的孟浪，他說：「在那些如醉如癡好似被催眠的日子裡，我們都做了一些奇怪、有時甚至令人髮指的事。」他沉痛地追悔，當時自己傷害了不少老幹部和老上級。「日後我常想，我們怎麼會那麼得意忘形？」在談到文革中兩派分裂時，他說：「我們不知道民主更要小心翼翼的保護少數派說話的權利，沒有對立面自己就要瘋狂，遲早要走向完蛋。」

我個人認為，對當時的李敦白來說，「得意忘形」四個字，可謂十分確切，看來李敦白的反思真是觸及了自己的靈魂。難怪一位網友看了李敦白的文章後寫道：「我看過了一些中國人寫的有關『文革』回憶文章，發覺這些回憶文章幾乎無一例外地都是寫當事人自己在『文革』中如何受到衝擊和迫害的，遭遇到各種各樣的無情陷害和殘酷打擊，而極少談到自己在『文革』中所做的那些錯事，極少反思自己在運動中對於別人乃至對朋友、領導和同事的某些傷害。在回憶和記述方面，遠遠沒有美國人李敦白那樣的坦率和真實，也更缺少敢於承擔錯誤的勇氣和自我批評的精神。我以為，這絕不僅僅反映了中西方人們的文化背景的不同，而且也有歷史觀念、思維方式以及對於個人在歷史過程中作用與責任問題等方面的種種差異。這種種差異和不同，難道不值得我們一些人深刻反思嗎？」

從以上三個方面，我們可以看出，李敦白和沈昆對文革的看法，確實存在著很大的不同。我從來沒有李敦白這樣複雜的經歷，也不很贊同他的信仰和政治主張。他寫過一本書《在毛澤東身邊的一萬個日子》，同目前他的有些思想，似乎也有著比較大的反差。但是，從他最近的一些講話看，他還在思考，還在探

索。我認為，李敦白的這種認真求索的態度，對我們今天反思文革，有著重要的啟發作用。

三、中國精英的陣發型風‧瘋綜合症

同李敦白比起來，實際上，在文革中我與沈昆倒是有著更為相同的經歷，雖然參加不同的派別，但是，「追求思想自由的心路歷程」，也可以說是相同的吧。而且，文革中，我們都犯過同樣的錯誤，文革後，對許多問題的看法也基本相同。沈昆文章中的某些觀點，比如，文革對我們這些人的思想解放作用，以及對中國開啟改革新路的意義，等等，我也是贊成的。我在《直面我們自己的歷史》一文中就說過：「從某種角度說，文化大革命是中國知識分子的一次思想啟蒙運動和思想解放運動。正是這種思想解放運動，促成了中國歷史的轉折。」在《我們這一代人最後的責任》一文中，我說：「如果問，什麼是文化大革命的最大成果？可以說，對傳統社會主義的解構，這才是文化大革命的最大成果。這個成果是發動這場運動的人所始料不及的，但正是它，一直在制導著中國過去幾十年、現在和將來的發展走向。」

那麼，我們同沈昆的認識有沒有不同的地方呢？當然還是有的。為了說明這種不同之處，我想提一下汲鵬的一篇文章：《文革使中國這個巨人改變了方向》。在文章中，他說：「中國這個巨人站起來後，偏執地朝著一個方向走。美國不能讓它改變方向，蘇聯不能讓它改變方向，三年困難時期不能讓它改變方向。文化大革命中舉國欲狂，大家瘋狂了一陣，朝著這個方向走到了極端，讓全黨全民都看到了偏激地向一個方向走的危險性，終於讓這個巨人改變了方向。也許同發動者的初衷相反，文化革命使中國走上了改革開放的道路。」緊接著，汲鵬說：「我作為一個文革的親歷者，想起文革中所做的事，有時真是羞愧難當，」「文革的歷史，完全印證了『物極必反』這四個字。文革時我們經常批評對方說：上帝叫他滅亡，先要叫他瘋狂。任何時候，任

何事情，只要走上極端，就肯定瘋狂；一旦走上瘋狂，離死亡就不遠了。這個道理，今天我們真該好好總結總結。」

很明顯，汲鵬認為，文革使中國走向改革開放，是極端和瘋狂的結果。但要記住，這個結果，是人民遭受了巨大的痛苦和磨難後才得來的。在這些遭受的磨難中，包括了我們這些文革親歷者自己的磨難，甚至包括了我們許多同學、老師和朋友的血和生命。這個代價非常之大。無可否認，這些磨難中的某些部分，是由我們這些文革親歷者自己的極端和瘋狂的行為造成的。文革導致改革開放的結果需要珍惜，文革經受過的磨難也要牢記。極端和瘋狂是危險的和邪惡的，需要我們好好總結教訓，告訴後人不要再犯。

同時，汲鵬的文章還暗含著一層更深的意義，而這層意義常常被人們所忽視。誠如汲鵬所言，文革時，瘋狂向一個方向走到了極端，大家看到了危險性，使中國轉向改革開放的道路。這樣原因的轉向，是中國的幸運，但也極可能潛在著兩個弊端：第一，很容易憑藉某個方向在非常時期和瘋狂時期的表現，來匆忙地評估這個方向的全部價值，從而得出應該徹底否定它的結論。第二，很容易為了避開某個方向走到了極端而帶來的危險性，從而急切轉彎，選擇另一個相反的方向狂奔，又走到了另外一個極端。文革後，全國人民都嚮往著改變，改革開放是得人心的。但是，在某些利益集團和知識精英的導引下，又出現了許多極端的思想和極端的做法，陷入了新的「凡是」和新的「僵化」，存積了越來越多新的社會矛盾，引起人們的普遍不滿和憂慮。應該說，每種意識形態都有它們自己的長處和短處，也有它們自己的適應條件和適應範圍。在一定的條件下，選擇某一種方向，不一定會錯；融合兩方的優缺點，嘗試一個新方向，也不一定會錯。但是，不管是何種方向，只要瘋狂地走到極端，則毫無疑問，一定是錯誤的，瘋狂的結果必定是邪惡的。我在《直面我們自己的歷史》一文中說過，意識形態的極端取向，是文革的思想基礎。今天的中國，兩派精英的意識形態鬥爭大有烽火再起之勢，我

想，我們應該牢記文革的慘重教訓，時刻警惕極端的意識形態取向造成新的社會災害。

李敦白是一個美國人，是為數不多的，參加了中國文化大革命的外國精英，分析他最近反思文革的思想歷程，具有特殊的意義。我認為，李敦白最近的文革觀和沈昆有三點差別，而從這三點差別中，我們可以看到中國文革某些精英的思維範式有一個共同的毛病。這個毛病，文革前許多精英就有；文革中有，清華團派有，四一四派也有；文革後，不少精英還是有。我將這個毛病稱為「中國精英的陣發型風·瘋綜合症」。

我之所以將其作這樣的命名，因為它是中國精英所特有的，它有三個症狀：一是「風」，中風，是看風向，趨潮流而中的風。二是「瘋」，發瘋，走極端，說假話、幹絕事所發的瘋。三是「陣發性」，發病不覺有病，不反思，不懺悔，這次發了後，下次還再發，只是一會兒跳到極左，一會兒跳到極右罷了。

風·瘋綜合症的「中風」和「發瘋」，經常是一起發作的。跟風趨潮流，往往是人們對執政當局昏亂指示的無奈之舉，有些人跟風趨潮流，就能跟出水準來，他們常常能夠變消極為積極，把執政當局昏亂指示極端化，理論化，為王前驅，自己發瘋，也導引整個社會發瘋。跟風，本來是平庸的，這種人一極端就能脫穎而出，猛然高深起來，有資格當精英了；跟風，本來是麻木的，這種人一極端，發起瘋來，破壞性極大，這就是邪惡的了。風·瘋綜合症，就是這樣既平庸又高深，在平庸中冒充高深；既麻木又邪惡，在麻木中散發邪惡；既誤國又傷民，在誤國中最後一定也會傷害到他們自己。

風·瘋綜合症是個痼疾，過幾年就會陣發一次。因為是趨潮流，永遠站在「正確」的一邊，因為是走極端，永遠站在強勢的一邊，所以總是能搶到話語權，感覺自己永遠正確。丁玲就曾經說過，開始批她右，後來又批她左的，是相同的那幾個人。

風·瘋綜合症的危害性極大。文革中，我們清華學生犯的就是這種既跟風又發瘋的毛病。文革兩派，每派都有跟風的理論

家，每派都有瘋狂的打手。最後，像我在《倒下的英才》書評中所說的那樣，有些清華英才成了「喪失人性的英才，殺人放火的英才，中了邪的英才」。尤其是，到處煽風點火，攪得天下大亂，造成的危害就更大了。可以這樣說，當時如果只有一個獨裁的領袖和幾個弄臣，而沒有我們這些患了風‧瘋綜合症的精英們在推波助瀾的話，中國的文化大革命恐怕是不致於會弄到這種地步的。這是一個多麼慘重的教訓哪！看看同我們一起參加過文革的李敦白吧，雖然同我們一樣也跟過風，發過瘋，現在人家已經有所覺醒了，我們呢？

最近，有清華同學提了「走出文革」的口號，這個口號很好。但是，我想，「走出文革」不僅是要走出文革的派性，走出文革的恩怨，更重要的是要走出文革的思維範式，也就是走出「趕潮流，走極端」的思維範式。積極防治，進而根治這種誤國傷民，害人害己的風‧瘋綜合症，這才是真正的走出文革。

陸小寶校友「剝洋蔥」的誤區

沈昆

一、文革反思不能剝他人的皮，包裹自己的核心

陸小寶「剝洋蔥」，自稱來自「1999年諾貝爾文學獎得主鈞特·葛拉斯」，贊曰：「在得到諾貝爾獎的崇高聲譽後，葛拉斯冒著千夫所指的危險，自曝其秘。其道德勇氣令我蕭然起敬。」

然而，接下來我們看到的卻如葉志江所說：「鈞特·葛拉斯是剝自己的洋蔥，流自己的淚。陸是剝別人的洋蔥，並憤然於別人沒流淚。」誠然，在陸小寶這篇後記中，沒有看到如同他為唐金鶴的《倒下的英才》所寫的序那樣，公然把他含有鹽分的淚水灑向別人剝開了的傷口，應該是一進步。但是陸小寶卻絕對不是對葛拉斯的跟進或效仿，不是「自曝其秘」。陸小寶期待的是團派同學「自曝其秘」，以便探討「團派一方所犯的暴行」更多更嚴重之「原因」。陸小寶所讚賞的唐金鶴所揭露的血腥暴行在清華這一前提下，當然也可以稱其為「自曝其秘」，都是清華人所為嘛。然而，按照陸小寶至今仍然在團、四之間標記分野的做法，那就不能稱之為「自曝其秘」了，倒像是遲到了四十多年的「控訴」。唐的書不僅沒有自剝自己那一半洋蔥，而且多方打包裝扮，甚至連科學館裡的虐俘（包括女性）暴行，刻意殺害許恭生同學這樣的惡性事件都企圖輕描淡寫地加以掩蓋與辯護。

如果陸小寶確有誠意剝開自己那一半洋蔥，「自曝其秘」，不過苦於習慣了自以為「唯我正確」的道義審判者的身分而忽視了自己人那些醜行的話，我倒是願意做些提示。

當年武鬥之時，四一四的某些人製造了很多謠言，把老團

描繪成「殺人放火」的匪徒，甚至在武鬥結束後仍然堅持並進一步散佈這些謠言。比如，先是造謠說老團用消防車往科學館噴汽油燒了科學館，騙過了美國友人韓丁，以至寫進了韓丁的書；[1]後有沈如槐，三十多年後仍然執迷不悟地把自己的謠言寫進自己的回憶錄，說什麼老團用消防車噴汽油燒毀了九浴室；再有所謂「530」毒箭，這本是一個很容易證明的問題，然而四一四的始作俑者們當年就拿不出證據來，卻硬生生堅持到2009年（我現在並不確定這些堅持「毒箭」說的人們去年沉默之後是否真的放棄了）。這些謠言是怎麼出爐的，是否也該把偽裝剝去，曝曝其秘呢？陸小寶是否也可以反思一下，四一四當年是否就是依靠這種把老團描繪成匪徒的謠言強化四派同學特別是武鬥隊員的仇恨心理，以至造成了許恭生同學倒地受傷後還必欲置之於死地的嚴重後果？是否正是這種以謠言為基礎的仇恨教育維繫了四一四相當一部分人對團派同學的階級歧視心態，甚至連已經定居美國多年的陸小寶至今對這種階級歧視仍持「猶抱琵琶半遮面」的態度？[2]

還有更加惡劣的所謂「輪姦」事件，有還是沒有？已經被人寫進紀實文學，甚至被文革研究者作為案例引用，不可謂影響不大。更重要的是，如果真有這種敗類混在我們之中，我們絕對有責任「清理門戶」。請陸小寶顯示一些責任心來，在當年據守主樓的同學中推動一下，調查一番，把這層「洋蔥皮」剝開。

本人孤陋寡聞，四一四究竟還有多少秘密有待自曝，恐怕不在少數，四一四的幹部黨員多，熟知如何應對「向黨交心」的訣竅，核心秘密一直包裹著，事實證明，在這一方面老團是無法望其項背的。工宣隊進校後，老團很快就「自曝其秘」，幾乎一切罪行與過錯盡在工宣隊掌握之中，所以才有那麼多的同學受懲罰甚至被判刑。老團那些臭事，大概百分之九十都已曝光，而四一四呢？大概百分之九十還在層層洋蔥皮的包裹之下。如果說

---

[1]　《清華大學百日武鬥》
[2]　見陸小寶為唐金鶴《倒下的英才》所寫的序

四一四像洋蔥，需要一層層剝去辣人眼睛的保護皮才能見到核心的話，老團則像核桃，一旦成熟掉落到地上，那層皮肉就會摔得粉碎而使其果核暴露無遺。

當然，當我說老團就像核桃掉到地上，果皮碎裂而果核暴露無遺了，也只是說老團曾經是整肅的焦點，老團的所作所為包括各種錯誤乃至罪行大體都已暴露在光天化日之下，不僅如此，甚至還有不少「事出有因，實無其事」的誹謗與污衊也都經由遲群、謝靜宜之流以文字形式固定下來壓在老團的頭上了。因此，儘管我與陸小寶的目的出發點不同，我同樣呼籲原來老團的核心人物們不要讓自己見證過的歷史輕易流失，更不該忍見謬種流傳。

二、對文革合理的總體判斷是正確反思文革的前提

反思文革的第一步當然是還原真相，釐清歷史，雖然「真相」與「歷史」在不同人們的眼中可以有很大差異，但經過討論與反覆的還原，我們應該可以接近真實。

在擁有了基本事實的基礎上，才可能對文革進行更深入的反思。然而即便面對基本事實，也不見得能夠正確地反思。幾十年來，我們缺乏對文革正確的反思，對許多已知的事實也仍然存在尖銳對立的看法，就是明證。若要正確地反思文革，無論是制度層面的反思，還是文化層面的反思，前提都必須以世界潮流為背景，認清文革中各種訴求的正誤之分，才會對文革做出比較正確的反思。如何分辨文革中各種訴求的正誤？方法之一是把中國的過去與現在分別與世界潮流相對照，符合世界發展潮流的訴求就是正確的，反之就是錯誤的。

根據上述思路，不難看出，文革的主要成果就是導致了中國發生巨變的改革開放，文革的主要目的就是解決官民矛盾，而毛澤東所設計的解決方法就是給人民以民主權利，給人民以發言權，監督權，以及推選代表參政的權利，當然，毛所設計的「無產階級民主」是在「正確思想指導下的民主」，因此這一「民

主」在一開始就無法避免思想專制的結局，也必然落入政治專制的陷阱。另一方面，文革的理論基礎是階級鬥爭與無產階級專政，因此必然把官民矛盾誇大為不可調和的階級矛盾，也就只能寄希望於「七、八年來一次」的不斷折騰了。

清華的團派思潮代表了拒絕回歸「十七年」的訴求，同時在誇大官民矛盾的前提下又要堅持無產階級專政，使自己陷入了兩難境地。四一四思潮大概看到了誇大官民矛盾的不合理性，因此主張在經過小打小鬧的修補之後回歸「十七年」的主張。回歸「十七年」看起來比「七、八年折騰一次」更為穩妥可行，但是經歷過文革之後，「十七年」的老路不可能再重複了，回歸「十七年」老路的選項已經被歷史所否決。因此，在反思清華文革時把注意力放在誰勝誰負·誰優誰劣這類重啟歷史性文革爭端的問題上，實在沒有什麼意義，只能表明「反思者」仍然身在雲裡霧中。

清華兩派的思潮雖然都有明顯的不足之處，但如果考慮到當時的時代背景，就沒有理由求全責備。

文革以前，經過諸如1957年的反右等多次政治運動，經過學生中的思想革命化，在全國範圍內形成了思想樊籠，人們普遍習慣於以當局的說教代替自己的思考。文革打破了這種局面。無論是認為文革的領導者「為了打鬼借助鍾馗」也好，還是認為毛澤東鼓勵思考（當然是在正確思想指導下的思考）也罷，總之是把自由思考的孢子從密閉的魔瓶中釋放出來了，儘管還有無產階級專政下思想專制的重壓，儘管還有服從正確思想指導的緊箍咒，這些自由思考的孢子總是會擴散·總要發育，潮流一旦形成就無法阻擋。文革才是國人思想開放的起點。

清華文革兩派的思潮正體現了當年的清華人突破思想樊籠走向獨立思考與自由思想的最初步伐。如果考慮到當年那按照《修養》的原則營造的精神枷鎖之沉重，以及經過「十七年」來的「罷黜百家，獨尊馬列」而造成的思想資源的貧乏單調，加之時刻需要擔心觸及當局所設紅線的戰戰兢兢，清華人當年所作的

思考，稱得上彌足珍貴。很顯然，如果以今日的「自由之精神，獨立之思想」去加以衡量，當年清華人的那些思考顯然是幼稚可笑甚至不乏荒唐之處（諸如期盼中央表態解決清華兩派的爭論，諸如以為清華武鬥不出三天中央就會表態，等等）。然而，這種以今日的狀態標準居高臨下地審視四十幾年前的人與事，指責他們是「放棄了獨立思想的清華知識分子，是失去靈魂的知識分子」，豈非與三十年前的世紀大審判的鬧劇殊途同歸？都是以今日的存在審判過去的不存在，卻完全罔顧今日的存在恰恰是從往日的不存在中生長出來的這樣一個事實。

陸小寶認為：「文革中，青年學生喪失獨立思想和獨立人格，是普遍的現象。」又說：「自由的精神和獨立的思想，是清華大學優秀傳統的靈魂。」請問陸小寶，有沒有搞錯啊？不是在文革中青年學生才喪失獨立思想和獨立人格的，早在文革前的「十七年」教育中，青年學生就被訓練成為缺乏獨立思想獨立人格的「螺絲釘」與「工具」了。作為清華優秀傳統的「自由的精神和獨立的思想」也早在1957年的反右之後就被閹割、被禁閉了。恰恰是在文革中，在毛澤東「關心國家大事」的旗號下，清華人開始艱難地重拾「自由的精神與獨立的思想」，許多人為此付出了沉重的代價。

如果陸小寶果真如此看重「自由的精神與獨立的思想」，那麼否定那閹割和禁閉「自由的精神與獨立的思想」的「十七年」，就完全是合乎道理的了。果如此，我們如今倒是可以就此達成共識了。

三、文革前「十七年」是文革之「惡」的根源

然而，陸小寶顯然沒有認識到文革在否定「十七年」方面的深刻意義，因此才會認為青年學生在文革中喪失了原本在經過「十七年」的思想禁錮後已經不復存在的「獨立的思想與獨立的人格」，也正因為視「十七年」為美好時光，陸小寶的「剝洋

蔥」才會僅僅剝到文革為止，而絕沒有繼續向縱深剝下去，查查「祖宗三代」的願望。正由於陸小寶輕忽甚至無視中國社會在文革前的「十七年」所發生集聚的弊病（特別是制度性弊病），低估了文革否定「十七年」，開啟改革新路的決定性意義，必然在「剝洋蔥」時發生諸多「時空錯亂」的錯誤判斷。

文革作為「革命社會主義」或者「暴力社會主義」（周泉纓語）的終極試錯，作為由「十七年」到改革的轉折關隘，浮現出來的種種「惡」，大都可以追根溯源到「十七年」甚至更加久遠。文革中體現的順應時代潮流，利於社會進步，於人民群眾有益的種種訴求，則往往只能以粗淺幼稚的形式顯現，有時甚至不免荒唐。

比如現在為人們深惡痛絕的「整人」現象，並非文革的「專利」，不但在「十七年」當中就已經反覆出現，而且可以追溯到中共建黨之初，連整人的方法大致都是相通的，大概可以總結為中國幾千年封建社會的遺傳與蘇聯肅反的混血種。人民群眾實際上對這類「整人」運動存在著內心深處的反感，當文革把整人運動推向極致，「整人」在大範圍內普遍發生時，人們往往以遊戲人生甚至起鬨調侃的方式表達了他們的這種反感與反對。

再比如前面已經提到過的思想禁錮問題，美國友人李敦白的經歷極為典型。李敦白早在美國加州上大學時就參與工人運動，加入了美國共產黨。二戰後期，李被美軍派遣到昆明擔負美軍與中國民眾的民事糾紛調解工作。在他調節的一椿美軍士兵駕車撞死中國女孩的案子中，中國底層民眾所受到的欺壓以及中國社會的不公平深深地震動了他，使他決心投身幫助中國人民的活動。在日本投降、二戰結束後，李敦白設法以聯合國救濟總署巡視員的身分留在中國，力圖通過做好救濟工作來幫助窮苦的中國人。在他的聯合國救濟總署巡視員任上，李敦白瞭解到更多中國社會的黑暗以及西方國家助紂為虐的行為，而他在中共的根據地（李先念所部）則看到了中共領導下的民主與公正。因此，在內戰大規模爆發之後，李敦白辭去聯合國救濟總署的職務，在宋慶齡與

中共地下黨的幫助下輾轉到達延安，開始正式參加中共領導的解放運動。在到達延安大約一年之後，李敦白在1948年加入中共，成為加入中共的第一個美國人。由於李敦白所具有的美國人那種自由主義思想傳統，加入中共後最令他難以理解與打擾他的就是要在思想上與「黨」保持完全一致，幾乎任何出自個人的考慮都是不被允許的，李敦白對於劉少奇的《修養》一書也無法理解，認為怎麼可以把人當成工具。最典型的一件事是有一次國民黨的飛機來轟炸，炸彈扔在李敦白住的窯洞旁，把他著實嚇壞了，他狂奔了很遠跑到一個偏遠的村子裡躲了兩天，等他緩過勁兒來回去之後，在黨支部裡受到嚴厲的批評，沒有任何人對他表示同情。這件事對他觸動很大，開始盡力壓抑自我，以至在1949年身繫冤獄之後，仍然認為黨組織懷疑他必然有原因，因而竭力反思自己任何可能的錯誤。從李敦白的經歷，我們看到了一個富有自由精神與獨立思考的美國人怎樣自願地進入了中共的思想牢籠，當然這一過程中存在外部（黨支部的同志們）壓力，但這種壓力並非強制，而是說服你，讓你心悅誠服地作出自願的轉變。文革開始後，李敦白感覺到思想上重新獲得自由，認為這才符合馬克思所論述的共產主義，這才是中國革命應走的道路：無產階級的自由解放是以每個人的自由解放為基礎的。然而，李敦白這一段心情舒暢的日子也沒有持久，很快又因間諜嫌疑繫獄。[3]

我想，我們當中很多積極參與了文革的同學，大概都有類似李敦白從延安到文革那段時間的心路歷程——艱難而曲折但追求思想自由的初衷難改。當然，文革開啟的思想解放，在最初階段還是非常低級的帶有很大局限性的，僅只是打破了直接包圍束縛我們的若干層網羅，在無產階級專政名義下的更高層網羅——對毛澤東的迷信‧對馬列主義與共產主義的迷信卻仍然存在。因此，我們那個時期的思考僅只是馬列主義毛澤東思想束縛下的思

---

[3]　李敦白與清華文革也有淵源，據李敦白對我講，李磊落與他熟識，曾在1967年初〔？〕找過他，要他到清華勸說蒯大富改正一些錯誤做法。

考，還遠非完全的「自由之精神獨立之思想」，但確實帶有個人獨立思考的印記，這也就是產生多種派別思潮的原因。當時思考缺乏獨立性的一個明顯標誌就是期待中央表態的依附性，這在當時是不可能認識到的。我們在思想解放的心路歷程中的飛躍性變化，對很多人而言，1971年的林彪事件是主要觸發點，另一些人則以毛逝世後「四人幫」的垮臺為觸發點。思想解放與突破思想桎梏（包括傳統的與姓共的）是一個長期的過程，不可能一蹴而就。因此，以今日「自由精神獨立思想」的廣度與深度來譴責當年學生思考的缺失，顯然是脫離歷史實際的，難以得出有益的教訓。

四、發生文革武鬥的廣義原因

至於清華的知識「精英」竟然會在文革中擺出中世紀的戰鬥架勢互相拚殺，今日看來確實荒唐，但在當年兩派各自獨立的思考爭執不下而只能期盼中央表態解決的情況下，發生武鬥就幾乎是不可避免的。清華發生武鬥的原因，筆者已在拙文《反思清華百日武鬥——兼評〈復原清華百日武鬥的真實面貌〉》中有所探討，現將發生文革武鬥的廣義原因概括如下：

中國具有推崇使用武力解決政治問題的傳統，幾千年的中國歷史基本上就是以武力解決政治爭端的歷史。中共掌權後更是不遺餘力地宣揚「槍桿子裡面除政權」，「戰爭是政治的最高表現」，等等。武力解決政治爭端的思想在文革前就已深入人心。

中國社會沒有擺脫「弱肉強食」的獸性，崇尚暴力的現象在中國根深蒂固，極其普遍。試想，對一個在家庭爭執中都經常使用暴力的社會，怎麼可能避免由於群眾中的政治爭端而引起的暴力現象？

文革爆發前幾年，出於國際政治鬥爭環境的影響，中共開始大力宣揚「鬥爭哲學」，使我們那一代人崇尚鬥爭輕忽妥協，因而在文革兩派爭端中不願意妥協，偶爾達成妥協也會由於民主程序不健全而被少數固執己見者毀於一旦。例如，清華的團派與

四一四派雙方領導核心曾經在1967年復課鬧革命時達成了大聯合與成立校革委會的協議，但在四一四派下一層級討論協議時被單方面否決，使協議泡湯。

作為政治起家的政黨，中共在文革前「十七年」大搞政治掛帥政治第一，以至全國泛政治化情況嚴重，任何認識上的不同都極可能被政治化，並進而上升為階級鬥爭的表現。泛政治化外加誇大階級矛盾的結果使妥協解決矛盾的可能性微乎其微。

由於幾千年來封建君主統治的影響，外加中國人口眾多，中國文化中存在著根深蒂固的對個體生命的輕忽與對集體的過分尊重與服從，中共執政之後更是在全國人民中不遺餘力地推進壓制個人考量發揚集體主義的宣傳教育，以至青年學生普遍接受「為了革命的利益可以犧牲個人生命」這樣的觀念。因此，一方面可以為了本派的利益或維護所謂正確路線不計個人生命的安危而參加武鬥，另一方面也可以為了尊重「群眾運動」以及「發動群眾的需要」而容忍對批鬥對象的暴力，接受被批鬥者做出的犧牲。

中共在文革前的「十七年」中，大力宣傳階級仇恨，所謂階級教育很大程度上就是鼓動階級仇恨的教育。由於泛政治化與誇大階級矛盾，文革兩派的分歧往往被視作階級對立的表現，如果對方組織結構的階級成分比較複雜，就會成為煽動階級仇恨的目標，廣西武鬥中發生對廣西「422」派的屠殺，湖南的道縣屠殺，都帶有明顯的煽動「階級仇恨」的印記。

1966年北京8月「紅色恐怖」的大規模暴力，開文革中有組織的暴力行動之先河，其榜樣作用不可低估。有理由相信，當權派的男女衙內們發動「八月紅色暴力」正是企圖「用文化大革命中應該清除的東西，拿到文化大革命中來左右文化大革命」，以便「斷送文化大革命的」[4]的「請君入甕」之舉。

---

[4]　見陸小寶為《倒下的英才》寫的序。

上述各點構成了當時中國社會因政治分歧導致暴力的根本原因。因此,文革中兩派的武鬥,特別是清華武鬥的發生,決不是由於少數人好勇鬥狠的結果,也絕不是群眾組織少數頭頭個人意志的體現。

當然,我在這裡指出當年發生武鬥的大背景與深度原因,並非拒絕反思我們自己的錯誤,而只是想指出無論我們個人對武鬥的認識對錯,都無法跳脫時代的局限性。陸小寶引用蒯大富的話說,如果當時蒯大富「主張不打」,「那場武鬥(百日武鬥)肯定打不起來」。但是蒯大富忘記了一點:他當時不可能主張不打。設想蒯大富在1968年4月23日四一四準備把舊電機館建成第二個科學館式的武鬥據點時可以「主張不打」,就如同設想1968年的春天四一四可以實踐非暴力運動一樣荒謬。

我在反思文革武鬥時強調促發武鬥的上述廣義因素,當然不是否定參與武鬥者的責任。我只是想說明,武鬥當然是錯誤的,甚至即便在武鬥時就有相當數量參與了武鬥的同學認為武鬥是錯誤的,是不得已而為之的下策,但由於文革前政治思想的積澱,在文革當時的大環境下,清華兩派的爭執與對立發展到1968年4月時,武鬥已成必然之勢,除非中央不吝放下身段公開表態介入清華問題(但也不能保證被批評的一方是否就會接受中央的表態,武漢百萬雄師事變就是明證)。

五、中國公民社會的缺失以及社會道德倫理系統的虛妄

如果不能正視我們當年犯錯誤的必然性,就只能墮入「文革受騙上當論」的陷阱,而這顯然不符合歷史真實。脫離了歷史真實的文革反思,既不可能在反思者的思想深處觸發質的飛躍,更不可能為後人留下切實有效的借鑒。

儘管陸小寶正確地認識到「從教育上反省文革暴力」。但是,他所謂的:「教育上最嚴重的問題……是過分強化意識形態,而對普通公民教育和道德教育的嚴重缺失」,就出現了錯位

而有些不知所云了。

　　文革前的教育豈止是過分強化意識形態，完全是為中共的意識形態服務的，對於這一點，中共在文革前從來是不含糊的。而認為「對普通公民教育和道德教育嚴重缺失」則沒抓住問題的實質。文革前的「十七年」，公民教育不是缺失的問題而是受到打壓的問題，道德教育則並不缺失，只不過進行的是一種虛幻的「共產主義道德」教育。改革之後，中共的教育倒是不再強化意識形態了，公民教育仍然缺位，公民社會的發展仍然受到壓制；道德教育儘管逐步增加了傳統道德的因素，然而對照社會上大量官員腐敗的現實，難免被受教育者當作虛偽的說教。

　　中共專政統治的實質就是包辦一切，因此容不得公民組織的建立，也就容不得公民社會的發展，人民群眾自行組織從事某項事業是不被允許的，必須經過中共的組織，最後可能實際上還是群眾在做事，但必須納入中共的領導之下。我在初中時曾有一次發現一位同學家裡經濟很困難用不起學校規定的作業本，我就買了一些送給他。不知怎麼讓班主任知道了，把我找去談話，雖然說我幫助同學的想法是對的，但又指出我應該依靠組織，拋開組織自行行動則帶有個人英雄主義的色彩。連這類同學之間互相幫助的小事，中共都要納入其組織的軌道，群眾本著自己意願參與社會及國家大事，當然就更不被容忍了。因此，我以為，文革前的學校不僅沒有公民教育，中共的各級政權與組織還出於儘量壟斷一切社會事務管理權的心態，千方百計地壓制與防範民間可能出現的任何獨立的公民性活動。

　　倒是在文革初期，一方面由於中共各級組織的癱瘓，另一方面由於毛澤東發出「你們要關心國家大事」的召喚，人民群眾才開始突破以往的束縛，儘管在總體上仍是「無產階級專政」的專制體制，在具體的地區、部門或單位等較小範疇內人們確實在較短的一段時間內獲得了行使公民權利的機會。問題在於，由於上述原因，國人顯然缺乏作為公民所必需的訓練，更加之缺乏完整的民主程序，人們對於公民的責任之理解更是狹隘偏頗的（只知

對國家與集體的責任與義務，不知對其他個人的責任與義務），因此，一部分人行使公民權利往往是以損害另一部分人的公民權利為代價的，其結果必然導致更多的紛爭與混亂。而且，由於不懂得公民的義務與責任包含著尊重與維護他人的公民權利這一重要組成部分，在他人的公民權利受侵害時不聞不問甚至助紂為虐，人們在文革中獲得的局部公民權利很快也就喪失殆盡了。

為什麼我們這些人會留在學校裡參加武鬥？根據我自己的心路歷程以及當年對周圍同學的瞭解，我以為確實與我們當年對責任與義務的偏頗的理解不無關係。正因為我們以為有責任關心國家前途，應該把文化大革命進行下去，因而要把兩派的爭執弄個水落石出，正是這種責任感，加之對本派組織的責任感，促使我們（包括一些反對武鬥的同學）留下來參加了武鬥。「不訴諸暴力」雖然在當時就是我做人的原則之一，但這個原則顯然要服從更重要的對國家與集體的責任，正因為如此，儘管我很懷疑「清華武鬥不出三天，中央就會表態」的判斷，但本著為文革盡自己的責任而不當逍遙派的宗旨，使我留下來參加了武鬥。相反，如果我們對公民責任與義務的理解是全面的，如果我們多一些對自己得失的考慮，如果我們擁有維護他人權益的意識，如果我們認為個體的權益是集體權益的基礎，我們多半不會參加武鬥。我們當中許多人後來受到的懲罰，在某種意義上也是對這種失衡的責任心的懲罰。

陸小寶顯然沒有分清喪失公民責任心與責任心失衡的區別，因此也就難以發見現今「年輕一代知識分子中缺失公民責任意識的現象」「越演越烈」的原因。其實只要對文革進行過切合實際的反思，就不難看到，年輕一代日益嚴重地喪失責任意識的現象恰恰是對我們那一代失衡的責任心受到懲罰的反動。現今對青年學生的「公民責任教育」無非還是文革前那種偏重一面的說教，只提對國家集體的責任，卻無視對社會中個體的責任。這種瘸腿的說教在文革一代的前車之鑒對照下，只能成為空洞的廢話。因此，在當局繼續壓制與阻礙公民社會在中國的發展的情況下，年

輕一代除了選擇個人主義，還能指望什麼呢？

　　至於文革前「十七年」的道德教育，當然並不缺失。只不過當時宣揚的是所謂「共產主義道德」，世上本無共產主義，哪裡來的「共產主義道德」？有人可能會聲辯，「共產主義道德」就是「無產階級道德」。什麼「無產階級道德」？我們進過工廠下過農村瞭解了真實的工人農民之後，不難發現，所謂「共產主義道德」或者「無產階級道德」無非是按照政治需要對人類幾千年來的美德篩選之後的集合物而已，這裡原本就帶有一種虛妄性質。1963年開始的對「道德繼承論」的批判更使「無產階級道德」成了無源之水，無本之木。所謂道德的階級性使得「仁愛」、「互助」、「團結」、「扶助弱小」甚至「誠實」、「正直」這些人類幾千年傳承下來的美德都帶上了「階級性」：只能對無產階級發揚這些美德，若對資產階級亦循此道則會被扣以混淆階級界限、敵我不分等種種罪名。其結果就是在區分階級的藉口下把同情之心變硬，凝固成冰凍之心。

　　人類產生倫理道德觀念的最根本原因是人類本能的模仿能力，以及由此而來的同情心理。由於模仿能力而形成對行為方式的約束，這大概還可以追溯到某些動物，哪裡與階級有什麼關係？人類的道德倫理觀念是人性善的體現，是高尚人性的提煉。因此，把階級性強加於道德倫理，勢必泯滅人性。那麼，隨著文革當中「無產階級道德」的虛妄性暴露無遺，隨著泯滅人性的種種「惡」行在階級鬥爭與革命的旗號掩護下大量浮現，中國社會倫理道德系統的崩潰就難以避免了：虛妄之物必然不能持久，崩潰之後就是道德真空。

　　目前要重建中國社會的道德倫理體系，我同意陸小寶的看法，首先要以「人性為本」。也就是說，要擯棄以往那些虛妄的說教，還道德倫理以人性的真面貌。[5]就應該從黨政官員們首先

5　2008年汶川地震，在抗震救災中湧現了許多感人至深的事蹟，我的一位同
　　學在電子郵件中頌揚這些是「共產主義道德」的結晶。我回覆他說，這些
　　美德不僅在資本主義國家普遍存在，就是在千年以前的中國封建社會時就

做起，衡量一下是否夠資格做人，如果連做人都不夠格，那就免提什麼「代表三個先進」了。只有中共痛下決心，清除混進黨內的那些連做人都不夠格的人渣，只有給各級官員確定人民群眾認可的道德底線，並交由人民群眾監督，中國社會的道德重建才有可能。

我們批判「共產主義道德」、「無產階級道德」的虛妄性，並非否定在這兩面虛妄的大旗下面我們當年所接受的諸如「助人為樂」之類具體的道德觀念。恰恰相反，充分肯定這些歷經幾千年提煉與傳承下來的人類美德，就必須為其正名，必須使其擺脫共產主義烏托邦的陰影，擯棄莫須有的無產階級屬性，恢復其普適的價值。事實上，任何階級的成員，都只有通過接受多種形式的教育才可能繼承與發揚歷史傳承下來的人類美德，無產階級也不例外。無產階級分子如果不接受人類高尚的道德倫理觀念，不接受人性向善的行為準則，同樣只會淪落為人渣。文革中北京大興縣、湖南道縣以及廣西發生的屠殺慘案中，那些令人髮指的暴行全部是貧下中農無產階級分子所作所為，就是明證。

綜上所述，無論是文革中我們這一代人顯示的「瘸腿」的公民責任感，還是被階級性衝擊·侵蝕了的人性與道德倫理觀念，其根源都可以追溯到文革前的「十七年」，而造成這一情況的制度與思想文化層面的樊籠至今仍然存在，我們這一代人之所以會積極投身於文革，很重要的一個原因就是我們內心深處萌動著突破這一樊籠的願望，不管是自覺的還是朦朧的。

六、結束語

可以說，我們這一代人是在中國社會大轉變的關頭心靈掙扎的一代。許恭生同學的悲劇就是這一掙扎的典型之一，許恭生同學在教練刺殺時總是囑咐大家不要刺要害，避免致人死命，自

已經大量存在了。

己卻成了清華百日武鬥中唯一被長矛刺死的受害者。今年四月底回清華參加畢業四十周年的班級同學聚會，瞭解到同班同學一樁四十幾年來一直不為人知的往事，一樁類似陸小寶所讚賞「美來屠殺」事件中湯普森的往事。我們班的L同學，在清華武鬥中行事頗張揚，人稱「唐·吉訶德」，武鬥中小有名氣。1968年「727」那天與一部分沒有按照團派總部指令撤出學校的團派同學（據說有兩三百人）一起參加了營救在9003大樓被工宣隊拘押的同學的行動，在他們衝進9003大樓後，L同學身邊一人（不知是否清華學生）刺傷了一位工宣隊員，而且舉起長矛還要再刺，L同學極為憤怒，當即用長矛對準那人：「你要再刺他，我就刺你！」制止了那人。四十幾年來L同學從未在我們之中提起過，這一次由於我堅持要瞭解「727」細節時才提到的。大概，L同學從來也沒有認為自己那是什麼英雄行為，而寧願把那個年代的一切都埋藏在記憶的深處。

我相信，除了極少數生性殘暴者之外，絕大多數參加武鬥的同學在剝開自己的文革「洋蔥」時，都會發現心靈深處在人性與暴力之間掙扎的痕跡。我們反思文革，如果把極少數人泯滅人性的殘暴行為不做區分地當作文革積極參與者的主流行為，顯然既不符合歷史真實，也必將墮入陸小寶也極力反對的「妖魔化文革」與「全面否定文革」的陷阱。而大量的社會現實表明，現今中國的許多社會問題正是由於吞嚥了「妖魔化文革」與「全面否定文革」之苦果的結果。

從清華文革談清華校訓
——孫怒濤《良知的拷問》讀後

唐偉

孫怒濤1960年從浙江農村考入清華大學自動控制系，文革中曾擔任清華大學井岡山兵團四一四總部的二把手，1980年調離清華。曾表示要寫一本《我在清華大學二十年》的書。今年2月22日老孫給我發來了本《良知的拷問‧一個清華文革頭頭的心路歷程》（以下簡稱《拷問》）。他在卷首語中寫到「寫作的過程，是對自己良知的又一次拷問，」「我是寫給熟悉我的朋友們看的……，這本書，就是我對他們一個負責的交代。」孫怒濤的書，我看得很認真，也想得很辛苦。因為他書中的重點是寫清華文革，這本來就是一個沉重的話題。我們今天所寫下的一切是給同代人看的，引起同學、朋友的聯想，以求史料的真實。但我以為主要是為了給後來人看的，因為一代又一代的中國人，都聰明得太遲，而又老得太快，社會總在輪迴轉圈。

1949年，有大學學歷的中國人只有10萬。農村孩子的出路只有三條：招工、參軍和上大學。老孫的父母親含辛茹苦供養獨生兒子上學，他們的追求和夢想一直是老孫心目中最有份量的囑託。老孫也的確是一個能讀書、會讀書的讀書種子，家世清白、父母良善，只要不是過於貧困，哪派勢力當政臨朝他都有得到教育的機會，沒有必要特意貶低自己的聰明才智，而「把共產黨視為恩人，把毛主席當作救星，永生感恩！」記得去年和老孫在北京見面，還談到他的慈溪老家鄉裡自他以後這些年，還沒有一個考上清華的。

小學入隊，中學入團，大學入黨是老孫父親的期望，也是他自己夢想的政治前途。我比老孫小幾歲，有點政治覺悟也開始於

1958年。那一年，中學校園的圍牆寫上了「教育為無產階級政治服務，教育與生產勞動相結合」的標語，操場上也壘起了一座煉鐵的土高爐，解放前在美國留過學的英文老師晚上站在乒乓球臺上，在教育革命的口號聲中接受批判……。大饑荒的1960年老孫上了大學，紅專辯論、參觀反右展覽、學雷鋒運動、反修教育，孫怒濤平和地娓娓道來，親切真實，那是我們一代人的共同體驗。

「九評學習」成了孫怒濤政治追求的「滑鐵盧」，清華的政治思想教育有兩大法寶：一是政治課和理論學習中的「灌輸」，二是政治運動和學習中的「亮私不怕醜」。孫怒濤就因為暴露思想、迎合組織誘導而被繞進了政治漩渦。他在黨員、幹部啟發下，在學習會上談了「聽到的、見到的、心裡一閃念的」如基層幹部浮誇、農民挨餓的事例，得到了對「三面紅旗」認識模糊的組織結論。老孫追求進步之心嚴重受挫，大學畢業也未能入黨。「人，一旦被貼上政治標籤，就很難清洗掉，很難再改變。」老孫的體會可謂刻骨銘心。

蔣南翔校長是一個嗅覺敏銳、處事老道的政治家，這位老清華學人熱愛黨的教育事業，他對清華自有一份特殊的感情，清華看重學習尖子、體育尖子，關愛學生到「護犢子」的程度。他在「院系調整」的政治改革後從團中央到清華任校長，「反右鬥爭」的勝利，搬掉了原黨委書記袁永熙、桀驁不馴的錢偉長，破除了以「教授治校」為代表的英美資產階級的舊教育傳統，在蘇聯專家的幫助下，開始了多科性工業大學的建設和發展。仿莫斯科大學建造的主樓就是蔣南翔在清華工作業績的象徵——宏大板結。大饑荒缺吃少錢，主樓降低了高度，縮小了規模。儘管如此，主樓已成地標，足以長久地傲視全國高校，既能彰顯政府對教育投入的窘況，更是改變了清華的傳統，從此尊官重樓：大樓重於大師、高官藐視學人。蔣南翔部長要在學生中培養出副總理的期望自然不在話下。

1965年的夏天，老謀深算的蔣校長一定意識到了什麼，從西單大木倉高教部到海淀水木清華丙所，有他頻頻往返的身影。在

「頂風開好萬人船」的口號下，他加快了變革的步伐：將65級入學的1649個新生學制改為5年；開辦了兩個女生食堂；把4、5、6年級的4400名師生調到京郊農村搞一年「四清」，「在三大革命鬥爭中鍛煉三大革命運動戰士」；加快了學生中黨組織的建設，打破了一般不在一年級發展新黨員的慣例；更加密切關注高幹子弟的動向，積極發展高幹子弟黨員……。他是不是想到了：北京城裡將再次難以擺下那張平靜的書桌了？

1965年9月孫怒濤在懷柔縣城關公社白莊大隊參加「四清」，一個貧農的兒子在苦寒的農村不會有太多的不適應，他有兩大收穫：他知道了什麼東西是王光美的「桃園經驗」，他還知道了同年級的劉菊芬同學是高幹子弟，並初步領教了機心難料的劉菊芬的高傲善變。老孫和農民打成一片，努力工作，但是他火線入黨的夢想依然落空了。

如孫怒濤所言，1966年6月1日全國廣播的北大聶元梓的大字報和《人民日報》《橫掃一切牛鬼蛇神》的社論，拉開了文化大革命的大幕。

第一部分：清華文革

沒有毛澤東，就沒有文化大革命。在中國只有一個主義、一個政黨、一個領袖。蔣介石沒有做到的事情，毛澤東做到了。他老人家延安整風以來，所向披靡，戰無不勝，攻無不克；從批判《武訓傳》，向已死的陶行知開刀，批判胡適思想，批判胡風集團，經過「反右」運動大規模的整肅，中國知識分子已有別於社會的脊樑和良心，他們失去了受人尊敬的地位，再也不敢奢談體面，若沒有「單位」收留，甚至失去了養家糊口的生活基礎。毛澤東攀上了超過秦始皇一萬倍的至高無上的尊崇地位，君臨天下，天威難測。他再也不會犯錯誤了，因為他會用更大的錯誤掩蓋以前的錯誤。他永遠不會失敗，因為所有的失敗都由黨、國家和人民承擔。黨、國家、人民絕不會相信並接受毛澤東會失敗的

各種事實。林彪在七千人大會上發言：我們的所有成績，都是遵循毛主席的教導取得的；我們所有的挫折，都是毛主席的思想、路線受到干擾的結果。林彪強詞奪理，卻符合群眾的良好願望，迎合了領袖需要。於是毛澤東的勝利接著勝利，而我們得以長久地生活在「幸福的」毛澤東時代裡。

「春江水暖鴨先知」。最早向清華黨委貼大字報的是劉濤、賀鵬飛等高幹子弟。絕大多數同學和孫怒濤一樣，「感性上的保蔣和理性上的懷疑蔣一直在糾結著。」感性來自於個人的體味，理性來自中央對北大的說法和類比分析。蔣校長和老師們沒有理由怨懟自己的學生，除了那些自以為擁有「丹書鐵券」可以為所欲為的紈褲子弟，獨立思考的傳統和謹言慎行的作風，在急風暴雨的狂濤中仍在發揮作用。清華師生從來沒有拋棄過理性思考。早在1966年春節，清華黨委內部就有「兩個中央」的小道消息流傳。黨委副書記劉冰在5月的晚風中從北京飯店開完市委工作會議，騎著自行車返校，在經過塔院的路上心亂如麻，他有著與1957年「反右」鬥爭前夕完全不同的心境：革命，真的革到自己頭上了？周恩來訪問歸國，在毛澤東那裡弄清了那個「睡在身邊的赫魯雪夫」不是自己，才放下心來步步緊跟。只要野火還沒有燒到自己身上，劉、鄧壯士斷腕，得力的幹部彭真、劉仁、蔣南翔慘遭拋棄。隨著彭、羅、陸、楊被打倒，針插不入、水潑不進的北京市委頃刻瓦解。蔣南翔在高教部被揪出來了。新市委派出的工作組進入清華，清華黨委領導立馬成為「黑幫」。上級組織的無情無義造成了文革的第一波災難，群眾從來沒有貪天之功為己有，上級組織有什麼理由要把打倒各級領導的罪責算到「造反派」頭上？

偶然創造歷史。6月的一天，自控系63級樊程在主樓前值班巡邏，一輛轎車停在校門外公路邊，一位身著中山服、個子高挑的中年女幹部，騎上後備箱中搬出來的自行車，從主樓前進入清華。這個女幹部就是工作組顧問王光美。從此清華文革就和中南海內兩個司令部的鬥爭結下了剪不斷、理還亂的緣分。出於偶

然，王光美原擬與化902班同學座談未到，替代她的女同志或許沒有說明身分，事後受到矇騙的蒯大富貼出大字報，質問「葉林同志，這是怎麼一回事？」恰巧這天，蒯大富在劉才堂的大字報上寫了一段有關奪權的批語。工作組如臨大敵，開啟了對劉才堂、工鐵成、蒯大富等人的鬥爭。因為蒯大富在班上有個支持他的「十人小組」，工作組認為是群眾基礎；因為蒯大富是校刊通訊員，他學習毛著的照片上過1965年的《人民畫報》，工作組懷疑他是清華黨委埋下來的炸彈。為了「槍打出頭鳥」，「反蔣必先反蒯」。仍是偶然的自作聰明，王光美到學生食堂和工友一起為學生打菜，這是一次精心安排的國家主席夫人亮相。但清華不是桃園大隊，知識分子一眼看出這只是王光美令人反胃的作秀。她在清華從此名聲不佳。

在工作組的淫威下，校、系、年級、班有組織地將「蒯派」清理出來搞臭：取消這些人的行動自由，禁止他們寫大字報，私拆他們的信件，沒收他們的日記，逼迫他們寫交代材料並加蓋手印，甚至監視居住。就這樣在全校師生中硬抓出了500多個「右派學生」，硬整出了一個「蒯派」，硬逼出了三條命案。1957年「反右運動」的場景，再一次成為揮之不去的夢魘。巨大的壓力下，要麼窒息而死，要麼爆發而生。清華已經成為了一個隨時可能爆炸的火藥桶。所有的「蒯式人物」統統繳械投降了，紛紛和老蒯劃清界線。在絕望中絕食的蒯大富，悄悄被人看顧，來人自稱受到江青同志委託。老蒯久旱逢雨，停止絕食，有了生機和繼續戰鬥的勇氣。

一、關於「八八串聯會」

「八八」的目標是批判工作組的錯誤，作用和意義就在於它是清華第一個群眾自發的對抗上級指定的「臨籌」的組織。馬克思主義宣傳材料中關於「群眾運動天然合理」的論述，只是政治家們鼓惑群眾的藉口和駕馭群眾運動的手段。共產黨最忌諱有組織的行為，自外於共產黨的組織是不會得到信任和支持的，它的

最好的結果是自生自滅。一個共產黨員可以犯政治錯誤，但決不能犯組織錯誤。「八八」組織鬆懈，各系負責人聯席會議是最高決策機構。唐偉、陳育延、吳棟等幾個頭面人物，也只是憑著父輩是革命烈士、革命幹部；本人都是預備黨員，自以為「辮子」較少，能在「血統論」肆虐的環境下與「臨籌」的高幹子弟過上三兩招。工作組也非等閒，大辯論、講道理輸了，搞外調、查三代是他們的拿手活。清華派出的外調人員到重慶渣滓洞查敵偽檔案，整了一堆唐偉父親是叛徒的「黑材料」回清華。工作組撤得太快，這些沒用上的「黑材料」工宣隊用上了：唐偉在「清隊」中被關進「可教育好子女學習班」，背著「叛徒子女」的檔案材料分配青海當工人。「八八」的綱領很低，只求清算工作組在清華50多天裡犯下的錯誤，只求所有無辜的師生和自己不要被打成反革命，「八八」派並不認為「奪權是革命的首要問題」，1949年以後大陸政權不是一直在共產黨手裡嗎？文化大革命不是一場普及毛澤東思想的思想大革命嗎？因此完全沒有一點奪權接班的思想覺悟。隨著工作組撤離，劉、鄧垮臺，劉鄧路線遭到全國、全黨、全軍批判後，「八八」的頭頭就失去了追求，迷失了方向。

　　孫怒濤認為：「八八」如果真的要徹底批判工作組的資產階級反動路線，「就應當承認蒯大富和蒯派都是好人」，「還應當承認蒯大富和蒯派與工作組的鬥爭是最勇敢最堅決的，他們就是革命左派。」無論是過去、現在、將來，這種非黑即白的決定論說法都難以站穩腳跟。居高臨下的「平反」，從來是權力部門的一齣戲，「八八」掌過一天權嗎？所謂「清者自清，濁者自濁」。哪個左派是自封和舉薦出來的？毛澤東稱蒯大富為「五大領袖」，他能領導近半師生員工的「四一四」嗎？毛江夫婦不是在他們去世、下臺N多年前，就無情無義地將老蒯拋棄了嗎？老孫曾諮詢過我，老蒯未能加入「八八」的原因和經過。我將經過告訴了他，還說：老蒯不誠實有目共睹，他宣揚的「權經」遭人反感。但《拷問》中仍寫道：「鮑長康問：蒯大富能參加『八八』嗎？答覆是：他不行。於是講義氣的鮑長康說，既然你

們不要薊大富，那我也不參加了。」1966年8月23日張春橋在中南海西門單獨接見薊大富，支持他拉起自己的紅衛兵隊伍。老薊加入「八八」只是試探能否控制「八八」。至於說到鮑長康的「義氣」，我真為老孫既無事實又無原則的吹捧深感臉紅。鮑長康聰明好學，是「井岡山紅衛兵」的發起人之一，是兵團總部的二號人物。看了李自茂回憶「5.30」的文章，應知道鮑長康是清華武鬥中團派的第一線總指揮；看了韓愛晶寫的回憶文章，應知道鮑長康手上不僅有傷亡同學的鮮血，更有工宣隊員、軍宣隊員的鮮血。鮑長康量窄器小、錙銖必較。工作組「反薊」，他投降了；老薊絕食抗爭的時候，鮑長康的義氣哪裡去了？前年老薊在太原突發中風，一同駕車出遊的鮑長康藉口上海家中有事，不能留下照顧老薊，第二天卻帶著一幫人上了五臺山。是冶金系6字班的王文鼎為老薊夫婦買了機票、送上回深圳的飛機。老孫還能講出幾件鮑長康講義氣的事情？

《拷問》還寫到：唐偉「在為革命造反精神徹底平反的同時沒有為薊大富等薊派進一步平反，這是很遺憾的。我真為唐偉可惜了！他錯失了一次站在文革潮頭、引領清華文革、掌控運動領導權的極好機遇。」寫到這裡的老孫，頭腦未必清醒：「旗手」江青只敢承認自己是條老毛讓她咬誰就咬誰的「忠狗」，老薊說自己「想做奴隸而不可得」、「有了權也不會用」。比起那些奉旨造反、投機造反的人，唐偉只是個跪著造反的學生。唐偉當時說過：「寧可右傾，不當阿斗。」他是糊塗啊！

二、關於「血統論」

1962年毛澤東提出「千萬不要忘記階級鬥爭」。為了分清敵友，實際工作中執行著一條階級路線：有成分論，不唯成分論，重在政治表現。土改時，由新政權派出的工作隊根據每個家庭解放前三年的經濟狀況劃定家庭成分。其中難免錯劃和偶然的因素，時代和社會造成的貧富懸殊被指控為個人行為，猶為荒唐處是一次定成分就萬劫不復、殃及子孫。毛澤東終其一生不懈怠

地奉行井岡山當「山大王」時的殺富濟貧，並樂此不疲。人為災難不斷，舉國難安，內鬥內耗無休無止。階級路線中的「重在政治表現」只是留給掌權者解釋、定性和靈活掌握、生殺予奪的藉口，也成了圈定「政治犯」的主要依據。

1966年8月的一個晚上我和「八八」的幾個頭頭第一次被周恩來接見，在人民大會堂他談得最多的是自己的身世：

> 我出身在一個官僚地主家庭，到父親一輩破敗了，我父親只是個小職員。青年歷史學家戚本禹同志對我說：「你的家庭出身可以填職員。」我還是填官僚地主家庭。

> 我出生於剝削家庭，我入黨時就填寫的官僚地主家庭出身，為什麼現在要改呢？你們能因此而說周伯伯就不革命了嗎？有人勸我也改個名，我周恩來在受到國民黨政府懸賞通緝的時候也沒有改過名，為什麼現在要改呢？我們政協有一個老先生，「五四」以後為了表示和舊社會一刀兩斷，不要姓名了，叫「無名」，別人叫的時間久了，他的姓名成了吳銘。我今天提到他只是為了說明革命不革命和姓名、和家庭出身沒有關係，你們可千萬不要去找吳銘老先生的麻煩啊。

> 他還談到，為了給鐵路讓道，搬遷周家祖墳的事。

> 他說自己1949年後再也沒有回過淮安祖籍，回到老家見不見那些破落地主家族的親戚長輩？不見不好，見了之後會不會給當地政府和群眾造成壓力？當地政府曾報告將我的祖屋修成「周公館」，我沒有同意，我對當地政府幹部說，我真是從那間屋子裡生出來的？你們若要堅持修「周公館」我也只好同意，但是你們必須在門前掛個牌子，寫上我的一段話：這是一個罪惡的剝削家庭，這個家庭出了一個不肖子孫周恩來，他背叛了這個家庭，走上了革命道路。你們若是同意掛上這段話，就去建「周公館」。

……

　　家庭出身不僅阻斷了許多普通人參軍、招幹、升學，甚至嫁娶的生活出路，而且也讓貴為總理的周恩來深深地心存忌憚。鄧小平也從未回過老家，廣安協興鄉傳出一句話：「龍歸大海不回頭。」真實情況鄧家是土豪。只有厚黑如毛，才會把富農家庭成分改為中農。

　　無產階級專政下的繼續革命來自於階級鬥爭學說。「血統論」是這個錯誤理論開出來的「惡之花」。譚力夫鼓吹「血統論」的對聯「老子英雄兒好漢，老子反動兒混蛋。」和「龍生龍，鳳生鳳，老鼠的兒子會打洞」的口號也傳到了清華校園。高幹子弟大多持支持態度，以此作為仗勢凌人的依據，他們像被打了雞血一樣亢奮。一些早就想著攀龍附鳳的農村學生，可悲地充當了抄家整人的打手。前些日子在1964級校園網上，讀到了賀鵬飛班上一位同學的回憶文章。當年他熱切地盼望成為賀鵬飛的同班同學，跟隨賀鵬飛，他幸福地參加了「8.18」毛主席第一次接見紅衛兵的盛典；他還參加了「8. 24」的行動……。四十多年後他依然沉湎在鐵桿粉絲的瘋狂激情裡，一遍再一遍寫到：「王子永遠是王子，貧兒永遠是貧兒。」這種農村版「血統論」聳人聽聞，這種頑固的愚昧或許是清華教育深層次的悲哀。

　　清華歷來看重學習成績、體育成績，平時高幹子弟也行事低調，注意搞好同學關係。1963年賀鵬飛高考落榜，賀家也只是通過榮高棠找到蔣南翔，讓賀鵬飛到清華附中補習功課。第二年賀鵬飛作為體育尖子（北京市中學生鉛球比賽第一名），根據規定降50分被錄取到機械系。在「血統論」的煽動下，在工作組的討好下，在權力和榮譽的誘惑下，不少「紅五類」子弟暈頭轉向了，喪失了理智。「血統論」對於青年知識分子的傷害深重而久遠，可是首先受到傷害的卻是鼓吹者自己。

三、關於「8.24」

　　「清華大學紅衛兵」是清華大學的第一個紅衛兵組織，它是

在劉菊芬的「自控系紅衛兵」的基礎上組建而成的。它有一個抱團的群體，帶著高傲和神秘。它有一個以高幹子弟作為核心，吸收了多數中央候補委員以上、少將軍銜以上、省部級幹部以上的子女「拚爹」排座次，「紅五類」子女為侍從、為擁躉的豪華陣營。這幫「聽話的好孩子」，習慣了保姆的教導，王光美說，他們成立了「八八串聯會，」你們就不能成立「八九串聯會」？於是清華就有了「八九串聯會」。「8.24」行動也是在王任重指點下搞起來的。他們大權在握、體面光鮮、思想貧乏、毫無創意，他們的大字報除了洩露上層鬥爭的動向，就是暴露上層鬥爭的隱私。「8.24」行動是他們唯一的一次壯舉。

「8.24」行動是一次欲蓋彌彰的鬧劇。1966年8月19日清晨，唐偉、吳棟、陳育延貼出「王光美是清華園內的第一號大扒手」的大字報；中午賀鵬飛、李黎風、喬宗淮、雷蓉、王小平、王新民、袁塞風等高幹子弟跟著貼出大字報「三問王光美」。8月21日劉濤貼出「誓死跟著毛主席幹一輩子革命」。高幹子弟帶動下，矛頭對準王光美，公開點名批判劉少奇的大字報越來越多，校外趕到清華看大字報的人也越來越多。「8.24」傍晚，賀鵬飛等人在王任重的提點下，召集了十二個院校的紅衛兵擁進清華，撕毀了主要是他們自己揭發批判劉少奇、王光美的大字報。為了掩蓋他們不光彩的政治行為，他們打著「破四舊」的旗號，喊著「老子英雄兒好漢」的口號，推倒二校門、抄家、抓人，把「黑幫幹部」、右派教授關到科學館、二教毒打。

以下摘自羅徵啟老師文章《被遺忘了的「紅色恐怖」——記1966年清華大學的「文化大革命」》（2008年8月20日修改稿）：

> 8月24日晚上，……幾個人把張慕葦架到審訊室，我剛想看一下，就挨了一下抽打，「不准看！」我就聽審訊室裡很重的抽打聲音和張慕葦的呻吟。過了一會一學生從審訊室裡出來，大聲說：「張慕葦想逃過群眾的專政，被我們抓到了，現在他就要從審訊室爬出來……」這以後，走廊

的南端又傳來一陣喧鬧，原來是幾個手執皮帶、木棍的人要黨辦主任何介人和宣傳部第一副部長林泰兩個人對打！我聽到喊聲：「使勁！」……我心理難過極了，這是我們的學生嗎？怎麼會這樣！接著審訊室內忽然傳出一聲呼叫：「賀鵬飛來視察了！」幾個人走出審訊室到樓梯口迎接。我們正躺在水泥地上，「快起來，跪好，低頭，手背在身後，頭距離地面15公分，不能超過20公分，也不許頂在地上。快！」剛剛「整理」好，賀鵬飛就上來了，我還來得及偷看了一眼，果然很像賀龍元帥，腳踏大皮鞋，手提一條皮帶。審訊室裡的人像是彙報什麼。賀鵬飛從我面前走過時看見我因為支撐不住他們規定的姿式，已經把頭頂在地上，他就用皮鞋踩我的頭，並且厲聲說：「不許頂在地上！」他這一踩，我頭上已經結了疤的傷口又滴下許多血。……我被帶回生物館，從昨晚搬運二校門的垃圾到現在，連水都沒喝一口，可以說是饑渴交迫。這時由幾個「革命群眾」押解，幾個「黑幫分子」到教工食堂取回吃的……黑幫分子們排成一排，一個學生在前面訓話：「你們要吃飯嗎，那就聽好，你必須說：『臭黑幫王八蛋兔崽子狗崽子×××感謝毛主席給飯吃。』聽清楚了嗎？試一下。」第一個是錢偉長教授，他說完了那段侮辱性的話語以後，那個學生又喊：「你還得加一個『大右派』，重來！」於是錢先生又來一遍，加了一頂帽子，領了口糧，站在原地等候。這時我認出這個學生好像是工程化學系的，以後工化系的輔導員告訴我，他姓楊，是個大個子。「第二個！」他喊。第二個是我，我沒有加多什麼就過了關。第三個劉小石，也過了關。第四個是行政處長李思問……。下午，又有了新花樣，一個叫馬楠的學生帶了兩個「隨從」，來到生物館，審問我們這些人。聽說這馬楠是軍人後代，綽號叫「馬楠將軍」，到處打人抄家。第一個叫走了錢偉長，……過了一會錢偉長回來了，我看他後

> 背被抽打得全是紫色淤血，慘不忍睹。……忘了是第幾
> 個，叫到我。我走進審訊室，馬楠嘴裡叼著煙捲，兩條腿
> 放在桌子上，十足一副兵痞模樣，一邊站著一個瞪圓了眼
> 睛的大漢……

羅徵啟講了這樣幾件事：（一）、「8.24」是一起卑劣的政治事件，領頭的幹部子女要毀掉的是他們在巨浪突襲暈頭轉向時，貼出的揭發包括自己父母在內的各級「黑幫」的大字報。為了掩蓋其政治目的，他們打著「破四舊」、「只許左派造反，不准右派翻天」的口號，推倒二校門，四處抄家，毒打校內「右派」、「黑幫」，以轉移群眾視線。（二）、張慕萍、羅徵啟、錢偉長等人肉體被毆打，人格遭凌辱，而兇手是他們的學生、我們的同學。羅老師文中點到的賀鵬飛、與我同系同年級的楊同學、水903的馬楠等人乖戾兇殘的整人手段和電影中的壞人毫無兩樣，誰能相信他們只是二十出頭、大學低年級的學生？幾十年過去了，我從未聽說過他們有過任何懺悔和道歉。他們當年的惡行和至今無悔的厚顏，將自己的人格污點越搞越大，這種自作孽行徑，已將自己變成了清華歷史上永駐難改的地痞流氓。

時任北京新市委二把手的吳德，在他的回憶書中竟然指認蒯大富是清華「8.24」的肇事者。那些說違心話保官、有了權就栽贓的「老革命」們，我要對你們說一句：「我鄙視你們！」如孫怒濤所言：「恐怖、即使披上紅色的、革命的外衣，也塗不上正義的色彩。」

四、關於蒯大富

談論清華文革，蒯大富是繞不過去的話題。蒯大富是江蘇濱海一個貧農家的孩子，1963年考入清華工化系902班。在工作組的高壓下，可以看出他的執著和堅韌。他在大禮堂前和以勢壓人的薄一波辯論，展示出了他的機敏和口才。蒯大富在「反蒯」鬥爭中的表現可圈可點。我曾在給周泉纓的信中說：這是一個20歲的

青年學生的驕傲，也是清華大學的驕傲。蒯大富有政治追求，又受到校黨委的重視，為什麼到大三還沒入黨呢？保定要寶忠寫的《蒯大富傳》中講：一次老蒯的父親來校看他，他卻對同學介紹這個蘇北老鄉是村裡人。後來，我們大一輔導員上黨課時講，有的同學「一年土，二年洋，三年不認爹和娘」。讓我特別反感並心生警惕的是不斷傳來的「蒯氏權經」：政治鬥爭無誠實可言，為了達到目的可以不擇手段。謊話越大相信的人越多。謊話的作用在於它被戳穿之前目的就已經達到了。後來陳育延對我說，「蒯氏權經」有二十多條。

孫怒濤的《拷問》中說：「如果『八八』真的能承認蒯派是堅定的革命左派，並把依舊處於困境的蒯大富收羅麾下，我想蒯大富對『八八』會心存感激的，蒯大富也不見得非另立山頭，拉出一個『井岡山紅衛兵』來不可。」老孫如此分析和真實相差甚遠，連蒯大富自己都不會相信。老蒯好大喜功的虛榮心，在文革的特殊環境下很快轉變為權欲野心，在江青、張春橋、戚本禹的教唆下很快迷失了自己的本性，走過了一段瘋狂的奪權道路。

1966年9月24日「清華大學井岡山紅衛兵」成立，它的發起人是蒯大富、鮑長康、彭偉民，選中井岡山這個名稱的是清華附中高一的小女生，十六、七歲的劉剛，她後來成了蒯大富的戀人。「八九」紅衛兵分崩離析，「紅旗」、「延安」等紅衛兵和「紅教聯」等群眾組織紛紛成立。但「井岡山」的成立是有背景的，它的背景就是中央文革小組的支持。「井岡山」的目標明確：批判工作組代表的資產階級反動路線、批判「八九」、為蒯大富徹底翻案。儘管如此，井岡山的人數在「三總部合併」前也只有數百人。

毛澤東思想紅衛兵在9月底分裂為「八八總部」和「臨時總部」，分裂的原因是在打倒劉、鄧後，繼續革命的方向方式方法上。「八八總部」認為「井岡山」批「八九」是矛頭向下，不符合「群眾在運動中自己教育自己」和「革命不分先後」的《十六條》精神，所謂為蒯大富革命造反精神徹底平反，有洩私憤和樹立個人權威的苗頭。「臨時總部」認為鬥黑幫是大方向，重點批

判蔣南翔和清華黨委代表的資反路線；「八八總部」認為重點是批判王光美和劉、鄧為首的資反路線。但周恩來特別告誡過：劉少奇還是國家主席。所以主張向中央請示、聽中央安排。井岡山主張徹底為蒯大富和「蒯派」翻案，其思想基礎發展成為「大翻個兒」的口號和「理論」。越來越多的學生對校內派系鬥爭厭倦，對運動發展茫然，紛紛外出「大串聯」。

　　蒯大富篡奪清華群眾組織和「首都三司」的領導權，既是文革亂象，更是中央文革支持的結果。

　　「三司」的全稱是「首都大專院校紅衛兵革命造反司令部」。在全國奪權鬥爭高潮疊起的1967年，打著「三司」旗號的一個紅衛兵小分隊，就能在一個省或市里掀起巨浪狂濤，蒯司令的一個電話就能決定一個省地級幹部該保或是該反。明明是「二司」的「北航紅旗」，因為韓愛晶和蒯大富的親密關係也在全國各地設立「三司聯絡站」。時任總理辦公室主任的童小鵬在回憶文章中錯誤地寫到：「早在八月下旬，紅衛兵在大中學校興起，並逐漸聯合起來。由於觀點不同，大學分為第一司令部和第二司令部，中學則以『西城糾察隊』為主成立了第三司令部。」真實情況是這樣的：「8.18」後不久，清一色的幹部子女紅衛兵聯合組成了「一司」，政治觀點不重要，父母級別和相互關係才是重要的。清華「八九紅衛兵」參與組建了「首都大專院校紅衛兵司令部」，後來被稱為「一司」。一部分沒有被邀請的高幹子女紅衛兵不願意了，聯絡了另外一些紅衛兵組織準備成立「二司」。戴維堤、韓愛晶為頭頭的「北航紅旗」，朱成昭、周永璋、王大賓為頭頭的「地院東方紅」和「清華毛澤東思想紅衛兵」都在「二司」籌備人員的邀請之列。政治觀點不重要，凡未參加「一司」的紅衛兵組織均可參加「二司」。1966年9月1日，在人民大會堂周恩來總理和首都大中學校紅衛兵代表座談會後，地院周永璋找我商量，兩校牽頭找清一色反工作組的紅衛兵組織成立第三個司令部。「北航紅旗」是保工作組的，留在了「二司」，這也是後來「天派」、「地派」由來的原因之一。「三司」成立之

初，只有14個院校，以「清華毛澤東思想紅衛兵」和「地院東方紅」人數多，又是發起單位，1966年9月5日「三司」成立，地院和我們派人出任了正副總指揮。國務院將幾個紅衛兵的司令部設在勞動人民文化宮，其中一座大殿就是「三司」的司令部。美國記者安娜・路易士・斯特朗還曾經給我們當了幾天顧問。1966年10月6日發展壯大了的「三司」，在北京工人體育場召開了十萬人參加的「全國在京革命師生向資產階級反動路線猛烈開火誓師大會」，蒯大富由中央文革點名作為紅衛兵代表在會上發言。那時「井岡山」還未加入「三司」，它加入「三司」是清華「三總部」合併以後的事了。

「井岡山」的歷史使命明確而簡單，就是充當中央文革的鐵拳頭。「三司」是各校紅衛兵派駐人員組建而成，國務院秘書長周榮鑫靠邊，國務院副秘書長、總理辦公室副主任許明受驚嚇而自殺後，周恩來的「左膀右臂」不斷減少，儘管他精力旺盛、勤勉有加，但也會力不從心。國務院設在西安門大街22號的紅衛兵接待站逐漸被中央文革滲透和掌控。蒯大富掌控「三司」應在清華「三總部合併」前夕，因為那時清華派駐「三司」的代表是「毛澤東思想紅衛兵八八總部」的二把手陳育延。

1966年12月周恩來、陶鑄、江青等中央首長多次講話，要求各校的群眾組織聯合起來，師生員工大聯合的呼聲也很高，頭頭們都受到了很大的壓力。我主動找到老蒯，表示放棄爭一把手，都用「井岡山」的名稱，實行「巴黎公社」式的民主選舉。「井岡山」、「八八總部」、「臨時總部」各推舉9、7、5名總部籌備委員。就在達成協議的第二天（12月19日）清晨，蒯大富派人突然強佔了「八八總部」控制的明齋廣播臺，單方面公佈了20個總部籌備委員的名單。孫怒濤在《拷問》中寫到：「在『井岡山紅衛兵』裡，總部核心主要是那些與蒯大富有過共同患難經歷、並且開始就參加了『井岡山紅衛兵』的蒯派人物。其中有好幾位都是蒯大富同班或同年級蒯派。這些人這次都被蒯大富推薦上去了。」「我被蒯大富提名為總部委員，這是我不曾想到的。他事

先沒有給我透過口風,我也一點思想準備都沒有。」從老孫的回顧中,能看到是「三總部合併」嗎?那是蒯大富私自任命幹部,拉幫結夥。當時有幾個造反的頭頭在乎程序正義、手段光明?對蒯大富的卑劣行徑中央文革卻沒有任何干預,我甚至猜到,其中有戚本禹的共謀。清華文革已不是擺事實、講道理的大字報、大辯論時期了。幾天後我和朱德明、許勝利宣佈退出了「井岡山兵團」總部籌備組。

「蒯司令」獲得了「三司」和「清華大學井岡山兵團」的權力,他的造反精神更足了,更加狂妄了。毛老人家正在部署迎接「全國全面的階級鬥爭」,自然樂於見到幾個如同蒯大富一樣不知天高地厚的小將專幹「髒活」,以攪亂天下。全國學校已停課半年,「大串聯」、「長征隊」、千多萬紅衛兵參加「北京朝聖」……工農業生產已受到嚴重影響。為了把人心中最強烈的欲望和最狠毒的仇恨煽動起來,毛統帥號召全國大奪權。權、權、權,命相連。且看蒯大富的突出表現:

1、反劉少奇,手段卑污

「12.25」行動,是「三總部」合併後「井岡山兵團」第一次大行動。6000餘名清華師生打著橫幅遊行,在「打倒劉少奇」的口號聲中,把「打倒劉少奇」的標語刷滿了長安街。十月以後,劉少奇靠邊站了,但還是中央首長。1966年12月31日晚上,周恩來把「井岡山」的頭頭召集到人民大會堂。雖然我已經退出了總部,蒯大富仍然通知我參加了接見。周恩來明確表示不支持「12.25」行動的作法:「你們把『打倒劉少奇』的標語貼在北京街頭,我如何向外國朋友解釋?他還是國家主席嘛。」「你們要求王光美到清華接受批判,為此我專門請示了毛主席,毛主席不同意王光美回清華,你們可以讓她寫書面檢討,背靠背的批判嘛。」回到清華,在大禮堂召開的大會上,蒯大富篡改周恩來的講話:「周總理請示了毛主席,毛主席不同意把王光美揪回清華來鬥,但同意把她揪回來批。」我上臺去和老蒯爭吵了起來。參

加接見的總部委員有十多人，當時、以後、現在都沒有一個人站出來指證，我或老蒯究竟誰在說謊。

「智擒王光美」的「1.6」事件，當年《井岡山報》發行了數十萬份，「捉鬼隊」把他們的戰績宣傳得沸沸揚揚。他們利用的踐踏的是劉少奇、王光美夫婦對女兒的愛心。王光美被抓到清華，受到侮辱，面對暴行她侃侃而談、不卑不亢，反而得到師生內心的敬重。那天晚上天剛黑，王光美被綁架推擁在西大操場體育館的觀禮臺上，臺上臺下是黑壓壓的圍觀群眾。我和周恩來總理的秘書孫岳通過電話，衝上觀禮臺去傳達總理的四點指示，看到王光美被人推搡著，鞋掉了一隻，頭髮零亂，竟能讓我見到人性到了絕望處的微光。許多年後在深圳，老蒯和我聊起那天晚上，放王光美回去之前，蒯大富去見王光美。老蒯問：「你認識我嗎？」「不認識。」老蒯自得地說：「我就是你要批倒鬥臭的蒯大富啊。」王光美趕緊站起來要和老蒯握手，被老蒯拒絕了，「我怎麼能和這個臭婆娘握手呢？」我不無調侃地對老蒯說：「所以她後來通過陳希同把你趕出了北京。」這種充滿小雞肚腸的陰謀伎倆，稱得上光明正大的政治鬥爭嗎？從這事件後，我明顯地感到，蒯大富的心中已不再有陽光。

1967年4月10日的批鬥王光美大會是經過中央批准的。周恩來的退讓，說明中央對劉少奇鬥爭的升級。後來老蒯對我們說，給王光美穿旗袍、戴乒乓球項鍊，不知是哪個小子的鬼主意，不過挺解氣的。這個30萬人參加的批鬥大會上，被掛上打了×的黑牌子、跪在主席臺前的「黑幫分子」，包括彭真、劉仁、葉林、蔣南翔等各級幹部有300人之多，他們都和清華文革有關？真的是必須置於死地的仇敵？殺人不過頭點地，以革命的名義對政敵極盡羞辱踐踏之事，難道不應該深刻反省嗎？你老孫就坐在主席臺上，我很想在《拷問》中看到你當時的感受和今天的認識，你讓我失望了。

劉濤是劉少奇和王前的女兒，跟著工作組幹過錯事。劉少奇垮臺了，蒯大富用工作組修理他的方法修理劉濤：你不是要跟著

毛主席幹革命嗎？現在毛主席說劉少奇是「睡在我們身邊的赫魯雪夫」，你若不和劉少奇劃清界線，不站出來揭發批判劉少奇、王光美，就是反對毛主席。1966年12月江青還專程到清華找劉濤談話。隨著對劉少奇鬥爭的不斷升級，劉濤面臨的巨大壓力可想而知。最齷齪的中國成語叫「大義滅親」，它挑戰人性，製造人格分裂。在這裡我要說幾句題外話，我們工化系工作組的副組長張茜薇是革命烈士張太雷的女兒，也是邱心偉同學姑姑的親家。有一次我請邱心偉領我去見見張茜薇，邱心偉說老太太身體很不好，只要有人提到文革、清華就全身痙攣。我不知道她受過何種刺激，至今心靈的拷問、煎熬還折磨看她。我們這些人都幹過錯事、蠢事、需要用一生為青春埋單，去自我救贖。

在打倒劉少奇的大戲中，還有一段重要的插曲，就是陶德堅的「紅教聯」為陳里寧翻案的事情。陳里寧惡毒攻擊劉少奇，因為有精神病被關在北京安定醫院裡。「紅教聯」和「井岡山」等四、五個群眾組織把他搶出來，讓陳里寧到處做報告，還將他的事蹟編成話劇《新時代的狂人》到處演出，大量印發《新編「狂人」日記》。並於1967年1月6日晚組織百餘人衝擊公安部十三局檔案室，搶奪陳里寧的檔案。在群眾和荷槍實彈的守衛對峙的緊張時刻，驚動了周恩來，周恩來令守衛讓陶德堅聽電話，最後讓她帶走了陳里寧的檔案。為陳里寧翻案，就是為打倒劉少奇造勢，為給劉少奇定案增添籌碼。陶德堅只是土建系的普通教師，她怎麼知道陳里寧並這麼感興趣的？她怎麼找到安定醫院和公安部十三局這個保密單位的？她如何下決心挑頭去搶檔案的？為什麼也挑選了1月6日與「智擒王光美」的「捉鬼隊」同時行動，讓周恩來無法兼顧？陶德堅死也不說，在她的《風雨人生》中並沒有臨終懺悔。詭異的是陳里寧不僅狂批《修養》，也批判《毛選》。批准逮捕陳里寧的人正是老蒯的「鐵哥們兒」公安部長謝富治。「窺淵魚者不祥」，陶德堅惹火燒身自是難免。鬧劇收場了，陶德堅當年就受到批判。最後還是老蒯的「團派」保護性的把陶德堅看管起來。

我的這些認知，也是來自於陶德堅臨終前的自傳《風雨人生》。帶著諸多疑問，2011年的某一天，我邀上蒯大富拜訪了羅徵啟。雖說陶德堅對分管過土建系工作的羅徵啟十分反感，但對羅夫人梁鴻文卻有好評。在羅徵啟的辦公室裡，我們三人喝著上好的鐵觀音，聊了整個下午。陶德堅的自傳、照片給我留下的印象是：美麗聰明、務實自信、肯幹能幹、堅強而不落人後。陶德堅在香港長大，外祖父娶了七、八房姨太太也沒有養出一個男丁。陶德堅的父親出身貧寒，因長相英俊、學業有成而入贅陶的外祖父家。陶德堅是家中的大小姐。剛解放她就隻身北上求學，被鐵道學院錄取，開始了她在北京的大學生活。在與該校曾經是地下黨的一位幹部若有若無的戀愛關係中加入了共產黨。院系調整後該校遷唐山，陶德堅進清華土建系。每一個人都自帶風水命數，每一步選擇都在決定人生際遇。陶德堅急於成功的取巧心態大於追求進步的理想；她成了政治運動中的弄潮兒，卻迷失了本來應有的政治信仰；她受到母親、丈夫、女兒的深愛，而她卻似乎只愛自己；對共產黨、「井岡山」、「紅教聯」這些和她相關的組織並無認知和認同。陶德堅或許是一個稱職的工程技術人員，也不像痞子，卻在清華文革中成功地出演了一個痞子的角色。陶「大小姐」是一個十分自我的人，和老孫有太多太大的不同。奇怪的是孫怒濤在《拷問》中，說他的「怒濤戰鬥組」和「紅教聯」是「一路貨色」，陶德堅和孫怒濤一樣都是組織上眼中的「差質生」，而其實陶德堅「是一位很優秀的女同志」。以「大小姐」的傲氣，定然不會對老孫的巴結認同承情。

2、為了權力，排除異已、製造分裂

「井岡山兵團」成立，沒有經過任何程序，總部籌備委員就成了總部委員。蒯大富志得意滿，任人唯親，唯我獨左，懷疑一切，自我膨脹。他編出了自我吹噓的《蒯大富大字報選編》，同學戲稱之為《蒯選》。有權有錢的老蒯下令，一下子印了50萬冊。江青為此批評老蒯：你蒯大富也太狂妄了，我還沒出選集，

你倒先出了。由於江青的干預，《蒯選》發行量不大，存世就更少了。1967年1月唐偉、沈如槐和宿長忠、孫怒濤、陳楚三、劉萬章等人先後成立了「井岡山兵團」內的「毛澤東思想縱隊」、「八八縱隊」、「天安門縱隊」、「東方紅戰團」和「中央警衛團」，「五縱隊」要求總部整風。1967年1月4日陳育延貼出大字報：「唐偉同志在個人主義的泥坑中是不會有所作為的」，尤其是朱德明在整風大會上發言：「要用100度的開水給蒯大富洗澡。」大規模的「反唐戰」開始了。劉泉說：「唐偉是機會主義者、是叛徒、是資產階級反動路線的代言人，想煽動群眾分裂，整垮『井岡山』總部。」「在我校，對待『井岡山』的態度就是真革命、假革命和反革命的分水嶺。」蒯大富說唐偉是「托派」，是「掛著紅布條的小地主。」「八八」的建立是劉、鄧、陶的一個大陰謀。陳家國在大會上拿出半年前記的日記，歷數一些「蒯派」人物在工作組壓力下的投降、軟弱，包括劉泉反蒯的大字報。「反唐」暴露了造反派頭頭們自傷自殘的真實嘴臉。由於中央文革的干涉，老蒯也發現「大方向錯了」。「反唐」戛然而止。

蒯大富「反唐」的本意是搞臭唐偉，搞臭「八八」，爭取更多的師生臣服於「蒯派」的傑出代表蒯大富；給那些敢於和蒯大富作對的人一個教訓。事與願違，「反唐」的結果是老蒯製造了更多的反對派，這也表明了「井岡山」內部深刻的裂痕，清華團、四兩派的雛形已經形成了。孫怒濤旁觀者清，在《拷問》中寫到：「同樣的體制，同樣的理論，同樣的路線，會做同樣的事情。」「手握大權以後，以敵對階級的代言人、代理人的罪名，清除異己，消滅盟友，建立極權專制，都是一樣的行徑。」這段話極有見地。1966年10月以後，周恩來多次提醒我們：「當你們這些紅衛兵小將受壓的時候，我們不擔心你們會犯錯誤，現在你們開始掌權了，到了你們犯錯誤的時候了。」我那時就曾發奇想，很想問一問周恩來：「周伯伯，是不是你們老一輩革命家掌權後就開始犯錯誤了？」只是膽量不夠大，也沒有合適的機會，腹誹而已。工作組的副組長、冶金部副部長、遼瀋戰役的大英雄

周赤萍，在清華主席臺上的表現太讓師生反感了，活現了「打天下，坐天下」的權勢者將學校踩在腳下的醜態。

群眾組織內部分歧的深層次原因，是對文化革命進一步展開的諸多疑惑。劉、鄧、陶垮臺了，下一個該打倒誰？康生？陳伯達？周恩來？中央文革？「穿軍裝的劉鄧路線」？都在被懷疑、被炮打的名單之中。造反派的「壞頭頭們」像進了賭場日漸紅眼的賭徒，唯恐右傾而不能立新功。蒯大富沒有閒著，他也要先安內、後攘外。有了派系一統，就有了號令清華的實權；有了「中央文革」的支持和點撥，就有了「毛澤東思想的解釋權」。「反唐」不對，但為了「實權」和「虛權」，都是必須的。那個幹了錯事、壞事須自責、道歉、悔過的年代一去不復返了，內疚只是中了黑《修養》的毒才會有的表現。

3、抓「聯動」等，參與對中學生的迫害

毛澤東未必懂得「蝴蝶效應」，但對宋玉的《風賦》卻爛熟於胸：「夫風生於地，起於青萍之末，侵淫溪谷，盛怒於土囊之口。」紅衛兵一出現在清華大學附屬中學就引起了他的關注。他的一封信把這幫決心「做毛主席的好戰士」的狂熱青年學生捧到了天上，通過八次大接見、大閱兵，紅衛兵成為了運動，成為了全國造反學生的代名詞。通過不須花錢的「大串連」、「走新長征路」，這股洪流浩蕩喧騰，「蹶石伐木，梢殺林莽」，助他實現了「天下大亂」的豐功偉業。紅衛兵運動的思想基礎是「繼續革命」的「血統論」，也就是「只許左派造反，不許右派翻天」。所謂「右派」，就是「黑五類」、「黑八類」、後來還加上「臭老九」。紅衛兵運動一開始就帶著「八旗子弟」血統高貴的蠻橫，「義和團」暴民的愚昧，還有著「黨衛軍」衝鋒隊員的不可一世的殘忍。暴行在「紅八月」裡達到巔峰。

周恩來為了保護知名人士，支持成立了「首都西城區紅衛兵糾察隊」，簡稱「西糾」，東城區的高幹子女少一些，隨後也成立了「東糾」。中央文革小組成員穆欣，在《實話實說西花

廳》中回憶說：「周總理支持紅衛兵西城區糾察隊，曾派國務院副秘書長周榮鑫和糾察隊聯繫，指導他們的活動，動員他們盡力把混亂的局勢穩定下來。」「最初中央文革小組也不反對它的活動。」「江青想要拉攏他們，故意和他們套近乎。」「8月31日，林彪還曾戴著『西糾』的紅袖章參加毛主席第二次接見紅衛兵的活動。」事實上糾察隊按國務院辦公廳的指示把極少數知名人士保護起來，在街道居委會和街道派出所的安排和挑唆下抄家、打人不誤，恐怖和血腥依舊。

「西糾」、「東糾」的崛起，刺痛了清華附中卜大華等「老」紅衛兵的自尊自大：他們算老幾？居然騎在我們頭上糾察我們？清華附中和北大附中、101中學等海淀區的紅衛兵骨幹發起成立了「聯動」——「首都中學紅衛兵聯合行動委員會」。「聯動」獨領風騷，「西糾」、「東糾」中的父母級別不高的「紅五類」子女立馬被貶成了「土聯動」。「聯動」矛頭是對準中央文革小組的，尤其看不起「戲子」江青和「十七級大幹部」戚本禹。「聯動」沒能猖狂多久，「紅司令老毛」輕輕一揮手，「聯動」就慘遭圍剿。

清華「井岡山捉鬼隊」充當了打人抓人抄家的重要打手，北京體育學院成了臨時看守所，那幫四肢發達的體育尖子成了最趁手的幫兇，謝富治把持的公安系統給予了全力配合。那些父母已經受到衝擊的幹部子弟，在陰謀陽謀的搏殺中終於輸光了全部政治資本，在「上山下鄉」之後，就一蹶不振地——廢了。

一位女一中初三班的學生在當年給我的信中寫到：

> 清明節，我被體院的王八蛋莫名其妙地關進了局子裡。1967年4月22日晚上，我們由中央文革小組的全體人員接見後「大赦」了。我還清楚地記得總理曾說：「你們這些人中也許有的人父母被鬥了，被打倒了，他們不跟主席走了，你們還跟嗎？黨和國家會撫養你們的。」頓時掌聲雷鳴，被接見的我們全哭了。我回到家以後父母都沒說我，

只是爸爸在第二天早上上班前，給我留下一個條，叫我好好閉門思過。

我的一位「捉鬼隊」的同學，一次閒聊偶爾談到當年抓「聯動」事情，臉上不無自得。後來我看要寶忠的《蒯大富傳》，講到葉志江帶人去抄鄧拓的家、抄調查部長孔原（「西糾」頭頭孔丹是許明、孔原的兒子）的家。再翻看了葉志江相贈的大作《走出文革》，書中對此事並非隻字未提，只因自己粗心眼拙而失察。後經葉公友情提示，果然在第126頁中找到了數百字的敘述，葉志江也承認「這畢竟是一種侵犯人權，無視法律的行為。」我再次向葉公道歉，並修正看法：如何教我能不相信他走出了文革？「沒有一滴雨水認為是自己造成了洪災。」釋放「聯動」分子那天，江青特意搶到周恩來之前放人示好，她也害怕得罪太多的軍中大佬。周恩來雷霆雨露皆恩來，三言兩語就收伏了這幫天真可愛的「小魔頭」。只是至死難悟的蒯大富及「捉鬼隊」，從頭到尾被毛江夫婦當槍使，惹上了殺父奪妻斷子絕孫的家族血仇，無緣無故得罪了無數的「紅色豪門權貴」，通俗話叫犯了江湖大忌。老蒯到底是農民的兒子，至今還傻傻地檢討自己，「跟著毛主席幹革命沒幹好」。去年校慶後，清華附中的幾個朋友請我吃飯，我把老蒯也邀請上了，由於事先沒給主人打招呼，見面後兩位男主人還給面子，兩位女主人當下就臉色不好看了。老蒯訕訕吃罷，中途離席。女一中那位朋友曾告訴我，當年北京西四「九三學社」所在地是「西糾」總部，院子裡養了兩條狗，一條叫「戚本禹」，一條叫「蒯大富」。「西糾」的「國防綠」們抄家打人回來，不是踢「戚本禹」幾腳，就是揍「蒯大富」幾下。「蒯司令」從此惡名遠播，血仇難消。老蒯若沒蹲滿17年大牢，定難過上如今安穩的生活。

4、反軍亂軍，還是為了權力
　　1966年12月「井岡山兵團」成立沒幾天，蒯大富就派人去

抄了徐向前元帥的家，把徐元帥的保險櫃弄到清華。我參加的最後一次總部會上，蒯大富安排人連夜把保險櫃運往天津用氧氣割開，還說周總理下令歸還保險櫃的指示出了北京就不好用了。這件事似乎後來無人追究，我曾當蒯大富的面指控過他，他卻沒事的人一樣。那麼多人參加總部會，參加抄家搶劫的人也不會少，幾十年來也沒聽說有人揭露這件事。1967年1月11日徐向前在全軍文革小組改組後還擔任了組長。蒯大富當時為什麼這麼幹？為什麼敢這麼幹？抄來的東西給了誰？蒯大富曾將劉志堅抓到清華，關押在1號樓506房間。鮑長康曾持關鋒指令竄到北海艦隊。

蒯大富反軍亂軍的手段，不同於各地極左組織和「三支兩軍」部隊的衝突，蒯大富是在中央文革小組的指揮下，鋒芒直指軍中德高望重的老帥、老將。根據文化革命的綱領性文件《5.16通知》的精神，「穿軍裝的劉鄧陶」 就是第二個被打倒的目標。1967年7月蒯大富在他召集的「全國造反派頭頭形勢討論會」上發言：「下一年的戰鬥任務就是專門解決各大軍區的軍權問題。」

北航「紅旗」和地院「東方紅」受中央文革差遣，去四川揪鬥三線建設副總指揮彭德懷元帥，地院的紅衛兵捷足先登，搶在北航之前將彭元帥弄回了地院。地院的頭頭朱成昭是一個人格健全、有獨立思考能力的人，他和囚禁中的彭元帥幾番長談下來，得出結論：彭德懷是正確的，毛主席錯了。彭德懷在地院沒有受到折磨，讓江青心中不爽。江青指使韓愛晶挑起了一場北航「紅旗」和地院「東方紅」的武鬥，韓愛晶趁亂把彭元帥搶到了北航。韓愛晶下令不許任何人與關押在地下室的彭元帥談話，不斷地批鬥、不斷地折磨他，還親自動手搧彭元帥的耳光。韓愛晶的好友告訴我：韓愛晶在給中學老師的信中，對彭元帥充滿敬意。就這麼一個不缺少見解卻毫無人性、人格的「紅衛兵領袖」，不僅受到毛澤東稱讚，說韓愛晶是「一個有希望的人」。也得到了當年僅一面之緣的「四一四」二把手孫怒濤的信任和吹噓。在深圳飯局上，凡是見過韓愛晶猥瑣表現的清華校友，都為你老孫推崇韓愛晶的美言和相信韓愛晶的謊話而感到臉紅。

清華百年校慶前後，蒯大富給我看一條韓愛晶發給他的短信：「毛澤東有錯誤，也整過我們，但是我們對他永遠也恨不起來。有時想到主席，我還是忍不住淚流滿面。」我問老蒯，你相信老韓還為誰能流出真誠的眼淚嗎？老蒯一笑置之。

　　「揪軍內一小撮」止於武漢「7.20」事件。在這個擦槍走火就能引發「辛亥革命」、終結兩千年封建帝制的偉大城市，中央文革那幾個「小爬蟲」終於激起了工人、軍人的巨大反彈，荷槍實彈的軍人步伐迫近了毛澤東下榻的東湖賓館，從來不坐飛機的毛澤東匆匆離開武漢飛往上海。他自己點燃的野火，猛然竄到他的身邊，幾乎灼傷他的皮膚，他就一定能控制住所有的老軍頭？闖了禍的陳再道跟隨周恩來回到北京，沒聽說受了處分；風頭正勁的王力、主持全軍文革的關鋒，被送進了秦城監獄。取王、關、戚政治生命以安軍心，毛澤東耍這種小手腕，只在一念之間，用不著精心謀劃。

　　毛澤東從「5.16通知」的部署掉頭而去，蒯大富被「放了鴿子」。「井岡山」對外作戰部又該向誰開戰？軍事動態組收集的材料如何處理？設在全國各地的反軍聯絡站如何收場？蒯大富失去了方向和目標，也失去了被利用的價值。1967年8月16日周恩來傳達最新最高指示：「去年出去是對的，今年就不是時候了，幫了倒忙。」幾天後，王力、關鋒倒臺了。這是老蒯由盛而衰的轉捩點：這之前，老蒯幹什麼對什麼，儘管行事下作、手法卑鄙，大方向總是正確的。這之後，老蒯幹什麼都不對了，他成了給無產階級司令部添亂的「小混混」。

5、挑起武鬥，下令開槍使武鬥升級，雙手沾滿鮮血

　　1967年4月10日，蒯大富沉浸在主樓廣場30萬人批鬥王光美帶來的風光無限的喜悅中，以「縱隊派」為主的反蒯力量自發地彙集成了一個足以與之抗衡的派別。1967年4月14日，一個以幹部問題為論戰焦點、以反對蒯大富獨霸清華權力為目標的「4.14串聯會」成立了。蒯大富通過搶毛澤東思想紅衛兵控制的明齋廣

播臺，撕毀三總部聯合協議，組成了一個不經選舉、毋需授權、拒絕監督的強權機關，逼走了唐偉、朱德明、許勝利；掌握權力的蒯大富唯我獨革、野心膨脹、任人唯親、排除異己，逼出了「縱隊派」，逼出了「四一四」。工作組「反蒯」，是強權壓制民主；「四一四」反蒯，是反對蒯大富的專制。「井岡山」總部委員孫怒濤、王良生等相繼參加「四一四」，蒯大富用他的強權培植起了一個秉承公道正義的強大對手。對於廣大的師生員工來講，求得安全、避免恐懼，遠勝於對權利的追逐。

周恩來是何等聰慧精細的人物，他長於未雨綢繆、枉尺直尋，總能棋高一著化解危局。他痛斥蒯大富「智擒王光美」的卑劣伎倆。對於蒯大富這個當面一套、背後一套，毫無信譽的權迷，周恩來以其人之道還治其身，在清華革委會成立大會召開僅僅幾個小時前的凌晨寅時，他通過謝富治宣稱不能參加大會，還建議大會延期。「團派」暴跳如雷，老蒯重重地「閃了腰」。儘管周恩來曲意逢迎毛澤東、諛侍江青，領銜「劉少奇專案組」組長，遭人詬病，卻能時時處處表現出是無奈的違心所為。總之，老蒯對於這位最早為他平反的恩人儘管恨得牙癢，卻從來不敢公開挑釁。2011年4月韓愛晶的《清華蒯大富》問世，封面上的照片竟不是「爺爺一樣」的毛澤東，或最疼愛他們的江青阿姨，而是老蒯就教於周恩來的照片，我以為這兩個腦瓜靈光的傢伙是懾於周恩來的人格力量。

1967年5月30日清華大學革委會流產，毛澤東說的「蒯大富可以當清華大學校長」，成了老蒯眼前晃來晃去的畫餅，也成了蒯大富終生抱憾的清華情結。

「四一四」成立不到一年，人數發展到7000，足以抗衡老蒯的「團派」。進入新年，66屆的同學畢業分配離開學校，兩派搶地盤、劃分勢力範圍的爭鬥愈演愈烈。1968年3月27日北京大學發生武鬥，聶元梓的「新北大公社」打跑了對立面「北大井岡山」，中央文革小組立即表態支持聶元梓。蒯大富從中受到啟發，決定通過武鬥打垮、打跑「四一四」，實現獨霸清華的野

心。所以我指出老蒯是清華武鬥的挑起者、責任人，老蒯對此指證供認不諱，多次在同學面前說：「如果我當初不同意打，（清華武鬥）肯定打不起來。」

清華武鬥從1968年4月23日開始，1968年7月27日結束，又稱之為「百日武鬥」。兩派的衝突從4月23日的「舊電機館戰鬥」到4月26日的「8號樓戰鬥」、「2號樓戰鬥」，4月29日「四一四」「百人搶糧」，5月2日「土木館戰鬥」，發展到近千人參加的「5.30大武鬥」。血淋淋地演了一出毛統帥倡導的「文攻武衛」的大戲，遵從他的教誨將派別之爭演變成了「國共兩黨的鬥爭」。「5.30大武鬥」之後，冷兵器過時了。老蒯下令開槍，而且是五支同樣的步槍瞄準同一個目標開槍，以逃避法律的懲處和良心的譴責。老蒯還下令格殺凡是走近科學館的人。想到那些在武鬥中無辜死去的鮮活生命，我們是否應當像魯迅一樣「出離的憤怒」，寫出一篇又一篇的《為了忘卻的紀念》？

「四一四」沒想到自己這一派竟然能支持這麼久，架在主樓頂上的「九頭鳥」高音喇叭，把播音員馮克莊鏗鏘有力的聲音傳到了數公里之外，可是科學館成了「團派」包圍下的孤島。兩派的頭頭和小兵都生出了一種無力感，武鬥的殘酷和血腥超出了雙方的想像。有一次孫耘對我講：當年若知道老四救出科學館的人就打算撤出清華，真應該制止吳慰庭炸毀老四通往科學館的地道，讓老四跑了算了。陳育延是反對武鬥的「鴿派」，打算脫離戰場回家，5月19日施施然路經老四防區，萬料不到會被俘進了科學館。蒯大富心中忐忑、不無悔意，卻受到「鷹派」的巨大壓力。5月30日「團派」火燒東區浴室時，陳繼芳還曾從九飯廳提來兩麻袋辣椒乾倒在火裡，後來見團派戰友用手榴彈在水木清華炸魚吃，心中受到刺激，回瀋陽家中養病去了。這麼多年過去了，團、四兩派鮮血寫成的恩怨情仇難以消解，其中一個重要原因，就是被利用的、有罪的學生被判重刑，而巨凶首惡的僵屍依然被萬民膜拜；老鄧的「宜粗不宜細」，陳雲的「兩派都不用」，成為了社會禁絕反省、拋棄公正的毒瘤。被染上這種病的人，再也

無法坦然面對人生。

2011年，正在編寫《清華蒯大富》的韓愛晶，造出了一個他和地院王大賓在1968年5月30日後，受北京市革委會委託，到清華找沈如槐協調兩派大聯合，被沈如槐拒絕的故事。言下之意是「四一四」鐵心武鬥，沈如槐拒絕調解。韓愛晶為什麼就不去想一想毛澤東那隻翻雲覆雨的黑手？江青肆無忌憚的挑唆？孫怒濤為此與韓愛晶核實，與陳育延探討，網上電話過招二、三十個回合。其實事情並不複雜：如陳楚三分析，是老韓把1967年9月前兩派聯合的事情扯到1968年了。另一種可能就是老韓說謊。能夠證實或證偽這件事的只有三個人：沈如槐、韓愛晶、王大賓。老韓說有，但說不準時間、地點，舉不出任何佐證；沈如槐斷然否認；王大賓在四川都江堰，老蒯去年還去見過他，王大賓至今保持沉默。我相信沈如槐的說法。清華武鬥進入熱兵器階段，普通同學錢萍華都會死於狙擊手的槍下，僅僅為了安全，坐陣主樓的頭頭沈如槐那時根本沒有單獨會見韓愛晶、王大賓而不為人知的可能。本以為在《拷問》中可以看到老孫的判斷，老孫，你讓我失望了。為此，我將去年給你的郵件附於後，以指出韓愛晶在說謊。

　　孫怒濤學長：
　　　　《育延有言》這篇文章上網同時，陳育延也發給了我。你同樣執著和較真的態度令人欽佩。看到你的來信，我願意談談自己的認識。
　　　　你為「百日武鬥」中王大賓、韓愛晶到清華調停一事追尋真相，蒯大富、蔣南峰、陳楚三在盧溝橋小聚會上都有猜測和分析。聚會結束第二天，沈如槐在郭林酒家請吃飯，那天老陰沉著臉、面對你的詢問再次否認了這件事。然後是你、陳育延、韓愛晶、陳楚三的郵件往來。事件的中心人物三位：王大賓、韓愛晶、沈如槐。還缺少見面的時間、地點和經過。局外人爭論下去，大家仍然一頭霧水。任何斷語和結論都有待證實。

為了還原事情真相，我們作以下分析猜想：在皇權專制條件下，戰爭是政權唯一的催生婆。在中央會議上毛澤東不止一次要脅恫嚇說，要「重上井岡山」，要去「找解放軍」。清華武鬥初起，毛江夫婦只是靜觀其變，「百日武鬥」中也未有他們的表態，其他中央首長也視若不見。蒯大富洩憤打倒劉少奇、羞辱王光美，既受到了張春橋、戚本禹的教唆，也迎合了毛江夫婦的陰暗心理。把清華辦成毛澤東思想的大學校是蔣南翔的老套路，也是蒯大富的新目標。只是一個跟著北方局，一個貼上了中央文革江阿姨。毛澤東的心願是集神力、皇權、教主於一身，而老蒯是最好的信徒、打手、痞子。於是蒯大富未經任何程序便當上了首都「三司」司令、北京市革委會常委。毛澤東還說過蒯大富可以當清華大學校長。1968年7月28日他接見「五大學生領袖」時，仍然難以掩飾對清華「四一四」的厭惡和對老蒯的暱愛。1970年，蒯大富已被分配到寧夏青銅峽鋁廠當工人，仍被指定為北京市人大代表。可見老蒯深沐皇恩、寵幸難衰。

　　清華兩派之爭，要害是清華大權落於誰人之手。蒯大富錯在於是清華土生土長的學生，同學老師知根知柢，運動中他的充分表現，失去了多數師生的支持。「四一四」是一個「反蒯」的大聯盟，反對「痞子上臺掌權」才是「四一四」的宗旨。武鬥剛開始，蒯大富的戀人——清華附中劉剛就離他而去，到了陝北：「這個毫無道德底線的人政治生命完了！」

　　武鬥進入僵局，蒯大富的投機心態促成了他行為上的首鼠兩端，團派內部分化成鷹、鴿兩派，如同「四一四」的「東方紅」、「三七」兩戰團。以謝富治為首的北京市革委會、公安部，既要維護北京和全國的大局，又要偏袒蒯大富，派出一個有蒯大富參與的調解小組，促成一個以蒯大富為主的清華大學權力機構也是必然的選擇。當時毛

江夫婦並未表態，也許正在等待「四一四」落荒而逃，蒯大富的團派「打江山、坐江山」的結果，所以這些調解因缺乏威權而變得無足輕重。韓愛晶等人到清華調解不論是一次或是兩次，都是真實可信的。沈如槐斷然否認在清華武鬥正酣時見過調解代表韓愛晶、王大賓也是真實可信的。至於沈如槐是否說過「拖也要拖死蒯大富」的狠話也不重要了。對蒯大富「這個雙手沾滿同學鮮血的劊子手」，「拖死老蒯」也算不上什麼狠話。因為調解不是毛江夫婦的意思，雙方師生的血債，讓義憤如焚代替了理智思考。蠅頭小利上作「蝸角之爭」怎比得上英明領袖在祖國山河大地這張「白紙」上橫塗豎抹的「偉大戰略部署」呢？這「兩小撮」「瘋子」、「傻子」在打著工人旗號的「皇軍」的掃蕩下終於同歸於盡了。難道四十三年後，我們還要再瘋一次、再傻一回？忽然想起辛詞中有句「四十三年，望中猶記」，「佛狸祠下，一片神鴉社鼓。」可謂一歎！

　　陳育延信的重點在講述團派中的「鷹鴿之爭」，在述說老蒯一度的大權旁落和內心的彷徨掙扎，在陳述一些多數老團、甚至團派總部委員也不知情的重大事件。坦陳史料是需要明智和勇氣的，有如李自茂。時至今日蒯大富已被判刑服刑釋放出獄，已用不著為他推諉罪責，他的認識局限出於封建愚忠，至死難改。所有的文革肇事者也已度過了法定的20年追訴期。那些在劫難逃的倒楣蛋，也許有幸成為在建的「封神榜」上人。那些依仗父母權勢投機革命、尋求「終南捷徑」謀取飛黃騰達，進而禍國殃民的人才是真正的蠹賊，願他們繼續追隨賀鵬飛進入地獄，因從不知懺悔而成為萬劫不復的孤魂野鬼。而那個最大的肇事者，那個「始作俑者」卻從未被揭發，從未被清算，我們將如何面對中華五千年的文明史？如何面對還活在世上的十數億中國人？

清華從來不是兩派之爭，第三派只是銷聲匿跡，從來沒有散夥。三派中都藏有種種大奸大惡之人，即便回顧歷史也不能被派性迷住了眼睛。

　　你我都沒有參加武鬥，都沒有在場證實證偽的資格。就你而言，建議這場筆墨官司就此而止。

　　中國傳統文人尚重「全始終之德」，你作為「沈孫汲之流」的二把手，居然武鬥不在場，讓我至今疑惑。我也曾聽到過你因沒參加武鬥而生出的憾歎，這種知識分子的軟弱，出自貧寒的家世？出自舊文化的浸淫？出自內心的恐懼？十年文革的陰霾，難掩我們心頭的陽光。我們已不再青春，不再天真，也不再純粹，但心中還有一絲陽光，也許就是希望。

唐偉

2011.8.27於深圳

　　1968年7月27日，數萬工人和軍人組成的「毛澤東思想宣傳隊」開進清華制止武鬥。「四一四」如同見到救星，趕緊歡迎；「團派」如同見到外星人入侵地球，用子彈、手榴彈還擊，造成5死731傷的慘劇。蒯大富倉惶出逃，和陳育延到西長安街電報大樓給黨中央、謝富治拍求救電報，差點誤了夜半後的「偉大領袖接見五大領袖」。老蒯也不想想，這和上一年抓聯動的手段與首長接見聯動分子的情景有什麼兩樣？那時的打手是誰？背後的黑手是誰？《拷問》中獨具慧眼的孫怒濤看見了，「這次召見，四一四沒份兒，連工人也沒份兒。」「召見談話中，毛澤東沒有說一句對死難工人表示悲痛和哀悼的話，沒有說一句對731個受傷的工人、解放軍表示安慰和問候的話。」「當毛澤東在人民大會堂的湖南廳裡談笑風生、指點江山的時候，那五個死難工人的軀體還沒有完全冰冷，他們的亡靈正遊走在黃泉路上。五個破碎的家庭，正在呼天搶地地哭喊著親人的名字。」

毛澤東的歷史觀來自於史達林的「聯共（布）黨史」，「一些階級勝利了，一些階級消滅了，這就是歷史，這就是幾千年的文明史。」如史達林所說：勝利者是用不著自我批評的。毛澤東的治國之術就是「外儒內法」的帝王術。「7.27」以後，毛澤東給「工宣隊」送芒果，又是發指示，又是搞接見，儘管天相森嚴、天心難測，卻也春風雨露、澤被萬方。各行各業，各路精英，既受賄賂、利用，又被收拾、打壓，無不被他玩弄於股掌之中。老幹部死去活來，終於明白了為官之道；中學的「小屁孩」被他捧得狂妄了，「上山下鄉」也活該；大學的知識分子不可一世了，讓他們嚐嚐當「臭老九」的滋味；工人階級可以領導一切，就是不知道「下崗」以後生活怎麼辦；貧下中農「上、管、改」，「三農」問題堆成山……。林肯說：「一個人可以永遠地蒙蔽少數人，也可以一時蒙蔽所有的人，但絕不可能永遠地蒙蔽所有的人。」

「英雄真戲子，戲子假英雄。」7月28日的召見，是紅衛兵領袖吃的最後一頓「板凳飯」，明擺著的卸磨殺驢、貓哭耗子，孫怒濤卻看成了護犢心切、恨鐵不成鋼。糊塗地認為：「毛澤東沒錯，是造反派咎由自取，怨不得毛澤東拋棄的。像西安的李世英、北航的韓愛晶，在大聯合方面都做得比蒯大富要好得多，也跟著倒了楣。蒯大富在「7.27」中的愚蠢舉動，如一粒臭屎害了造反派一鍋湯。」《拷問》中的這些分析，邏輯混亂、因果倒置，聰明睿智如老孫這樣的清華「優質生」，認識上如此錯位，囿於一己的得失之心外，只有一個原因，就是不真正揭露毛澤東，誰也講不清文化大革命。

五、關於兩派的理論

所謂理論，不是假設，就是總結。文化革命的理論就是無產階級專政下的繼續革命。歷時十年，耗盡巨大國力和犧牲的實踐證明，這個反人性、反人類的假設錯了。文革發動至今四十多年來，我們天天企盼政治改革帶來的思想理論建樹，以完成「鴉

片戰爭」以來，無數哲人先賢所憧憬的中國社會三千年未有之大變局。辛亥革命、1949年建國，都沒有為多災多難的國家和人民開啟通往文明富強的康莊大道。宣佈文化革命結束後，執政黨的表現越來越令人失望，平庸怠惰、得過且過，誰不討厭這種「開左燈、向右轉」的虛偽生活？段子裡總結說：「中國是一個毛、鄧社會，華解不了。胡搞一陣，趙樣不行；江就一下，再胡搞一陣；習以為常就行了。」反省文革、「整理國故」，是中國知識分子踏踏實實建設新中國的責任。

　　文革中，毛澤東的話句句是真理。毛澤東封了「五大學生領袖」，蒯大富就是領袖了。周泉纓寫了《四一四思潮必勝》，毛澤東調侃他是「四一四的理論家」。於是有人講：「老團有領袖沒理論，四一四有理論沒領袖。」周泉纓此生添了心結，一度在名片上都印上清華大學學生、理論家的頭銜，中了魔一樣筆耕不已、潛心寫作，十二年間，出了七、八本著作。兩年前，韓愛晶在收集資料時，輕輕一挑唆，《四一四思潮必勝》的著作權出了疑問。羅徵啟含糊其詞，然後沉默不語。萬潤南尖酸刻薄，說周泉纓「一個字都沒寫」，還被老毛一口痰堵塞心竅。周泉纓被點中死穴，對老師大暴粗口，完全忘記了自己還是本煥大師摩頂賜名的佛門弟子。李兆漢若未病逝，會站出來說什麼呢？

　　《四一四思潮必勝》是周泉纓起草、定稿，羅徵啟、萬潤南、印甫盛、李兆漢等人修改而成的。1967年8月3日，周泉纓以「四一四東方紅戰團一戰士」署名貼出大字報「四一四思潮必勝──給河南造總一戰友的一封信」，由於很少有人關注，周泉纓又化名寫了一句口號：看！《必勝》這張反動文章的矛頭對準了誰？貼出去後，仍然沒有多少人有耐心去看。到了9月17日周泉纓、楊忌非貼出了一篇內容是炮打陳伯達的大字報，當天晚上，江青在接見「地派」頭頭的會上點名批評周泉纓說，有人欺負老實人，欺負到中央頭上，「周泉纓是個小丑」。隨後兩個月中，周泉纓、楊忌非受到批鬥和關押。周泉纓後來不無得意地對我說：「我不反陳伯達，怎麼能成為清華大學最後一個造反派頭

頭？」至於毛澤東說，四一四有個理論家叫周泉纓，寫了一篇《四一四思潮必勝》，說造反派只能打江山不能坐江山，打江山的人為什麼不能坐江山呢？周泉纓因毛澤東、江青點名批評而暴得大名，《必勝》這才終於引起了清華團、四兩派批判者的重視。

《必勝》從來不是「四一四」的共同認識，更不是「四一四」的綱領和理論，毛澤東說打江山、坐江山的那段話，據說也是張春橋看出來的文章深意。《必勝》還是一封情書，1967年周泉纓去河南鄭州調研時，認識了「河造總」的一位漂亮女孩子，在那個泛政治的狂熱年代，許多人忽略了這張大字報的副標題。今天的人會奇怪：原來情書也可以這樣來寫。

在毛澤東淫威日盛的文化革命中，一派群眾組織沒有、也不可能提出自外於毛澤東思想的理論。汲鵬說：兩派堅持的理論都是無產階級專政下的繼續革命。四一四在繼續革命中更加強調堅持無產階級專政；老團在無產階級專政條件下更加強調繼續革命。清華文革證明了這個理論的荒謬。高等學校的派鬥發展到武鬥，說明「破就是立」的破壞哲學走到了盡頭。口水戰、筆墨官司只會更加搞亂思想，根本不解決派性鬥爭中的任何問題。權力鬥爭日趨白熱化，《必勝》成了清華文革輿論爭鬥中的收官之筆，反映了兩派師生為人驅使、為人作嫁、為人替罪的無奈心情：革命已成強弩之末，專政必須加強。不被毛澤東看好的「四一四」，依附上了專制統治思想的制高點，在幾十年的政治風雲和宦海沉浮中卻占盡優勢。看看兩派骨幹精英從那時到今天的生命軌跡，就是最好的證明。

張鴻慶說：清華文化革命是一場大戲，首尾最重要，中間只是過程而已。「清隊」、「清理三種人」、「揪516分子」的同時「血統論」不斷抬頭，今天已發展進入到了「拚爹」時代：「爹是兒的通行證，兒是爹的墓誌銘」。兩派都不用，兩派都成棄子。因為重用自己的子女，至少不會被挖了祖墳。清華文革誰是勝者？誰笑到了最後？

「八九」！

「紅色貴族」萬歲！

第二部分：清華的教育

　　清華文革大戲收場，劫後餘生的清華並沒有浴火重生、鳳凰涅槃。資中筠先生說，它已經不是我上學時的清華了，現在的清華聚天下英才而毀之。

　　1985年清華第七次黨代會提出，「從現在起的十年，是把清華大學逐步建設成為世界第一流的、具有中國特色的社會主義大學的重要發展階段」。1993年初的暑期幹部會和教職工代表大會都贊成把學校的奮鬥目標確定為「到建校100周年把清華大學建設成為世界一流的大學」。1998年5月江澤民總書記在北京大學百年校慶大會上正式提出：「為了實行現代化，我國需要若干所具有世界先進水準的一流大學」，並且確定北大、清華為國家第一批創建世界一流大學的重點大學。這個目標既是學校的願望，更是國家意志、政府行為。去年4月是風光無限的清華百年校慶，是日群賢畢至，少長咸集，創建世界一流大學的話題卻再也無顏提起。「學校願望、國家意志、政府行為」成了讓人怎麼也笑不起來的笑柄。陝西師範大學的一位教師曾是我在蘭州大學時的學生，他不客氣地對我說：你們清華大學的百年校慶是「向金錢獻媚，向權力下跪」。是啊，不知哪個下流無恥的馬屁精把濤哥的照片放得最大、放在二校門圖案中最顯眼的正中央，把母校眾多的先賢、恩師的照片作為陪襯、臺柱。尷尬呀！你讓濤哥情何以堪！你讓母校情何以堪！你讓我們情何以堪！

　　最近，出了一個說脫口秀的北美崔哥，他說北大建校以來出了600個名人，而清華只出了一個蒯大富。這不禁也讓我想起了一個段子：三個分別來自人民大學、清華大學、北京大學的人吹牛。人大的說：「我們學校的前身是陝北公學，黨領導的老師都在我們學校。」清華的講：「我們培養出了最多的省部級高官。」北大的最謙遜：「我們學校只出了一個圖書管理員，但他

領導了中國28年。」北美崔哥說得不對，清華名人中至少還有一個濤哥。他和老薄都來自江蘇農村，都是蔣南翔時期清華學生中的「紅人」，太多相似的學生生活和共同的清華文革經歷，在現代教育的過程中，在優勝劣汰的管理制度下，本應出現難分軒輊的畢業生。奇蹟出現了：一樣的種籽，種在一樣的土地上，同時生出了完全不同的果實。一個是造反有理、「痞子」掌權；一個是又紅又專、全面發展。這讓我們不能不膺服教育的神奇功能，去找尋其中的道理，去重溫如同魔咒般的校訓。

一、清華老校訓：自強不息，厚德載物

這個標題是我抄黃延復的，一個字都沒改動。黃老先生畢業後就在校史辦公室工作，我讀他編寫的書籍資料如聆面訓，清華往事好像沒有他不知道的。他把枯燥的工作幹成了興趣盎然的專業，直到退休。他在故紙堆中找尋人生、心繫母校且不忘育作他人，任何一個清華學生心中都會有一絲感動。

1914年冬，梁啟超正在清華「賃屋著書」，學校就趁機請他給學生作一次「倫理演說」。梁先生欣然接受邀請，並自定演講題目為《君子》。他分別引《周易》乾、坤二卦的象辭：「天行健，君子以自強不息」；「地勢坤，君子以厚德載物」，來描述君子人所應具備的精神和品格。他勉勵清華學子「崇德修學，勉為真君子，異日出膺大任，足以挽既倒之狂瀾，作中流之砥柱。」「所謂君子人者，非清華學子，行將焉屬？」

1917年周詒春任清華學校校長期間將「自強不息，厚德載物」八字作圖制徽，定為校訓。1949年以後，鑲嵌於大禮堂額頂的「清華學校校徽」圖案被一巨大的紅色五角星覆蓋。老校訓從此被人淡忘。上世紀末，覆蓋校訓的紅五星被揭掉，大禮堂上的老校訓方才重現。1999年，1958級校友集資將一面「自強不息，厚德載物」的字碑鑲嵌在老圖書館大廳北壁上。2000年，學校新建東南大門，又把這八字校訓銘刻在大門口的巨石臥碑上，以志永遠。

二、蔣南翔的「校訓」：又紅又專，全面發展

　　蔣南翔時期清華沒有校訓，只有「南翔精神」。「又紅又專，全面發展」八個字可以概括「南翔精神」。但它不如「聽話出活雙肩挑」，「聽話出活，馴服工具」明白生動，深入人心。「聽話出活，馴服工具」才是當之無愧的校訓。「自強不息，厚德載物」八個字已被覆蓋，清華園內再也無人提起。

　　蔣南翔是1932級清華校友。這位青年團中央副書記就任清華大學校長前不久，清華大學遭到了建校以來最蠻橫的肢解，文學院、理學院、法學院、航空系、採礦系……均被切離清華，一個綜合性大學變為剩下8個系、22個專業、15個專修科的多科性工業大學。對於這個對教育事業破壞極大的「院系調整」，現在極少被人提及，更不用說反思教訓。父母死了，子孫不忘拜祭。母校慘遭肢解，卻從不再提起，只想從心裡忘記！「欲滅其國，必亡其史」。我們就是這樣的無恥、無顏的人子、學子！1928年國立清華大學成立時，學生最多的系是政治系。現在津津樂道的國學大師，就活躍在清華學校最後的兩三年中。清華理學院的創辦人葉企孫和他開創的充滿理性光輝的整個時代，離開了他生命中永遠的清華園。這個對中國科學貢獻巨偉的大師，生前無人看望，死得無聲無息。僅僅是因為他無兒無女？僅僅是因為文化革命？不，因為大家都不知道真實的歷史，而少數知道的人懾於恐懼而接受「黨性」的約束。文理大學可以不設工科，文理學生不須精通工藝、瞭解生產流程，實驗資料可以通過交流獲得。工、農、醫等應用學科的學生，須臾不能缺少數理邏輯、理性思維、歷史啟迪、人文關懷。學校被肢解後的清華學子要獲取諾貝爾獎的夢幻追求，如同殘奧會選手妄想獲得奧運會冠軍。在「院系調整」中，清華這個美國人用中國人的錢辦的中國大學還不是最慘的，那個對中國情真意切的司徒雷登，用心血和意志澆灌出來的燕京大學被挫骨揚灰，美麗的燕園成了她美麗的衣冠塚。從此，教會大學、私立大學在中國大陸絕跡。清華的斷臂殘肢，在政府

權力魔杖的點化下，奇蹟般地長成了礦業學院、航空學院、地質學院、石油學院、林學院……，史達林不僅送來了建造大學的圖紙，還派來了權威的專家、教授。晚清、北洋、民國時期辦學，是魯迅說的「拿來主義」，富國強兵、為國家培養可用人才是第一位的。「一邊倒」向蘇聯，既受迫於國際冷戰大局，也是政治需要，誰人說長道短，必是反蘇親美。蔣南翔有不同意見，那時還人微言輕，並沒有置喙的地位；他多年以來耿耿於懷，始終不認同「院系調整」，但從來沒有站出來秉公直言，別人勸阻並不是理由，黨性原則才是原因。

　　1955年「肅反運動」開始時，蔣南翔正率領高等教育代表團訪問蘇聯。回來後，他反對校園內搞群眾運動肅反，校內主持工作的同志告訴他，這是黨中央決定的。黨性再一次壓倒了理性，蔣南翔不再堅持正確意見。文化革命的第一波災難中，蔣南翔慘遭拋棄，他的學生、輔導員、幹將聽黨中央的話，紛紛與他割袍斷義、劃清界線。蔣南翔倒臺後，清華的「保蔣派」中除了劉冰等極少數人，什麼時候有人站出來為蔣南翔說過公道話？文革的哪一個群眾組織不拿批鬥蔣南翔來標榜自己革命？蔣校長不是一個壞人，每個學生都受過他語重心長的教誨。他對自己幾乎貢獻一生的教育事業痛心，而清華文革也讓他喪失了自己推行的那一套教育理念的自信。1981年，為了爭取區人民代表的民主選舉，全國高校學潮洶湧，我當時任蘭州大學團委書記協助劉冰校長處理學潮。劉冰幾乎每晚都要和蔣南翔部長通電話彙報學潮情況，蔣部長每次都要問一句：你那個團委書記表現怎樣？我已經持有了蔣校長給清華畢業生授予的「獵槍」，也從蔣校長的關切中感受到了他對清華文革的反思和擔憂：他或許想起了1966年8月的那個夜晚，「馬楠將軍」當他的面將他繼母吊在樑上毒打的慘狀，親眼目睹自己播下的「龍種」，變成了兇神惡煞的魔鬼、惟命是從的小爬蟲和滿世界亂竄的「跳蚤」，悔不當初的心情可想而知。一個高校的團委書記如果變成了耗子屎，足可以壞掉學生思想工作這一鍋湯。蔣校長對自己教出來的學生不無憂慮，這絕不

能算是成功的教育和教育的成功。

　　梅貽琦還有一句更精采的名言：「沒有壞學生，只有教壞的學生。」這是一個教育工作者何等慈悲、何等浩蕩的胸襟胸懷！蒯大富、濤哥、也包括孫怒濤和我，以及我文章中提到的所有同學，都不是壞學生。2005年，在我們入學40周年的校友聚會上，張孝文校長對1964級、1965級的學生講：「你們雖然沒有在清華造就成才，如同麵粉沒有被蒸成饅頭，但你們進校前就已經是好麵粉了。」找尋清華文革罪孽的原因，不能不認真反省清華的教育：不僅僅是教訓，而是情真意切的校訓。

　　有同學將這篇文章的上半部發到了清華校友網上，一位同學指責我對「聯動」分子的溫情。我不是因為「聯動」分子只有十幾歲的年齡，也不是不知道他們手上染血，心上支楞著罪惡的十字架，我只是不願讓貌似義憤的怒火燒紅自己的眼睛，讓我們看不見是什麼人、什麼事教壞了他們。暫時離開一下蔣南翔，聽我講講我對清華高幹子弟的認識，聽一聽「狗熊」吳慰庭的故事。

　　吳慰庭的經歷能回答不少問題。孫華棟是武鬥中第一個當了俘虜後被活活打死的同學，兇手有多名「清華技工學校的莽撞小青年」，領頭的人綽號「狗熊」，原自控系67級學生、團派「前哨」廣播站負責人、保衛組的吳慰庭。1968年5月14日「晚上，『四一四』無線電系64級同學孫華棟騎自行車從動農館返回科學館，路過一教時，被團派同學綁架至一教樓內，遭『狗熊』及在一教的中技校的一些人毒打，內臟完全被打壞，全身80%皮下出血，左腿骨折，兩臂打爛，給喝水後死亡。」（摘自《清華文革親歷》）1968年在清華的批鬥會場上，「狗熊」被押送部隊農場「勞改」，後被公安機關判刑13年，刑滿那年趕上「嚴打」，他又多坐了兩年牢。1985年48歲的「狗熊」和因為「出身不好」又要照顧多病母親的大齡女李大姐結為夫妻，未育子女。

　　2007年初冬，來訪清華的外賓可以看到一個七旬老者孤獨地在寒風中擦洗工字廳的玻璃窗，那老者就是四十年前打死孫華棟「狗熊」。現住天津「狗熊」年邁患病，沒有社保、醫保，也就

沒有退休養老金。李大姐的退休金剛過千元，兩人平均剛超過了天津市的低保線，「狗熊」又不能享受低保。街道上只好每月給個50或100元的補助。自七同學為他們捐了一萬元錢，這兩口子就是不用，總想退回去。「狗熊」的社保難於解決，除了職能部門的推諉、不作為外，還缺少社會、政府、組織和個人的同情。自從五年前我認識了「狗熊」，我認為他是一個犯過罪的好人，李大姐更是一個俠骨柔腸的好女人。

　　「狗熊」的父親是一位老革命，是接管北平市領頭的三個軍代表之一。「狗熊」的生母是天津一位醫生的女兒，救過他受傷的父親。如故事一樣愛上英雄、結婚生子。如故事一樣男人奔赴革命，奔赴延安。如故事那樣「狗熊」和生母從天津到南京、西安一路的艱辛尋父。「狗熊」當過大煙館的小雜役，架電線的小工，母親為人洗漿縫補，1953年16歲的「狗熊」才得知父親在北京當了大官。「狗熊」生母最終也沒能見到孩子的生父一面，在「組織」干預下離了婚。生母唯一的要求是要生父將「狗熊」帶到北京接受良好的教育。經過育才小學短期培訓，「狗熊」和陳楚三、毛遠新同一年上了101中學。父親在延安娶的「革命媽媽」厚待「狗熊」，「狗熊」每月有30元生活費，有自行車、手錶、照相機。後來「狗熊」的父親又姘上了一位國民黨營長的姨太太，該營長刑滿出獄後，狀告共產黨高級幹部霸人妻女，「狗熊」父親受到組織處分，從6級高幹降為9級。「革命媽媽」在父親再娶這位姨太太之前患尿毒症而死。「狗熊」說，她是被父親有外遇而氣死的。武鬥伊始，父親就從天津到清華一教，勸「狗熊」回家，說中央規定高幹子女不得參加武鬥。「狗熊」講：陳楚三的繼父也是武漢空軍的高幹，他能在科學館參加武鬥，我為什麼不能堅守一教？在那個造反有理的年代裡，父親傳達中央規定也被兒子置之不理。許多高幹子弟早在一年多前就離開學校，憑關係進了部隊。他們有「組織」出面提點、關照，共和國都是他們父輩打下來的，為什麼他們的子女要去經歷沒有好處的危險呢？「狗熊」的革命精神和正義感還表現在另一件事情上，他知

道了蒯大富占了便宜又要拋棄女友劉剛，而劉剛是他繼母帶來的妹妹同在清華附中高一年級班裡的同學，「狗熊」幾次守候在強齋門口，準備伺機將蒯大富暴打一頓。

孫華棟死那一年，「狗熊」31歲。

後來，清華校辦同意出一筆錢，為「狗熊」補交社保費，曾任天津市領導的65屆的一位校友也出面幫助，希望他能像老蒯在深圳那樣得到妥善的解決。就在這幾天，孫耘發來郵件告訴我，「狗熊」的社保解決了。今天（2012年7月7日）下午我接到了「狗熊」從天津來的電話，那無法壓抑的喜悅讓人無法相信世界上還有酷暑嚴寒，為了獲得作為公民權利的區區社保，他奔波、等待了6年！吳慰庭已經是75歲的老人了，75年中，他前16年隨母尋父，中間15年在蹲大牢，最近6年跑社保，老天為什麼要把這樣的人生放在他的身上！今天我也很高興，為社會有溫暖而高興。母校代他補交了26萬社保基金，除了解決就醫困難，每月還能領到2900多元養老金。相信聽過他的故事的清華同學都會為這對患難夫妻的晚年生活有靠而感到寬慰。

吳慰庭的一生令人同情，他少年時隨生母尋父的經歷更催人落淚，他狂熱、衝動、冷酷和暴戾的性格絕對不會事出無因。父母是人生第一個啟蒙老師。有的高幹父母如同戲臺上威風八面的英雄，下班回家後也從不捨得「卸妝」，傳喚兒女訓話有如賈政召見寶玉，如果家中是趙姨娘當政，親情上的冷就足以摧毀一顆幼小的心靈。不少高幹子弟也許生在硝煙戰亂的小路邊，長在馬背搖籃的艱苦歲月中，未必得到了發育階段應得的關愛和教誨，引領他們走上人生道路的人，也許只是家中的保姆。他們在新社會光榮門楣的優裕生活中，有人德才缺失、恩義淡泊也在情理之中。「英雄不講出身」。高幹家庭一樣人才輩出。陳育延曾告訴我，她家在中南海住過一段，與陳伯達家比鄰而居。陳伯達的女兒喜愛文史，可陳伯達堅持毛主席講的「學了文科也沒用」，只准許女兒報考理工科大學。陳伯達的女兒最後拒絕報考大學，去部隊當了兵。父母，尤其是大人物的父母把自己的意願強加在兒

女身上，是多麼不近情理的事情。在清華，上到蔣校長、下至政治輔導員，對高幹子女最欠缺的就是一顆平常心。

權力可能腐蝕當權者，也就不可能放過他們的子女。

追究清華文革種種表現的原因，不能不深刻反省清華的教育。反省文革前的清華教育，蔣南翔同樣是繞不開的話題。用韋君宜的話講，蔣南翔到清華當校長是把「一肚子教育理想都帶了去的。」蔣南翔的辦學理念既有個性，更有黨性。「1952年的最後一天，12月31日，39歲的蔣南翔邁進了他熟悉而又陌生的清華園。」他是帶著黨化教育的任務到清華當校長來的，從到學校的第一天，在他的講話中就強調「加強黨的領導，日益鞏固和擴大馬克列寧主義在學校中的陣地，這是我們學校勝利完成教育改革的關鍵。」1980年，死裡逃生、重掌大權的鄧小平在軍委擴大會上重複和重申了這段話。蔣南翔在清華校長的崗位上工作了13年。1988年5月3日，蔣南翔因胃癌去世，臨終前還對清華大學當時的負責幹部說：我認為「又紅又專」比「德才兼備」這一提法更確切。

60年代的清華學生早已無從知曉「自強不息，厚德載物」的校訓，耳熟能詳的是「南翔精神」。「南翔精神」伴隨蔣南翔來到清華。1953年初，清華成立政治輔導處，建立政治輔導員制度，「南翔精神」開始生根；「南翔精神」大成於1958年根據黨的「教育為無產階級政治服務，教育與生產勞動相結合」的方針，提出的「培養又紅又專的無產階級事業的接班人」；「南翔精神」完善於1961年形成的《教育部直屬高等學校暫行工作條例》（簡稱《高校六十條》）。這個《高校六十條》是根據黨中央和毛主席的指示，在鄧小平總書記直接領導下，教育部副部長蔣南翔系統地總結建設社會主義新型大學的經驗，用主要精力草擬，並多方面徵求意見而形成的。1961年9月14日，中共中央書記處討論通過了《高校六十條》，並得到毛澤東的核准。毛澤東說：「總算有了自己的東西。」

半個世紀以來，蔣南翔之後的清華歷任領導蕭規曹隨，在教育理念和教育思想上殊無建樹，「南翔精神」繼續發揚光大。蔣

南翔後來擔任了中央黨校第一副校長，其實清華大學在「南翔精神」指引下早就辦成了黨校。有人總結說，什麼是鄧小平理論，就是糾正毛澤東錯誤思想的理論。其實說這句話的人高看了鄧小平，鄧小平只是在毛澤東的專政思想框架內，添加了經濟主義和實用主義的興奮劑。對於毛澤東、對於文化革命這兩件發生在上個世紀中國的大事，他極不負責任的敷衍塞責，「宜粗不宜細」的回答等於在歷史的拷問下交了白卷。清華何嘗不是愧對歷史，看看清華的校史展覽和反右、文革，許多重大事件被惡意刪除，一些良知缺失而又權勢在握的人物早已喪失了坦然面對歷史的勇氣，這樣的組織行為只能是更加可恥可悲！

「南翔精神」並不主要是蔣南翔的教育思想，而是毛澤東思想在教育戰線上的體現，是毛澤東「自己的東西」。蔣南翔的教育思想只是滲雜進「南翔精神」中的私貨，清華文革中被他的包括政治輔導員在內的學生們，一點一點地清理出來、嚴加批判。蔣南翔只是「南翔精神」最堅定、最忠實的執行者。

毛澤東的教育思想乏善可陳，他雖然就學於師範，也算一個有舊文化底蘊的知識分子，卻對知識分子、尤其是大知識分子有著刻骨的仇恨，這也許與他早年在北大圖書館的打工的經歷、一段「卑微的傷心史」有關。他指責北大「廟小妖風大，池深王八多」。這是一種恨懼交加的複雜感情。他對清華並無偏見，在中南海的游泳池修好之前，畢竟有清華體育館的室內游泳池供他享用。他並不是教育家，卻特別中意「偉大的導師」的稱頌。他希望全天下的人，都是「毛主席的好戰士。」他提出了「三好」、「好好學習，天天向上」。「又紅又專」、「學制要縮短，教育要革命」、「知識青年要接受貧下中農再教育」、「全國學習解放軍」，包括1964年2月13日關於教育革命的春節座談會，蔣南翔等16人參加了座談，從傳達內容看，也就是些標語、口號：

「教育的方針、路線是對的，但是辦法不對。我看教育要改變，現在這樣還不行。」

「學制可以縮短。」

「課程多，壓得太重是很摧殘人的。」

「我看課程可以砍掉一半。」

「現在的考試方法是用對付敵人的辦法，實行突然襲擊。」

「這種做法是摧殘人才，摧殘青年，我很不贊成。要完全改變。」

毛澤東所談的教育是黨化教育和遠離教育的偽教育。他把宣傳和培訓也當成了教育。

清華大學不是黨校，但卻辦成了毛澤東思想的大學校，以培養「毛主席的好戰士」、「三大革命運動戰士」為目標，這是蔣南翔的功勞。老蒯是「跟著毛主席幹革命沒幹好」的典型，濤哥是「跟著毛主席幹革命幹得好」的典型，他們都是「毛主席的好戰士」。「造反有理，痞子掌權」和「又紅又專」，既是毛的號召，也是「南翔精神」。早在文革前，清華學生都在爭當「聽話出活」，的「馴服工具」，這是清華校風中的主流精神。

「黨化教育」就是在思想上、組織上對教育進行控制，把教育變成宣傳黨義的工具，是國民黨最早在中國推行「黨化教育」的。1924年，國民黨仿效蘇聯，首先在廣東推行「以黨治國」的政策。為了制止學校向自由化的方向發展，停止了「晚清新政」開始的教育改革，實行「黨化教育」。隨著「北伐」的勝利，「黨化教育」蔓延到全國，所有學校都開設國民黨「黨義」課程，教育變成了灌輸國民黨政治主張的工具。

集「黨化教育」大成者是蔣南翔。除了開設馬列主義政治基礎課，評選「先進集體」活動，蔣南翔特別強調：「學生從到學校第一天起，就要對他們進行政治思想工作。學校的黨團組織和所有的教員都要做學生的政治思想工作。」蔣南翔創造性地建立了政治輔導員制度，「黨化教育」在工作中落到了實處，有了制度上的保證，這是他推行「黨化教育」最突出的貢獻。

1953年，蔣南翔讓時任清華大學黨委書記的何東昌起草了一份向高等教育部、人事部請示設立政治輔導員的報告。根據「挑選學習成績優良、覺悟較高的黨團員」的標準，從當時在校最高

年級（三年級）的學生中，選拔了25名政治輔導員。政治輔導員的學制延長一年，學科則相應減少，每週進行24小時工作。輔導員隊伍歸團委領導。經過清華文革十年劫難，1977年政治輔導員制度得以恢復，當時學生中黨員已占多數，已不宜由團委管理輔導員隊伍，清華第一個成立學生工作部，負責全校學生政治思想工作。還逐步增派了一批博士生擔任輔導員。

第一批25名輔導員第一次會議是在新林院蔣南翔校長家中召開的；50年代有突出表現的輔導員被選送蘇聯留學，學習新學科、新專業，返校後就成了新學科、新專業的創辦者和學術帶頭人。這一傳統在後來，改變為優秀輔導員不須考試直接就讀研究生，「多數輔導員給予在職攻讀碩士學位的機會」。據1993年統計，現任12名校級幹部，其中10名擔任過政治輔導員，系主任、系黨委書記及機關正部、處長中擔任過政治輔導員的約占45%。最新的統計是：清華大學1949年後培育出黨中央總書記、國家主席1人，中共中央委員50人，候補中央委員25人；國務院總理1人，副總理9人，省部級領導280人；全國人大委員長1人，副委員長7人；全國政協副主席13人，政協常委116人；最高法院院長1人，最高檢察長1人。清華，只有清華，才有這麼多「聽話出活」、「雙肩挑」的人才。「教授治校」見鬼去吧，清華大學「以吏為師」。

思想「灌輸」的效果和成敗，不取決於灌輸者，而取決於被灌輸者是否接受。而接受灌輸的前提是受灌輸者可以從中獲得好處，不難看出政治輔導員必然要先受其害，更不難理解為什麼服從、聽話的奴僕思想成了他們的思維定式。所以也就更不難理解，為什麼當今的清華牌政治家多如星辰，而兼有人格魅力的清華牌政治家卻寥若晨星。

政治輔導員學習的馬列主義理論，主要有列寧的《青年團的任務》，毛澤東的「兩論」，即《實踐論》、《矛盾論》，劉少奇的「兩論」，即《論黨》、《論共產黨員的修養》，團委在黨委第一副書記劉冰指導下，貫徹《高校六十條》編寫的《團支部

工作五十條》。其中劉少奇提出的：共產黨員要做黨的「馴服工具」，黨性是無產階級的階級性最高而集中的表現等論述影響至深。

1957年的「反右鬥爭」，才是政治教育的生動課堂。那一場驚心動魄的政治鬥爭，一舉擊碎了中國知識分子的脊樑骨，從此以後，知識分子必須「夾起尾巴」才能「做人」。「反右」第一線總指揮鄧小平親自到清華作報告，毛澤東欽點那個說「什麼話」的黃萬里教授成為了「右派」。公開的原因是黃萬里反對三門峽工程、寫了《花叢小語》，更深刻的原因是中國已進入社會主義發展階段，我黨必須過河拆橋和民主黨派分道揚鑣，不整肅多嘴多舌的知識分子，如何統一思想？黃炎培在世的另外兩個兒子黃大能、黃必信，兩個女兒黃路、黃素回，沒聽說有什麼「右派」劣跡和言論，也一個不漏地被打成「右派」。毛澤東調侃黃炎培說：「你們家也分左、中、右啊。」「一門五右派」的黃炎培還敢和毛澤東「窯洞對」，誇誇其談什麼「週期律」嗎？蔣南翔和蒯大富一樣熱衷權力，經常提醒身邊的幹部「要有政權意識」。錢偉長教授1942年在加拿大多倫多大學獲博士學位，後在美國加州理工學院攻讀博士後，是解放後首屆校務委員會成員，又被派往蘇聯學習、訪問，有新中國學界「三錢」之美譽。錢教授聰敏博學、全知全能、眼生於頂、口若懸河，對蔣校長多有不敬；黨委第一書記袁永熙是蔣介石的「文膽」陳布雷的女婿，袁氏夫婦是和平解放北平、有功於國的中共地下黨員，因為階級鬥爭中手軟，而成了蔣南翔的掣肘。「有政權意識」又不乏階級鬥爭警惕性的蔣校長，豈不要打造一個從這裡漏氣的發動機？和錢教授、袁書記一起被打成右派分子的師生有500多人，和清華文革中被抓出來的「蒯派」人數相差不多。毛澤東因抓出300多萬「右派」和「右傾機會主義分子」，而超越秦始皇等歷代暴君，奪得「坑儒」之冠；蔣南翔因清華反右鬥爭製造恐怖而贏得威權。

在「反右」之後提出的教育方針，紅專目標再無人反對，「黨化教育」大行其道。又紅又專是黨的教育方針的通俗圖解，

也是「南翔精神」的核心內容。又紅又專來源於毛澤東的《工作方法六十條（草案）》中的第22條，講政治和業務的關係。早在1955年11月7日在發展劉仙洲副校長入黨的支部會上，蔣南翔發表了熱情洋溢的演說，就是後來發表在《北京日報》上的《共產黨是先進科學家的光榮歸宿》。1958年以後，又紅又專的指導思想就成了抓教育的一條主線。蔣南翔常對學生講：「一個人的成就和他對社會的貢獻大小，不只取決於他的業務能力，政治往往成為更重要的決定因素。政治是解決方向問題，方向不對頭，就達不到目的。」紅的問題，最重要的是「兩個擁護，一個服從」擁護黨的領導、擁護社會主義和服從分配。如劉仙洲、張子高、梁思成等著名教授成為了「文物」，除了撐門面當擺設，他們在學生中幾乎沒有學術上的影響；而如張光鬥一類投機鑽營、腆顏造假、曲學阿世之徒卻見風得風、見雨得雨，光榮入黨，一直爬到副校長的高位。一大批「蔣南翔式的」、「雙肩挑」幹部，從階級鬥爭的大風大浪中成長起來，從政治輔導員、「助教黨」的隊伍中成長起來，和找到「歸宿」的老知識分子實現了「兩種人會師」。一個「永不漏氣的發動機」就這樣打造成功了。

1958年，在黨委副書記艾知生的領導下，團委著手整頓輔導員隊伍，重申輔導員制度的要求，全校輔導員從150多人減到80多人。1977年何東昌指示，儘快恢復學生政治輔導員制度。至今這個制度已有了近60年的社會實踐，培養出了大批優秀輔導員，不僅充實了校系領導班子，而且為黨中央領導的梯隊建設做出了突出貢獻，其中濤哥就是最傑出的代表。

當上政治輔導員，在學校裡，就意味著成為最優秀的優質生，「革命事業接班人」已經非我莫屬。有了這樣的耀眼經歷，畢業以後都能走上各級領導崗位，其中最出類拔萃的成了黨和國家的領導人。輔導員是他們的晉身之階，所以他們對輔導員制度感激不盡、讚揚有加。有一位輔導員出身已經成為金字塔之頂的高官回清華對學生現身

說法：「做輔導員工作可以密切和學生們聯繫，更重要的是，做輔導員的經歷是一種很好的鍛鍊，學會與人與社會打交道，對一生的成長都很有用，不吃虧的。」當我問起我所熟悉的一些輔導員時，他們也是類似的感受。他們多因為有助於本人的成長來肯定輔導員制度的。

在我看來，政治輔導員制度所起的作用主要有這兩個方面：

一是利用各種形式、各種機會對同學進行「興無滅資」教育，對學生的思想進行教育、灌輸、監督、控制，清除異己思想，排查異己分子。

教育、灌輸是軟性的一面。所謂灌輸，就是洗腦，洗掉一切非無產階級的思想，注入馬列主義、毛澤東思想。這過程，其實與傳銷的洗腦差不多的。輔導員們自己先被洗腦，然後再洗周邊同學的腦。不僅要將與正統說教有異的思想清洗掉，那些有點稜角的個性、正常需求的私心，統統都在糾正、克服、抑制之列。青年學生五彩斑斕的內心世界，最後被灌輸成單一的紅色，再沒有其他的色彩。

監督、控制則是比較硬的手段，這針對那些教育、灌輸效果不夠理想的差質生的。

教育、灌輸、監督、控制的具體措施五花八門，無孔不入。其中有一種叫「個別談心」的，是我最反感也最害怕的。

輔導員和顏悅色地找你促膝談心，表面上看似親熱、平等，目的就是套你的話，從中找出思想傾向上有問題的東西，一絲一毫都不會放過。輔導員自己的內心世界對你是禁閉的。偶爾，他也會說一點他的想法。當心，這是一種「釣魚談話法」——以自己無關緊要的小事把你思想上偶爾一閃的隱秘想法釣出來。談完回去以後往往會記在工作筆記本上。一次次的談話，加上其他各種場合下觀察到的表現，成了你完整的思想檔案。到了某一天需要「說

明」你的時候，一條條有日期有時間有地點有場景有旁證的記錄會翻騰出來。到那時，你自己都覺得自己差不多是一個屢教不改的反動學生了。

　　輔導員制度的另一個作用是不斷地鍛煉、考察、培養輔導員，源源不斷地輸送到各級領導崗位，成為維護體制的骨幹力量。

　　政治輔導員才是今後掌權的革命事業接班人。其他的人，不過是革命事業的打工仔。這些輔導員，名曰又紅又專雙肩挑，都是根紅苗正，階級立場堅定，政治觀點鮮明，對黨無限忠誠，在學校期間已經學會掌握了如何控制群眾思想、如何製造革命輿論、如何搞無產階級政治等等掌權的手腕。

　　我不否認我認識的不少輔導員本人的品質都是不錯的，我也不否認他們為同學做過不少的實事。但是，我還是要指出，輔導員隊伍只是執政黨統治學校、推行教育路線、扼殺獨立精神、實施思想禁錮的工具。

　　在文革初期蔣南翔剛剛倒臺的時候，一些激進學生的矛頭最先指向的是與他們接觸最多矛盾很大的政治輔導員。我看到有的大字報上把輔導員每月18元的生活補貼費叫「養狗費」。這種污蔑人格的說法我過去和現在都是不贊同的。但從中可以看出，即使在那時也有相當一部分同學對輔導員制度已是很反感的。現在看來，如果把執政黨比喻成一家「大院」的話，那麼，這支輔導員隊伍所起到的作用，實際上也就是「看家護院」。

　　以上引文來自孫怒濤《拷問》中沒用上的材料，這是一個清華高年級師兄的真實體會。

　　學生政治輔導員大多來自「紅五類」的農民、工人家庭。尤其那些堅信「王子永遠是王子，貧兒永遠是貧兒」，既順從又聽話的同學，最適合輔導員工作，成為黨的馴服工具。他們純樸勤

奮、感恩心切，對「奴化教育」、「痞化教育」殊無反感。植根底層民眾的奴隸思想、皇權意識很快上升為對無產階級偉大領袖的階級感情。因為只有那種奴性入骨、惟命是從的人，才是最適合被打造成暴力機器的胚子。

1965年，蔣南翔在畢業生大會上講：「毛主席1957年在『在中國共產黨全國宣傳工作會議上的講話』中，曾對知識分子的思想狀況作了分析，我們可以把思想過硬概括為三個境界或比喻成『上三層樓』來要求：第一層樓是愛國主義……；第二層樓是社會主義……；第三層樓是樹立共產主義世界觀。」後來的系統提法是：

第一個臺階，是做愛國的文明的守紀律的學生。

第二個臺階，是擁護黨的領導，擁護社會主義制度，服從國家分配，自覺自願為人民服務。

第三個臺階，對學生中一部分先進分子，要幫助他們逐步培養共產主義的世界觀和人生觀。要能全心全意為人民服務，「大公無私」，「願為共產主義事業而獻身」。

1980年3月12日，鄧小平在中共中央軍委常委擴大會議上講：「……又紅又專，那個紅是絕對不能丟的。」

「黨化教育」本質上是虛偽的，是反人性、反人道的奴化教育、痞化教育。黃萬里是1953年評定的二級教授，出於對官僚體制的抗議和對個人尊嚴的維護，拒絕寫申請當博士生導師。還說：「有資格的人，也就是能帶博的人，還要寫申請嗎？不夠資格的才寫申請，我夠資格為什麼寫申請？」黃萬里成了清華唯一拒絕寫申請，而沒有當上博導的教授。蔣南翔曾說，「紅」就是「兩個擁護，一個服從」。即擁護共產黨的領導，擁護社會主義制度和服從分配。曾任政治局常委、國務院副總理的黃菊就是一個不服從分配的反面典型。黃菊是清華電機系電機專業63屆學生、班團支部書記，畢業前夕表態：服從分配，到祖國最艱苦的地方工作。聽說要分他去大西北，他害怕艱苦，放棄分配，蹓回上海，在上海人造板機械廠參加了工作。他的行為為老師、同學

不齒，電機系可能都沒給他發畢業證書，他也從來不敢回學校。賀鵬飛勉強考上清華，1970年分配到甘肅武都地區工作，去那裡看了一眼，就被那裡的艱苦環境嚇回來了。賀鵬飛回京途經天水，巧遇和我一個年級、分到武都工作的段姓同學，一番交談下來，段同學也不服從分配了，他們一起逃回了北京。賀鵬飛已在若干年前死去，死時任海軍副司令、中將軍銜。

不能老老實實做人做事，只是虛偽地喊「精忠報黨」的口號，能不給清華丟人？無數事實證明，如不能從政治上、經濟上擺脫對權力的依附，廢除任何帶奴役的契約，就無法指望培育出美德。

清華學生在清華文革中的表現發人深省，孫怒濤還在思考：

> 文化大革命的第一任主力軍是青年學生，既有大學生也包括中學生。為什麼我們的學校培養出來的青年學生竟成了只聽命於領袖的槍手，充當了無辜的炮灰呢？

> 黨的教育方針是在反右以後的1958年提出的：教育為無產階級政治服務，教育與生產勞動相結合。那時，我已經上了高中，對這一方針出籠前後所受教育的變化有切身的體會。

> 共產黨奪取政權以後的最初幾年，要恢復國民經濟，要鎮壓反革命，要抗美援朝，要土地改革，要搞合作化，要對工商業進行改造，等等。及至政權比較穩固以後，就開始了對知識分子的改造和鬥爭，標誌是五七年的「反右」。以及對教育實行全面控制，標誌是提出兩個「必須」的教育方針。

> 回想起來，對我的德育影響最大終生受益的是在小學和初中階段。那個時候還沒有什麼黨的教育方針。我記得學校裡有一個「五愛」教育：愛祖國、愛人民、愛勞動、愛科學、愛護公共財物。這個時候沒有提「愛共產黨」，也沒有提後來替代「愛護公共財物」的「愛社會主義」。

到了高中，開始貫徹黨的教育方針。

因為教育是為無產階級政治服務的，所以，當大躍進成為全黨的最大的政治任務以後，即便是一所縣中，也要壘起小土爐煉鐵。

因為教育必須同生產勞動相結合的，於是，墾荒種地、夏收夏種成了一門分量最重、占時最多的課程。

政治與教育，是有關聯的。但是，這是兩個不同的領域，是相對獨立的。教育為政治服務的口號，就把教育置於政治的從屬地位。這完全是錯誤的定位。

更為錯誤和荒謬的是教育要為無產階級政治服務，也就是必須為某一黨派的政治利益服務，成為某一黨派狹隘私利的工具。

至於教育必須同生產勞動相結合，作為教育的方針，也是極端化的。

無論是叫又紅又專，還是叫德智體全面發展的社會主義有用人才，或者叫無產階級革命事業的接班人，意思都差不多的。在清華，這一培養目標有一個通俗形象、簡潔明瞭的叫法：聽話出活。

所謂聽話，當然是忠心耿耿地聽黨的話，做黨的馴服工具，做一顆黨把你放在哪裡就在那裡死心塌地的永不生鏽的螺絲釘。這就是「紅」，就是「德」，是政治標準。

聽黨的話，落實到具體，不僅要聽從黨的路線、方針、政策所體現出來的黨中央的話、領袖的話，還要聽從基層黨組織的話，聽從支部書記、支部委員的話，甚至是聽從一個普通黨員的話。總之，就是聽領導的話，聽上頭的話。腦袋是用來吸收、消化黨的指示的，不是用來獨立思考的。誰要是有點自己的思想，有點個性，那就意味著與黨離心離德，與黨不是一條心，那就被視為開始走上錯誤的、甚至是犯罪的道路了。

所謂出活，就是勤勤懇懇、踏踏實實、以精湛的技術

做好本職工作，做一個能為黨高效率服務的工具。這是業務標準。

在聽話與出活上，聽話永遠的第一位最重要的。

要培養聽話的人，首先必須進行無休止的思想改造，也就是「興無滅資」：灌輸毛澤東思想、無產階級思想、馬列主義思想等正統思想，其他的思想統統都是資產階級的、小資產階級的、封資修的，都必須徹底清除乾淨。

於是，從高中到大學，被灌輸進腦子的是這些東西：共產黨永遠是偉大光榮正確的，毛澤東是永遠英明的、不會犯錯誤也沒有絲毫缺點的，抗戰八年打日本鬼子是全靠八路軍新四軍的⋯⋯

紅專大辯論、參觀反右展覽、聯繫實際的「九評」學習、學習「毛選」、學《論共產黨員的修養》、學雷鋒、參加「四清」、政治課教育、黨課、還有各種各樣形式繁多的活動、會議、參觀、座談等等，都是我們上過的階級鬥爭主課，主要目的就是為了培養聽話的人。

我並不一概否定這些活動，也不是說這些活動的效果一無是處。作為原本純潔的學生，我們是從正面去接受這些教育的。譬如「學雷鋒」，我們從中學做好事，付出愛心，這是對的。但在這些活動中，各級組織的著力點是增強愛恨分明的階級立場，做永不生鏽的螺絲釘，也是在強力灌輸階級鬥爭觀念和奴隸意識。

不同時期的青年學生，都有共同的特點，如有愛國心，有民族自尊心，有政治熱情，追求進步、真理、正義，嚮往光明美好的社會，單純，幼稚，勇敢，易被鼓動，易受矇騙，等等。文革前的青年學生，經過十多年的黨化教育與奴化教育，更增加一些新的特徵：對領袖無限忠誠，對毛澤東思想深信不疑，階級鬥爭這根弦蹦得特緊，對資產階級、修正主義無比痛恨，敢為共產主義理想赴湯蹈火，等等。這樣的一群青年學生，個個都願意成為

紅衛兵、黨衛軍。文革之所以能得以發動，原因之一是學校已經為文革準備好了成百萬的衝鋒隊員、槍手和炮灰。

孫怒濤的思考痛心疾首。「黨化教育」在文化革命初期就發生了極大的混亂，以小罵大幫忙見長的黨內大筆桿子鄧拓，竟被自己獻身的組織構陷委屈上吊而死；明史專家吳晗校友「曲學阿世」，視學術精神如玩物，把一個朱元璋寫得顛來倒去，為迎合聖意宣傳「海瑞精神」，反被誣為「反黨分子」彭德懷一黨，夫妻雙雙受盡羞辱迫害致死；蔣南翔在高教部被揪了出來，清華驟發雪崩，從黨委到基層支部的負責人，乃至個別政治輔導員都成了被批鬥的對象。黨性發生「變性」，再無其他綱常倫理來支撐這個搖搖欲墜的精神大廈。清華大學被損毀的不僅僅是「二校門」，蔣南翔鼓吹的「三層樓」也轟然坍塌了。

三、陳寅恪的校訓：獨立精神，自由思想

1927年6月2日，一代國學大師王國維「殉文化」而自沉於頤和園昆明湖。魯迅說：這位「老實得像火腿一般」的國學大師，在取得巨大學術成就兩年後，「便在水裡將遺老生活結束」了。現在清華一教西北小山坡前的王國維紀念碑上，鐫刻著陳寅恪窺破天機的不朽碑文：

> 士之讀書治學，蓋將以脫心志於俗諦之桎梏，真理因得以發揚。思想而不自由，毋寧死耳。斯古今仁聖所同殉之精義，夫豈庸鄙之敢望。先生以一死見其獨立自由之意志，非所論於一人之恩怨，一姓之興亡。嗚呼！樹茲石於講舍，繫哀思而不忘。表哲人之奇節，訴真宰之茫茫。來世不可知者也，先生之著述，或有時而不章。先生之學說，或有時而可商。惟此獨立之精神，自由之思想，歷萬千祀，與天壤而同久，共三光而永光。

陳寅恪純為知識、學術，勤奮讀書、遊學，是「中國最博學的人」，中國史學界「三百年來僅此一人」。他以洞悉幽冥的歷史眼光，看到了「蓋今日之赤縣神州值數千年未有之巨劫奇變；劫盡變窮，則此文化精神所凝聚之人，安得不與之共命而同盡？」中國封建社會發展到了1895年的「中日甲午戰爭」，以戰爭的失敗宣告了「洋務運動」代表的物質層面的文化自救徹底破產，「戊戌變法」是中國人第一次企圖從政治制度上文化自救而以失敗告終的行動。慈禧沒得選擇的選擇了「晚清新政」，剛剛起步的「立憲運動」被「辛亥革命」一槍斃命。宮帷深鎖的帝后奢靡生活讓站起來了、富起來了的中國人夢縈魂牽、豔羨難已。愛國壓倒啟蒙，愛國主義成了蔣校長政治思想教育的第一個臺階。民主、科學只是時髦的口號，「五四」新文化運動成了最有廣告效應的「爛尾樓」，值得我們年年憑弔。最遲鈍的知識分子都看到了赤縣神州遭逢的「數千年未有之巨劫奇變」。

　　中國社會的上一次「奇變」，始於「商鞅變法」，大成於西漢「獨尊儒術」。那是一次成功的社會變革和文化演進。「天人合一」的封建文明支撐起了一個泱泱大國三千年的農耕社會。蒙、滿、俄、日……的異族入侵和蠶食，一次次地阻斷了中國的社會變革與和平崛起。任何一個文明古國失去了今天，也就沒有了過去，不管過去何等強大、如何輝煌。一次次的救亡和內鬥阻礙了中國社會前進的步伐。久歷劫難還不是最可怕的，「劫盡變窮」讓中國人無路可走才是最可怕的！陳寅恪如同竊取天火的普羅米修士，以大勇氣、大智慧、大情懷、大心願昭示讀書治學的知識分子要銘記「獨立精神，自由思想」這一「歷萬千祀，與天壤而同久，共三光而永光」的訓導，要像張騫一樣去「鑿空」，去劈開中國變革圖強、建設嶄新文明的大道。

　　陳寅恪的校訓比梁啟超的校訓晚十餘年，同樣沒有被貫徹在清華的辦學宗旨和教育理念之中。由於對今天教育亂象的反思，有的人高估了民國「黃金十年」教育發展的成績，輕浮地說什麼「中國高等教育30年裡走過了西方辦大學1000年的路程」。不知

道醜陋的中國文人什麼時候能改掉總是夜郎自大、蛙鼓蟬鳴的壞毛病。1949年以前，中國大學畢業生總數只有10萬人，只是今天一年大學畢業生的六十幾分之一。僅此一點可知舊中國的高等教育並沒有多少驕人的成績，《圍城》中的假文憑和野雞大學生，生活中照樣有。問題是我們對待知識分子的極「左」政策有問題，不信任知識分子，不尊重他們的勞動。用杜牧的章句形容：「奈何取之盡錙銖、用之如泥沙。」按照黃延復老先生關於大師的標準：「大師者，至少應具備以下五種品格：高尚的人格、博通的學術、深邃的思想、卓絕的識見，儒雅的文采。」我斗膽以為除了陳寅恪、黃萬里、葉企孫等寥寥數人，還有幾個清華教授配稱為大師？許多有名望的學者都是在國外高校完成學業、做出成績的。不能把栽培他們的功勞全都歸於中國教育事業。當然也不應抹煞許多教育工作者在戰亂頻仍、非常艱苦的環境中的卓越工作。在清華，梅貽琦校長就是楷模。

梅貽琦的教育思想主要反映在他和潘光旦合作撰寫的《大學一解》中。他主張大學之道：明德修己、新民、止於至善。大學的直接目的：發展學術、作育人才。他要求學生具有「超階級」、「超黨派」的「宏觀主義」和「自由主義」的精神。不應該給學生以某種政治派別的思想，只應該給學生判斷的能力，讓學生靠這種能力去決定自己的政治方向。他要求學生對自然、社會與人文三方面都具有寬廣的綜合的知識，而不貴乎有專技之長，否則他就只能做一個「高等匠人」，而不能做一個「完全人格」的人，變成一個極能幹的工人，而不配稱大學生——大學生應該有極完美的常識。他還主張「才不通而身不得出」，即沒有通識準備的人，不允許其參加社會事業，社會事業才可能良性發展。為了感受一代教育大家的流韻風采，我不去說他那些枯躁乏味的「通才論」、「大師大樓論」、「壞學生論」，下面有三個故事感人至深。

梅貽琦說：「我們做教師做學生的，最好最切實的救國方法，就是致力學術，造成有用人才，將來為國家服務。」「12.9」

學生運動後，軍警將到清華抓捕宣傳抗日的進步學生。梅貽琦校長將軍警的抓捕名單張貼在布告欄中予以公告，在教師、工友的掩護下，蔣南翔等被通緝的學生全部安然逃脫。

「大德不官，大道不器。」梅貽琦民主治校，在於對校長一職有清醒而正確的認識。他曾說，校長就是在戲劇中飾演皇帝角色的人，他端坐戲臺中央高高在上，但他不是劇中主角，除了一兩句自我介紹的道白，甚至連一段像樣的唱腔都沒有。我曾設想有一天，重臨西南聯大舊址，在校園草坪席地而坐，手捧臺灣作家鹿橋的《未央歌》，追懷那個國難歲月的大師風采。抗戰中，北大、清華、南開三校在昆明組建了西南聯大，北大校長蔣夢麟、南開校長張伯苓的資歷、人望都在「寡言君子」梅貽琦之上，但他們都信服地支持梅貽琦主政校務、共度時艱。梅貽琦一生從未遭逢異詞謗語。我私心暗忖：蔣南翔校長也能做得到嗎？

真學者視學術為生命。梁思成回國的目的很純粹：共產黨來了也會有人蓋房子。說到梁思成自然難忘風華絕代的林徽因，林才女患肺病喜靜，據傳梅校長曾命人在新林院梁宅前豎一警示牌：「林徽因住此，請勿喧嘩。」梅校長做事如此風雅，實不讓六朝故事，令人追憶神往。

「獨立精神，自由思想」。沒有被人從校訓中「腰斬」掉，因為它從來沒有成為清華校訓。民國政府致力推行的同樣是「黨化教育」，蔣總統夢寐以求的也是「一個主義、一個政黨、一個領袖」。任何反民主、反人權的獨裁政權，註定與現代文明絕緣。

「自強不息，厚德載物」。是中華文明的精華，已被封建統治階級利用了3000年了，果真「天不變，道亦不變」？身為「南書房行走」的五品「帝師」、被傳統文化徹底「化」了的國學大師王國維，他投湖而死去「殉」哪門子能夠永世長存的文化？我曾偏激地說過，只講天道、地道而不講人道的知識分子是偽君子。且不說格、致、正、誠、修、齊、治、平「八級臺階」的人生追求中有多少權謀欺詐，只是向「天地君親師之位」的牌位磕頭的拜師禮，就能說明這是培育奴才的第一課。啟發興趣，提倡

思辨,鼓勵懷疑精神,推崇超越前輩先賢,讓學生認識自己、做好自己,才是教育的真諦。有如亞里斯多德超越老師柏拉圖。孔門號稱弟子三千,賢人七十二,哪個學生超越了孔子?兩千多年下來,汲鵬說是「老鼠下崽,一窩不如一窩。」現在清華檢討自己:「自強不息有餘,厚德載物不足。」純屬臉皮太厚的文過飾非。

徐葆耕學長和我有數面之緣。他儼然已是清華「國學專家」,我有點點難以置信。他為了稱頌今日清華「自強不息,厚德載物」的精神風貌,提出了一個荒謬的「災難鑄就輝煌」理論。這個理論有點奇怪,它不追尋災難的原因,總結災難的教訓,也不去尋找規避災難的辦法,只是出人意外地歌頌災後的輝煌。這個理論頗受主流青睞,並廣為流行,地震、礦難、高鐵出軌後,這個論調都能在主流媒體上「輝煌」好一陣子。

徐葆耕有兩個例證:一是西南聯大「在抗日戰爭中,在敵機不斷轟炸的艱難條件下弦歌不輟,無論是教學、學術都創造了史詩般的輝煌。」二是清華「文革動亂後,在『連洋人屁股都看不見了』的情況下,瞄準世界先進水準急起直追,不僅迅速地恢復了十年動亂造成的創傷,而且創造了新的輝煌。」

「災難鑄就輝煌」,通俗說法是:「災難就是輝煌」,這是毛澤東的「破就是立」的破壞哲學的另一種表述。常識告訴我們,創造和建設才能鑄就輝煌。當年西南聯大師生生活異常艱苦,聞一多教授要業餘篆刻圖章換米求生,如果生活無憂,他們的學術成就是否會更為斐然?亂離人可憐!文史學生尚可苟且延續學業,科研、實驗應當難以為繼。那時的清華學人之所以還能有所成就,只能說明專制的學術鉗制比戰亂還要不出學術成果、還要讓人才思枯竭。葆耕學長是否也要像毛澤東對田中角榮談話那樣,像無恥地感謝日本人的侵略那樣去感激災難呢?

至於說到文革後清華的墮落,罄竹難書四個字有點過分,痛心疾首是國人的真實感受。葆耕學長也看到了,「對於一個班、一個班的(清華學生)留學美國」,清華已被譏諷為「真正的留美預備學校」。事實上現在的清華留學生和前輩大不一樣了,老

清華留學生大都回國報效國家，今日留學生大多定居國外，如若回來也多半是加入了「八國聯軍」（坊間稱世界百強企業為「八國聯軍」，稱民營企業為「義和團」）殺到中國，回國為了賺錢。人各有志，其中原因總有不同，自然不必一切為外人道。我要強調的是：清華在學術獨立、思想自由上做得不好，不好到已經留不住人才了；國內工作、生活條件讓精英們有了出去不回的理由。清華學生比較許多其他院校的大學生，也許是更聽話、更出活的「馴服工具」，但不爭的事實是：清華和世界一流大學的差距更大了，學生的綜合素質並不令人滿意。還記得張孝文校長的「麵粉」比喻嗎？考進清華的都是優質生，如同精白麵粉，我也不相信清華能把好麵粉做成了棒子麵窩窩頭。

在給孫怒濤的信中，我曾錯誤的認為自由、獨立是資本主義口號，是1980年代香港高樓上懸掛的商業廣告：美國精神。前兩天去珠海，張鴻慶再次點化我：陳寅恪的校訓是他縱觀古今、學貫中西，開悟得出的時代精義。新芽萌生於老樹的殘軀、種籽，任何新思想、新事物都切不斷與陳舊、腐朽、死亡的聯繫。在生命將死將生之際，有能量的消散和凝聚。宇宙的歷史是一部能量不斷改變存在形式的變化史。吸收物質，積聚能量，構建文化，錘煉思想，微小的人類就擁有了生生不熄的力量。這是全人類的共同財富。我們如果對陳寅恪那一代知識精英採取捨棄和健忘的態度，就是對中國歷史的無情，也是今天中國人的不幸！

任何時代的統治思想都是統治階級的思想，人民當家作主了，「用全人類所有的先進文化科學知識武裝自己頭腦」、以「解放全人類」為己任、而達成「一切人的解放」的共產黨人，是不是和全國人民一道都應具有「公民意識」？大學是一個民族乃至全人類思想文化更新的中心，是容不得盜襲兵焚的斯文神聖之地。它雖然誕生於西方教會的懷抱，但神聖的大學也禁止在校園裡、課堂上宣傳教義、黨義。大師是人類精英中的精英，他們站在知識的最前沿，站在已知和未知、光明和黑暗、天堂和地獄的分界上，揭示真理、預警災難、昭示未來。他們因自己的學術

成果得到人們的景仰和愛戴，他們不應該因學術思想有悖於統治思想和社會生活的「主旋律」而被整治得死去活來、挨批受「坑」。

　　1968年7月27日後的清華文革還有整整8年的乾燒高壓鍋裡的「熱寂」歲月。本應普照天下的「紅太陽」盯上了「六廠二校」，紅太陽聚焦，「熵增原理」在清華出現了反常。通過8341部隊的宣傳科長遲群、機要秘書謝靜宜，毛澤東從思想上、組織上全面控制了清華。清華文革如朕親臨，繼續革命的戰略戰術、階級鬥爭的政策策略全憑聖心獨運。先是製造恐怖、獲取威權，具體做法是：「清理階級隊伍」、「整黨」、「抓516分子」、辦江西鯉魚洲「牛棚」；然後是招兵買馬、組織隊伍、訓練打手，一是從64級、65級的學生中，挑出700多名根正苗紅、聽話出活的學生留校充實教師隊伍，視為「新工人」；二是招收各級革命委員會推薦上來的「工農兵大學生」。紅衛兵、工農兵，「兩兵」大學生佔領上層建築，名為領導「鬥、批、改」，實為充當打手、炮灰。最後由「梁效」寫作班子吹響戰鬥號角，從清華、北大向全國掀起「反右傾回潮」、「批陳整風」、「反擊右傾翻案風」、「評法批儒」、「批林批孔批周公」的運動，一波緊接著一波的巨劫連綿，無休無止地衝擊著赤縣神州。這不僅是「黨化教育」，更是黨的「全面專政」。毛澤東劫盡將亡，他也曾驚懼於隕星天象，傷感於《枯樹》文章。哪一個知識分子不被他折騰得思想麻木、精神癲狂。若干年後，巨惡元兇陰魂不散，濤哥出來宣佈：「不折騰了。」大家覺得反正「劫盡變窮」，跟著濤哥得過且過罷了。於是清華百年校慶齊頌盛世、大唱讚歌：「精忠報黨！」

　　遲群是個痞氣十足的爛仔，小謝只是後宮嬪妃、答應中比較能認字的人，他們來自掌權痞子的身邊，有如來自奈河橋那邊的牛頭馬面。其實權力有自我擴張的天然秉性，和個人的道德品質無關。讓全校師生員工時時刻刻生活在恐懼之中，是原始的叢林法則，卻非常有效，這就是秀才遇到根本不和你講理的兵的心理劣勢。

那八年中，清華成了兵痞橫行之地，被逼死的人、被批鬥的人、被冤屈誣陷的人、被體罰被侮辱的人比哪個時期都多。毛澤東認為清華文革偏離了鬥爭大方向，一不鬥、二不批、三不改。結合「清隊」、「抓516」、「整黨」甄別幹部，重建各級組織。批鬥、恐嚇、引誘、揭發是一貫手法，利用捕風捉影、知情人急於洗刷自己去立功舉報，只要還有自尊自重，不會佯狂自汙、唾面自乾、寧彎不折的人，多半不會平安過關。工化系副系主任李文才文革時作為交流學者在英國學習，武鬥結束前才回到清華，工宣隊認為他和清華運動、清華派系沒有關係，打算第二天把他「三結合」進入系領導班子。但考慮到他在北京 x 中學讀書時集體加入過「三青團」，就找他談話，要求他第二天寫出交待材料。當天晚上，李文才因驚恐而自殺身亡。在批鬥工化系黨總支書記滕藤的會上，黨總支副書記黃志沖被罰站在滕藤身邊陪鬥。由於黃志沖是清華教工子弟，說話多、欠嚴謹，又分管學生工作，接觸人更多，留下的把柄也多，可供揭批的言行比滕藤還多，教工的發言多衝著黃志沖去了。據滕藤後來對我說，黃志沖一定認為他是工宣隊在工化系的主攻目標。批鬥會後黃志沖越想越怕，上吊死了。

江西鄱陽湖邊的鯉魚洲農場是一個廢棄了的勞改犯農場，占地9300畝。首批398名教職工於1969年5月到達，先後有3000多位教職工及家屬在這個血吸蟲病區鬥私批修、改造思想。1970年查出血吸蟲病患者747人，疑是血吸蟲病患者111人。我的三哥、工化系教師唐晉也在那裡染上了血吸蟲病。1971年10月全部人員撤出鯉魚洲，遷至北京大興團河農場。奧斯維辛集中營殺人用毒氣，遲群、小謝用生化武器，不僅環保，也利於隱匿真凶。你若拷問血吸蟲，它絕對不會招供主謀就是那個1950年代詩中講血吸蟲已被「照天燒」了的毛澤東。

遲群、小謝用「冷暴力」構築的專政機器，在教育、培訓（包括軍訓、下工廠、農村勞動）、宣傳之間劃出了兩個等號，即：教育＝培訓＝宣傳。他們名為關心青年學生，實則利用、出賣

青年學生。清華的教改經驗是中南海痞子總店沒有受到任何干擾，直銷過來的毛澤東教育思想，是教育領域裡的樣板，簡稱「六廠二校經驗」。

毛澤東親自抓的清華教改，是遠離教育的偽教育。他講，大學還是要辦的，我講的是理工科大學還要辦。他需要的只是奴隸中的工匠。誰都可以看出清華「鬥批改」的教育革命有多荒唐。但它遠離教育宗旨，偷換教育內涵，以教之名義，行害之實質卻並沒有被注意，更沒有被清算。在教育產業化的荒唐指揮下延續至今，怪不得資中筠痛叱清華聚毀人才。熊慶來說：「夫大學之重要，不在其存在，而在其學術生命與精神。」陳寅恪的校訓：獨立精神，自由思想。宣導的就是學術獨立、學術自由和人格獨立、思想自由。這是知識分子做事做人的兩大原則，也就是熊慶來講的「學術生命和精神」。

「獨立精神，自由思想」是教育改革的方向和目標。改革無定式，無法預設藍圖；改革是「立字當頭，破在其中」；改革並不痛快，大多相當痛苦；改革就是做學問，須鑽研更須積累，「積土而為山，積水而為海」。投機取巧，畢其功於一役的「改革」，只能像「大躍進」那樣害死許多人。

提倡學術獨立、學術自由，就是承認學術文化不僅是事業，而且是超越國家、政黨、階級利益之上的事業。陳寅恪說：「國亡然能有史，殷鑒不遠，從善去惡，國可再建；如無史，何所鑒誡，何所取法，華夏民族無從因襲，將不復存在矣。」「國家危難，史學衰落，此已關係到中華民族精神文化生死繼絕的大節。」只有這種氣吞山河，包容萬物的「雅量」，才能保持華夏民族文化火種長燃不熄。

「人格獨立，思想自由」是育人育己的方向和目標。也就是馬克思主張的「人的解放」，從自在走向自為。梅貽琦說：教育本身必須以每個個人為對象，從每個個人的自身著手，其目的就是首先要促使他們的完整人格的養成。

陳寅恪於1953年12月1日在《對科學院的答覆》中寫到：

我決不反對現政權，在宣統三年時就讀過資本論原文。但我認為不能先存馬列主義的見解，再研究學術。我要請的人，要帶的徒弟都要有自由思想、獨立精神。不是這樣，即不是我的學生。……

因此，我提出第一條：「允許中古史研究所不宗奉馬列主義，並不學習政治。」其意就在不要有桎梏，不要先有馬列主義的見解，再研究學術，也不要學政治。不止我一人要如此，我要全部的人都如此。我從來不談政治，與政治決無連涉，和任何黨派沒有關係。

因此我又提出第二條：「請毛公或劉公給一允許證明書，以作擋箭牌。」其意是毛公是政治上的最高當局，劉少奇是黨的最高負責人。我認為最高當局也應和我有同樣看法，應從我之說。否則，就談不到學術研究。

當然，毛公、劉公豈能「應從」陳寅恪的「狂悖」之言，沒有治他的罪也只是因為他名氣太大，1953年的文網也還沒有收到後來那麼緊。但陳寅恪堅守大節的心志、膽色卻令人動容。

黃萬里是一個有著赤子情懷、敢於擔當的清華教授。我的長兄楊美卿曾是黃先生的學生，後來又同在水利系泥沙教研室工作。黃先生「懷璧沉沙」的坎坷人生和難得的人品、才情、學問已被越來越多的人知曉，他對三門峽工程的論斷的正確，已被時間和實踐證實。我在讀黃萬里時注意到以下幾件事：

密雲水庫建成幾十年來一直是北京的主要水源，也是清華教育革命拿得出手的主要成果之一。黃先生計算了水庫上游河段歷年的流量，曾向錢正英部長建議降低大壩的高度，在「經濟困難時期」節省投資自有利國利民的特殊意義，但是他的建議無人理睬。一個戴著「右派」帽子的落難教授，如果沒有學理精通的大膽識、沒有對專業的執著、沒有對國家強盛的一往情深，他怎麼還要去面對錢部長等人醜陋的冷臉，而自討沒趣呢？

反對修建三峽大壩工程，是黃先生臨終都耿耿於懷的不解心結。他早年考察過幾乎所有的川江水系，如同預言黃河的泥沙作祟，他預告長江的礫石將堆積三峽水庫的庫尾，成為解不開的死結，形成極大的禍害。「先生之著述，或有時而不章。先生之學說，或有時而可商。」我，乃至我的長兄楊美卿教授都沒有能力判定黃先生的意見是否正確。但是論證三峽工程不讓有資格和能力的黃先生參加，聽不得任何反對意見，能叫重大決策前的科學論證嗎？黃先生還提出緩衝意見；用建三峽大壩不到一半的錢，在川江上游建10個水電站，發電能力即可與三峽電站相當。黃先生於1992年寫《長江三峽高壩永不可修的原由簡釋》，1995年寫《籲請長江三峽大壩即日停工！此壩決不可修！》，從1992年1月到1994年，黃先生連續致信江澤民總書記、中紀委、監察部，有的信甚至用了舉報的方式。對於一個知名教授幾近瘋狂的抗爭，有關部門和有關大員一直裝聾作啞，顯足體制沒有人性的冷漠。2001年8月27日黃先生溘然長逝。彌留之際他掛記的還是長江、三峽。臨死還問女兒；「黃委會你知道嗎？」

　　對於關係重大的「南水北調」工程，黃先生也有寶貴的建言，惜乎同樣沒人理睬。「黃鐘毀棄，瓦釜長鳴」，這個典故用來說誰呢？

　　專家總是片面的，不片面不能成其為專家。黃萬里先生不是那種專家級的匠人，他是一個具有獨立人格、自由精神的知識分子。他家學淵源、文詞高雅；數學、力學功底扎實。1930年代初的黃河、長江水災，促成了他改行水利，一生求學只是為救國救民。他以學習為最高最大的善行，不斷更新自己的已有知識。他發現熵值和焓的單向變化將控制水流、泥沙的運動，他不斷用新知識、新理論增進對江河水系的認識。「熱力學第二定律」、「混沌理論」都是他分析、解決實際問題的得心應手的工具。他是畢生都在潛心學習，學問不斷精進的大師。

　　黃先生一生坎坷，活得艱難，生於憂患，死也遺憾。實踐證明，黃先生沒有錯，是擁有權力的政府和上級組織錯了；黃先生

並非不幸，他有值得為之奮鬥的學術和真理，不幸的是國家和人民！先生仙去，我們怎麼能不痛惜大師！

我相信教育可以興國。由於深圳大學羅徵啟校長（當時張維任深圳大學校長、羅徵啟任黨委書記兼第一副校長）的召喚，我放棄了甘肅省委常務副書記劉冰校長給我安排的省委辦公廳的副職，於1984年1月來到深圳大學創業，希望能跟隨清華師長在特事特辦的深圳特區，辦成一所爭創一流的高等學院。羅徵啟在深圳大學改革最精彩的一項是黨的工作業餘化、黨的幹部兼職化。我在深大任黨委辦公室負責人。黨辦有4名工作人員，後來增加了1名發餘熱的老幹部——人民大學前任組織部長徐景秋做顧問。黨辦是全校唯一的黨的專職組織機構，囊括了組織部、宣傳部、統戰部、工、青、婦的所有工作；黨委書記和各系的的支部書記（當時系上還沒成立總支）一律兼職。三、四年下來，學校各項工作照樣生機勃勃，黨員教師投身於教書育人的一線工作，沒有任何特權，也沒有什麼黨群矛盾，一點也沒有削弱共產黨的執政地位。由於實行學分制，逐步開設馬列主義理論課、政治時事課、公民素質課和學生勤工儉學供學生選修。事實證明「去黨化教育」也是可行的。

深圳大學的教育改革還是失敗了。1989年的「6.4」，導致羅徵啟下臺並被開除黨籍。其實，深圳大學教育改革在這一事件的兩年前就敗象顯露、禍根深種。深圳大學一直未能進行民主辦學的制度化建設，沒有建立對校、系主要領導的權力約束機制。民主只是形式，集權才是目的。人民大學、中山大學、暨南大學派來的副校長和清華派來的羅校長矛盾重重，教師隊伍缺少為改革出力的新血，包括清華在內的教師紛紛調離，蠅營狗苟之徒麇集權力中心，深大改革焉有不敗之理。何東昌部長曾說過一句極不負責任的難聽話：「羅徵啟，他懂教育？」我以為去掉這句話的惡意後，還是值得深思的。

「6·4」是羅徵啟下臺的直接的導火線。總結清華文革教訓，應該知道學生參加群體事件絕非好事，不管社會哪種勢力竭

力鼓噪，為學生前途著想，校長、教師抵死也要把學生阻攔在校園之內，絕不讓他們跟著「蒯大富們」去搞什麼「12.25」行動。我們過去的革命傳統教育中充滿誤導，我就十分著迷過電影《青春之歌》中的林道靜，她站在行進的有軌電車上拋撒傳單的鏡頭，簡直就是油畫中的自由女神在引領大眾奔向光明自由。看看真實的歷史吧：學生運動只是「五.四」運動的表面浪潮，深層湧動的是紛繁複雜的直系、皖系軍閥之爭，親日派、親英美派的政客之爭。「五四運動」後，北大校長蔡元培引咎辭職，內疚自己未能保護好學生。

羅徵啟校長作為一名黨員，他犯的是組織錯誤，不是政治錯誤。周泉纓說：「羅徵啟得罪了中國兩個最不應該得罪的人，在清華他得罪了陳雲，在深大他得罪了鄧小平。」每當念及羅徵啟對清華學生、深大學生的關愛之情；每當想起早上上班的路上，見到他和梁鴻文老師走走停停、指指點點，精心設計深大的規劃佈局，安排在哪裡添修一條路，在哪裡多種一片草。我的心中對他和梁老師就有一種濃濃的敬意。在深大工作時，我多次冒犯過他，說：「羅校長在深大的改革事業將隨他下臺而一風吹掉，而他蓋的房子將會成為他永遠的紀念碑。」對他在深大禁止抽煙，我說過：「林則徐虎門禁煙，被發配伊犁；羅徵啟粵海門禁煙，將來不知會被發配到哪裡？」唉！至今想來我都後悔死了，這張討厭的烏鴉嘴！

上大學，獨立思考能力最重要。真正在人類社會起作用的制度，都不是精心設計而是有機演化、逐步嘗試出來的。從教育著手應當是中國改革的切入點。民主政治不僅僅是一套政府制度，民主還應該是一種良好的生活習慣。高等學校應該是教育養成這種良好生活習慣、並有益於終生的聖地。

在自由匱缺的社會裡，只有思考的碎片，不可能產生完整的思想。香港回歸前，柴契爾夫人說：「你們根本不用擔心中國，因為中國在未來幾十年，甚至一百年內，無法給世界提供任何新

思想。」但是無論如何,思想總是自由的。中國知識分子將如何面對這個老牌資本主義國家總理的挑釁性預言呢?

這篇「讀後」或許會讓所有讀它的人面臨一場精神折磨。語云:「是非審之於己,毀譽聽之於人,得失安之於數。」我把它送給孫怒濤學長和我那些傳奇般的清華同學,我感謝他們在恩怨情仇的真實世界裡一生與我同行。

人生原來可以這樣度過

唐偉

《清華文革親歷——史料實錄·大事日誌》（後面簡稱為《大事日誌》）付梓出版了，編者幾乎全憑個人的力量完成了資料收集、篩選和編纂工作。他們為母校、為社會做了一件極為有益的大事。

《大事日誌》記錄了一九六六年六月初到一九六八年七月底兩年多時間，發生在清華大學裡的眾多事件，可以彌補清華大學校史研究室在二〇〇一年出版的《清華大學九十年》中，對十年文革記載的許多遺漏和失實。

最早回憶清華文革的書，當數劉冰的《風雨歲月》，最早進行文革學術研究的是唐少傑。隨後沈如槐出版了《清華文化大革命紀實·一個紅衛兵領袖的自述》，周泉纓出版了《文化大革命是歷史的試錯》，孫維藩出版了《清華文革親歷·孫維藩日記》。他們都提供了大量的史料，並展示了各自視線內所聞所見的清華文革。本書編輯的《大事日誌》逐日記述了當時發生的重大事件，採集了當時的重要講話和文章。它的可貴之處在於既不壟斷真相，也不粉飾惡行，史料價值不容低估。

關於清華文化大革命的分期

陸小寶校友曾將清華文化大革命分為三個時期：

第一個時期：一九六六年六月初工作組進校到八月中旬工作組撤離學校；

第二個時期：一九六六年八月至一九六八年七月廿七日工宣隊、軍宣隊進校；

第三個時期：一九六八年七月至一九七六年十月「四人幫」垮臺。

　　在工作組進校前約一個月的時間，是清華黨委領導師生批判吳晗的《海瑞罷官》，批判三家村的《燕山夜話》。小寶的劃分是準確的，有利於看清運動的發展和走向。

關於清華的學生領袖

　　清華沒有學生領袖，只有派頭頭。

　　劉濤、賀鵬飛是最早貼蔣南翔大字報的人，他們是工作組指定的「清華大學文化革命領導小組臨時籌備小組」的頭頭。「八八串聯會」出現後第二天，他們成立了「八九串聯會」，八月十九日成立了清華大學紅衛兵。八九派的頭頭除劉濤、賀鵬飛外，還應包括劉菊芬、李黎風、袁塞風等人，他們是清一色的高幹子女。「八二四」事件是這個組織銷聲匿跡之前最後的一次瘋狂大行動。

　　「八八串聯會」（後面簡稱「八八」）的頭頭是唐偉、陳育延、吳棟。八八是清華園裡第一個群眾自發組織的團體，主要任務是組織同學和工作組、臨時籌委會辯論，辯論題目是工作組的大方向是否正確。各系自發組織有分會，八八的頭頭人數在幾天內發展到了八、九個人，包括了陳楚三、劉萬章、陳繼芳等人。頭頭們只起聯絡和與「臨籌」溝通的作用。八月廿二日成立了毛澤東思想紅衛兵，總部成員也大致是這些人。

　　一九六六年九月廿四日，蒯大富、鮑長康、彭偉民發起成立了「井岡山紅衛兵」。

　　一九六六年十二月十九日，三總部（井岡山紅衛兵總部、毛澤東思想紅衛兵八八總部、毛澤東思想紅衛兵臨時總部）合併。蒯大富派人搶佔了「八八」控制的校廣播站，二十一日單方面公佈了20個總部《籌委會》名單。三天後唐偉、朱德明、許勝利公開宣佈退出井岡山紅衛兵總部。聯合的同時發生了分裂，出現了三個「縱隊」和「28團」。

一九六七年四月十四日，「四一四串聯會」成立，五月二十九日四一四總部成立，總部委員有沈如槐、孫怒濤、汲鵬、陳楚三、劉萬章、王永縣、周泉纓、宿長忠等人。原擬五月三十日兩派大聯合成立清華大學革命委員會，由於四一四的抵制和周恩來總理臨時不到場而流產。

一九六六年十月以後清華師生陸續外出串聯，六八年百日武鬥時在校參加運動的兩派人員不到師生員工的10%。蒯大富是欽點的「五大學生領袖」之一，曾任北京市革命委員會常委，但實際上他在清華也只是一個派頭頭。汲鵬曾對蒯大富說：「你對文化大革命的貢獻，就是在全國普及了一個『蒯』字。」

還有一點需要說明的是關於首都紅衛兵第三司令部。「三司」是地質學院的周永璋和清華唐偉策劃成立的。「一司」是幹部子弟成立的，政治觀點並不一致。「一司」漏掉的一些幹部子弟，與地院、清華等紅衛兵組織成立了「二司」。唐偉、周永璋沒有參加「二司」，而是聯絡了一些院校反工作組的紅衛兵成立了「三司」。中央辦公廳將三個紅衛兵司令部的辦公地點放在了勞動人民文化宮的三座大殿裡。三司總指揮由地院派人擔任，清華毛澤東思想紅衛兵派人任副總指揮。工化系教師唐晉出任了副總指揮，後由陳育延接任。蒯大富是六六年底三總部大聯合前夕進入三司的，「蒯司令」的叫法也是從那時自校外開始的。

關於清華的惡性事件

工作組時期的「反蒯」，大致歷時五十天，抓了500個右派學生，逼死了3條人命。

「八一九」附中紅衛兵衝擊大禮堂辯論會，到「八二四」抄家、打人、砸二校門。清華園中第一次聽到毒打人的慘叫，有的幹部、教師被打得渾身是血，還要去清理砸毀的二校門的石塊。吳德在他口述的回憶錄中，說這些都是蒯大富幹的，其實是劉菊芬、賀鵬飛等「八九」成員糾集了外校紅衛兵幹的。多年以後劉

菊芬說：「不要再提那件事了，那是我心中永遠的痛。」

所謂「智擒王光美」和三十萬人參加的批鬥王光美大會，陪鬥的領導幹部包括蔣南翔等數十人。儘管後面這次大會是經過中央批准的，但仍是兩起惡性事件。

「百日武鬥」以及其間發生的「抬屍遊行事件」、「火燒英國代辦處」事件。

蒯大富搶來徐向前的保險櫃；私自扣押劉志堅等等。

「七·二七」打死、打傷工宣隊、軍宣隊成員。

特別應當指出的是，在遲群、謝靜宜把持清華的八年中，清華師生非正常死亡人數是最多的。如工化系四個主要系級領導中，總支副書記黃志沖、副系主任李文才兩人都是在「清隊」中被逼自殺身亡的。七〇年開辦的江西鯉魚洲「五七幹校」，有意安排清華教師幹部在血吸蟲病區「鬥私批修」，使數百教師染上了血吸蟲病，其罪行勝於武鬥。

關於伸向清華的「黑手」

過問和到過清華的中央領導有周恩來、陶鑄、陳伯達、王任重、康生、江青、薄一波、謝富治等人。

幹部子女活躍時期有王光美為顧問的工作組掌控清華，他們的後臺顯而易見。我和沈如槐都有一個《光明日報》的記者朋友，他們都是中央聯絡員。到一九六七年初，我還有周總理秘書孫岳的電話，緊急事情可以與孫岳通話。多年後我曾問過陳楚三：「四一四肯定沒有後臺，如果真有，就是你陳楚三有。到底有沒有？」可惜陳楚三沒有回答我問題。

在工作組「反蒯」的日子裡，關鋒、戚本禹曾到新齋（蒯大富的宿舍）看過蒯大富。二十多年後蒯大富應聘到山東蓬萊鄉鎮企業工作，戚本禹（現改名戚文）不落款寄信給蒯，開頭即說：「我是除毛澤東外對你人生影響最大的人。」蒯收到信後即去上海看望戚本禹。

六六年七月廿九、三十日兩個晚上，周恩來在甲所召見蒯大富，第二次見面，周總理與蒯大富談了一個通宵。和蒯大富來往最密切的當數謝富治，老蒯提到他時，常常自豪地說：「我和謝富治特哥們兒。」江青多次來過清華，老蒯這樣描述江青的頭髮：「外邊傳言江青戴假髮套，其實江青同志一頭秀髮。」崇敬之情，溢於言表。

林彪與清華相關的事有兩件。一是四一四選了一段林彪語錄，配上殺氣騰騰的音樂，成了《四一四戰歌》，也叫「完蛋歌」。謝富治看後說，林彪同志絕不會說這種流氓語言，於是陳楚三被指認「偽造林副主席語錄」抓進了監獄。後經查證，確是林彪語錄，才將陳楚三放了出來。二是二校門被毀以後，井岡山紅衛兵在原址建了一個毛主席塑像。蒯大富擬稿後，請林彪書寫了：「偉大的導師、偉大的領袖、偉大的統帥、偉大的舵手毛主席萬歲！萬歲！萬萬歲！」林彪手跡就刻在了這座塑像的基座上。

蒯大富畢業後被分配到寧夏青銅峽鋁廠當工人，一九七〇年被召回學校接受隔離審查，一九七九年隨同王張江姚「四人幫」被審判，判刑十七年，服刑期從一九七〇年起算。我曾兩次詢問蒯大富：「你被隔離審查時毛主席還未過世，江青等人正得勢，你就這樣被拋棄了，你就沒有一點怨恨之心？」每次他都作思索狀，沒有回答。

去年韓愛晶在香港雜誌上發表文章《毛澤東主席召見五個半小時談話記》，其中寫道：「告別時，毛主席走過來說：『我走了，又不放心，怕你們又反過來整蒯大富，所以又回來了』。『不要又反過來整蒯大富啦，不要又整他們』。」我曾向幾個團派核心人物求證，他們都說蒯大富當年傳達時並沒有這些話。一九六八年七月廿七日工宣隊進校後，清華武鬥中的團派落荒而逃，若有「一句頂萬句」的救命稻草，蒯大富還不會充分利用？我也曾當面詢問蒯大富，蒯仍作沉思狀不置可否。可見韓愛晶的說法，可信度不高。如這類大事，有待知情者補充。

毛澤東在接見「五大領袖」時對蒯大富說過：「你要抓黑手，黑手就是我。」文化大革命是毛澤東親手發動、親自領導的，中央領導和幾乎全國軍民都在緊跟，清華文革也在他的御林軍8341部隊的掌控之中，我們沒有理由將偉人的坦陳，看成是偉大的謙虛。

關於陸小寶和他的《直面我們自己的歷史》

在《孫維藩日記》那本書中，陸小寶寫了一篇文章——《我們這一代人最後的責任》，獲得眾多校友的好評。這本《大事日誌》中，陸小寶又寫了一篇《直面我們自己的歷史》。陸小寶的文筆好，思考到位，文章耐看，我為他不斷提升的認識而折服。文革中，小寶只是汲鵬《輪機兵》戰鬥組中一個怪論不休、特立獨行的小角色，幾乎所有的重大事件中他都只是一位觀眾，但他卻始終保有鄉村孩子的純樸真誠和一個詩人的火焰般熱情。工科院校的專業訓練，讓小寶擁有了強大的數理邏輯能力。因此，他的文章展現了一種可貴的風骨，這種風骨就是陳寅恪先生宣導的「獨立之精神，自由之思想」，也就是清華精神。

七〇年，小寶被分配到青海西寧鋼廠軋鋼車間當工人，住在該廠骯髒的「洗煤樓」裡。我曾在鋼花四濺、塵土飛揚的車間裡見到小寶。他身著帆布工裝，戴著石棉帽子和手套，手持鋼叉，在高溫的灼烤下汗流滿面。只有他的單薄身架和高度近視眼鏡在提醒我：站在我面前的小寶其實還是一個地道的江南文人。

我為什麼如此推崇小寶呢？因為他的文章代表了我們這一代文革親歷者的認識高度。

文化革命中，許多頭頭都是中共預備黨員。沈如槐、汲鵬、陳育延、吳棟、陳楚三、陳繼芳、唐偉、劉濤、劉菊芬……黨吹響了衝鋒號，這些人一馬當先，也是必然的選擇。我曾說過，我們是「奉旨造反」，或者叫「跪著造反」的人，經常想的決不是升官發財，而是不要成了五七年的右派，不要被打成反革命。而

像沈如槐等四一四派同學，堅持武鬥到最後，他們真的是害怕蒯大富上臺後大搞像現在陳水扁一樣的流氓政治和統治權術。毛澤東當年確說過：「蒯大富可以當清華校長嘛。」誰知蒯大富現今的表白更淒慘：「我是想當奴隸而不可得呀！」

事實上，派頭頭們不僅在劫難逃，還牽連了這些人的父母。我、楚三、吳棟都是烈士子弟，陳育延、汲鵬都是幹部子弟，父母給了我們反對「血統論」的盾牌，但也是因為我們的表現成了老一輩革命家眼中「別人家的孩子」。因為「血統論」根子不在譚立夫，在上面、在歷史的深處。劉邦當年說過：「非劉氏而王者，誅。」所以革命接班人的標準中就沒有說過要團結那些反對過自己反對對了的人。

我們是幸運的，多少驚濤駭浪後還繼續快樂地活著。人生的時光原來可以這樣度過：一生的境遇要為青春買單；一生的命運叫做「自我救贖」。自控系研究生和統，武鬥時路過學校被抓、被打。畢業後報國無門，一個品學兼優的高材生最終在美國安了家，皈依了基督教。每見他餐前虔誠地祈禱，我的心中也會說：「和統，阿門！」

我們在認識社會的醜惡、政治鬥爭的污穢時，也應當勇於承認自己的頑劣，直面我們自己的歷史，培養善待人生的悲憫情懷，在拷問歷史的同時拷問自己的靈魂。這本《大事日誌》是一條導火索，點燃的不僅是對過去的回憶，更是對未來的期許。

大學是一個民族，乃至全人類思想文化更新的中心。大學生活對人生很重要，對培養健全的人格尤為重要。我們的一生都在追求幸福，真理的獲得是幸福的最大源泉之一，而真理的基點就是真相。感謝邱心偉、原蜀育的辛勤勞作，也欽佩他們數十年來從不褪色的那份真誠！

2009-3-30，深圳

就《蒯大富傳》給周泉纓的回信

唐偉

周泉纓學長：

讀第二遍才知道這篇以辱罵為戰鬥的文章不是你寫的，我為此而欣慰。你轉發給我，是希望我和你一樣共鳴——讓你失望了，我不會贊同的。我也不會批駁亢龍有悔的《蒯大富在為虎作倀》的這篇文章，因為作者並不知道自己在說什麼。

清華文革的文章水準，「一點也不遜色於那些最好的文科大學，其精彩程度甚至超過他們。」（陳育延語）清華人從來沒有放棄過刻苦學習、獨立思考的探索精神，在標語口號滿天飛舞的年代，在狂飆激浪惡攻武鬥令人窒息的歲月中，我們作為清華學子仍能感受到科學理性的智慧光芒。我深惡蒯大富的《權經》，我討厭蒯大富自編並在1966年底印發了5000冊的《蒯選》。就我對蒯大富文革中的表現和瞭解，蒯大富是個壞人。簡單講，所謂壞人，就是不擇手段地將自己的快感建立在他人旳痛苦之上的人。雖說對政客們而言：卑鄙就是卑鄙者的護心鏡，高尚就是高尚者的墓誌銘，但人類的良知永遠向著光明。因為緣份，我和老蒯同住深圳二十餘年，我們同系同專業，如老同學一樣互相關心、互相幫助。包括我一直尊敬感激的賈春旺學長在內的許多人，都曾經帶話給我：「告訴唐偉，叫他不要跟蒯大富來往。」蒯大富在文革初和王光美和工作組的鬥爭，他在大禮堂前和薄一波的兩次「鬥嘴」，他在被隔離監禁中面臨眾叛眾批時的堅守，是一個20歲青年學生的光榮，也應該是清華的光榮。人們往往對親朋好友疏於瞭解，卻對與己為敵的人興趣大增。多年來我一直想摸清蒯大富的道德底線在哪裡？文革中的蒯大富為什麼那樣表現：既聰明能幹，又愚蠢貪權？所以關注蒯大富的興趣依然固我。

好幾年前一次朋友聚會，有我和老蒯、汲鵬三家人，還有羅徵啟校長。席間汲鵬感概地說：蒯大富畢竟是農民的兒子，還是很純樸的。當時我十分不忿，接過話題說：老蒯有純樸的一面，更有狡詐的一面。我歷數了五件事說明他的狡詐，還說如果老蒯能用事實否認，我就承認老蒯純樸。老蒯沒有回答我，也沒有計較我口無遮攔。聚會盡歡而散。

老蒯來深圳，開始在校友劉吉祥兄弟的公司（八卦三路）賣音響，我經常帶朋友去他公司享受高級音響播放的好萊塢大片。老蒯工作勤勉，在劉氏兄弟的公司裡掙了一套三居室的住房。他後來和一個年輕技術人員合夥辦了一間音響公司，憑他的名氣、才幹和努力，買下了彩田路的寫字樓。在華僑城買了更大的一間住宅。去年底，我和老蒯到北京去祝賀劉冰校長的九十大壽，經朋友介紹我們和汲鵬、呂述祖、顏惠中等會見了一批當年中學的老紅衛兵，有三中、四中、北大附中的，有「西糾」的、有「聯動」的，付曉曉、袁塞路、劉琿宣（禮平）、潘進戰、牛宛平、趙康康……。老蒯介紹了自已這些年的生活，不無得意地說：我到深圳快20年，大約5000多天，我每天平均掙1000塊錢，我有三套房產，可以值500萬元吧。

2000年一天，老蒯帶著一件雕塑品來我的辦公室，鄭重地請我到他在香蜜湖附近的家中吃飯。9月13日我也帶了一個雕塑去老蒯家吃飯。除了他一家三口外還有兩位蘇北老家的親戚。老蒯告訴我今天是他55大壽生日，說本想請汲鵬和我兩人參加家宴，由於汲鵬不在深圳，所以就只請了我一個人。聽到這裡我心中不由人地好一陣感動。

2005年老蒯在深圳擺了60桌酒席慶祝自己的60大壽，我在北京，讓夫人和孩子給他送去了鮮花。事後我讀到了你在酒席上的講話，十分不贊同你對蒯大富無原則的肉麻的吹捧。我曾對沈如槐說：你周泉纓為什麼總拿熱臉去貼蒯大富的冷屁股呢？

你老周是語不驚人死不休，唯恐不能弄出點響動來。蒯大富的特點是張揚，他曾對我說：別人怎麼說我不要緊，只要能把絕

對值搞大。你讓老蒯不要寫書，不要表現自己。你不知道這是多麼的不現實。2010年9月12日沈如槐回北京前宴謝深圳的同學，席間提到9月13日是老蒯生日。老蒯即席舉杯：明天一個偉大的生命（林彪）消失了，另一個偉大的生命誕生了！只有這樣大言不慚的人才能叫蒯大富。

現在，《蒯大富傳》至少已有三個版本。一個是保定要寶忠寫的，這本傳記勾勒出了蒯大富的人生軌跡，作者感歎議論太多，主觀發揮之處失之於臆想。北航韓愛晶的《清華蒯大富》已經付梓，或許今年清華校慶前可以流傳。韓愛晶自詡為世上最瞭解蒯大富的人，他說：「我比蒯大富還瞭解蒯大富。」儘管韓愛晶興致勃勃，可老蒯卻對我說，老韓寫的書「完全沒有可讀性」。我還沒有看到韓愛晶的大作，不能妄加評論。唐少傑被蒯大富夫婦請到深圳住了一周，受託付為老蒯立傳，臨走時還帶上了老蒯珍藏的資料和照片。聽說唐少傑已完稿，我曾問老蒯這本書稿又如何？老蒯不願多講，只說不甚滿意。《蒯大富傳》難寫，就在於蒯大富在文革最風光、最得意的兩年中失去了自我，只剩下權慾和野心在瘋長。如同《木偶奇遇記》中的匹諾曹，一個壞蛋教唆下沒心沒肺離家出走的壞孩子。玩偶有了自己的頭腦和思想就不是玩偶而是正常孩子，於是書就結尾了。

文革中弄權使詐、公報私仇、投機鑽營、陰謀陽謀層出不窮，四十多年後各級組織並不解禁，當事人又不便對外人道。蒯大富當年在自稱毛的「忠狗」的江青後面亦步亦趨，許多齷齪事永遠難以坦然道來，你讓旁人如何模寫？在審判「四人幫」時，蒯大富當庭揭發證明張春橋的罪行，是否事實已無人關注，但蒯大富毫不仗義的賣主求生，卻因被人放在光天化日之下而遭人鄙視。我多次提醒老蒯：你早已被毛江夫婦棄之如敝屣，坐了17年大牢出來為什麼還像一個無知無識的農民，死守著你的愚忠呢？我以為經過孫耘修改把關後的《歲月流沙》是寫老蒯最傳神、最準確的一篇。不知是不是亢龍有悔先生所指旳《塵埃落定看文革》？

1987年出獄後的老蒯到了北京，陳育延事後對我們說：根本看不出老蒯是從監獄裡放出來的人，整個兒就是一個成功的農民企業家的樣子。老蒯到深圳後，不論談天說地、唱卡拉OK，他一樣都不落伍，完全不像一個被羈押了十多年的人。一次一位河南省社科院的研究員通過我見老蒯，在老蒯家裡我們就陳水扁和臺灣政局討論了整整一個下午。老蒯對臺灣時局見解精準，尤其對陳水扁其人洞若觀火。後來飯局上不少同學都領教了他的學識，大家就乾脆說他是清華的阿扁。後來我每次路過北京保福寺橋附近的「臺灣研究所」，就常發奇想：為什麼不能讓蒯大富在這裡工作，讓他發揮一己之長呢？

　　前些年，每次同學聚會老蒯都拉上韓愛晶參加。韓愛晶近1.8米的個頭，曾被毛澤東稱為「最有希望的人」。但他行為鬼祟，幾乎每次都撲閃著一對刺探的小眼睛，在桌下記錄著我們的聊天內容，有時還在包裡放個答錄機。我們都不喜歡他類似探子的行為和猥瑣的作派。我的夫人以前沒有見過這些傳奇人物，忍不住對我說：「就是壞頭頭，也是清華的比北航的強。」好幾個人說：「我們清華同學聚會，韓愛晶來做什麼？」老蒯一次對我說：韓愛晶再不來了。果然我已許久沒有再見到老韓，只是偶爾通電話。

　　對於深圳同學和蒯大富吃吃喝喝，沈如槐曾經很生氣：「唐偉，你怎麼能和那個雙手沾滿同學鮮血的人一起舉杯呢？」沈如槐是一個政治上很強的人，我一直尊重他從不虧損大節、一絲不苟、敢愛敢恨的鮮明性格。但在這件事情上我還是採取了合稀泥的態度。老沈到深圳次數多了，不再計較和老蒯一起吃飯、飯後合影的小事情了。可老蒯就是改不了他的「痞氣」。大約是2001年吧，大家吃過午飯，我請大家去茶社飲茶、聽古箏，那次聚會有近20個人，羅徵啟校長也參加了。閒聊中老沈說我也不工作了將來沒飯吃了，其實老沈在侍弄他那本花了五、六年功夫的回憶錄。老蒯馬上接了一句：不要緊，你沒飯吃了我也可以養你兩年。老蒯這句玩笑話開大了，好長時間沒人說話。老沈倒沉得住

氣，我們趕緊支開了話題。事後老沈說：「再不和這個傢伙一起吃飯了。」好幾個月，我們沒人再提和老蒯吃飯的事。半年後，老沈從北京來，讓我請同學們聚聚，還特別囑咐我叫上老蒯，讓我大感詫異。老沈對我說：「老蒯不是第二次中風了嗎？畢竟同學一場。」老沈的態度和舉措再一次贏得了我對他的敬重。事後我和老蒯說：那天好幾個比你錢多的同學都沒有你那個張狂，你錯在以施捨的口氣輕薄同學，至少是失禮，老沈沒和你當場計較已是大氣量了，你應找個機會向老沈道個歉。老蒯從善如流，痛快地答應了。那年秋天萬蓉南特意從太湖邊上找人捎來一大筐上好的大匣蟹，那幾年我在梧桐山下租有一個三畝地大的小園子，園中有山泉流水、綠樹竹林，趕緊邀了十多個同學攜酒帶肉一起品嘗江南美味。開吃不久，老蒯舉杯對老沈說：「養你兩年那話不對，我收回。」老沈特別高興地和老蒯碰了杯。誰知剛放下酒杯，老蒯又補了一句：「其實那話也沒有什麼錯。」在哄堂大笑聲中，只聽見老沈罵了一句：「狗改不了吃屎。」終於了斷了這場公案。

蒯大富有著深重的清華情結。他到深圳後幾乎每年校慶他都回清華參加活動、找人照相留影。半個月前，你來深圳，我們和老蒯三人在香山茶館提及清華百年校慶將在人民大會堂舉行，每個年級只有一位代表能得到邀靖。老蒯不無遺憾地說：「看來邀請函收不到了。」曾經掌控清華大局兩年、被「偉大領袖」稱為「可以當清華校長」的蒯大富失望之情溢於言表。他多次去看望羅徵啟，一口一個羅老師，尊重旳感情發自內心。我以為在對羅校長的態度上他比你端正，你為什麼動輒就翻臉不認人呢？幾年前他想到北京探望劉冰校長，事先讓我探探劉冰校長對他的態度，劉冰校長思考了一陣對我說：「讓他來吧，畢竟當年還是青年學生。」2010年連果義校友在清華南校門側的文津大酒店組織好幾十位校友聚會，老蒯即席講話，對清華文革中幹的錯事，對給母校帶來的損失，對給同學老師帶來的傷害表示悔恨。我以為他的表態是真誠的。

去年韓愛晶電話上找我求證：1966年底是不是因為在政協禮堂聽了周恩來總理講話，你反對「12.25」行動才退出井岡山兵團總部的？我說我並不知道老蒯要搞「12.25」行動。我是看不慣蒯大富的野心膨脹、不擇手段地搞陰謀詭計。從蒯大富的身上，我們可以清楚地看到：權力對人的腐蝕，更盛於金錢和女色。如果一個科技工作者、一個專家有一些個人修養上的缺失尚能被社會接納，那麼對於一個政治人物來講就不能不是致命傷。蒯大富從來沒有被清華多數師生員工接受，就是最好的證明。

　　蒯大富出身貧農家庭，政治上很強，又是蔣南翔時期的紅人、校刊《新清華》的通訊員，到大三還沒有被發展入黨？我一直追問這件事情。我曾問老蒯：要寶忠在〈蒯大富傳〉中寫到，你父親來校探視你，你對班上同學說這個蘇北老農民只是你的親戚。我們低年級的輔導員就曾會上說過，有的清華同學「一年土，二年洋，三年不認爹和娘」。說的是不是你？老蒯對我否認這事，說這是要寶忠編的故事。老蒯：你讓我相信誰？

　　前幾年聚會，老蒯總帶著三本相冊：一本是當年和中央領導的合影，一本是家人、同學的照片，一本是和「蒯粉絲」、明星、靚女的照片。滕藤老師的女兒滕青就不願和老蒯照相，還說：「我不想蒯大富拿著我的照片去炫耀。」蒯大富自我感覺很好，曾說：「我就是清華園中的賈寶玉。」陳育延當面反駁他：「你算什麼賈寶玉？頂多是個璉二爺！」

　　毛澤東在《抗日戰爭勝利後的時局和我們的方針》一文中寫到：「國民黨怎麼樣？看它的過去，就可以知道它的現在；看它的過去和現在，就可以知道它的將來。」過去我們把這論斷作為看人的方法。這種決定論的觀點來自牛頓哲學，有其局限性。將其推廣到人類社會、演變成治國方略就容易誤斷誤判，釀成大災大禍。我們以解放前三年中對生產資料的佔有劃定成分，並將成分推及第二代、甚至第三代，在此基礎上進行階級分析，從中找出「誰是我們的敵人，誰是我們的朋友」，從而展開階級鬥爭。到文化大革命，這種階級鬥爭確實發展到了「史無前例」的程

度。難道我們今天還要用「階級分析的方法、階級鬥爭的觀點」去看待和看死蒯大富？

　　一百多年前愛因斯坦旳「相對論」問世，一舉顛覆了經典物理學，開啟了全新的物理學世界。新思維教會了我們看重視角視點，善於設身處地、換位思考。人類的智慧從此開啟了一個全新的宇宙。繼而量子理論問世，逐漸成為關於自然界的最基本的理論。可以說，今天的進步主要來源於上個世紀以物理學為代表的科技進步。按照泡利對「不確定原理」的通俗說法：「一個人可以用P眼看世界，也可以用Q眼來看世界，但是當他睜開雙眼時，他就要頭昏眼花了。」所以沈如槐、蒯大富眼中的清華文革盡可以不同，正如你所說：每個人都有「各自心中的文革」。亢龍有悔見文章而臭罵蒯大富並不奇怪，對老蒯也並無傷害。正如幾年前陳育延看了沈如槐的回憶自述，評語也只有兩個字：「派書」。抗日戰爭中，國民黨和日寇進行了22次大會戰，3百多萬名官兵陣亡，其中有8名上將、41名中將、71名少將。但在毛澤東和蔣介石的眼中對方都是「摘桃派」。將不實之辭寫入教材中是日本的「教科書事件」，各自在文章中表述自己的觀點，只是增添了史料而已。史料和史實是歷史研究旳基石。這基石正如汲鵬所言「不是任人雕刻的大理石」。

　　現代人不以為自己的觀點和生活方式是唯一正確的，誰都不應將自己的觀點和生話方式強加於別人。上學時我就特別反感政治教員的理論「灌輸」，對於求知慾旺盛的青年學生，真理、正義、光明有著強烈的吸引力，「洗腦」只能催生迷信和蒙昧。

　　蒯大富幹過錯事、蠢事，曾經是個罪人。但他不是反革命，他是毛、江的馬前卒，而不是「四人幫」的爪牙。老蒯瘋狂的那兩年，「四人幫」還沒有形成。那年月跟著毛主席就是跟著革命。蒯既沒有反革命的主觀故意，也沒有前科私仇需要洩憤，他服刑出獄後有權力過正常人的生活。

　　蒯大富憑自己的努力考上清華，出獄後憑自己的工作掙到了一份不菲的家產。去年辦理社保時他提供了歷年上繳的稅單，他

這些年的辛勞付出也是對發展中的深圳作出的貢獻。

蒯大富愛國家，努力維護社會穩定。鳳凰衛視曾表示願意出一萬元錢，邀請老蒯上頭兩期的〈魯豫有約〉，老蒯擔心招惹是非拒絕了邀請。曾有兩名法國記者想採訪存世不多的見過毛澤東的名人，蒯大富也拒絕了。我們曾多次議論臺灣「阿扁」，他對臺獨和臺獨分子也是深惡痛絕的。他多次給我講：我要感謝鄧小平，被判刑的時候沒有殺了我，如果殺了我也就殺了。

老蒯愛自己的家，也愛自己的妻子、女兒，盡到了一個做丈夫、做父親的男人的責任。他善待同學朋友，這麼多年中老蒯從沒對朋友、同學出過惡聲，他的包容大度贏得了許多人的好感。我曾多次寫文章指責他的過去，這事竟然讓我的女兒反感和不安。一次上班路途中在地鐵裡，我女兒碰到老蒯並對他說：「蒯伯伯，你讀了我爸爸的文章可別生氣，你如果氣死了，我爸爸是要負責任的。」這件事讓老蒯著實地得意了好幾天。

今天（2011.3.25），收到唐少傑來信，米鶴都採訪寫作的《歲月流沙》改名為《潮起潮落》。這篇文章之所以傳神，就是我第一次讀它就如同讀到老蒯自己動筆寫的東西一樣。老蒯第三次中風後，表面上比第二次中風後恢復得好一些，第二次中風後很長一段時間走路左傾。但他的語言和反應能力都差了許多。半月前我們一起下飯館，他差點在人行道上摔倒，他的身體健康令人擔心。

你責備我沒有認真看你寫的書，還總挑你的毛病。你在癌症手術後的幾年中已經寫出了七八本書，我佩服你的努力，更佩服你不屈不撓的精神。你的書我只看了兩本：一本是你批判辛子陵的小冊子，另一本就是《文化大革命是歷史的試錯》。看你的書我感到很累很痛苦——「蠟腦子」那麼難受。比如說《試錯》這本書的題目就很費解：主語是歷史？是不是應該表述為：文化大革命是毛澤東在歷史上的試錯？還有你生造的一些詞讓我看得好難受，比如「先進人民」、「落後人民」，真的讓人很難懂。這樣的遣詞造句多了，我就感到受折磨，只好不看了，實在對不起你的勞動。

你的一些觀點，比如「試錯說」我也不敢苟同。這種說法放到文革中是惡攻是污蔑，放到今天是粉飾是諉過。那麼大的一場災難避之唯恐不及，不能輕浮地說成是「交學費」。又比如戰亂是大眾的災難，吸毒是個人的災難，一個頭腦清醒的人是不會去試一試的。毛澤東發動和領導文化大革命除了以更大的錯誤掩蓋以前的錯誤之外，是有深刻用心的，也是今天許多研究文革歷史的人追尋的目標之一。人的行走是連續不斷的「跌倒」，但跌倒絕不是行走。文革若是試錯，那麼希特勒、波爾布特也許連錯都沒有了。

　　為了張揚個性、展現魅力，非常狂妄也不算過錯。你希望自己的書有人讀得下去，你的看法能被他人接受，就不能只是武斷地提出觀點，還應該闡述道理。不能只用自己前一本書的觀點，去論證自己後一本書的觀點。「自見者不明，自是者不彰，自伐者無功，自矜者不長。」（《老子·二十四章》）

　　每見你熱情高漲、自我感覺良好，與同學、朋友們對你的日益冷淡所形成的反差，我心有不忍。寫下這封信，不是給你潑冷水，只想通過我和老蒯的關係，申明我交朋友的原則。

清華精神之典範與文革史實之真偽
——兼評唐偉《從清華文革談清華校訓》一文

李英美

　　本人業餘時間研究文革，不久前，看到清華校園網上重溫胡耀邦總書記和羅徵啟先生支持孫毓星（後改名孫耘）讀研究生一事，感人肺腑。同時又在《記憶》第86期上看到原清華大學學生唐偉的文章《從清華文革談清華校訓——孫怒濤〈良知的拷問〉讀後》，令人倒胃。兩相對比，真是天壤之別。在此，本人就清華精神之典範與文革史實之真偽直抒己見。

清華精神之典範

　　文化大革命中的1968年，蒯大富在清華大學為所欲為，極左霸道。蒯大富等把私下議論林彪、江青並對林彪、江青表示不滿的原清華黨委宣傳部副部長羅徵啟打成反革命集團頭子，蒯大富手下的專案組組長孫毓星等人，竟在一次抓捕行動中，誤把羅徵啟弟弟羅徵敷帶走，押解途中，羅徵敷不幸意外窒息死亡。當年抓捕羅徵敷的行動隊負責人孫毓星和王慶章、張建國同學一起承擔了這起人命案的罪責。

　　文革結束後，特別是到了1980年，羅徵啟和孫毓星都處在命運的重要轉捩點。時任清華黨委副書記的羅徵啟正行進在通往中央的坦途上。正如萬潤南先生文章所言：「他是第一批到中央黨校集訓的幹部班班長。第一期十人，其中有田紀雲和尉健行，老羅是他們的支部書記。他被安排去接任韓英的團中央書記。」

　　而此時的孫毓星第二次坐牢後剛剛「取保候審」。 孫毓星在獄中自強不息，惡補文化課，試圖通過報考研究生重新體現自身

價值並改變自己的命運。孫毓星和原北航紅旗二把手井崗山（後改名井然）同於1980年報考哈工大研究生。孫毓星考試名列榜首，井崗山考試成績也很好，雖然負責招生的科研處等主管部門很想招收，但兩人政治審查都通不過。孫毓星和井崗山尋找管道，據理力爭，終於達成結論，哈工大向清華和北航做進一步調查。

孫毓星的前途和命運掌握在清華黨委副書記羅徵啟手裡，羅徵啟如果完全不管孫毓星的事，只要不踩孫毓星一腳就算是大恩大德。然而超出世人想像的是，羅徵啟竟然給黑龍江省招生辦公室和省委負責同志寫信，替孫毓星說好話。羅徵啟在信中說：

> ……1968年3月27日 凌晨，我越獄逃跑。孫作為「專案組」組長，參與過追捕我的行動，並於4月初的一次抄家行動中，將我的弟弟羅徵敷（第一機床廠工人）綁架毆打窒息致死。實際上，當時直接參加這類行動的（包括綁架和刑訊逼供）是校內一些工人和另外幾個學生。但孫毓星（即孫耘）作為「組長」，在我弟弟死亡以後，就和王慶章、張建國兩個同學一起，承擔了這起人命案的責任，而且孫毓星被作為「首犯」。十二年來，孫兩次入獄，多次被隔離審查，長期被定為敵我矛盾問題，為自己的錯誤付出了沉重的代價。而且我認為，他是承擔了較多的責任的。……

> 鑒於上述情況，我想，第一，在文化大革命中，極「左」思潮氾濫，許多青年人犯了錯誤，有的犯了嚴重錯誤。他們的錯誤，有主觀上的原因，但主要的不應由他們自己來承擔。第二，他們已經為自己的錯誤付出了代價。十二年來，他們的日子並不好過，可以說和判處十二年徒刑差不多。粉碎「四人幫」快四年了，應該儘早讓他們放下包袱，輕裝前進。第三，他們對自己的錯誤是認帳的。在海拉爾市解決了孫毓星的問題以後，他曾給我來過信，並借出差來京之便，到學校找我面談過，我以為態度是誠

懇的。同時，這個青年人也表現出過人的才能，他考入清華時，成績就不錯，這次在獄中複習了功課，能考出較好成績，是不容易的。

文化大革命的十年動亂，使不少人家破人亡，使同志之間產生不少隔閡，甚至結下怨仇。我想，今天我們的國家在前進，許多歷史積案陸續得到解決，文化大革命的真相也逐漸清楚了，現在是化怨解仇，團結一切可以團結的人的時候了。有些青年人，拉一把就可能是個很有用的人才，應該給他們一個改正錯誤，鍛煉成才的機會。因此，我懇切地希望黨組織考慮我的意見，重新研究是否錄取孫毓星的問題。

羅徵啟

一九八〇年八月廿六日[1]

由於羅徵啟的態度，清華領導決定對孫毓星放行，而北航黨委仍堅持反對哈工大招收井崗山。哈工大的領導無法決定，找到當時在京開人大的黑龍江省委書記楊易辰，楊也無法決斷，經人指點找到負責落實政策的中紀委二辦，由主持中紀委工作的副書記王鶴壽彙報給胡耀邦。羅徵啟處理歷史恩怨的態度受到胡耀邦總書記的讚賞，胡耀邦總書記批示：「人才難得，既往不咎，研究生要上，必要時見《人民日報》。」

羅徵啟、胡耀邦不僅對孫毓星和井崗山表示寬容和恩慈，他們對蒯大富也同樣表示寬容和恩慈。蒯大富在文革中造成惡果，也同樣付出了沉重代價。他獲刑17年並被剝奪政治權利四年。1983年，胡耀邦總書記就說：「從前，我不贊成把蒯大富他們捧那麼高，現在，我也不贊成把蒯大富他們整得這麼狠。」胡耀邦本身就是個重要的歷史人物，對他的功過是非也存在爭議。但在處理孫毓星和井崗山讀研究生問題上，在對待蒯大富的問題上，

---

[1] 引自羅徵啟信件影印件。

羅徵啟的風範，胡耀邦的批示，表現出高尚的情懷。留下動人的世間佳話。

羅徵啟對孫毓星等青年學生表現出極大的寬容和恩慈，而羅徵啟對於強勢人物又如何呢？據萬潤南先生的文章介紹：陳雲有個兒子叫陳元，恢復高考後回清華讀研，當時有一個到美國留學的名額，是教育部的公派名額，已按規定走完報名、政審、考外語等步驟，陳元想通過非正常程序得到。羅徵啟非常善意地給陳雲寫了一封信，大意是文革後人心思定，對老幹部非常關注，希望他們嚴格要求自己的子女，不負眾望。

陳雲為中國革命和社會主義經濟建設做出過傑出貢獻，當時位高權重。如何處理與陳雲的關係對於羅徵啟政治前途至關重要。羅徵啟不以私利為計，而是秉公辦事，立於正道。後來，羅徵啟被外放深圳，成為深圳大學的奠基人，先後擔任深圳大學的書記和校長。 在一九八九年的六四風波中，羅徵啟要求鄧小平結束垂簾聽政，讓十三屆中央委員會充分行使權力。同時召開人大常委會，討論戒嚴，問責李鵬政府。羅徵啟主張通過法制之路解決矛盾，竭盡全力避免開槍流血慘案發生。結果，羅徵啟被開除黨籍，開除公職，被要求離開特區。後來，羅徵啟對蒯大富說：「你整我的時候，大喇叭一廣播，就召來幾千人參加。而深圳大學決定開除我黨籍的時候，要有個支部大會的程序通過，但這個支部大會就是召集不起來，大家都找藉口不參加。」羅徵啟還戲言：「再搞文化大革命和蒯大富一起造反，就是要徹底砸爛舊清華！」

羅徵啟的感人故事完全可以拍成電視連續劇，或寫成一篇震撼國人心靈的報告文學。萬潤南先生評價羅徵啟是「夭折的接班人」。我認為羅徵啟當接班人雖未成功，卻豐富了「清華精神」，也可以說豐富了「民族精神」。這種精神就是萬潤南總結的「推恩報怨與人善」和「仗義直斥（強權）」。羅徵啟先生對社會弱勢和強勢持截然不同態度，是清華精神之典範，其境界大度、永為師表。

文革史實之真偽

　　我們不能做到像羅徵啟那麼高尚，但在研究文革時，對待歷史人物和歷史事件，應該客觀理性。唐偉文章《從清華文革談清華校訓》信息量很大，對周恩來，對八月紅色恐怖有新的內容，不無啟示。但唐偉文章裡關於文革史實的敘述大多是隨口而出，似是而非。稍做核查就會發現破綻百出，謬誤太多。現以唐偉文章為例，談談有關史實真偽的問題。本人查閱相關史料，並以不同方式向當事人諮詢求證。事實勝於雄辯，可以一目了然。

　　1、唐偉在文章中說：「闖了禍的陳再道跟隨周恩來回到北京，沒聽說受了處分；風頭正勁的王力、主持全軍文革的關鋒，被送進了秦城監獄。」

　　筆者指出事實真相：陳再道不是跟隨周恩來回到北京的。周恩來是1967年7月22日下午從武漢飛回北京的。在首都南苑機場受到江青、陳伯達等中央領導和群眾歡迎。大約20分鐘後，謝富治、王力的飛機降落。周恩來又率江青、陳伯達等中央領導和群眾熱烈歡迎。周恩來與王力擁抱。[2]

　　1967年7月24日凌晨，陳再道和鐘漢華、傅傳作、劉豐、牛懷龍等十二位軍隊同志應中央之召抵京，住在京西賓館。[3]1967年7月27日，中央軍委撤銷陳再道武漢軍區司令員職務。陳再道在中央軍委主辦的毛澤東思想學習班接受批判，作了檢查，後來等待安排。直至1972年7月31日復出，參加國防部為慶祝建軍四十五周年舉行的招待會。之後被任命為福州軍區副司令員。[4]關鋒沒有主持全軍文革的資格，只是成員之一。唐偉講文革憑印象和傳聞，唐偉還根本沒跨進文革史研究之門。

---

[2] 　見1967年7月23日《人民日報》。
[3] 　見《周恩來年譜》1972年7月24日。
[4] 　見《周恩來年譜》1972年7月31日。

2、唐偉在文章中說:「取王、關、戚政治生命以安軍心,毛澤東耍這種小手腕,只在一念之間,用不著精心謀劃。」

筆者指出,1967年8月25日,楊成武在周恩來同他談話的當天上午立刻直飛上海,向毛澤東彙報周恩來的意見。楊成武後來回憶當時的情景:「毛澤東邊聽邊抽煙,不說話,也不提問。聽罷彙報說:『成武啊!你累了,先回去休息吧!我考慮考慮,看看材料,有事再找你。』」「次日上午,毛澤東對我說:『你馬上去準備飛機回北京,準備好了再來。』我從毛澤東那裡出來,給專機組打電話安排好飛機後,又回到毛澤東的住處。」「毛澤東喝了一口茶,說:『我考慮好了,我說你記。』我準備好筆和紙後,毛澤東繼續說:『王(力)、關(鋒)、戚(本禹)是破壞文化大革命的,不是好人,你只向總理一人報告,把他們抓起來,要總理負責處理。』毛澤東將記錄過目後,說:『就這樣,你回去請總理馬上辦。』」「當我走出客廳後,毛澤東又把我叫回去,說:『是不是可以考慮一下,戚暫時不動,要他作檢討,爭取一個。』」「中午,我回到北京,立即趕赴釣魚臺,單獨向周恩來彙報了毛澤東的決定。周恩來決定,事不宜遲,馬上開會。」「當晚,在釣魚臺,周恩來主持召開中央小碰頭會,陳伯達、康生、江青等人參加。周恩來說:『今天的會議,是傳達毛主席的一個重要決策。』他嚴肅地逐字逐句地宣讀毛澤東的指示。隨後便把王力、關鋒隔離起來。」[5]

李英美指出:又過近五個月,到1968年1月14日,不僅有政治原因,還有別的因素,戚本禹被隔離審查。[6]

3、唐偉在文章中說:「馬克思主義關於群眾運動天然合理的論述,只是政治家們鼓惑群眾的藉口和駕馭群眾運動的手段。」

筆者請問唐偉:馬克思主義經典著作中哪裡有「群眾運動天然合理」的論述?

[5]　張子申:《楊成武將軍訪談錄》中國文聯出版公司,1994年,第43—45頁。
[6]　見趙無眠編:《文革大年表》,香港明鏡出版社,1996年10月,第230頁。

筆者查證：1966年10月25日，林彪在中央工作會議上的講話中說：「革命的群眾運動，它天然是合理的。儘管群眾中有個別的部分、個別的人，有『左』有右的偏差，但是群眾運動的主流總是適合社會的發展的，總是合理的。」[7]

4、唐偉在文章中說：「保定要實忠寫的《蒯大富傳》中講：一次老蒯的父親來校看他，他卻對同學介紹這個蘇北老鄉是村裡人。後來，我們大一輔導員上黨課時講，有的同學『一年土，二年洋，三年不認爹和娘』。」

筆者向蒯大富諮詢，蒯大富專門針對唐偉文章中有關問題寫了文字材料，蒯大富說明：「大學期間父親根本沒到北京看過我。怎麼可能向同學介紹我父親是村裡老鄉呢？作家馬鎮寫的《蒯大富演義》編造這麼個故事，後來他專門寫信向我表示道歉。保定要寶忠寫《蒯大富傳》以訛傳訛，又把這個故事用上。作為我同學的唐偉也明白，如果真有此事，工作組整我時早就揭出來大批特批了。唐偉故意引用，心理陰暗。」[8]

筆者奇怪，唐偉與蒯大富交往四十多年，眼下同在深圳，為什麼不打電話核實一下？是何用心？

5、唐偉在文章中說：「在絕望中絕食的蒯大富，悄悄被人看顧，來人自稱受到江青同志委託。老蒯久旱逢雨，停止絕食，有了生機和繼續戰鬥的勇氣。」

蒯大富說明：「唐偉又胡編了。實際情況是，在我絕食期間，1966年7月6號，早飯前，工作組派人來問：『蒯大富，能不能走？』我說：『還能走吧。』然後就到了強齋工作組的一個會議室，工作人員都出去了，只留下一個人和我說話。他說：『請坐，我叫馬力，力量的力，我聽說你絕食了？』我說：『是的，他們違犯黨紀國法，扣押我的信件，不讓我向黨中央彙報。』馬力說：『誰不讓你彙報了，你寫的信我們都收到了，你寫給黨中

---

8 本文所有蒯大富說明的內容，均有蒯大富簽字的文稿為據。

央和毛主席的信我們都已經轉了。」我說：『那他們沒有告訴我啊。』他又問：『誰讓你絕食的？』我說：『我自己絕食的。』當時，馬力擔任北京新市委的副書記，他根本沒提到江青二字。見面後我停止絕食。」

6、唐偉在文章中說：「蒯大富篡奪清華群眾組織和『首都三司』的領導權，既是文革亂象，更是中央文革支持的結果。」唐偉在文章中還說：「蒯大富掌控『三司』應在清華『三總部合併』前夕。」

蒯大富說明：「清華群眾組織在群眾運動中產生並重組。1966年9月23日，我和鮑長康、彭偉民作為召集人，號召成立『井岡山紅衛兵』。我是清華井岡山一把手。鮑長康是二把手、彭偉民是三把手，他們都是元老級的，非常堅定的『井岡山人』。後來清華『三總部合併』，我有獨斷專行的錯誤，沒能與唐偉等同學很好團結，教訓慘痛。但清華『井岡山』的領導權本來就在我手裡，怎麼叫篡奪？

至於『首都三司』的領導權從來不是我掌控的，『首都三司』的領導權一直由地質學院朱成昭等人掌控，更談不上什麼我蒯大富篡奪。」

筆者查證，宋永毅曾採訪過朱成昭，他的採訪回憶發表時，朱成昭已經去世。據宋永毅對朱成昭的回憶：「朱在採訪中告訴筆者：他當時是實際上的『第一把手』。當時蒯大富仍然在清華大學受壓，周恩來和中央文革小組多次要他設法支持蒯大富，以『減輕中央壓力』，他當即派過一支地院東方紅的戰鬥隊去清華說明蒯組織隊伍。」[9]

在三司成立大會前一天（9月5日）召開的各成員組織負責人（都是第一把手參加）會議上，因「地質東方紅」主要負責人朱成昭安排，蒯大富也參加了這次會議。朱成昭在會上說，清華大

9　見網文，轟樹人：《蒯大富不是「三司」司令》 http://www.360doc.com/content/07/0221/09/16239_371182.shtml

學的文革運動形勢很嚴重，反工作隊的蒯大富在清華大學還站不住腳，至今沒有一席之地。我們可以借三司成立之機，表明我們對清華大學文化大革命的態度。經過反覆思考和協商，最後，大家一致同意，讓蒯大富在大會上領讀「誓詞」。由此決策產生的另一個問題是，他以什麼身分來完成這一聖命？協商一致的結果是，給他一個「三司負責人」的身分……[10]

　　7、唐偉在文章中說：「1966年10月6日發展壯大了的『三司』，在北京工人體育場召開了十萬人參加的『全國在京革命師生向資產階級反動路線猛烈開火誓師大會』，蒯大富由中央文革點名作為紅衛兵代表在會上發言。」

　　蒯大富說明：「1966年10月6號大會，是北航和三司共同籌備的。北航韓愛晶和地質學院周永章坐在主席臺。大會最後一個議程，就是帶領全場十萬人宣誓，稿子是韓愛晶準備好的，韓愛晶把稿子遞到我手上對我說：『蒯大富，你來念吧。』」

　　韓愛晶說明：「大會具體議程中央文革根本不知道，會前，周恩來總理和中央文革領導能不能來參加也不知道，請柬是我通過解放軍報社負責人轉呈的，沒想到周恩來總理和中央文革陳伯達、康生、江青及謝富治、蕭華和楊成武等領導全都出席大會。大會由北航學生張慶海主持，會議最後一個議程是宣誓，會前準備好的誓詞在我手上，我覺得井崗山代表北航紅旗發言已經很成功，我再領誓，北航占得太多不好。蒯大富坐在我旁邊。我一想，周總理雖然在清華給蒯大富平反，但他好像還是挺臭的，成立個『井崗山』還不到一百人。讓他上去，批反動路線意義更大。我就把稿子遞給蒯大富。我說：『誓詞你來念吧！』蒯大富接過稿子就上前去了。」[11]

　　筆者評議：相隔一個月，兩個極有影響的大會，分別由朱成昭，韓愛晶讓蒯大富在大會上領讀「誓詞」，足見蒯大富當時的

10　參閱聶樹人尚未出版的《「三司」與「首都紅衛兵」》一文。
11　本文所有韓愛晶說明的內容，均有韓愛晶簽字的文稿為據。

個人影響。

8、唐偉在文章中說：「從老孫的回顧中，能看到是『三總部合併』嗎？那是蒯大富私自任命幹部，拉幫結夥。當時有幾個造反的頭頭在乎程序正義、手段光明？對蒯大富的卑劣行徑中央文革卻沒有任何干預，我甚至猜到，其中有戚本禹的共謀。清華文革已不是擺事實、講道理的大字報、大辯論時期了。」

蒯大富說明：「我有獨斷專行的錯誤，但清華井岡山成立以及總部成員名單與戚本禹無關，我也沒有與戚本禹共謀。唐偉的猜想並不符合事實。」

9、唐偉在文章中說：「『反唐』暴露了造反派頭頭們自傷自殘的真實嘴臉。由於中央文革的幹涉，老蒯也發現『大方向錯了』。『反唐』戛然而止。」

筆者查證：1967年2月5日，江青秘書閻長貴給清華大學井岡山總部來電話說：「我前幾天來你校看了一下大字報，發現了你們反『托派』，這是不對的，不應該把矛頭指向群眾，而應當指向當權派，一般同學有錯誤缺點應當批評說明，反托派對本身不好，對團結也不好，請轉告蒯大富。」[12]

閻長貴1967年1月9日開始給江青做秘書，上任不到一個月就關心幫助唐偉，批評蒯大富。而閻長貴是戚本禹推薦給江青的。[13]此事也從另一個側面說明唐偉猜想戚本禹與蒯大富共謀清華井岡山總部成員名單是無中生有。

10、唐偉在文章中說：「他編出了自我吹噓的《蒯大富大字報選編》，同學戲稱之為《蒯選》。有權有錢的老蒯下令，一下子印了50萬冊。江青為此批評老蒯：『你蒯大富也太狂妄了，我還沒出選集，你倒先出了。』由於江青的干預，《蒯選》發行量不大，存世就更少了。」

[12] 宋永毅等編：《中國文化大革命文庫》。
[13] 閻長貴、王廣宇：《問史求信集》，紅旗出版社，2009年4月，211頁。

蒯大富說明：「《蒯大富大字報選編》是師大女附中老紅衛兵負責人梁二同彙編印製的，梁二同是空軍參謀長梁璞的女兒，一共印有二千冊。江青沒有對我批評過這件事，倒是關鋒批評過。唐偉寫文章講述文化革命，對當時發生的事他根本不做核實，捕風捉影隨口就來。」

11、唐偉在文章中說：「1966年12月『井岡山兵團』成立沒幾天，蒯大富就派人去抄了徐向前元帥的家，把徐元帥的保險櫃弄到清華。我參加的最後一次總部會上，蒯大富安排人連夜把保險櫃運往天津用氧氣割開，還說周總理下令歸還保險櫃的指示出了北京就不好用了。這件事似乎後來無人追究，我曾當蒯大富的面指控過他，他卻沒事的人一樣。那麼多人參加總部會，參加抄家搶劫的人也不會少，幾十年來也沒聽說有人揭露這件事。1967年1月11日徐向前在全軍文革小組改組後還擔任了組長。蒯大富當時為什麼這麼幹？為什麼敢這麼幹？抄來的東西給了誰？」

蒯大富說明：「1967年7月28日，清華井岡山的人去徐向前的住所和辦公室，搶走了裝有絕密、機密文件的檔案箱五個和其他材料。我已經承擔法律責任。唐偉可以去看我的判決書。現在唐偉在文章中又冒出1966年12月『井岡山兵團』成立沒幾天，蒯大富就派人去抄了徐向前元帥的家，把徐元帥的保險櫃弄到清華的故事。請問：我從1970年10月失去人生自由，抓五一六，清三種人，檢察院起訴。對我審查有若干遍，即便清華無人揭露這件事，徐向前秘書及部下也不揭露嗎？最後法院能不追究嗎？」

12、唐偉在文章中說：「1967年5月30日清華大學革委會流產，毛澤東說的『蒯大富可以當清華大學校長』，成了老蒯眼前晃來晃去的畫餅，也成了蒯大富終生抱憾的清華情結。」

蒯大富說明：「毛澤東談話的時間、內容與1967年5月30日清華大學革委會流產毫無關係。1968年7月28日，毛澤東召見聶元梓、蒯大富、韓愛晶、譚厚蘭和王大賓時，談到清華聯合問題。

「毛澤東說：『還是要聯合，還是要蒯大富，沒有蒯大富不行的，蒯大富是偏左的，井岡山出兩個，四一四出一個。』

「毛澤東問：『蒯大富，你能當清華的校長嗎？』」

「蒯大富說：『我不行。』」

「毛澤東說：『蒯大富當校長，沈如槐當副校長。』」

筆者指出：唐偉講文革是不用考證各種史料的。毛澤東召見談話在多年前出版的《聶元梓回憶錄》以及2011年出版的許愛晶編著的《清華蒯大富》一書中都有相同的記述。

13、唐偉在文章中說：「老蒯下令開槍，而且是五支同樣的步槍瞄準同一個目標開槍，以逃避法律的懲處和良心的譴責。」

蒯大富說明：「請唐偉拿出證據，蒯大富在什麼時間？什麼地點？對什麼人說的？又是誰去執行的？」

14、唐偉在文章中說：「儘管周恩來曲意逢迎毛澤東、諑事江青，領銜『劉少奇專案組』組長，遭人詬病，卻能時時處處表現出是無奈的違心所為。總之，老蒯對於這位最早為他平反的恩人儘管恨得牙癢，卻從來不敢公開挑釁。」

蒯大富說明：「周恩來總理是我的恩人，我在文化革命中對周恩來總理的話有不聽的時候，也有覺得周恩來總理和稀泥，不夠勁的看法，但根本談不上什麼恨得牙癢。」

15、唐偉在文章中說：「武鬥剛開始，蒯大富的戀人——清華附中劉剛就離他而去了陝北：『這個毫無道德底線的人政治生命完了！』……『狗熊』的革命精神和正義感還表現在另一件事情上，他知道了蒯大富占了便宜又要拋棄女友劉剛，而劉剛是他繼母帶來的妹妹同在清華附中高一年級班裡的同學，『狗熊』幾次守候在強齋門口，準備伺機將蒯大富暴打一頓。」

蒯大富說明：「我從沒想過要和劉剛分開，分手是劉剛提出來的，我不同意，時間也不是武鬥剛開始的4月份，而是1968年8月初，清華武鬥已經結束，工人解放軍宣傳隊已掌管清華。到1968年底真的分手，劉剛和同學一起去山西插隊。我畢業分配去了寧夏鋁廠。離別時，劉剛還抄錄宋代柳永《雨霖鈴》的詞給我做紀念：『寒蟬淒切，對長亭晚。驟雨初歇，都門帳飲無緒，方留戀處，蘭舟催發。執手相看淚眼，竟無語凝噎。念去去，千

里煙波，暮靄沉沉楚天闊。多情自古傷離別，更那堪，冷落清秋節。今宵酒醒何處？楊柳岸，曉風殘月。此去經年，應是良辰好景虛設。便縱有千種風情，待與何人說！』

「唐偉文章評清華文革和校訓，信口編一些故事攻擊他人，硬傷太多。恰恰反映唐偉內心的陰暗。」

16、唐偉在文章中說：「明明是『二司』的『北航紅旗』，因為韓愛晶和蒯大富的親密關係也在全國各地設立『三司聯絡站』。……『北航紅旗』是保工作組的，留在了『二司』，這也是後來『天派』、『地派』由來的原因之一。」

筆者查證：「事實恰恰相反，『北航紅旗』是批判工作組的，『北航紅旗』僅僅為了要見工作組組長趙如璋澄清問題，在趙如璋辦公的國防科委門外附近堅持了28晝夜。直到毛澤東表態問題才解決。『北航紅旗』是主動參加籌備『二司』，不是留在了『二司』。這是他們的自主權。如此簡單的史實唐偉都說不清楚，後來『天派』、『地派』的由來更不是唐偉說得清楚的。」

早在1966年底，周恩來總理在講話中列舉北京左派組織時，就把首都三司、北航紅旗並提，有時還把北航紅旗列在前面，致使北航紅旗聲名大振。下麵僅以上海一月奪權為證。

1967年1月，上海造反派向全國宣佈奪權是以兩個歷史性文件為標誌。一個是1967年1月4日的《告上海全市人民書》，由上海「工人革命造反總司令部」和「紅衛兵上海市大專院校革命委員會」等上海七個組織和外地四個組織發出。其中北京有兩個組織參加：首都第三司令部駐滬聯絡站和北京航空學院紅旗戰鬥隊駐滬聯絡站。[14]

第二個是1967年1月9日的《緊急通告》，由三十二個革命造反組織在《文匯報》和《解放日報》發出。其中北京有三個組織參加：首都紅衛兵革命造反總司令部（第三司令部）駐滬聯絡站、北京航空學院紅旗戰鬥隊駐滬聯絡站、清華大學井岡山兵團

駐滬聯絡站。[15]

1967年1月11日，中共中央、國務院、中央軍委、中央文革小組給上海市各革命造反團體的賀電指出：上海工人革命造反總司令部等三十二個革命群眾組織：你們在一九六七年一月九日發出的緊急通告，好得很。你們提出的方針和採取的行動，是完全正確的。[16]

17、唐偉在文章中說：「江青指使韓愛晶挑起了一場北航『紅旗』和地院『東方紅』的武鬥，韓愛晶趁亂把彭元帥搶到了北航。韓愛晶下令不許任何人與關押在地下室的彭元帥談話，不斷地批鬥，不斷地折磨他，」

韓愛晶說明：「實際情況與唐偉寫的完全相反。1966年年底，在周恩來、江青等當時的中央領導人參加的工作例會上，一件事一件事地議，有人提出彭德懷在四川有活動，應弄回北京。當場議定派紅衛兵把彭德懷弄回來。會後由戚本禹落實。上述情況是我出獄謀生期間先後見到原中央文革小組成員王力和戚本禹，聽他們說的。

「另據曾擔任過江青秘書的閻長貴先生在《記憶》87期文中說：『……首先是我奉戚本禹之命（當時我認為這不是什麼戚本禹的命令，覺得他再狂——戚本禹在文革中確實很張揚——也不敢下這樣的命令，我誠心誠意地覺得這是執行無產階級司令部的指示）去找朱成昭，朱派人去成都做這件事情……』

「1966年底，一次開會，戚本禹對北航紅旗二把手井井崗山（現在名叫井然）說把彭德懷弄回來批判，井崗山回校給我說了。當時學生大多到外地串聯去了，北京形勢又特別亂，彭德懷是距文化革命七年前就被打倒的『死老虎』，與當時現實鬥爭沒有直接關係。我們也沒顧上安排這件事。戚本禹又給我打電話，很不高興，批評說：『為什麼還不派人去把彭德懷搞回來？』我和井崗山商量找人去四川。正巧有兩個紅旗戰士從成都串聯回

---

[15] 上海《文匯報》、《解放日報》1967年1月9日。
[16] 《人民日報》1967年1月11日。

來，找我們想談談那裡的情況。我和井崗山當即要他們返回成都，落實中央文革佈置的任務，把彭德懷抓回來。我們並不知道地院王大賓等人早在成都辦這件事。我都沒來得及問問派去的學生姓名和班號。直到若干年後，我恢復自由，到北京又打聽他們是誰。從這一點可以看出，當年戰友間的信任和理想的純粹，但同時也可以看出，20歲出頭的青年對殘酷的政治鬥爭並無多少認知，只有熱情，甚至熱血。

「對江青也要實事求是，江青對我無任何指示，江青也沒有挑起武鬥。我們派去的學生，打回電話說抓到彭德懷了，正準備往北京帶，地院『東方紅』戰士開卡車來把彭德懷搶走了。我立即向中央文革彙報，上面讓共同把彭德懷帶回北京。彭德懷就被帶回北京了，開始關在地質學院，後來又被帶走，由北京衛戍區負責關管，彭德懷從未在北航關押過一天。根本談不上關在北航地下室不斷地批鬥，不斷地折磨他。從1966年底到1967年7月18日，彭德懷回北京這七個月，我從未見過彭德懷，我沒興趣也沒時間去見他。」

18、唐偉在文章中說：「還親自動手搧彭德懷元帥耳光。」

韓愛晶說明：「唐偉說我還親自動手搧彭德懷元帥耳光。唐偉此話屬實，這是我的罪過。文革中，我只見過彭德懷一次，時間在1967年7月19日下午。『搧彭德懷元帥耳光』即發生在此次見面。我說明一下此事的原委：1967年7月7日，毛澤東主席指示要批臭黨內最大的走資本主義道路的當權派。之後，中央文革小組陳伯達、康生、張春橋、關鋒、戚本禹以及楊成武、傅崇碧等先後召集會議，佈置大批判，不僅要批判劉少奇，還要批判彭德懷、彭真、羅瑞卿等。於是，彭德懷被拉到北京各軍兵種及一些大學批鬥，安排有幾十場批鬥會。當時戚本禹佈置我，讓彭德懷寫幾句話，要他向毛主席認罪。傅崇碧說北航大批判也要出經驗。中央文革小組辦事組負責人王廣宇還專門送來彭德懷反對毛主席的材料。據戚本禹前幾年對我講，拉彭德懷出來批鬥都必須經過周恩來總理同意。

「為完成戚本禹佈置的任務，1967年7月19日下午，在北航開了一個小型批判對質會。衛戍區幾個幹部押著彭德懷，我們學生還請文革前北航黨委書記參加，他原來是空軍幹部，1959年參加過軍委批判彭德懷的會，讓他質問彭德懷。會上大家向彭德懷批判質問，也問不出什麼名堂。我急於完成中央文革小組佈置的任務，要彭德懷承認反對毛主席，向毛主席認罪。彭德懷不承認反毛主席，他說他還反劉少奇呢。對於這些涉及黨內鬥爭的問題，我知道的很有限，但我當時認為，彭德懷說毛主席是小資產階級狂熱性，他對毛主席講：『在延安你操了我四十天娘，我操你二十天娘不行？』彭德懷還說：『如果不是中國工人農民好，早就要發生匈牙利事件，要請蘇聯軍隊來』。我要彭德懷向毛主席認罪，他不認，我火了，說：『你罵毛主席還不認罪！』我打了他一個耳光。別的同學也有動手的。當場，北京衛戍區負責押送彭德懷的幾個幹部就把彭德懷帶走了。因為在這個問題上其他學生的行為和責任爭議太大，這裡不作說明，反正法律責任已都由我承擔了。後來我被以反革命殺人傷人罪等理由判處15年徒刑並剝奪政治權利三年。」

筆者認為，關於彭德懷挨整是一個重大政治課題，情況相當複雜，本人打算做進一步調查研究。彭德懷挨整和文革時劉少奇等人挨整還不能等同，彭德懷是1959年被定為反黨分子的，主要責任在當時中央政治局毛澤東、劉少奇、周恩來、朱德、陳雲、林彪和鄧小平七個常委。

文化大革命中彭德懷挨整，當時的中央高層領導人有嚴重責任，而中央文革小組戚本禹和北京衛戍區副司令員李鐘奇最為惡劣。審理林彪、江青兩案的最高人民法院特別法庭審判員王文正在一篇文章中說：「……在北京工人體育館召開萬人大會批鬥彭德懷，被鬥的還有彭真、陸定一、薄一波、黃克誠、譚政、羅瑞卿等……在批鬥時，有個靈魂醜惡、公報私仇的將軍跳出來對彭德懷說：『你認識我嗎？我就是差點被你槍斃的人！』說著就朝彭德懷左右開弓，狠命打了幾個耳光，接著又猛踢一腳，把他踢

倒在地。這時，彭德懷才想起來了，他怒吼道：『我認得你，你在朝鮮戰場上是個怕死鬼，我是差點沒有槍斃你，我當年應該斃了你！』[17]

「身為特別法庭審判員的王文正，不但不依法追究追究這位公報私仇的將軍法律責任，直到審判過去二十多年了，2005年才寫文章披露這件事，文章仍然隱瞞公報私仇的將軍姓名。而今天的網路時代早已無法隱瞞，公報私仇的就是文革時期北京衛戍區副司令的李鐘奇。

「而網上另一段文字介紹說：「文革中曾在北京軍區舉行過批鬥彭德懷的大會。在大會休息時，有一個人衝進關押彭德懷的小休息室，惡狠狠地將彭一拳打倒在地，而且真的踏上了一隻腳，並且還叫喊道『彭德懷！你也有今天吶！』。同一次會上，還有一個人把便紙簍當高帽子扣到了彭德懷的頭上……第一個人是當時任北京衛戍區副司令的李鐘奇將軍！第二個人是姓王的中將！」

彭德懷長期被關押在北京衛戍區，那情況就更為複雜更為嚴重。

19、唐偉在文章中說：「韓愛晶的好友告訴我，韓愛晶在給中學老師的信中對彭元帥充滿敬意。」

韓愛晶說明：「1959年彭德懷被定為反黨分子，當時我13歲。學校黨團組織及政治課都說彭德懷反黨、反人民、反社會主義。1964年我18歲，到北京讀書，大家都寫信給母校報喜，說國慶日見到了毛主席。我決心獻身共產主義，要求加入共產黨。我幹嘛要給中學老師寫信對反黨分子彭德懷表示敬意呢？我的哪位好友？四十多年還不忘造謠且落井下石！要真有此信，彭德懷平反前我多次挨整還不早告到專案組去了。」

筆者查證：1966年7月，工作組整韓愛晶時涉及過韓愛晶議論元帥的問題，但那不是彭德懷，而是陳毅元帥。工作組把韓愛晶劃為四類，在黑材料裡說韓愛晶對周圍的人講，陳毅性格豪爽，

---

[17]　王文正：《我瞭解的彭德懷元帥之死》，載《世紀》，2005年第5期。

想給陳毅寫信，要轉學去外語學院讀書。另外，揭發韓愛晶說過，不能要求陳毅像我們一樣稱呼毛主席，他可以叫「老毛」。

20、唐偉在文章中說：「就這麼一個不缺少見解卻毫無人性、人格的『紅衛兵領袖』，不僅受到毛澤東稱讚，說韓愛晶是一個有希望的人。」

韓愛晶說明：「毛澤東主席講這個話的時候，我並不在場。但我可以肯定，毛澤東的談話與我鬥彭德懷毫無關係。」

筆者認為，批鬥彭德懷出問題是韓愛晶執行中央文革小組戚本禹指示造成的，已經承擔責任。但這一件事並不能代表韓愛晶在文化革命中整體表現。更何況，北京航空學院師生員工們素質很高，從1966年6月開始，北航學生只停課一年。1967年5月20日，北航革委會宣告成立，韓愛晶擔任革命委員會主任。其後，十七級以上幹部大多都結合在院系兩級革委會工作。1967年7月1日，北航革委會宣佈《關於復課鬧革命的決議》。早在1967年初，北航就開始為海軍生產裝備並保質交貨。同時進行無人駕駛飛機發動機研製工作，後來取得成功。社會上那麼亂，北航的校舍及科研設施完好無缺。毛澤東對北航情況滿意，因此表揚。

21、唐偉在文章中說：「編寫《清華蒯大富》的韓愛晶，造出了一個他和地院王大賓在1968年5月30日後，受北京市革委會委託，到清華找沈如槐協調兩派大聯合，被沈如槐拒絕的故事。……韓愛晶在說謊。」

韓愛晶說明：「唐偉真是好笑，我幹嘛要說這個謊？我對清華文革態度是一貫的，早在蒯大富打托打唐時我就表示過異議，1967年四月，聽說清華有分裂的危險，我們北航主要頭頭五六個人一起趕到清華。在校園裡看到與蒯大富意見不同的學生在遊行，我聽他們說要蒯大富做檢查，我很感動，當場我還鼓掌了。我們到井岡山總部，蒯大富和十幾個頭頭正在開會。我發表意見說：『讓批評意見充分表達，主動做檢查。無論如何不能把群眾打成逆流，不能分裂。』蒯大富等頭頭很客氣。清華籌備成立革委會時，我勸蒯大富團結414，要讓步，讓414當副主任，把清華

革委會成立起來。

「後來，為了陳楚三的事，我急得給蒯大富打電話說：『老蒯啊，衝著陳楚三的身世，不要整他了！何必呢？』蒯大富聽不進去。清華武鬥升級，1968年5月是我在北京市革委會會議上提出由幹部、軍人，工人、農民和大學紅衛兵組成調解組，有北京市革委會議記錄在，我本人參與調解活動，去過北京大學、北京師範大學、清華大學等院校，證據會越來越多。」

22、唐偉在文章中說：「『西糾』、『東糾』的崛起，刺痛了清華附中卜大華等『老』紅衛兵的自尊自大：他們算老幾？居然騎在我們頭上糾察我們？清華附中和北大附中、101中學等海淀區的紅衛兵骨幹發起成立了『聯動』——『首都中學紅衛兵聯合行動委員會』。」

筆者將此向卜大華先生請教。茲將卜大華先生的回答摘錄如下：

> 李英美：你好！
> ……你所說的那個所謂「西糾」和聯動的成立理由的奇怪的邏輯，恕我孤陋寡聞，至今聞所未聞。西糾成立於1966年8月下旬，大致在同年12月初解散，而聯動於同年12月5日才發表《成立宣言》，12月26日召開名為《破私立公》的第一次大會，兩者在時間上幾乎沒有交集。兩者成立時的背景已經發生了天翻地覆般的變化，所以此二者之間很難存在你所提到的那些矛盾。順便問一下，這些不著邊際的東西登在《記憶》的哪一期？從此議題來看，文章是那種對這些問題有所涉及，而又不得其門而入的人所作，
> ……
>
> 卜大華
> 2012.9.29[18]

---

[18] 卜大華回覆李英美電子郵件。

唐偉的文章，正如卜大華評價的，是那種對這些問題有所涉及，而又不得其門而入的人所作。社會上搞偽科學的冒牌專家大多採用這種方法亮相，雲山霧罩、玄之又玄。販賣這種貨色的人，有時還得到媒體吹捧，有時還能贏得滿堂彩，但他們推銷的贗品經不得鑒別，尤其經不住時間考驗。正如一位清華校友切中要害的批評：「唐偉圖得嘴頭痛快，丟棄了『厚德載物』的校訓。」筆者跟在唐偉後頭核實糾正，既是針對唐偉這篇文章，也是針對史學界的歪風。

也說清華校訓

唐偉在文章中談清華校訓。首先說的是「獨立精神，自由思想」。自然說到王國維先生。筆者對王國維先生做學問的精神與實踐是非常欽佩的，但從政治上講，王國維乃滿清遺老，他本身就是一個複雜的歷史人物。1924年，馮玉祥部「逼宮」，命溥儀遷出紫禁城。王國維隨駕前後，艱難困辱。王國維在1927年 6月2日上午，告別清華園，到頤和園內的魚藻軒前，自沉於昆明湖。對於王國維的死因說法不一，但有一條可以肯定，王國維先生是抱著對大清王朝和溥儀皇帝盡忠至死的獨立精神，自由思想而去的。這恰恰是筆者不贊成的，也恰恰說明王國維先生難有超脫時代的獨立精神、自由思想。這是清華學子應引以為訓的。

唐偉文章中說：「民主、科學只是時髦的口號，『五四』新文化運動成了最有廣告效應的『爛尾樓』，值得我們年年憑弔。最遲鈍的知識分子都看到了赤縣神州遭逢的『數千年未有之巨劫奇變』。……看看真實的歷史吧：學生運動只是『五四運動』的表面浪潮，深層湧動的是紛繁複雜的直系、皖系軍閥之爭，親日派、親英美派的政客之爭。『五四運動』後，北大校長蔡元培引咎辭職，內疚自己未能保護好學生。」

筆者認為，唐偉的說法極端片面。1919年1月18日，中國代表團以戰勝國身分參加巴黎和會，提出取消列強在華的各項特權，

取消日本帝國主義與袁世凱訂立的二十一條不平等條約，歸還大戰期間日本從德國手中奪去的山東各項權利等要求。而巴黎和會在帝國主義列強操縱下，不但拒絕中國的要求，而且在對德和約上，明文規定把德國在山東的特權，全部轉讓給日本。北京政府竟準備在「和約」上簽字，從而激起了中國人民的強烈反對。這是「五四運動」爆發的主要原因。唐偉趕時髦，極力否定熱血青年關心民族命運的歷史價值，企圖否定「五四運動」，全盤否定新文化運動。這種歷史觀是極端片面的，錯誤的。

唐偉在文章中還說：「總結清華文革教訓，應該知道學生參加群體事件絕非好事，不管社會哪種勢力竭力鼓噪，為學生前途著想，校長、教師抵死也要把學生阻攔在校園之內，」

請問唐偉，難道日本軍國主義侵佔東三省，校長、教師抵死也要把學生阻攔在校園之內嗎？那麼校園裡的學生還有什麼獨立精神、自由思想呢？

唐偉在文章中說：「辛亥革命、四九年建國，都沒有為多災多難的國家和人民開啟通往文明富強的康莊大道。」

筆者認為，社會發展不可能有一條現成的光明大道筆直通往未來，更不可能有個魔法讓人民轉眼間生活在文明富強的樂園裡。而辛亥革命、四九年建國，恰恰是為多災多難的國家和人民開啟了通往文明富強的康莊大道。至於後來出現的曲折和失敗，正是我們要探究的歷史課題。我們就是要總結教訓，尋求盡可能理想而又現實的新路。唐偉企圖否定辛亥革命和四九年建國的偉大歷史意義，註定要受到歷史的嘲笑。

唐偉在文章中還說：「這麼多年過去了，團、四兩派鮮血寫成的恩怨情仇難以消解，其中一個重要原因，就是被利用的、有罪的學生被判重刑，而巨凶首惡的僵屍依然被萬民膜拜；老鄧的『宜粗不宜細』，陳雲的『兩派都不用』，成為了社會禁絕反省、拋棄公正的毒瘤。被染上這種病的人，再也無法坦然面對人生。」

筆者認為，唐偉的這段議論無論是語言還是思想都極為混亂，唐偉把涉及毛澤東、鄧小平和陳雲的歷史地位與功罪是非的

重大課題做如此片面的綜述是不準確的，也是不嚴肅的。這段議論所表達的因果關係也是邏輯不通的。什麼「成為了社會禁絕反省、拋棄公正的毒瘤。被染上這種病的人，再也無法坦然面對人生。」簡直莫名其妙，不知所云。

唐偉在文章中說：「毛澤東的治國之術就是『外儒內法』的帝王術。」

筆者認為，即便用「外儒內法」來概括中華民國以前若干朝代的帝王統治術也是不準確的，而且是存在極大爭議的。唐偉說毛澤東的治國之術就是「外儒內法」的帝王術，更是離譜。毛澤東堅持階級鬥爭，堅持無產階級專政，堅持共產黨的領導，堅持社會主義道路，毛澤東發動無產階級文化大革命，怎麼能說毛澤東的治國之術是「外儒內法」呢？在社會學和史學領域，自從有了馬克思主義，有了列寧創建的無產階級專政國家之後，不管它成敗是非如何，都必須用更新的理論去觀察分析。唐偉用一個格格不入的「外儒內法」來概括，根本不準確。

唐偉在文章中說：「清華的教改經驗是中南海痞子總店沒有受到任何干擾，直銷過來的毛澤東教育思想，是教育領域裡的樣板，簡稱『六廠二校經驗』。」

筆者反問，當時的中南海是毛澤東為首的中共中央和周恩來為首的中央人民政府辦公地，唐偉說中南海是痞子總店，那麼下面各級黨組織和政府部門是什麼分店？廣大黨員和政府工作人員是什麼？唐偉辱罵的不僅僅是毛澤東和周恩來，唐偉辱罵的是全中國廣大黨員和政府工作人員。唐偉用這樣一種語言來敘述歷史，能說是嚴肅的負責任的嗎？

唐偉在文章中說：「遲群是個痞氣十足的爛仔，小謝只是後宮嬪妃、答應中比較能認字的人，」

筆者認為，唐偉可以對歷史人物的錯誤進行批判，但要有事實根據。請問唐偉，說謝靜宜是後宮嬪妃，有什麼證據？唐偉對毛澤東和謝靜宜進行人身攻擊，在法律上、在道德上是負責任的嗎？謝靜宜健在北京，如果謝靜宜起訴唐偉誣陷罪，唐偉會如何？

唐偉在文章中說：「……為了把人心中最強烈的欲望和最狠毒的仇恨煽動起來，毛統帥號召全國大奪權。」

筆者認為，1967年1月，毛澤東號召全國大聯合奪權 。如此重大的決定，按理講應該召開中央委員會至少應該召開中央政治局會議討論，同時也應該召開全國人民代表大會至少召開人大常委會討論。原來正在掌權的官員為什麼要交權？奪權者又憑什麼來奪權掌權？這樣奪權後果是什麼？當時中央其他領導有何反應和呼應？毛澤東號召全國大聯合奪權的是非如何評價？我認為對此進行研討是必要的。

但不能簡單地說毛澤東號召全國大聯合奪權目的就是為了把人心中最強烈的欲望和最狠毒的仇恨煽動起來。

唐偉在文章中說：「毛澤東的教育思想乏善可陳，他雖然就學於師範，也算一個有舊文化底蘊的知識分子，卻對知識分子、尤其是大知識分子有著刻骨的仇恨，……」

筆者反問，錢學森和李四光是不是大知識分子？毛澤東對他們關愛備至。毛澤東在自己生日小宴上特別請錢學森坐在自己一桌，怎麼能籠統地說毛澤東對大知識分子有著刻骨的仇恨呢？而錢學森在晚年仍然認為毛澤東思想不能丟。錢學森也應該有獨立精神和自由思想的權利。對毛澤東執政期間中共的知識分子政策進行認真總結是必要的，但不能簡單地全盤否定。

唐偉在文章中說：「周恩來是何等聰慧精細的人物，他長於未雨綢繆、枉尺直尋，總能棋高一著化解危局。他痛斥蒯大富『智擒王光美』的卑劣伎倆。對於蒯大富這個當面一套、背後一套，毫無信譽的權迷，周恩來以其人之道還治其身。」

筆者反問，唐偉說周恩來以其人之道還治其身，周恩來也是當面一套、背後一套，毫無信譽？

唐偉在文章中稱胡錦濤為「濤哥」，還說：「……每一個人都自帶風水命數」「……他們來自掌權痞子的身邊，有如來自奈河橋那邊的牛頭馬面。」「……老蒯的『鐵哥們兒』公安部長謝富治。」

筆者認為：唐偉運用這樣的語言，極端不嚴肅不嚴謹，好像在寫小品，又像是寫脫口秀臺詞。唐偉的文章採用的是「添加劑文風」，「垃圾文風」，它的欺騙性、危害性極大。可以斷言：不拋棄這種文風，不可能有嚴肅的史學。

　　唐偉文章起於孫怒濤出的一本書《良知的拷問：一個清華文革頭頭的心路歷程》。孫怒濤在文革中曾擔任清華大學井岡山兵團414總部的二把手。孫怒濤的書，未必是傳世經典，拷問也未必處處恰當。當今中國，私欲橫流，弱肉強食，竟然還有人傻乎乎拷問自己的良知？竟然還有人嚴於責己而不是謾罵他人。正如一位清華校友所言：「人們的反思始於微觀、始於自身者少而又少，孫怒濤的『拷問』就彌足珍貴了，在我們周圍恐怕是第一位，至少對清華學子們有一定示範作用。」唐偉口頭上主張獨立精神，自由思想。竟然連孫怒濤或其他人寫書的見解都必須與他保持一致，才不失望，如此霸道，還談得上什麼獨立精神，還有什麼自由思想！

　　唐偉談清華校訓「自強不息，厚德載物」。1914年冬，周詒春邀請梁啟超先生到清華演講，梁啟超以《君子》為題，引述易經中「天行健，君子以自強不息」及「地勢坤，君子以厚德載物」勉勵同學。周詒春遂將「自強不息，厚德載物」作為清華校訓。

　　唐偉在文章中自己承認：「我曾偏激地說過，只講天道、地道而不講人道的知識分子是偽君子。」這句話比較清楚地表明瞭唐偉對清華校訓的理解程度。

　　筆者也涉足過易學。乾卦，《象》曰：天行健，君子以自強不息。古代天日不分，有解天即太陽，而太陽光芒普照，恩惠無邊，這就是天道。坤卦，《象》曰：地勢坤，君子以厚德載物。大地承載萬物，包容無窮，這就是地道。清華學子如果真的以天道和地道自勉，雖不能像太陽那樣光芒普照，也可以在社會上奉獻溫暖，善待他人。雖不能如大地承載萬物，也可以在社會上對持不同意見者有包容之心。梁啟超、周詒春之校訓豈會不講人道！筆者認為，真弄明白天道和地道也就明白了最高的人道。唐

偉恰恰不明校訓真諦，不明先哲用心。

　　研究文革，人們可以按照自己的見解去評判是非，但絕不能憑個人好惡選擇道聽塗說的傳聞，更不能編造歷史。對失敗的歷史人物也要實事求是，這不僅是史學界走向成熟的一個標誌，也是社會文明進步的一個標誌。

　　王國維先生在《人間詞話》裡講，古今之成大事業、大學問者，必經過三種之境界，王國維先生之見對我們研究歷史的人極有指導價值。尤其是第二境，「衣帶漸寬終不悔，為伊消得人憔悴」。我們研究歷史，就要學習實踐王國維的治學精神，下功夫去做核實考證工作。唐偉不止一次在文章中對韓愛晶進行人生攻擊。唐偉說：「在深圳飯局上，凡是見過韓愛晶猥瑣表現的清華校友……」唐偉說在飯局上，別人吃飯時，韓愛晶卻拿著本子忙著做筆記。

　　筆者認為，韓愛晶作為一個文革參與者，現在轉變角色做一個文革研究者。見到當年參加文革的朋友，韓愛晶無心吃飯，抓住機會去搞清幾十年前的一些歷史細節。韓愛晶這樣做有什麼可指責漫罵的呢？你唐偉在文章中不也說：「……做學問，須鑽研更須積累，『積土而為山，積水而為海』嗎？」

　　文革史實，浩瀚如海；周易之理，博大精深。本文崇尚的，羅徵啟身體力行的，胡耀邦讚賞的，清華校訓宏揚的是同一個精神，那就是推動偉大的中華民族走向文明進步的精神。奉獻溫暖，包容善待他人。本人誠心希望能和研究文革的朋友們一起，坐冷板凳，鑽故紙堆，耐得寂寞，老老實實做學問。

2012年10月16日

附錄四

編者說明：2012年7月31日，《記憶》第86期刊發了唐偉的文章《從清華文革談清華校訓——孫怒濤〈良知的拷問〉讀後》（見本書），文中對韓愛晶有所批評。9月16日，韓愛晶致信《記憶》編輯部，說他寫了一篇文章《我的幾點說明》，要求在《記憶》上發表。《記憶》回信，在感謝他對《記憶》信任的同時，指出他的文章中「有兩處似有詳述之必要。有一處如能補上報名、日期、題目、作者為宜。」韓同日回信，「那我補充補充，到十月十號前後再發給你。」

9月20日，編輯部告韓，《記憶》「正在編《水木百年——從清華歷史到清華精神》一書。因書中收入了唐偉的那篇文章，如您同意，我們可以將大作作為附件編入，放在唐文之後。是時，還需要您的親筆授權。」

韓當即回信，重複他《我在幾點說明》中的觀點，說唐偉文章有很多史實錯誤，並認為，羅徵啟才代表了清華精神。「唐偉的精神不是清華精神，唐偉的精神是糟粕。」

兩天後（9月22日）凌晨，韓再致函《記憶》，說他公司老闆出了車禍，他臨危受命，要應付公司的事，撰文反駁唐偉一事，他請了另一個人——「我把我的文字說明給我們業餘文革研究小組的一個資料編輯了，叫李英美，人很平和。我們小組是左中右觀點都有。小李說她來完成這件事，下月十號前發過去。」

10月9日，李英美發來了她寫的文章。因其文章條理不清、邏輯混亂，文字多處不順，且對如何做注釋等學術規範一無所知，所以，《記憶》編輯部對此文提出了詳細的修改意見（見附錄《關於李英美〈真偽〉一文的審稿意見》）。

李接受意見，修改了她的文章。《記憶》於89期（2012年10月31日）將此文作為專稿全文刊發。

半年後（2013-4-10），韓愛晶致信閻長貴：「最近，有個

律師找我，說幫我在深圳起訴唐偉，因為《記憶》電子雜誌有據為證。我正在考慮這個問題。《記憶》也算是主張民主人權的雜誌，他們在史學方面做了很多工作，很可貴。但有時候，他們對於觀點相近的文章非常偏愛，成為造謠誹謗的陣地。……我不認識吳迪，他說還打算在臺灣出書，收進唐偉文章。我是被動的，他們胡編亂造對待我，我肯定要反擊，不能讓他們欺人太甚。我有自衛還擊的權利。」

閻長貴先生將此信轉給《記憶》，《記憶》遂致函韓愛晶：《記憶》幫助李英美修改文章，並以專稿方式全文刊發，怎麼就成了「造謠誹謗的陣地？」另外，《記憶》在結集之前，就知達韓愛晶，請他授權，俾使其文與唐文一起收入書中，怎麼就成了「他們對於觀點相近的文章非常偏愛」？

5月15日，韓愛晶回信說他現在很忙，建議「三年內，2016年5月16日之前，認真處理這個問題。如何處理呢？由你在北京找個法律專業的朋友，為人公道正派的。在你我工作狀況相對寬鬆的時候，你我雙方把這件事的來龍去脈告訴他，把相關資料都給他審閱。然後，請這位中間人來評判，到底你我雙方，誰受到傷害？誰是有錯誤的？誰應該認錯並糾錯並承擔相應責任？由你在北京找個懂刑法的，有法律專業的朋友做評判。到時，我接受中間人意見，我看看人間還有沒有正義？」

在撰寫這一說明時，《記憶》再次動員韓愛晶授權，將他的《我的幾點說明》一文收入本書，再次遭到了拒絕。

有鑑於此，特將《記憶》編輯部《關於李英美〈真偽〉一文的審稿意見》作為附錄，公之於次，並做上述說明，以便讀者瞭解事情的來龍去脈。

《記憶》編輯部
2013-6-18

附錄四：關於李英美《真偽》一文的審稿意見

啟之

分類——

大作《清華精神之典範與文革史實之真偽——兼評唐偉《從清華文革談清華校訓》一文，所指唐文存在的問題，有的屬於史實，有的屬於觀點。有的屬於對文字的理解。建議將這三類分開來談。這樣才會使文章有條理。

1、史實是知識性的，只要有足夠的證據，就可以令任何人閉嘴。

2、觀點，如對五四運動的看法，對毛的評價，是思想性的問題。可以見仁見智。作者可以不同意唐的觀點，但作者的觀點同樣也會遭人置疑。作者若用各說各有理的觀點來批評對手，會使大作喪失力度。因此，建議把史實放在第一位，把觀點問題放到史實之後，不要分條羅列，舉二三例以商榷之口吻道出即可。切勿以真理在手的姿態出現，這樣有損於作者的形象。

3、文字理解，在對唐的諸批評中，有一條涉及對「賄賂，下崗」二詞的理解。這是語言修辭學的問題，如果作者以此來挑唐的毛病，同樣會有損作者的形象——讀者會想，這位作者怎麼連隱喻和諷刺都不懂！因此，建議把此條去掉。

表述——

1、在對唐文進行批評之前，作者應說明蒯大富言論的所指和所出。大作中常見這類表述：「蒯大富說明：唐偉又信口開河了」。這類表述似乎意味著，蒯的說明是針對唐偉這

篇文章的。如果事實並非如此,也就是說,蒯是在其它場合說的或寫的這些話。那麼就只能這樣表述:「蒯大富對此事件曾有過這樣的敘述/陳述/說明。」另,為增加大作的嚴肅性和學術價值,請注明蒯大富的這些言論/文字的出處。

2、文中的「李英美指出、李英美說明、李英美查證、李英美評議」等文字,不合此類文章的寫作規範。應統一改為「作者按」。或「按」。並在文前對此做一說明。如「對於唐偉文章中的種種說法,本文作者在必要時將引證蒯大富等人的言論、文字。並以『作者按』表示一己之見。」

語病——

1、羅徵啟對在文革中造成惡果本人已承擔責任並付出沉重代價的青年寬容和恩慈——此句笨拙,最好重寫。

2、關鋒沒有主持全軍文革的資格,只是成員之一。唐偉講文革僅憑印象和傳聞,講話不負責任的——最後的短句不完整,缺一個「是」。

3、至於孫怒濤出了一本《良知的拷問·一個清華文革頭頭的心路歷程》。他在文革中曾擔任清華大學井岡山兵團414總部的二把手——前後兩句不接。

4、研究文革,浩瀚如海。解讀周易,博大精深——此句有語病。

規範——

1、凡引文都應該用引號。引文中如還有引文,則有單引號。此文中的引文,大部分無引號。

2、凡引證他人著述,都應注明出處,出處包括:編著者、書/文章名,出版社,出版日期,頁數。11的引文有出處,而無頁數。

建議——

「民族精神」改為「清華精神」。理由如下：

1、民族精神的概念極大極廣，不宜用在這裡。

2、唐文談的是「清華精神」，以「清華精神」回應為宜。

3、行文儘量平和，譏諷、貶斥不是上選。「心術不正」等語
　　慎用。

《記憶》編輯部

2012年10月10日

《倒下的英才》初版作者序

唐金鶴

　　《倒下的英才》這本書分為上、下兩大部分：上部記錄了文化革命中清華大學內的點點滴滴；下部主要是以我在清華大學武鬥中的親身經歷為主，記錄下我的所見所聞。這是一本集體的回憶，我只是被大家推到前臺的第一執筆者。

　　這是一段40年前的歷史。我們寫這本書，是試圖為這段歷史提供一些真實的場景，與一些真實的細節。歷史不是靠想像得出來的。沒有歷史的場景與細節，就沒有歷史的實感。而沒有實感的歷史，就只剩下了一些概念與口號。如果只根據這些概念與口號，那就無從對這段歷史進行深入的研究，更談不到反思。

　　這裡記錄下來的是清華園裡一些人的親身經歷，和親眼所見。很多人都向我們表示，不要再提那一段時間，忘記它。他們說：本來已經結疤的傷口，為什麼要再揭開它，讓已經結疤的傷口再滴血呢？揭開這些傷疤我們也是非常痛苦的。我們只希望告訴後人，在文化大革命中清華大學裡發生了什麼事情！我們的親身經歷和親眼所見，未必能全面反映當時的歷史，但記錄下來就是對歷史的補充或註釋，是對歷史和我們自己負責，也是對那些不幸喪生的人們負責。我們不能好了傷疤忘了疼。

　　考慮到多種因素，文中一些人的名字被隱去了，但這不影響文章的真實性。我們盡了最大的努力，來保證本書描述的資料屬實。書中所涉及的事件，或由當事人本人執筆；或經過當事人的審閱與認可；或在多個當事人之間，互相印證、互相切磋、去偽存真。

　　清華大學校園太大了。為了幫助讀者瞭解每個事件發生的環境與其來龍去脈，文中配合敘述，提供了相關的1966到1968年前

後的清華大學校園三維復原示意圖。這些圖是由建九班（1969年畢業）的蕭春濤學友，根據1986年的清華大學平面圖修改，繪製而成的。畫家溫毅明先生為本書作畫。

清華的百日武鬥已經過去40多年了。當年使兩派同學慷慨激昂、以致執戈相向的派性情緒早已煙消雲散了。現在，經常可以見到當年的兩派同學坐在一起，談古論今；真可謂古今多少事，都付笑談中。但在本文的敘述中，當年的派性的口號、派性的語言[1]俯拾皆是。清華大學短短的這段歷史，就是兩派相爭的歷史。回避當時的派性，刪除派性的語言，就無法真實地再現當時的那段歷史。在這本書中，我們絕對不想抬高某一派，或貶低某一派。現在我們認為清華的兩派，老團和老四，是一對同根的兄弟，他們都是那個瘋狂時代的受害者。有人提出：我們現在回顧歷史，就要站得高一點，看得遠一點，要不帶派性、客觀地、沒有感情色彩地來敘述當時的歷史。我們完全同意這個觀點；我們也盡力摒除派性，盡量客觀地展現那段歷史。但是我們覺得，只有上帝才能夠完全做得到這點。上帝高高在上，俯視人間，只有祂才能夠不偏不倚地評說人間萬事百態。而我們是一介凡人，又是親歷者，我們的敘述，難免帶有當時的立場、觀點，難免流露當時的情緒、感情。我們這樣寫只是為了再現歷史。

《倒下的英才》從初稿到如今，寫了又改，改了又寫，有一些部分前後改寫十幾次，不覺間四年多的時間過去了。百日武鬥時一個個的情景，一次又一次地在我面前映現。特別是許恭生、朱玉生、孫華棟，⋯⋯ 這些本來可以成長起來的英才，卻一個個無辜地倒下了；他們的影像，在我的腦中越刻越深。別人是在筆尖上沾上了墨水來寫字，而我，經常是在眼裡浸滿著悲傷的淚

---

[1] 派性、派性情緒、派性的口號、派性的語言：文化革命的時，全國各地都出現了類似清華團派和四一四派對立的兩派。每派的成員站在自己所從屬派別的一方，用本派的觀點來看問題、分析問題，認為自己所屬的那一派是革命的、是完全正確的；用派性的語言、派性的口號，去攻擊對方。如果一個人說話、做事，都帶著本派的觀點，則稱謂這個人有派性情緒。

水，在心裡流淌著痛苦的鮮血；我是在淚水和血水中，寫下了這裡的一個個文字。這四年的時間對我是一種痛苦的煎熬。多少次我想放棄，我想停筆，不幹了。但是我周圍的一幫學友，他們總是在激勵我，監督我，要我咬緊牙關寫下去。我們希望，這段歷史不因我們這些親歷者老去而被湮沒，也不因我們這些親歷者的沉默而被扭曲。我們的同學陸小寶說過，這是我們這一代人的「最後的責任」；我們記錄下清華文革中的這段歷史，是為了思考這段歷史，從中吸取教訓。

在本書最後的「反思」中，我們談了一些認識。這些認識太粗淺了，我們拋出來的連磚頭都不是，只能叫拋「泥坯」引玉吧。

為了紀念當年清華園內不幸喪生的人們，我將這本書命名為《倒下的英才》。

願在清華大學的文化革命中倒下的英才們安息吧！

唐金鶴
2009年仲夏於香港

《倒下的英才》修訂版前言

唐金鶴

我寫《倒下的英才》這本書的初衷，是因為七年前在清華校友網上，見到了有關姜文波之死的文章，立刻使我回憶起四十年前陪伴姜文波姐姐的日子。我骨鯁在喉，不吐不快，於是，寫下了第一篇回憶文章《在陪伴姜文波姐姐的日子裡》。寫完以後，回憶的閘門一下子被衝開了，四十年前的往事，一件件重新浮現在我的眼前，使我連續多日徹夜難眠。

四一四從1967年4月14日成立串聯會，一直堅持到1968年7月27日。團派沒有想到，四一四自己也沒有想到，四一四竟然能支持這麼久。我原本是個逍遙派，居然深深地捲入武鬥中，這也是誰都不會想到的。我目睹了清華武鬥的殘酷和血腥，我參加救護的就是那些面臨死亡的傷員，太可怕了！

在很長的時間裏，我沒有和任何人談起過清華武鬥的事情，包括我的丈夫鄭楚鴻，因為這些回憶實在是太痛苦了，我不願意再想它。一直到我寫這些回憶清華武鬥的文章，我的丈夫才知道了我在武鬥中所做所為；我也才知道了他的左腳有殘疾的原因，原來在五三零大武鬥時，他在東大操場上，老團的彈弓車拋過來的一塊磚頭打傷了他的腳。

我突然感到，如果我不把我經歷過的那些事寫出來，那在我離開這個世界以後，這些事就跟著我一起消失了。不，不可以這樣，這樣做對死者是不公平的；對我們的後代、對我們的民族是不負責任的。文化革命是我們這一代人都必須正視的歷史，想迴避在長達十年的時間裏，在九百六十萬平方公里的土地上，由十億中國人所演繹的這段歷史，這是不可能的！人各有志，有人要迴避，那是他的選擇。我有我的選擇，我橫下一條心，一定要

把這段不堪回首的歷史記下來。在眾多清華同學和老師的幫助和鼓勵下，我完成了《倒下的英才》，以此紀念在清華園武鬥中不幸喪生的人們。四年以後，2009年11月，《倒下的英才》初版在香港正式出版發行了。

該書出版以後，我已經記不清有多少人專門發來郵件告訴我：拿到此書以後，他（她）徹夜不眠，一口氣讀完此書；四十年前的往事，一幕幕又回到他（她）的眼前。接著，一份份勘誤表發了過來，一件件往事的補充和修正資料從世界各地送到我的手中。大家一致要求改錯、補遺。大家認為，這不是一本市井上流行的章回小說，來不得半點虛構；這是我們這一代人留給後人的重要歷史文件，不允許有一個字的差錯。我感到大家把這本書看得很重，很重。我認識到，《倒下的英才》是我們這些人臨走前交出的最後一張人生考卷，我們一定要竭盡所能，答好這張考卷，這是我們的歷史責任。於是，我重新整理了自己的思想，又欣然拿起了筆，開始了漫長、艱難的《倒下的英才》的補充和修正工作。

但是，在收集資料、訂正史實的過程中，我遇到了原先沒有預想到的困難。對同一件事，幾個親歷者常常有不同的回憶。我慢慢地明白了：身處現場的每一個人，都不可能像遊山玩水那樣地左顧右盼，他們都是高度專注，盯著自己眼前的人和事；他們更不可能像上帝一樣，居高臨下，俯視全局。比如五三〇那天，參加人數有幾百人之多，而武鬥的現場範圍實在太大了。在同一時間，在不同地點，演繹著不同的場景；而這些武鬥場景是轉瞬即逝的。於是，身處武鬥現場的不同地點，就看到了不同的場景，就有了不同的記憶。更何況，四十多年過去了，有些場景已經在記憶中模糊了，有些事情即使當事人都記不清了。有一位同學對我說：「我曾看過一些蘇軍將帥的第二次世界大戰的回憶錄，指揮同一戰役的不同指揮官，對同一事件，居然會各執己見，互相爭吵，甚至互相謾罵。」這些已經到了耳順之年[1]的同學

---

[1] 〔耳順之年〕：指已經過了六十歲。出自孔子的話：「吾，十有五，而

們也一樣，各個都堅持己見，不相退讓，只是沒有發生像蘇軍將領那樣的互相謾罵而已。

為了使最後成書的資料可靠、可信、符合歷史真實，我堅持下面三條原則：

第一，有爭議時，孤證不取。如鄭楚鴻一直堅持，五三〇凌晨，他看到了兩輛土坦克。但是，沒有人贊同。於是在初版，我堅持只寫一輛土坦克。

第二，以親歷的資料為主。比如許恭生之死，他上午7點左右受傷、到下午在醫院閉上眼睛，整個過程，我們只採用親眼所見者提供的資料，並與也受了重傷的霍玉金的情況互相印證，找出許恭生真正的死亡原因，還給許恭生一個公道。有些人有意製造不同版本，說什麼「被土坦克衝倒在地」，什麼「血流如注」，全都是無稽之談。

第三，各個親歷者所提供的資料，要互相印證。經過印證，去掉誤會，去掉錯認，去掉不合理的部分。如五三〇那天，老四的土坦克出動了三次，我們找到了三個土坦克的駕駛員；凌晨時分，同一輛土坦克在短時間內出現了兩次。到了這時，在修訂版中，我才接納了鄭楚鴻的說法，但改正了他的錯認。

在材料的取捨上是不可以採用少數服從多數的。我們對任何一個現場參與者所提供的每一點細微的材料都一視同仁，進行慎重認真地分析、討論。我們欣喜地發現，眾多的親歷者都本著對歷史負責的精神，他們所提供的材料絕大多數都是真實的、可信的。在我和眾多親歷者的共同努力下，我相信，又耗時三年的修訂版《倒下的英才》，是經得起歷史的檢驗的。

我們寫下這段歷史，絕對不是為了爭那個四十多年前的誰對誰錯，不是為了爭那個屬於四十多年前的榮辱。我們早已跳出這些狹隘的框框，拋開那些對錯與榮辱，這些東西對今天的我們又

志於學，三十而立，四十而不惑，五十而知天命，六十而耳順，七十而從心所欲，不逾矩。」

有什麼用？清華園的這段歷史，對我們這一代的清華人是刻骨銘心的，它是沉重的，也是不能忘卻的。這不僅僅是小小的清華園的不幸，也是960萬平方公里的祖國的不幸。它告誡我們，只有記住這段歷史，才能不讓那悲慘的歷史重演；它告誡我們，人要以善為本，國過要以民為先，要維護人的生存自由，要使大家都有做人的尊嚴，都安全、幸福地生活；它告誡我們，那些曾經對他的老師、對他的同學狠下毒手的人，必須正視歷史，以史為鑒，只有自我反省，才能得到社會的諒解。不堪回首的日子雖然已經過去，但是它的警示將永遠留給我們！我們要認真地總結這段歷史的經驗教訓，使我們的子孫後代，使中華民族再也不會重蹈我們的覆轍。為了完成歷史賦予我們這一代清華學子的神聖使命，我將竭盡全力，鞠躬盡瘁，死而後已。

我的喜怒哀樂在《倒下的英才》的修訂版中盡顯無遺，這是因為我深陷其中了。我與其他執筆者真實地記錄下了自己當時的所想、所做、所為。我們希望這些回憶能成為那個時代洪流中一個一個的小水滴，為那段歷史作一點點補充。修訂版中的一些章節在清華校友網上發表，徵求意見。對於我們的憶述，有人感動落淚，有人佩服不已；有人震怒，有人扯下了斯文的外表，破口大罵。在國內廣泛流傳的電子雜誌《記憶》第66期上，將本書即將出修訂版而引起的清華網上的爭論，列為2010年反思文革的10件大事之一。

我只是一個最終投向四一四陣營的普通群眾，對文革的認識很膚淺，我寫出的只是一己之見。那一段歷史實在太複雜了，我們這些執筆者，大多數是老四，在這裡寫出的只是我們這些人的所見所聞，沒有能夠記錄下當年事情的全部真相和某些人在幕後的操作。一些我們不知道的事件，書中不可能涉及。因此，我們呼籲，參加過當年文革的過萬清華師生，大家拿起筆來，趁我們還有記憶，共同記下那段歷史，使它不至於淪為任人雕刻的大理石。

到目前為止，清華文革的脈路大致已經清楚；老團和老四們爭論不休的是其中的很多細節。客觀地講，社會上的人們對這些

細節並無興趣。我想，我們也應該將我們有限的精力放到歷史的反思上面，我們要揭露的是文革的荒謬，我們要思考的是民族的未來。

修訂版《倒下的英才》中有幾個重要修改：

第一，在初版《倒下的英才》中出現的「東大操場上，千人對陣」的提法是錯誤的。在此，我要向廣大讀者致以深深地歉意，並向對此問題提出異議和批評的李自茂等同學表示誠心地感謝。《倒下的英才》的修訂工作就從調查1968年5月30日那天，東大操場上到底有多少老四上場、和老團對陣開始的。儘管老四一方的資料現在要準確多了，但在這裡，我很遺憾地告訴讀者，因為無法得到團派同學的配合，修訂版中團派同學五三〇上場的人數，是以上場的老四人員的感覺、老團人數比老四多進行估計的。

第二，把目前流行的清華「百日武鬥」的提法，改為「清華武鬥」。

美國作家韓丁1972年出版的《Hundred Day War》，譯為《百日武鬥》。「清華百日武鬥」的提法大概就從此時開始。2003年，清華大學唐少傑教授出版了《一葉知秋——清華大學1968年「百日大武鬥」》一書，也沿用了這個說法；2004年，清華文革中四一四派頭頭沈如槐出版的《清華大學文革紀事一個紅衛兵領袖的自述》一書，其中第六章的標題就是「百日武鬥」，清華「百日武鬥」一詞就這樣被流傳了下來。在初版《倒下的英才》中，我們也繼續沿用了「百日武鬥」的提法。

但是，在「百日武鬥」之前，清華園裏還有一場規模不小的1.4武鬥。但燊同學在他寫的《1.4武鬥》的文章裏指出：1.4武鬥才是團派極端分子挑起的清華第一場大規模武鬥。

也有人把清華武鬥劃分為「4.23到7.27大武鬥」和之前的「小武鬥」，認為1.4武鬥只是百日武鬥的前奏，屬局部、個別事件。他們仍然都採用了清華「百日武鬥」的提法。

在和一些同學經過多次反覆討論以後，我決定在修訂版《倒下的英才》中採用但燊同學的提法，這樣可以更全面、準確地反

映出清華武鬥從開始、發展到結束的全過程。因此，在修訂版《倒下的英才》中，不再使用清華「百日武鬥」的提法，而改為「清華武鬥」。

第三，在《倒下的英才》修訂版中，我們又增加了一些照片。近年來，我多次往返美國與香港，接觸到方方面面的人。我感到港澳臺與海外的許多人對中國的文化革命有很多誤解。比如，他們把那個時期的大陸年輕人一概統稱之為紅衛兵，並把他們臉譜化，就是身穿綠軍裝、腰繫黃皮帶、手握毛主席語錄，做出種種令人髮指的暴行，近似魔鬼。我認為以不可理喻的「大陸紅衛兵」，來對那個時代生活在大陸的年輕人一言以蔽之是不合適的，這不符合事實，也有欠公允。針對這種情況，我們在書中盡力收集了親歷者的照片，努力為讀者提供那個時代的真實景況。首先，我們盡力收集了他們在清華讀書時的照片。從照片中可以看到當年他／她們一個個都是風華正茂的好小夥和年輕秀美的好姑娘，並不是妖魔鬼怪；當時，他們幾乎無一例外地都被捲入了這場文化革命，這些相片記錄下的是那個時候他們在清華園的身影。然後，是他們在清華畢業後，努力工作、事業有成的照片。他們不是就會武鬥，他們是一群出類拔萃的社會中堅。最後是他們的近照，可以看出，現在他們生活得都很好，沒有窮困潦倒，沒有流浪街頭。由於受到篇幅的限制，我們只能把照片的一部分放入書中；而在磁碟中盡量收錄了更多的照片。

在初版作者序中已經提到，考慮到多種因素，書中一些人的名字被隱去了。在修訂版中，有一位414核心人物的名字，我們以化名蘇中代替了。但這些不影響本書的真實性。

本書封面選用傳統的清華紫，書名用白色字體，以悼念清華武鬥期間倒下的英才。

書中的1968年清華大學校園復原示意圖由土建系建九班的蕭春濤學友繪製。本書所附磁碟由作者的妹妹唐林鶴女士製作。畫家溫毅明先生為本書作畫。土建系房零班的單建學友，以他一貫的嚴謹作風，為本書認真地校對。

為了幫助來自世界各地、具有不同文化背景的讀者閱讀與理解本書，我們在某些章節中加入一些註解。這些註解絕大部分來源於互聯網，只供讀者閱讀時參考。

　　聰明秀出謂之英，英才乃才華出眾之年輕人也。在這本書中倒下的都是我們國家之英才。俱往矣！喜看今日之中國，新人輩出。如果這些倒下的英才在地下九泉有知，也一定會為祖國所發生的天翻地覆的變化，為更多的英才在成長而感到欣慰。願這些倒下的英才安息吧！

　　　　　　　　　　　　　　　　唐金鶴2012年冬於香港

我在清華大學經歷的文化大革命[1]

王大定

1966年6月開始了文化大革命，我的大學學業中斷了。我所在的班——清華大學工程化學系6902班（當時簡稱為「化902」）成了全校最有名的班級。班上出了一位大名鼎鼎的人物：蒯大富。我也被捲進了文革旋渦，當了「造反派」。

一、文革前的政治氣氛

文革之前，國內的政治氣氛已很濃重。中蘇論戰，發表了「一評蘇共中央的公開信」，「二評」，「三評」，直到「九評」。學生們相信了宣傳，蘇聯「變修」了，我們要「防修反修」。之前，我們都知道南斯拉夫已變成了「修正主義」。另一個重要的政治運動，就是全國大學毛主席著作。自林彪主持解放軍工作之後，全軍學毛著，全國人民學習解放軍，形成一個學習的高潮。清華「突出政治」也抓得很緊。當時，我對學習毛著是很認真的，毛選四卷通讀不止一遍。我是團支部宣傳委員、政治課代表，當然更得帶頭學。而現在看來，那時的「學習高潮」，實際上是搞個人崇拜，破壞民主集中制原則，形成個人專斷，給全國人民帶來了很大的災難。

文革前奏，是《文匯報》發表姚文元的《評新編歷史劇〈海瑞罷官〉》，批判吳晗的這個歷史劇是為彭德懷翻案。接著就是

---

[1] 本文作者是文革時清華大學化902班學生，蒯大富的同班同學。在文革中參加了蒯大富領導的井岡山兵團。將此文推薦到清華校友網上的是他的同班同學陳楨祥。陳當時屬於與他對立的「保皇派」（後來則成為「逍遙派」）。本文中括弧裡的「陳注」即陳楨祥對一些史實的不同記憶。

批判北京市委的「三家村」，即鄧拓、吳晗、廖沫沙三人。後來我們知道，這是毛主席向北京市委動刀。順便提一下，鄧拓的女兒鄧小蘭，是我同系、同級的同學。鄧拓是含冤自殺的。儘管他一生忠於毛澤東，毛澤東仍把他推向絕路。吳晗的一個外甥女叫做宋滇，她與我同系，高一年級，擔任我這一年級的政治輔導員。文革中她的家族受害，她仍然靠攏「造反派」，我猜想她是由於害怕，所以違心地靠近這一派。到畢業分配，她被發配到沙城農場，那是當時「黑五類」子女去的地方。

二、文化大革命開始，造校黨委的反，工作組進校

　　文化大革命開始，清華校園內出現了「揭發」彭真的大字報，說彭真是混進中央的修正主義分子。這時我才注意到，報紙上很長一段時間彭真沒露面了。記得1965年，北京學生紀念「一二‧九」運動，曾在人民大會堂開大會演出節目，清華表演的是最後一幕戲叫「北京學生支援全國學生運動」，（陳批：應該是「中國學生支援世界革命」，我當年也參加了此次演出。佈景投影的是天安門，我們扮演首都學生民兵，手拿步槍跳各種動作，與穿各種民族服裝的學生一起支持世界革命。）我班全班（陳批：我記得是一部分）同學參加了這一演出，扮演的是在天安門前遊行的學生隊伍。謝幕時，彭真上臺來與演出的學生合影，前排的學生還和彭真握手。文革開始，人們就知道，北京市委被改組了，彭真被撤職，李雪峰調任市委書記。毛主席說原北京市委是「水潑不進，針插不入的獨立王國」。

　　1966年6月2日那天，電臺廣播了北京大學聶元梓那篇著名大字報（即被毛主席稱為「全國第一張馬列主義大字報」的），清華園就混亂起來了，（陳批：當天我們許多同學就走到北大，支持北大革命行動。我記得，當時聶元梓就與蒯大富在北大某食堂前臨時搭的臺上第一次握手。）學生停課鬧革命、紛紛寫大字報。部分大字報直接批判清華黨委執行的是資產階級教育路線。

回憶那時主要論點有：北大執行的是資產階級教育路線，難道清華不是？清華沿襲歐美教學方式，建國後作院系調整是學習蘇聯的教育制度，教材也是參照蘇聯的教材編寫的，蘇聯已經變修，清華的教育路線也就是資產階級、修正主義的路線。黨委書記蔣南翔執行的是「教授治校」──「108將」治校（據說清華有108位教授）。先前在反右鬥爭中，蔣南翔打垮了治校的教授這一股強大勢力，劃定了很多右派；他站穩腳之後又分批為右派摘帽子，因為教學最終還得教授擔當主導作用。文革來了，學生們又利用反右鬥爭作藉口批判蔣南翔。還有一個觀點是說蔣南翔貶低、反對毛澤東思想，理由是蔣南翔把毛澤東思想稱作馬列主義「高峰」，而林彪稱之為「頂峰」，高峰沒有頂峰高，所以是貶低、反對毛澤東思想。（陳批：我印象中當時大字報爭論主要圍繞校黨委姓「馬」還是姓「修」的問題。）

這些觀點，現在看來是多麼荒唐可笑，但當時卻是堂而皇之的響噹噹的觀點，誰也不敢反駁。

我也寫了一張大字報。因為《解放軍報》發表社論《突出政治要落實到思想革命化上》（批判羅瑞卿搞軍隊「大比武」是不突出政治），我看了這社論，聯繫到清華推行的「突出政治要落實在業務上」，就寫大字報說清華也不突出政治。現在看來，「突出政治要落實在思想革命化上」，完全是一種空論。當時我頭腦發熱，也就寫了這張大字報──其實，我自己一向也是注重業務學習的。

值得一提的是，最早寫大字報反清華校黨委的學生，是劉少奇的女兒劉濤、賀龍之子賀鵬飛、李井泉之子李黎風、劉寧一的女兒劉菊芬等一批高幹子女。一般學生哪敢寫反黨委的大字報？反右鬥爭的教訓銘刻人心。文革進一步的發展，這些高幹都被打倒，其子女們成為「可以教育好」的子女。這些子女為什麼在開始時那麼積極？我猜想，是這些高幹都上當受騙了，他們以為揪走資派只到彭真為止，而又看到毛澤東要造教育界的反，蔣南翔當過彭真的秘書，所以讓他們的子女帶頭行動，迎合毛澤東，又

可以使子女獲得政治資本。有一種觀點是：劉少奇為了保自己而拋出了蔣南翔，是政治上的捨車保帥。

大字報使全清華一片混亂，蔣南翔也組織人寫大字報，肯定校黨委的成績以自衛。但是自衛沒起到作用，6月12日，北京新市委李雪峰派工作組進駐清華園，宣佈蔣南翔停職檢查。這就意味著蔣南翔及清華校黨委被打倒（請注意，是被工作組打倒的，不是學生們打倒的），學校權力歸工作組。成立了「清華大學文革領導小組」，校一級組長是賀鵬飛，還有劉濤、李黎風等人。各系各班都在工作組的主持下成立文革小組。到我班的工作組人員叫張茜薇，（陳批：張是工化系工作組副組長，當時是化工部下屬某研究所所長。組長是化工部某司副司長，女性，資格挺老的，當時就聽說她配有專車。我班工作組成員是北京某紡織廠的一位車間黨支部書記，男性。）她是領導過海陸豐起義的烈士張太雷的女兒。我班文革小組組長是蒯大富，我是成員之一。

這樣，以對黨委的態度，全校師生第一次被劃分為「造反派」和「保守派」，或稱「反蔣派」和「保蔣派」。（陳批：我班在批判校黨委時分成「十七人小組」和「十一人小組」。我當時是「十七人小組」的，是「保蔣派」，實際上我們也沒有去保蔣南翔。當時清華像黃報青那樣死保蔣的人屈指可數，絕大多數師生是聽黨中央的，如《人民日報》社論所號召的「拿起批判的武器」。我們覺得應該先批判後下結論──一切結論都在調查研究之後。他們「造反派」也許「先知先覺」，已經斷定校黨委是姓「修」的。工作組進校了，我們也就成為「保皇派」。）自此，黨委成員都被稱為「黑幫」人物，受到大會小會批判（請注意，第一階段的「造反派」是賀鵬飛、劉濤、李黎風等高幹子女）。

這段時間北京各高校的情況很相似，黨委都被打倒，都陸續派了工作組，成立了以高幹子女為主的文革領導小組。全國各地陸續掀起了造黨委「反」之風。

現在回想：當時為什麼那麼多學生參加造反？是什麼動機？

這是因為當時的政治氣氛，上上下下的政治教育，都說要聽毛主席的話，要關心國家大事，要把文化大革命進行到底，要防止資本主義復辟。這些說教深入人心。學生們積極擁護中央決定，懷著對毛主席的熱愛（崇拜），憑著一股政治熱情參加運動，起來「造反」。所以，實情絕不是現在社會上籠統認為的，是什麼一批壞分子起來造反。例如，劉濤、賀鵬飛這批高幹子女就是最早的造反派。再例如，當時我班十二個（陳批：應是11人）給黨委寫大字報的同學，十一個是團員（包括我，當時的團支部宣傳委員），一個是黨員（當時的班長）。當然，學生的這種熱情是很幼稚的，盲目的，歷史證明這種熱情易被別有用心的人利用，成了黨內權力鬥爭的工具。

三、懷疑工作組和「反蒯」鬥爭

清華大學在工作組和文革小組的領導下，大力批判蔣南翔為代表的校黨委，批判資產階級教育路線。可是，沒幾天傳出一陣風：工作組竟是舊北京市委派來的。有個姓王的學生首先貼出懷疑工作組的大字報。這股風從何而來？當時我不理解。現在有一種解釋，是中央文革小組散佈出來的。但是，也不一定如此。當時，時興一句話：要「懷疑一切」，據說是馬克思說的，學生中也就容易產生懷疑工作組的看法。

我班的蒯大富迎合了這股懷疑風，對工作組提了不少疑問。（陳批：關鍵是蒯當時提出向工作組「再奪權」！這還得了？！——蒯在化901班劉才堂的大字報上用鋼筆批註：「過去權在校黨委手裡，我們把它奪了過來。現在權在工作組手中，我們革命造反派就要想一想這權是否代表我們？代表我們則擁護，不代表我們則再奪權！」按當時正統的思維方式就是反革命。）大概是6月22日吧，全班被召集開會，除張茜薇外，（陳批：我記得張當時沒有來）到會還有一位工作組人員，不知姓名，顯然比張的職位高。（陳批：當時我們接到系工作組通知，說王光美要到我

們班來聽取大家對工作組的意見。當時我們在三院的教室打掃衛生，課桌圍成一圈，大家都非常興奮。）他們說，知道化902班的同學對工作組意見較多，特來聽取意見。會上多個同學發言，蒯大富發言最多。（陳批：蒯是主持會議，並沒有對工作組提意見。因為當時王光美沒有來，她的秘書及校、系的幾個工作組組員來。蒯等人認為這是工作組的陰謀，想利用王來套取他們的意見。王光美的秘書是一位帶黑框眼鏡、姓「崔」、大約40來歲的女士。第二天，在階梯教室旁的石椅邊與我等三人說：「當時蒯等人都不說話，在底下互相遞條子。」聽到此話我深感當時工作組對蒯等已經很注意了，是有備而來。因為當時我在會上給工作組提的意見是最激烈的，但事後對我這個「保皇派」並沒有怎麼樣。）當時提了些什麼意見我現在也記不起來了，我沒發言。第二天，清華轟動了。原來，蒯大富在晚上集合了我班十位同學（十位中沒有我）寫了大字報，「葉林，這是怎麼回事？」（陳批：應是《葉林同志，這是為什麼？》）一式二份貼在兩個地方以供更多的人看。大字報上稱，工作組到化902班開會，是套取學生的情報，因此質問清華工作組組長葉林。（陳批：當時我們都還不知道王光美已是工作組的顧問。）此大字報造成了清華園更大混亂，工作組難以再繼續維持工作了，不得不組織全校「大辯論」，以期批倒蒯大富，壓制住懷疑工作組這股風。1966年6月24日晚，在大禮堂，工作組安排了我班部分學生為一派，蒯大富等人為一派進行辯論。觀看的學生擠滿了大禮堂，可以想像，對工作組持懷疑態度的人擠進來的較多，所以工作組控制不了會場，我班的學生被安排坐在中間前兩排。這次會上我自己跳上去說：「蒯大富這個大字報我是不贊成的，而工作組這種做法也是錯誤的，是挑動學生鬥學生。」（陳批：第二天王光美的秘書老崔對我們說：王光美當時在強齋聽禮堂辯論實況，評價說完全像資本主義國家的所謂「民主」。）當時，《人民日報》有篇文章，說走資派「挑動群眾鬥群眾」，我記住了這句話，認為工作組是「挑動學生鬥學生」。我這是各打一巴掌。因為這句話，我雖然

沒有給工作組寫大字報，也不贊成蒯大富的做法，後來仍然被打成了「蒯派」人物。辯論會亂哄哄地散場了。蒯大富後來認為這個會是他的勝利，在1967年6月24日還開過小型會紀念這個日子。

「6.24辯論」動搖了工作組的權威。6月27日工作組召開全校學生大會，卻發票參加，反工作組懷疑工作組的人都不准參加，我也沒讓參加。事後知道這是傳達中央精神，反擊趕工作組走的「反革命潮流」。全校整頓，凡有懷疑工作組言行的學生，都成了批判對象，被稱為「蒯派人物」，相當於「反革命」，被押管起來，喪失了自由。全校好多班都有這種人物，但各班也只個別幾個吧，而我班最多，除了在蒯大富那大字報上署名的十位同學，還有我，另一位對蒯有支持言論的同學，共十二人。蒯大富是第一號人物，由上一年級的學生看管。其他的被分押到化9年級各個班看管，我被分到化903班看管。建國以來，中國的政治運動真是多，運動的對象往往被隔離看管起來。（陳批：成立兩個「專案小組」，一個是「蒯大富專案小組」，另一個鮑長康等「十人專案小組」。「蒯大富專案小組」是重點，集中了全系的精力整他的材料；我們對此做法都不理解，因為他們都是我們同班的同學。）我第一次嚐到被看管的滋味，心中很害怕，感到很恐怖。全校展開了「反蒯鬥爭」，各系，各班都批判「蒯氏人物」，鋪天蓋地，成了運動的中心。工作組召開全校大會、全系大會，批判蒯大富，說反對工作組就是反黨，反對文化大革命，是反革命；說蒯大富是校黨委留下來的定時炸彈，是校黨委培養的修正主義苗子……其實這些論點是完全站不住腳的，就在幾天前，蒯大富是寫大字報反校黨委的。文革中的大批判，總是「上綱上線」，無限上綱，往死裡整。一次次的批判會，蒯大富就是不承認錯誤，不接受對他的批判。而我卻沒有他這一精神，趕快承認自己犯了錯誤，寫檢查。

蒯大富雖被看管起來，某一天，他寫了一張毛主席語錄貼到宿舍樓「新齋」門口，表示了堅持鬥爭的意思，以後每天貼一張。後來我才知道，這是中央文革小組的關鋒、戚本禹去見了蒯

大富，給他放了點風，說有重要人物支持他，要他對抗工作組的批判，所以他又強硬了起來。

除了蒯大富之外，我班「蒯派」人物一個個地被全年級學生輪番批鬥。有一天輪到開會批判我，突然改變了，宣佈改成全校批判蔣南翔的大會。自此，就再不批判學生了，專門批判校黨委。某一天，我班全班同學除蒯外（陳批：我記得鮑長康也沒有參加），被工作組帶到甲所開會，那是清華校黨委原來辦公的地方，我第一次進這麼高級的會議室，很大的玻璃鏡子，高檔的會議桌和椅子。我們圍著桌子坐定，進來一位中年婦女，穿著短袖襯衣，坐到靠我邊上的椅子上。我當時不知道她是誰，後來才知道她就是劉少奇夫人王光美。（陳批：事先我們已知道王光美要接見我們。我們整齊地排好隊去甲所。王光美站在會議室門口迎接我們，與我們一一握手。大家坐成一圈，王光美剛好坐在我的旁邊。她認真聽取大家的發言，手中拿的是一支鉛筆，在一張白紙上作記錄。當時中央已經在開全會，對劉少奇可能已經很不利。）王光美主持會議，與我們交談，我感覺到主要內容是給受批判的同學消除點壓力，但要我們與蒯大富劃清界限。會議約一、二個小時。會議畢，讓王光美先出了會議室拐入某個房間，才讓大家離開，有點神秘。這是我第一次見到王光美。

又過了幾天，大禮堂前貼出一張大字報，只有簡單幾句說「北大工作組撤走了」。緊接著，眾多的大字報貼出來了，報導北大工作組的情況，報導江青在北大講話，控訴工作組迫害她女兒。馬上，清華的工作組再也控制不了局面，撤走了。批判學生的善後工作由學生來做，我的檢查都退回給了我，903班的同學當著我的面，將審問我的記錄扯碎扔掉。

大約是7月29日，在人民大會堂召開北京部分學生大會，會上劉少奇被迫作檢查，說是「老革命遇到新問題」。

清華就這樣經歷了派工作組,懷疑工作組,批判學生這一個階段。北京各大專院校都有相似情況。現在回憶，有兩點看法。

1、派工作組本身不是錯誤的，建國以後多次運動都有派工作

組的形式。例如，就此前不久的「四清」運動，清華的學生約一半都去當過工作組成員。但是，這種批鬥學生的方法是錯誤的。歷次運動，比如反右鬥爭，都有批鬥，文革中就特別激烈了：工作組批鬥校黨委、批鬥學生，後來又被學生批鬥，王光美也被清華學生批鬥。現在看來，批鬥人完全是違反憲法的，是非法限制人身自由、非法傷害他人。但願中國今後不再發生這種批鬥的事，要按法律辦事。

2、文化大革命開始不幾天，毛澤東就離開北京，讓劉少奇主持工作。這可能是一個陰謀。就是讓你負責，而又讓中央文革這些人暗中製造麻煩，煽起懷疑工作組的風，然後適當的時候回到北京，說你執行了資產階級反革命路線，作為打倒你的理由。現在看得很清楚，毛澤東搞文革的主要動機就是要打倒劉少奇。

四、清華大學的紅衛兵

工作組撤走了，文革小組掌權，繼續批判校黨委的「資產階級教育路線」。可是受過工作組整的學生不答應，要批判工作組，叫嚷要把工作組負責人揪回清華批鬥。這樣，以對工作組的態度，學生們又重新劃成了兩派。1966年8月8日，反工作組一派的學生在大禮堂開串聯會（我參加了），鼓動組織起來批鬥工作組，後來就稱為「88派」。8月9日，另一派也在大禮堂開會，後來就稱為「89派」。這樣，清華大學以對工作組態度第二次劃分為「造反派」和「保守派」。第一次「造反派」中的高幹子女，一般變化成了第二次的「保守派」。

組織「紅衛兵」，是從清華附中開始的吧，我不是很清楚。清華大學則由劉濤、賀鵬飛、李黎風、劉菊芬等人為主要領導，「89派」學生為主體，成立了「清華大學紅衛兵」。8月18日，毛主席第一次接見紅衛兵。我沒有參加這個大會（以後的幾次，我也沒參加）。在紀錄片中看到，毛主席穿上軍裝，紅衛兵代表上了天安門（清華的代表是劉濤等幾位）。清華的「88派」成立了

另一個紅衛兵組織——「毛澤東思想紅衛兵」。清華就有了兩個觀點不同的紅衛兵組織。我參加了「毛澤東思想紅衛兵」，帶上了袖章。但這時的「88派」紅衛兵認為，蒯大富不是反革命，但也不是英雄。蒯沒有參加「88派」紅衛兵。

1966年8月22日晚，周恩來總理到清華向全校師生作報告。在西大操場上搭了臨時講臺。那天晚上斷斷續續下著小雨，臺下學生一次又一次地呼喊：「給總理打傘！」總理卻一直不讓打傘，冒雨作報告。總理的報告，講了工作組這樣批鬥學生是錯誤的，但是，也沒說懷疑工作組就是正確的。對蒯大富，周總理講，蒯大富一直堅持自己的觀點，對一個年輕人來說是很不容易的。也沒說他是英雄。這是我平生第一次直接聽周總理作報告。周總理的報告，很快根據錄音整理刻印成冊子，我可惜沒保存一本。（陳批：為了開這個大會周總理事先做了很多工作，在人大會堂分別接見了不同觀點的人，包括我們這派的朱金根。據朱事後說，周總理事先交代，你們發言不能再說蒯大富是反革命，否則我就要給他平反。當時朱代表我們在大會上發言時脫離事先我們準備好的講稿，喊到：「蒯大富是不是反革命？」會場一片「反革命！反革命！」朱發言後安排蒯發言，會場一片「下去！下去！」的喊聲，不讓蒯發言。後來總理在會上說：今天的大會是很好的「群眾鬥群眾大會」。接著為沒有安排好這次大會做了自我批評並為蒯平反。後來，朱金根為自己沒有聽周總理的指示、給總理增添麻煩感到十分悔恨。朱金根說周總理稱蒯大富他們是「激進派」。我倒覺得總理這種提法是頂確切的。）

清華園接下來這段時間，是兩派互寫大字報攻戰。我召集我班的十個人（十二個被工作組批鬥的學生中，將蒯大富及另一位同學排除在外，以示和蒯大富有差別）寫大字報，控訴工作組對我們的迫害，同時也批判保工作組的觀點。即那時我們也要與蒯拉開距離。

不久，北京城內興起了「破四舊」。結果卻是破壞文物，抄家、打人、打死人等一系列搞破壞的違法行為（這裡要特別指

出，這些是以高幹子女為主的紅衛兵幹的，與清華後來的「井岡山紅衛兵」無關，與蒯大富無關）。在清華大學，保工作組這派的「清華大學紅衛兵」（劉濤、賀鵬飛這派的）為表示「革命」，拆毀了典雅的清華二校門。那天，我聽到高音喇叭喊，要拖拉機開到二校門。據說，那天將「牛鬼蛇神」（即被打倒的校級領導）叫到二校門搬拆毀的磚塊，一邊搬，一邊還得喊「我是牛鬼蛇神」，否則就挨打。

清華的二校門被作為「四舊」拆毀了（注意，不是蒯大富這派幹的）。1967年在清華「井岡山」即蒯大富掌權的時候，在二校門廢址建了一個毛主席揮手的全身塑像，座臺刻上由林彪親自給題字的「偉大的導師 偉大的領袖 偉大的統帥 偉大的舵手毛主席萬歲 萬萬歲」，即「四個偉大」的題詞。落成時我們圍著瞻仰。這是文革中第一個毛主席塑像，此後他的塑像雨後春筍一樣在北京各高校，在全國各地樹立了起來。我畢業後到甘肅工作，路經蘭州就見到在東方紅廣場樹了一座巨大的毛主席像。清華的塑像是站立揮手姿勢，同學們紛紛留影，照片上寫「毛主席揮手我前進」。我班畢業前夕，全班在毛主席像前合影，現在我班每個人手中還有這張照片。文革後期，全國的毛主席塑像紛紛被拆除，清華的也被拆除了，在原址照原樣重修了二校門。現在見到的，就是重修的二校門，清華已將之作為註冊圖案，此是後話。

兩派紅衛兵混戰一陣子，毛主席的「炮打司令部——我的一張大字報」傳到了清華，「毛澤東思想紅衛兵」，即反工作組的這一派就占了上風。

劉少奇在黨內的位置由第二位下降到第七位，接著通知下來，收繳劉少奇的書《論共產黨員的修養》。這表明劉少奇已經開始被整垮。當時，我心中慶幸自己站對了隊。

蒯大富雖然是反工作組的第一幹將，但是「毛澤東思想紅衛兵」仍把他排斥在外。9月份，蒯大富著手組建「井岡山兵團」。我開始時猶豫，遲遲沒加入他這個兵團，蒯大富問我：「是不是

害怕了？」我被他激將，就加入了「井岡山兵團」。之後由我主持成立了「井岡山工化系分部」，任負責人。

1966年10月3日，在北京首都體育場召開10萬人的紅衛兵大會，江青等中央文革成員全都到場。這個大會上，讓蒯大富擔當大會主席，這樣，就把蒯大富擺到了一個「革命英雄」的位置，很快就成了家喻戶曉的人物。10月3日大會表明了中央文革小組對蒯大富的支持，清華大學「井岡山兵團」就猛烈擴大，毛澤東思想紅衛兵併入了「井岡山兵團」，而「清華大學紅衛兵」銷聲匿跡了。清華大學一時成了蒯大富的天下。

1966年約11月份（本刊注：應為9月6日），若干院校紅衛兵聯合成立「首都大專院校紅衛兵革命造反總司令部」，在人民大會堂開大會。江青、康生等人都出席坐在主席臺上，蒯大富作為「司令」（本刊注：「三司」主要負責人即所謂「司令」當時是地質學院的朱成昭）帶領大家念誓詞「……生為毛主席而生，死為毛主席而獻身……」我參加了這次大會，坐在主席臺下前幾排，清楚地看到蒯大富與康生言談說笑。因首都紅衛兵已經有了兩個司令部，這個司令部就稱為「第三司令部」，後來就簡稱「三司」。「三司」聲勢最大。

自毛主席接見紅衛兵之後，全國進入了串聯高潮，坐車不要車票（在北京，一段時間內吃飯也不要錢），我在12月份也出京串聯考察了一個月，去了長沙。長沙也出現造反和保守派，我與造反派有過接觸、表示支持，但沒做具體事情。在長沙，去了韶山瞻仰毛主席故居。那時是湖南省委組織的，每天幾輛解放牌大卡車免費接送去參觀，每人還發一枚毛主席紀念章。

我與兩位遇到的北京中學生步行到寧鄉「串聯」。這裡我做了一件當時是「革命」的，現在看來是很荒唐的事。寧鄉是劉少奇的故鄉，寧鄉縣城食品公司的櫥窗裡掛了一幅畫——「劉少奇故居」，是一座高樓門大瓦房。我與兩位中學生寫了張大字報說他們保劉少奇，欲貼到玻璃上。公司的負責人馬上出來，沒譴責我們，客氣地說：「不要貼大字報了，我們馬上把這畫取下

來。」第二天就不見此畫了。寧鄉縣政府客氣地給我們安排汽車票讓我們回了長沙。

五、「井岡山兵團」及其「批鬥王光美」，
毛主席接見蒯大富

現在回憶起來，清華「井岡山兵團」成立之始，就被中央文革小組操縱和利用，充當了打倒劉少奇的工具。當時這些學生自認為是「站在了毛主席革命路線上」，是完成光輝使命。「井岡山兵團」第一個到北京城遊行，公開在社會上喊出「打倒劉少奇」的口號（我沒參加這次活動）。兩次「批鬥」王光美，從身心上打擊國家主席，我參與組織了這兩次批鬥會。

1、第一次「批鬥」會。

1967年元月6日，我班一位同學帶了一些人到建國門外的中國科學院「學部」，去抄楊獻珍的辦公室，想找到「材料」批判楊獻珍。但沒達到目的反而連人帶車被扣下了。井岡山兵團總部辦公室主任潘某，讓我去調解將人要回來。回來之後天已黑了，潘突然告知我，王光美抓來了，立即批鬥王光美，讓我先集合工化系學生隊伍，先圍好主席臺。

原來那天，王光美在北師大附中念書的女兒要在大會上做「檢查」（她支持工作組積極參與了批判學生），清華水利系幾個學生想到了一個鬼主意：他們將她控制住，連哄帶嚇，讓她給她媽打電話說出車禍了，在兒童醫院做手術。女孩年幼無主張不得已就打了這個電話。水利系的這些學生控制住了兒童醫院所有的電話不讓接，在兒童醫院等著。王光美在劉少奇的陪同下來了，這些人不顧國家主席及夫人的尊嚴，將王光美塞進吉普車就拉到了清華。我集合學生圍好西大操場主席臺後，高音喇叭響了，通知全校師生到西大操場開重要大會。很快操場上擠滿了人。這種會總是有什麼重大的事或重大的人物來臨，所以學生總

是積極來觀看。我在主席臺上，看到王光美被帶上來了，外面套了一件軍大衣。北京元月天很冷，這軍大衣是學生們去農村參加「四清」時借用的。這時，一位中年男子匆匆來到了主席臺，自稱是周總理的秘書，總理派來的。他說：「總理知道這事以後非常著急，打電話到清華沒人接。要我來向清華學生交待，一、王光美來了可以批鬥；二、不能打她侮辱她；三、批鬥之後送回去。」後來聽說，總理知道這事之後非常氣憤，說「這是法西斯行為」。但是，在當時的情況下，總理也不能果斷地將王光美接回，只能採取折中的辦法派人來關照王光美不要被打著。

批鬥會毫無準備，學生亂哄哄地「批判」，王光美亦隨口辯答。我的感覺是，學生說不過王光美。因學生們只是按照報紙上寫的或聽說的王光美「罪證」來「批判」。這些「罪證」往往不是真實的，王光美的辯護也就顯得有理。這次「批鬥會」蒯大富不露面以留退路，若上頭實在怪罪下來就說是「別人瞎搞的」。

過了幾天，清華《井岡山》報整版刊登一篇文章《智擒王光美》。這時候的清華《井岡山》報發行量僅次於《人民日報》。蒯大富拿回這一報紙在宿舍對我說：「戚本禹稱讚說：『這文章真好，可惜《人民日報》不能登。』」這就是我所經歷的第一次鬥爭王光美，也是我第二次見到她。

2、第二次「批鬥」王光美

第二次批鬥會是1967年4月10日，是「中央」，是周總理批准的。此會事先做了準備。4月9日夜，我的任務是派人守住各校門阻止人擁進清華擠會場。會場設在清華主樓前的廣場，主樓的跑車臺作為主席臺。體育學院的學生先到，負責維持秩序，將會場圍成幾個區域。我集合工化系全體學生和員工（陳批：在當時不可能是「全體」，本人就沒有去，只是在校園內走走，聽廣播裡傳來的批鬥聲，也到主樓眺望過主席臺，人山人海，根本進不去也不想進到會場去。）坐到最前排圍住主席臺，阻止人們擁上主席臺。那天人山人海。主樓前廣場東西約300米，往南延伸，超出

了校院直到五道口都擠滿了人，據說那天有30萬人參加，是群眾組織召開的人數最多的大會。我坐在主席臺西側第一排，王光美就站在我座位的前面接受批鬥。主席臺東側的前邊，蔣南翔、彭真、楊尚昆、薄一波四人陪鬥。批鬥會開一段時間，將王光美帶入主席臺後的主樓內，休息一會兒被換個打扮再站出來。如各種報導上說的，王光美被仿出訪印尼時的打扮穿件旗袍，用乒乓球作一串「項鍊」帶上。王光美不作反抗，但也不卑不亢站那裡，任由批判者怎麼講（不准她說話）。我班的一位同學代表我班發言。某系有一位同學是在被工作組批判時去臥軌自殺弄斷了兩條腿，也安排了發言。

這就是第二次批鬥王光美，我參與了這件事，是我第三次見到王光美。很快，批鬥會的照片傳遍全國，現在，在網上還能見到當時的個別照片。這次批鬥會，是「中央」將王光美交到群眾組織手中受「批鬥」、受污辱。說明這時，毛澤東已成心將劉少奇打倒，將幾十年並肩作戰，出生入死的戰友當作仇人整治。批鬥王光美，是對劉少奇的直接打擊。我們這麼一批學生抱著「忠於毛主席」的熱情，充當了打倒劉少奇的打手。當時是「革命行動」，現在看來完全是錯誤的。但是，這些錯誤行為，也不能怪我們，當時的年輕學生是受了利用。

3、毛主席接見蒯大富

1967年5月1日，在天安門城樓上，毛主席接見了蒯大富。那是一次天安門廣場的群眾大會，蒯大富被邀請上了天安門城樓，周總理將蒯大富介紹給毛主席。在毛主席伸手，蒯大富伸手，兩手將接觸時，記者拍下了一張照片。過幾天在宿舍，蒯大富高興地將照片拿給我看。受到毛主席的接見，那時是最光榮的事。這次接見說明了毛主席對蒯大富的支持。

六、「清華井岡山」的分裂

「清華井岡山」自與「毛澤東思想紅衛兵」合併伊始，就有思想差別，就有權力之爭。有一批更激進的人，組成一個戰鬥隊叫做「廿八團」，據說林彪在井岡山是「廿八團」團長，以此起名表示像林彪那樣忠於毛主席。「廿八團」是蒯大富的嫡系部隊。而另一派人，似乎主張比較溫和、更策略的「革命」。這另一派人終於在1967年4月14日召開串聯會，宣佈脫離蒯大富獨立。自此清華井岡山分裂成兩派：「團派」和「四一四派」。我是當然的「團派」成員。

這樣，清華大學就第三次形成了兩派，兩派都是造反派，而團派更激進。

井岡山分裂成兩派之後，工化系團派的人認為我太軟弱，在一次會議上起閧推舉我班另一位同學當分會頭頭，我也有些厭倦不想幹了，趁此甩掉了這一職務。幾十年後同學再會時，我班這位同學說：「大定，你還記得不，是我把你趕下臺。」大家一笑了之。我雖然再沒當這頭頭，仍然是團派的人，參加了一些活動。主要的一次是「揪劉火線」。

清華「井岡山兵團」一直把矛頭對準劉少奇，充當反劉先鋒。大概是1967年7月份，集合浩蕩的隊伍到中南海門口示威遊行，高喊口號「打倒劉少奇」、「將劉少奇揪到清華批鬥」。這一行動，據說是蒯大富受到了張春橋的指使。當時我是作為工化系的領隊人員之一參加的，在中南海西門喊了一陣口號就回校了。之後各院校回應聲援，惟恐在「揪劉」行動上落伍，到中南海門口鬧哄了好多日子，把這稱為「揪劉火線」。

清華的兩派爭鬥，完全成了春秋無義戰，後來我基本上不參加派別活動了。我得到8月1日的不要錢的火車票回家玩。8月2日到武漢就知道了：8月1日武漢紀念毛主席橫渡長江一周年，進行橫渡長江活動。因為觀看的人太多，後面人將前面人擠到水中，

淹死了幾十個人。那時不少地方年年搞這種橫渡紀念。我到了家鄉湖北鄖縣。鄖縣當時出現了多個造反派，矛盾重重。我動員各派協調合作，沒起到什麼作用就不再介入了，9月份返回了學校。

七、我在清華分校

大概1968年春節過後，清華分校（建在四川綿陽青義鎮的小山坳裡）來了幾位造反派工人，要求井岡山派人到分校「領導革命」。團派總部派我去，我也想到四川看一看，就欣然答應了。文革前，清華、北大開始建分校，北大的分校選在漢中。我第一次進川。火車上非常擁擠。在彎道處看到前後車廂，車廂外，車廂頂上都坐了不少四川老鄉，他們冒險這樣坐車外出或回家。到了清華分校，那時還只是一個未建好就停工的工地，對外稱為「651工地」（意思是65年1號工地，北大的稱為653工地）。工地上約六十幾位職工，基本上是四川的年輕人，兩位清華64年的畢業生分配在這裡工作，當時就是管理職工，看好工地。由於二位老師被打成「保守派」，管不住這些職工，工地成了無政府狀態。我去之後，以井岡山的名義，與職工中的造反派頭頭，成立一個「井岡山兵團651分團」。他們很聽我的。我規定不准參與社會上的文革活動，要「抓革命、促生產」。管理工地具體該做哪些事，我聽二位老師的意見。我責令回家不上班的職工回工地上班，否則停發工資。這樣，就把職工組織了起來，做些能夠做的事。後來我回到北京清華時見到了這二位老師，他們稱讚我在那兒做得很好。這個工地在文革後變成了西南建材學院。

我在清華分校做了一件錯誤的事。那時，清華發生了武鬥，「團派」派來一位同學（他原先在這裡參與了綿陽的文化大革命，熟悉不少造反派）搞武器，要我出車配合。我派車同去了一次，但這次沒搞到。在後來的「清查516」過程中我交待清了這事，大概是核查屬實，也就沒有事了。

八、武鬥，工宣隊進校與「紅衛兵運動」的結束，畢業

　　清華的團派和四一四派在1968年終於爆發了兩派武鬥。全國此前已經有了廣泛的武鬥。例如我去的綿陽，兩派武鬥死了不少人，一派的人被趕出綿陽城到山上「打游擊」；陝南的安康及平利縣武鬥，我大姐家被燒。全國武鬥，尤其是北京高校武鬥，說明了文化大革命已經亂到不可收拾的地步，這是毛澤東原先沒想到的吧？這種情況下，向北京各高校派出了「工人毛澤東思想宣傳隊」，即「工宣隊」。工宣隊進清華時，受到了當時武鬥占上風的「團派」，即蒯大富這一派的抵制，據說打死打傷工宣隊人員多名（從武鬥到工宣隊進校，因我不在學校，具體情況不瞭解）。這時，毛主席又一次接見蒯大富等「五大學生領袖」。但這一次不是表揚而是批評、警告（當然，毛主席不會說自己有責任）。武鬥最終消除了。學生歸到各班在工宣隊領導下活動。這樣，全國的「紅衛兵運動」也就完全結束了，學生們參加的文化大革命也結束了。

　　約1968年8、9月份，當時我在家接到同學來信，告知工宣隊進了校，將要畢業分配，我就回校了。回校後看到「井岡山」的主要頭頭幾十個由工宣隊統一辦「學習班」，我班有二、三名同學在其內。各系，各班都由工宣隊管理。我班同學重新歡聚一堂。文革以來我班是全校、或是在全國對立最突出的班，同學之間形成嚴峻的兩派。（陳批：我倒覺得我們班雖然經歷過文革的風風雨雨，但並沒有給我們感情造成太多的傷害。因此至今我們班同學之間關係還是融洽的。關鍵是：無論哪一派得勢時，都沒有給對方過激的人身傷害。所以「全國最突出」一說，本人不敢苟同。大定兄不知是否同意？）兩年多過去了，兩派同學們似乎明白了，都是受害者，所以全班同學友好熱情。這時，大家一致推舉我當了班長。

　　這時候的政治氣氛是全國人民歌頌毛主席，宗教式的狂熱。

工宣隊帶頭跳「忠字舞」，我班也全體學會了。工宣隊帶學生並不上課，只是每天學「毛選」，熟背「老三篇」。新出版的《毛主席語錄》更精緻，林彪寫的前言：「毛澤東同志是當代最偉大的馬列主義者……」這麼長的一段話譜成了曲，大家一齊合唱。

工宣隊進校後領導全校，工人中普遍稱「師傅」，所以對工宣隊中每一個人都稱「師傅」。這一稱呼一直流傳到社會，時興了好多年。

臨畢業前的一件大事是中共八屆十二中全會的召開。那天通知說有重要新聞群組織全體學生聽廣播。廣播的是八屆十二中全會公報。公報說劉少奇是叛徒、內奸、工賊，永遠開除出黨，撤銷黨內外一切職務。聽了廣播之後每個人都沉默不語。在這前一年，我還積極參與了「打倒劉少奇」的運動，但是，運動發展到這種狀態時，心中對文化大革命也產生了懷疑。現在看來，這次全會完全是一個錯誤的大會，對劉少奇作了完全錯誤的處置。用黨的大會來撤銷國家主席，也是破壞憲法、以黨代政的極端做法。

1968年12月份，在我們將畢業分配時，毛主席發表了最新指示：「知識青年到農村去，接受貧下中農教育……」這樣，城市裡幾乎所有的中學生都到農村「插隊落戶」。這實際上是為了疏散城市裡那麼多停課鬧革命的學生，以收拾局面。文革十年，大、中、小學都「停課鬧革命」，造就了一代新的文盲和半文盲，形成了科技人員的十年斷代。這是對中華民族的犯罪之一。

我們當時還是由國家統一分配，貫徹的是絕對服從分配，黨叫到哪就到哪。我班的分配情況是：包括我，七人分配到核工業部的企業，我分配到核工業部甘肅七九二礦，但是先到瀋陽興隆店部隊農場勞動。蒯大富分配到寧夏青銅峽一座冶煉廠。還有部分同學是分到甘肅、河南各省再二次分配。

要分別了！同窗六年風風雨雨，留下了無盡的感情，全班同學在二校門毛主席塑像前合影留念。我因為是元月10號到農場報導，這十多天的日子又回不了家，所以就在學校送走了每一個同學，才踏上去東北的列車。

附畢業合影，後排左一是我王大定，中排左二是蒯大富，中排左三是鮑長康，後排左六是陳禎祥：

九、化902班同學畢業後的概況

我班同學到工作崗位後，基本上都擔任重要技術工作。現在大多數都退休了。這裡特別記下蒯大富。他畢業後分配到寧夏青銅峽304廠。不久，開始清查「516」，被抓到北京清查。後安排在東方紅煉油廠勞動。毛主席去世後，逮捕了「四人幫」，蒯大富、聶元梓、王大賓、譚厚蘭、韓愛晶也被捕。在審判「四人幫」的電視記錄片中我看到了蒯大富。蒯大富被判17年徒刑。他並不承認自己有罪。我同意他的觀點。一次，我到清華參加一個學術會，見了大學班主任曾憲舜老師，提到了蒯大富。我說：「蒯大富有什麼罪？」曾老師說：「總得有個代表人物吧。」據

說，胡耀邦主張不追究學生。但是，鄧小平、王光美要追究。
1993年校慶，是我畢業後第一次見到蒯大富。那時他已出獄幾
年，妻子是北大畢業生，已有了一個三歲的女兒。那時，北京的
一家公司聘他當總工程師，但是，北京市委不允許他在北京，據
說是王光美發了話。他去了常州工作，常州市委又趕他走。憲法
規定了居住自由，就算蒯大富犯了罪，但是已服刑17年，恢復了
公民權，不該再受限制。後來他只好去了深圳，改名「戴明」，
與人合夥做生意。日久真名也就公開了，他自己辦了公司搞音響
工程。在深圳，他的生意還不錯，業務接到北京等全國各地，已
有一定財富。這也是他能力的體現吧。（2010-8-7補充：去年我
來到深圳一家公司打工，又和蒯大富見了面。他已經不做公司
了，幾經周折得到了每月三千元養老金過日子，女兒蒯小瓊在北
京傳媒大學讀書。）

2004年12月於江蘇江陰初稿
2005年12月於河南許昌續改
2010年8月於深圳修改

附錄五：讀王大定《我在清華大學經歷的文化大革命》一文

陳禎祥

　　文化大革命到底是一場什麼革命？我想起1966年工作組撤走以後，蒯大富剛剛出名時，我們開始「逍遙」，當時全國各地有許多人給蒯大富寄信。其中有一封發自西安、署名「恕不留名」的信件，挺厚的，我們知道這不是蒯的家信，就拆開看。信中說：我們國家將來就靠你們來接班，應該讓你知道我們的國情。他詳細地列舉了從1936年起到文革前，中國人均糧食產量是逐步降低的。信中說，今天的文革實際上是「洋槍派」與「鋤頭派」的鬥爭。他說，我們中國現在好比一家不太富裕的農戶，面對外部威脅，去買一隻洋槍好呢？還是去買一把鋤頭好？每年召開經濟計畫會議，各個部門都會引用馬、恩、列的語錄為自己爭錢，十分激烈。現在是「洋槍派」得勢，但中國的吃飯問題得解決。寫信者明顯是「鋤頭派」，即目前鄧小平一派。此信我只是看了一下，有人曾在本子上作過記錄，不知是否還留有？

　　我是1966年3月入黨的，在批判蔣南翔時，是我班「十七人小組」一員。當時我們認為：先批判而後再下結論。工作組進校了，我們不知什麼時候成了「保皇派」，就靠邊站了。蒯大富則是我班的「文革領導小組」組長。當蒯大富提出向工作組「再奪權」、將矛頭直指工作組時，我們又成為工作組的依靠對象，成為「反蒯」的先鋒。工作組撤走後，我們就成為「保蔣、保工作組」的雙料「保皇派」。從此以後，在清華的文革舞臺上再沒有我們的立足之地，成為無所事事的「逍遙派」。清華開始「復課鬧革命」，我才又有機會坐在清華的教室裡重新學習。一天上午，在主樓的一間教室裡我們要上課了，可是上課的同學比往常少了許多。老師在臺上說：今後不管是「團派」還是「四一四派」，只要是一派組織的會，我們的課照常上；兩派聯合召開的

會，我們就不上。一會兒，進來了幾位同學，說：「團派」和「四一四派」在新航空館打起來了！等了好一會兒，同學也沒有再來的，老師看實在沒法上課，就說：今天的課我們就不上了。這就是我在清華的最後一堂課——如果這也算是一堂課的話。

清華武鬥開始了！我們幾位同學將被褥及書籍都搬出新齋宿舍，存放在北航一位我班同學的老鄉那兒，坐上南下的慢車，十分鐘一停站地走上逃亡之路。

工宣隊進校後，結束了清華的武鬥。我們接到通知，返校等待畢業分配。大家又重新坐在一起了，鼎鼎大名的「蒯司令」、北京市革委會常委、清華大學革委會籌備組主要負責人居然久違多時和我們也坐在一起，只是此時我不時聽到的是老蒯的感歎聲——洩氣聲，「咳！咳！」聲不絕於耳。

畢業分配我被分到中國人民解放軍國防科工委，當時絕大多數同學都被分到偏僻的基層，我算是幸運的。全校9字班只有64位被分配到國防科工委各個研究院，包括一些高幹子弟，如喬冠華的兒子喬宗淮，王恩茂的女兒王北離，孔石泉的女兒孔原，及王新民、王楠等。

前幾天，我班的王大定同學給我發來郵件，他將他寫的《我在清華大學經歷的文化大革命》一文作為附件一併傳給我看。我看後覺得很有可讀之處。他寫了許多自己的經歷及感受，對於今後研究清華大學文革歷史有參考價值，我建議他在「校友網」9字班社區上發表。我覺得9字班社區現在思想相當活躍，發表了許多具有獨立見解的文章。他欣然同意。因為他未申請成員資格，叫我幫他轉貼。文中我覺得有些出入之處，本人就以「陳批：」的形式作一些注解，不一定注解得都正確，只是多一些意見供大家參考而已。

2009年6月7日

清華大學造反派污辱性批鬥
王光美內幕

王廣宇

　　1967年4月10日，清華大學井岡山兵團，在清華園召開有30萬人參加的批鬥王光美和彭真、陸定一、羅瑞卿、薄一波等人的大會。當王光美被押著出場時，她套著緊箍著身子的旗袍，頭戴一頂洋草帽，脖頸掛著一串乒乓球制的「項鍊」，這身打扮很不合時宜，當時還是春天，卻身著夏裝。顯然，這是對王光美的醜化和污辱。

　　這個醜化和污辱王光美的穿戴是江青親手製造的。筆者作為見證人，把這場對王光美人身醜化和污辱的內幕告訴國人。

　　王光美以國家主席夫人的身分，於1963年夏天第一次陪同國家主席劉少奇訪問東南亞幾國，這作為國家外事活動，是很正常的。出國要路過上海，在離京前的一次舞會上，王光美見到毛澤東，問他要不要給在上海的江青帶信。毛澤東就托她給江青帶了一封信。在上海，江青幾次約見王光美，除了談文藝界的情況外，還就她出國著裝提出建議。王光美沒有接受江青的意見，出國訪問時還是按自己的意願和國際禮儀變換服裝。從後來發生的事情看，江青對此很有些耿耿於懷。

　　文化大革命中，江青以中央文革小組第一副組長的身分呼風喚雨，對她過去的「仇人」或不滿的人一一實行報復，王光美的遭遇就是江青報復的一例。

　　1967年4月初，我在中央文革辦事組工作，對清華大學策劃批鬥王光美等人的大會，事前毫無所知。就在這個會召開前兩、三天的一個深夜，中央文革小組碰頭會剛剛開完，江青把中央文革小組成員王力、關鋒叫到釣魚臺11樓她的住處。不一會兒，王力

和關鋒回到16樓辦事組住地，把我叫到小會議室，向我佈置一項緊急任務，並要我立即執行——而這時已經是午夜了。

關鋒向我交代說：聽說，最近幾天，清華要召開批鬥王光美的大會，清華的造反派學生要在批鬥會上給王光美戴什麼木製的一串項鍊，這樣不太好，要講政策嘛！你現在馬上去清華大學井岡山兵團總部傳達我們的意見：王光美前幾年出國訪問時，不是穿著漂亮服裝嗎？為什麼不可以叫她穿上出國時穿的旗袍，戴上草帽和珍珠項鍊參加批鬥會呢？這正好還她以本來面目！你去傳達這個意見，儘量說服他們不要給她戴木頭製的項鍊，叫王光美穿上出國時的那套行頭參加批鬥會。關鋒強調：跟他們傳達這個意見時，不要說這是誰的意見，我們只是給他們提出建議，叫他們以自己的名義提出來。關鋒接著說：這件事不能叫蒯大富來辦，他不大聽招呼，辦事也不牢靠。他對王力說，清華井岡山勤務組的潘某某，這個女青年很注意掌握政策。辦事又認真負責，通過她向井岡山總部提出來比較好。王力點頭。關鋒對我說，你馬上就去清華找小潘，這件事要注意保密。

關鋒急如星火，叫我馬上去清華，這時已經是凌晨兩點左右了。我只能照辦，立即要車去了清華。深夜的清華大學校園一片寂靜，空無一人，學生都在宿舍熟睡，去哪兒找小潘？我又不知道宿舍在何處？為難時正好發現了一間亮著燈的屋子，找到幾個學生，讓他們把我帶到井岡山總部辦公室，又由辦公室值班的同學到女生宿舍找來了小潘，我告訴她有緊急事對她講。小潘把我帶到另一個小辦公室，我原原本本地向她傳達了關鋒的話，但我沒說關鋒的名字，當時也沒有別人在場。小潘認識我，知道我是中央文革辦事組的。她一再向我解釋：我們總部並沒有主張給王光美戴木制項鍊，我們是把乒乓球串起來做成的「項鍊」，這並不重，不會傷著她。我再三叮囑她向總部勤務組提出讓王光美穿出國服裝問題，千萬不要說這是中央文革的意見，就以她個人的名義提出。小潘表示一定照辦，並答應保密。

第二天上午，小潘給我打來電話，她說井岡山兵團總部同意

了她的提議，但王光美的衣服在她家裡，怎麼才能取出來呢？我去問關鋒，關鋒說，王光美家裡的東西需要周總理批准才能取，他讓小潘直接去請示周總理。

就在當天晚上，周總理和中央文革小組成員在人民大會堂安徽廳開會，接見某省兩派代表。會前，周總理和部分中央文革小組成員已經先到，在安徽廳旁邊的休息室等候開會。事先我與小潘約好，叫她當晚到人民大會堂找周總理。小潘按時到後，我叫辦事組會務組的周占凱把小潘帶到休息廳。

小潘到休息室找到周總理，提出要在清華大學開的批鬥會上給王光美穿出國的服裝和配飾，當然也說了幾條理由，如群眾的要求，不算武鬥，「還她本來面目」之類。周總理開始時不贊成這麼做，認為用這種方式讓她參加批鬥會不好。小潘一再申明這是群眾的「要求」，堅持要給王光美穿出國的衣服。在場的中央文革小組成員紛紛表示支持這個「要求」，周總理無奈，只好同意讓小潘等人去王光美家取她出國穿的衣服和行頭。周總理最後說：「你們一定要堅持給她穿，能給她穿上就穿吧！」

江青的這一手十分陰險，把她的報復行動經過周總理同意合法化了。江青對她自己的小兒科把戲很得意，開批鬥會那天一大早她的女兒蕭力（李訥）就出現在清華大學井岡山兵團總部；江青還指使新聞電影製片廠派人去現場拍攝批鬥王光美等人的新聞記錄片。同時，在批鬥會那天江青還要她身邊的工作人員去看看。我們辦事組只好派車把她的警衛員、護士和服務員等四五個人送到清華去看熱鬧。我隨著江青工作人員一起去了清華，也想看看給王光美穿出國服裝落實的情況。

當我們到達清華時，批鬥大會已經開始，30多萬人的會場我們這些人也進不去，只能在會場後邊的空場，看了一會。果然，王光美出場時，兩個紅衛兵扭著她的雙臂，她穿著緊身的旗袍，戴著洋草帽，掛著乒乓球做的項鍊，並被強迫做「噴氣式」接受群眾批鬥。

關鋒叫我找小潘傳達這個「主意」時，沒有提到江青，只強

調說：「不要說這是誰的意見。」但我推測這是江青的主意，大概不會錯，理由是：

一、王力、關鋒是從江青那裡回來後馬上向我交代任務的，而且急如星火，不能隔夜，要連夜辦妥。

二、據我的觀察和瞭解，以王力、關鋒在中央文革小組中的地位，他們沒有這個膽量幹這種事，因為這是對國家主席夫人採取醜化和污辱行動；如果頂頭上司江青或陳伯達有不同意見，他們承擔不了；別說王力、關鋒，就是陳伯達當時也不敢獨自出這個主意。不言而喻，王力、關鋒是奉命傳達江青的指示。

三、蕭力在批鬥會召開那天一大早就去了清華，這時她已經從中央文革辦事組調回解放軍報社工作了，她去清華顯然是領受了她媽媽江青的旨意。

四、江青指示她身邊的工作人員去清華大學看批鬥王光美的熱鬧，這不正反映出她的陰暗心理嗎！？

五、江青沒去參加批鬥會，可在當天晚上就迫不及待地在釣魚臺17樓放映廳看了現場記錄片。

基於以上幾個理由，我斷定醜化和污辱王光美的陰謀出自江青。最近看到的王光美的訪談錄等書籍和文章裡也談到這件事的歷史背景：1963年夏王光美隨劉少奇出訪前，曾在上海見江青時談到了出國著裝問題，王光美沒有採納江青的意見，這就種下了江青忌恨王光美的種子。

還有一個旁證，這就是1967年給江青擔任機要秘書的閻長貴，在關鋒生前，曾就這件事問過關鋒。閻長貴問：「批鬥王光美時給她穿上出國服裝是不是江青的主意？」關鋒不好意思而又含含糊糊地說：「可能吧！」關鋒雖然閃爍其辭，隱去了他佈置的環節，但他實際上承認了這是江青的主意。

這裡順便說一下，同我一樣，清華大學井岡山兵團勤務員小潘是這件事情的執行者。小潘當時僅是個二十歲左右的學生，文革開始時，曾和蒯大富等一起造過工作組的反，後來被選為勤

務組成員。小潘多次受到中央文革小組成員的接見，在會上的發言很「得體」，中央文革小組成員，特別是關鋒很欣賞她，認為她講道理，處理問題踏實，關鋒之所以把這件事交給小潘去辦，而不交給蒯大富，就是出於這樣的考慮。小潘在清華大學井岡山兵團勤務組會上就是以她個人名義提出給王光美穿出國服裝的，一直沒有透露是中央文革小組的授意，甚至連蒯大富也蒙在鼓裡──據說，不久前蒯大富還認為這是小潘的主意。在這件事情上小潘沒有什麼責任，她不過和我一樣是那個瘋狂、邪惡年代的受蒙蔽者而已。

附記：這件事，我作為江青、關鋒旨意的傳達者，應當說是「罪責難逃」，說句良心話，就在我傳達指示的當時，也並不認為江青用這個辦法報復王光美，是正當的，至少是不符合「對敵鬥爭」的政策；在那種形勢下，我所處的地位，只能是「理解的要執行，不理解的也要執行，在執行中加深理解」，正因為我認為江青的這個作為「不符合毛澤東思想」，所以，當我在農場勞改的時候，聽到河北省衡水地委傳達粉碎「四人幫」的文件後，一個星期內我就寫了揭發江青通過關鋒醜化王光美的內幕，當時只能揭發江青違反毛澤東的「對敵鬥爭」政策對王光美人身醜化。因為當時王光美仍在秦城監獄關押，劉少奇「叛徒、內奸、工賊」的帽子還戴著。這封揭發信是通過冀衡農場的總支送到衡水地委組織部轉交當時以華國鋒為首的黨中央的。時間大概是1976年10月末。

親歷者的責任
——讀《清華文革親歷
——史料直錄大事日誌》有感

馬雨農

（一）

　　十年文革，被稱之為當代中國的一場「內亂」，一場「浩劫」。它是共和國歷史最為黑暗的一頁。它所造成的災難，實在難以估量。文革十年，極左思潮盛行，封建主義氾濫，國家法制廢置，人性道德泯滅，國民經濟瀕於崩潰，文化教育備受摧殘，冤假錯案堆積如山……歷數往事，不堪回首，但又不能不回首！這場「史無前例」的浩劫，雖然過去30多年了，它留下的後遺症時至今日仍有隱現，其對中國社會文化、道德精神的傷害，是幾代人都難以彌補的。研究文革的歷史，記取文革的教訓，清除文革的影響，這是當代國人尤其是所有親歷者的歷史責任，也是真正「徹底否定文革」、保證中國不再有文革式「折騰」的一件要事。

　　巴金先生劫後復出，曾痛定思痛，多次提出：「惟有不忘過去，才能做未來的主人。」為此，他一再倡議建立文革博物館，讓全國人民正視這段歷史，永遠記取慘痛教訓，防止惡夢重來。可惜，他老人家的善意良言一直未受足夠重視，回首文革依然還是敏感的話題，文革研究至今仍有不少禁忌。

　　「好在歷史是人民寫的」。劉少奇當時無奈的表白，如今成了至理名言。文革的歷史，畢竟還需由人民來寫，只能由人民來寫。多年來，中國民間的文革研究活動一直沒有間斷過：報刊上記述、研究文革歷史的文章，時有所見；一些專著出版物每年

也都有問世；更有一些有心人，傾注財力，辦起了私人文革博物館。就連與文革歷史相關的一些物品，也都成了眾多收藏愛好者的熱門藏品、研究課題，形成了相當規模的市場效應。

在此潮流中，曾經在文革「風口浪尖」上經歷過狂風暴雨的清華人，又重現了活躍的身影。一些校友相繼出版了個人回憶錄和研究論著，這些親歷者的回憶，都彌足珍貴。而由邱心偉、原蜀育兩位校友歷時多年收集素材、幾經整合編輯出版的這本《清華文革親歷──史料直錄大事日誌》（以下簡稱《大事日誌》），更是一部難得的資料彙編，填補了有關清華文革史籍的空白，為深入進行清華文革史乃至整個中國文革史的研究，提供了極為珍貴的歷史資料。

我和邱心偉雖不同系，卻是同屆，畢業分配在一個單位，曾共事過4年多時間。為籌畫出版本書，她曾與我聯繫過幾次，可惜我因為還有不少事務纏身，沒有能幫上她的忙。但我知道，這項工作的難度是非常大的。曾建議她分步走，先彙集資料，出個內部徵求意見稿就行了。沒想到她和原蜀育兩人這麼快就完成了這項龐大的工程，足見他們的能量之大，勁頭之足，責任心之強！這中間究竟經歷了多少辛苦，旁人並不知道。但翻看她給我傳來的稿樣中標著五顏六色的各種引文，就可以想見，他們從一份份史料的收集、核對，到按日期摘錄、組合，彙編成書，再從第1稿到第12稿的反覆補充和修改，實在做了極為艱巨而繁瑣的工作。他們默默無聞，盡心盡責，為清華的校史建設增添了磚瓦。他們樂於奉獻，甘做鋪路石，為廣大讀者瞭解、研究清華的文革史，提供了便利。他們辛勤勞動的成果，對於推動文革史料的收集，促進文革歷史的研究，是很有積極意義的。

（二）

我們這代人，在人生最好的年華，在清華園這個特殊的「角鬥場」，親身經歷了文革政治運動的種種磨難，印象實在太深刻

了。如今年逾花甲，回首往事，這段經歷，也算是一筆財富。確實應該有所作為，為反思這段歷史盡到一份責任。記錄歷史，留存於世，可作鏡鑒。它們不只是個人的命運際遇，也是十年文革這段重要歷史的民間記憶，有助於豐富文革的歷史細節。恩格斯說：「任何一個民族要想取得更大進步，沒有從自己所犯錯誤中吸取教訓來得更快。」有感於此，我們更珍視這本《大事日誌》所體現的特殊價值以及它給人留下的寶貴啟示。

《大事日誌》收集了清華從1966年4月到1969年1月文革初期將近3年時間的豐富史料，彙編了從批判「三家村」，到文革運動全面爆發，校黨委垮臺，工作組進校而又被撤走，紅衛兵「橫空出世」，兩大派論戰，直到「百日武鬥」、工宣隊進校等一系列重大事件的全程記錄。在學校保留的檔案資料如今尚不開放的情況下，這本民間彙編的《大事日誌》是一部十分難得的工具書，能給讀者瞭解、研究清華文革史提供極為珍貴的幫助。

說其珍貴，最主要的是真實，是完完全全的「史料直錄」。不像有些史書，史料經過轉述、過濾，甚至刻意取捨，原本的事實已走了樣。這裡呈現的，都是原汁原味的原生態史料，錄自當年各派文革組織編印的「小報」、「動態簡報」等原始材料，有的還錄自個人所寫的各類文字材料，包括迫於形勢在強權威迫下違心寫下的材料。這些史料，留有當年特定的政治痕跡和語境，是構成清華文革歷史不可或缺的事證。這樣客觀採集，不作修飾，按時間順序編列出來，有助於多側面較完整地還原清華文革歷史的發展過程，真實地展示這段歷史的原貌。稍感缺憾的是，編者沒有分別標明每段引文的出處，以使讀者可以分辨某個史料的具體來源，便於研究者進一步查找第一手史料。如能做到這一點，可能會更好。

要做到這樣還原真實，是需要極大勇氣的。從書中看到，涉及一些人物的姓名、稱謂，包括當時的中央負責人等，編者大多原樣保留了。這是今天出版這類書籍最為棘手的問題，很多出版物出於種種顧慮，往往都是隱去其名。但這樣做的結果，必然使

一些歷史事件看起來變得模糊不清，有損於歷史資料的完整性。周恩來曾說：「只有忠於真實，才能忠於真理。」既然作為史料彙編出版，只要確保事實沒有錯誤，如實披露，應是最佳的選擇。本書的編者是這樣做的。我由衷地欽佩編者敢於說真話、講真實、求真理的勇氣，珍視這本書不同尋常的參考價值。文革結束已30多年了，現在大多親歷者也會以平常之心來看待當年的事情；相信讀者有足夠的智慧和辨別能力，作出正確的判斷。

（三）

清華的文革歷史，堪稱研究文革歷史的典型樣本。其典型性就在於，清華文革的重大事件，都與外界有著千絲萬縷的聯繫，尤其與中央上層的鬥爭有著直接關聯。毛澤東與劉少奇，所謂「兩個司令部」的主要領袖，都直接插手了清華的運動，精心培育了他們的「試點」。《大事日誌》雖然較少收集這方面的材料，但仍能看到相關的脈絡。劉少奇委派其夫人王光美直接指導了清華的文革工作組；毛澤東則直接支持了清華附中全國第一個紅衛兵組織的誕生，激勵和引導青年學生舉起「革命造反」的旗幟，走上文革的歷史舞臺，同時又委託周恩來過問清華的運動（工宣隊軍宣隊進校後，毛澤東身邊中央警衛團和中央辦公廳的遲群、謝靜宜直接出任了清華黨委的負責人）。對照其他文革史籍、專著和當事人的回憶，我們可以探尋到上下左右的聯繫，從文革大政治背景下清華的特殊視角，解析清華與中央高層臺前幕後的源流互動，研判文革一些重大事件的由來始末、內外成因，加深感悟與思考。

回首清華的文革歷史，猶如亂世鬧劇，痛感荒唐。特別是兩派勢不兩立的持續爭鬥，直至百日武鬥、血腥廝殺，十多人死於非命，真是一幕悲劇。如今反思，我們無需再糾纏於我是你非的個人恩怨。對於大多數當時的清華學子來說，都是受運動的群眾，虛耗了青春。熱潮退後，隨著一些內幕的披露不難發現，為

發動文革而高舉的「反修防修」旗幟後面，並非全然都是路線、道路的理論之爭，其複雜的程度遠遠超出我們天真的想像。當年一切都「突出政治」，但那時候我們究竟懂得多少政治？作為身處基層的普通親歷者，今天我們需要自我反省，總結各自的教訓，但更需要的是站在比較超脫的立場來反思這段歷史，關注和深思相對宏觀層面的問題。

20世紀六七十年代的中國，為什麼會發生文革這樣的浩劫？為什麼會有狂熱的造神運動？為什麼會有那麼多無知的盲從？它深層的原因究竟是什麼？一些當時看來理所當然、絕對正確的事情，現在看來何以滑稽可笑？一些當時認為極端錯誤、批倒批臭的東西，今天何以又發現不乏真諦？這種人為「折騰」的教訓，或許更是我們值得深刻反思的。文革中被摧毀的清華標誌性建築二校門，文革後已恢復重建，這是比較容易的；而要真正吸取文革的教訓，清除文革發生的土壤，就極不容易了。

1986年8月，楊尚昆曾應中共中央黨史研究室張聞天選集傳記組之約，專門就張聞天與毛澤東的話題，有過一次深入的談話。在談到「文化大革命」的問題時，他說：「我們這個黨後來『文化大革命』留下很多問題我現在也想不通，明明是毛主席講過的話，他可以重新變過。比如瞿秋白的那個《多餘的話》，毛主席看了，也親自跟我講過，說秋白這個同志是書生，說他文章寫得很好。他那個意思就是說並沒有出賣什麼黨的秘密，或者說他是叛徒。後來忽然不曉得怎麼一下子說他是叛徒。也是他講的。所以他有些事情不知怎麼搞的。武昌會議的時候，毛主席是正式交了權的啊，是交給劉少奇的。但是實際上並沒有交呀。他這個交就是政治局會議他不到了，因為他那時精力有限，一天躺在床上，但事實上什麼事情他不同意，你都得推翻。」「上海會議時他還提出來他要掛帥，說：『我是帥，鄧小平是副帥。』這樣劉少奇擺到哪兒去啊。所以開完會回來，大家都議論，這究竟是怎麼一回事啊。當然誰也不好去問啦，不過彭老總當場就頂了他，說你不早就掛帥了麼。……總之主席後來弄得沒有章法，誰都不

知道他要搞什麼。」[2]

　　楊尚昆說：「『文化大革命』留下很多問題我現在也想不通。」可能是實情，也可能是礙於他的身分不便於明說。但我相信他介紹的有關毛澤東的情況是真實的。這些史料，對於理解文革發生發展的由來、反思文革的教訓是很有助益的。楊尚昆文革前曾長期在毛澤東身邊工作，擔任中央辦公廳主任，文革前夕被貶，又被打成「彭羅陸楊」反黨集團的頭子，文革後復出，後來曾榮任國家主席。像他這樣身居核心高位的領導人尚且對文革還有「很多問題」「想不通」，可見研究文革歷史是何等艱難！

　　文革留下值得思考的問題，確實太多太多。考察這段歷史，有研究不盡的課題。我有時在想，一部《紅樓夢》小說，引發建立了一門「紅學」，多少年來，有那麼多學者在持續不斷地解讀、研究；對十年文革這樣一段影響國家進程的刻骨銘心的歷史，難道不該多一點回憶、多一點思考、多一點研究，乃至建立一門學科嗎？發此奇想，並非樂於回顧，而是希望更好地前瞻，希望不再有文革式的「折騰」，誠如巴金先生所言，真正「做未來的主人」。而要有此作為，首先急需的是搶救史料，這是最基礎的重要工作。感謝《大事日誌》的兩位編者，以社會責任感和歷史責任感，作出了可貴的貢獻，同時又以他們自身的表率行為，激發起更多親歷者的共鳴與回應。希望能見到更多《大事日誌》這樣的書籍問世。

2009年4月5日於杭州

---

[2]　引文見《楊尚昆1986年談張聞天與毛澤東》，張培森整理，《炎黃春秋》2009年第2期第36頁。

《一葉知秋》讀後
——兼談對清華文革的看法

杜鈞福

　　近來，看到網上徐海亮先生評論唐少傑先生在香港出版的書《一葉知秋——清華大學1968年百日大武鬥》的文章。我在大陸，無緣閱讀唐先生的著作，但曾看到《從清華大學兩派看「文化大革命」中群眾組織的對立和分歧》，[1]知道了唐先生關於清華文革的一些觀點。

　　我是文革的一名普通參加者，不是專門研究者，所以對徐先生的文章看得不很懂。但是從徐先生的文章裡，我知道了唐先生書中一些內容，知道書中很大一部分還是涉及所謂「團派」和「四派」的分歧的，特別是，關於「四派」的文章「四一四思潮必勝」的爭論。我想從常識的角度發表一些看法。

　　主要問題是，徐先生引了唐先生書中的話「迄今為止，唯有『四一四思潮』取得了最顯著的、也是最重大的歷史性勝利。」這話實在令我吃驚。我感覺，唐先生似乎是「四派」的鐵桿，在文革高潮的派性鬥爭中說的這樣的話。

　　為此，我們必須搞清「四派」和「團派」兩派的基本觀點，以及他們爭論的焦點是什麼。而這一點，在唐少傑先生的文章中弄的不很清楚，我以為。

　　雙方基本觀點，我們以發表在清華大學《井崗山》小報上的「四派」周泉纓文章《四一四思潮必勝》和井崗山兵團的天安門

---

[1]　《從清華大學兩派看「文化大革命」中群眾組織的對立和分歧》，見《回首「文革」——中國十年「文革」分析與反思》，張化、蘇采青主編，中共黨史出版社，2000

縱隊的文章《誰敢否定無產階級文化大革命我們就和他拼命——評〈四一四思潮必勝〉》為准。[2]因為當前並不很容易找到這兩篇文章，我們不得不簡單介紹一下它們的基本觀點。

《四一四思潮必勝》這篇文章首先分析文化大革命前後國內階級鬥爭形勢。它說，資產階級將通過新的形式向無產階級進攻，「這種新的形式就是毛主席首先指出的，通過黨內『走資派』，奪取政權實行和平演變。」但是，中國和蘇聯不一樣，「走資派」未占統治地位，未形成新的資產階級特權階層。「所以在文化大革命中階級關係儘管有變化，但也絕不可能來個『大翻個兒』，也絕不可能劃分什麼『老保階級』，『造反階級』。十七年來掌權的工農兵還是工農兵，十七年來受壓迫的資產階級、地富反壞右還是資產階級、地富反壞右，而知識分子雖然在文化大革命中分化得更明顯，但是基本陣線也是不變的。」

定了基調之後，文章就分析四一四派和團派的分歧。他這裡說的四派和團派是廣義的，四派指全國類似於四一四的造反派，如河南造總、成都紅成、重慶八一五。團派也指類似組織。文章說，四派是執行毛主席的革命路線的，而團派受懷疑一切思想影響，執行極左路線。在組織上，四派的隊伍比較整齊，而團派「經常混雜著走資派，特別是沒有改造好的地富反壞右以及代表他們的知識分子。」資產階級分子和地富反壞右混進團派的隊伍，或者在團派中尋找代理人，以圖排斥受蒙蔽的群眾和幹部，打擊工農兵群眾，復辟資本主義。文章還批判了團派在軍區問題上的極左觀點和做法，認為團派充其量也就是小資產階級革命派，他們不能團結人，不能正確對待自己的錯誤，甚至不能正確對待無產階級司令部。只有以四派這樣的真正無產階級革命派為核心才能取得勝利。

作為團派的正式回答，井崗山兵團的天安門縱隊在清華《井崗山》報上發表《誰敢否定無產階級文化大革命我們就和他拼命

---

[2] 清華大學《井崗山》報，1967年8月26日

——評〈四一四思潮必勝〉》。

　　在這篇文章中，作者並未否認「十七年來掌權的工農兵還是工農兵，十七年來受壓迫的資產階級、地富反壞右還是資產階級、地富反壞右」一說，但是認為這不能說明階級陣線沒發生很大變化。文章說，「也正是由於黨內出現了一小撮走資本主義道路當權派，他們同廣大工農兵、革命幹部、革命知識分子的矛盾上升為主要矛盾，這就使我國社會的階級關係發生了變化。」文章從四個方面闡述階級關係的變化。

　　首先，走資本主義道路的當權派打著紅旗反紅旗。「在這些黨內走資派控制的地方，無產階級專政被他們轉變為資產階級專政。」

　　因而，「在這些地方，幹部隊伍的左、中、右，幾乎完全被顛倒了。」

　　在大部分地區，劉鄧路線也有一定影響。領導往往是根據群眾的對工作的勤懇，對基層領導的忠誠來劃分先進與落後，甚至機械地根據政治面貌劃分左、中、右，因而扼殺了造反精神，培植了奴隸主義。

　　走資派在勞動人民隊伍中也收買、培養了一部分工賊為他們服務。

　　因此，反右以後，無論幹部、群眾、知識分子中，黨團員中，左、中、右，先進和落後，都發生了巨大變化。但這不是什麼「大翻個兒」。

　　文章也認為，在中國，不存在新的特權階層，但走資派和蘇聯的特權階層的性質是一樣的。問題不在於是否形成了特權階層，而在於要防止國家變色，最重要的是徹底摧毀暗藏的資產階級司令部。而走資派往往用「右派翻天」的指責來掩護自己，鎮壓人民的反抗。現在414派也重蹈這一覆轍，用血統論來攻擊造反派。文章認為，《四一四思潮必勝》文章的要害是反對無產階級文化大革命。

　　我們先看四派觀點的大前提「十七年來掌權的工農兵還是工

農兵，十七年來受壓迫的資產階級、地富反壞右還是資產階級、地富反壞右」。這一點團派也認可。但這是四派提出的，看來四派主張更強烈一些，而且四派認為團派不贊成這一點，因為團派主張「大翻個兒」。

從四派這一基本觀點，我很難看出「迄今為止，唯有『四一四思潮』取得了最顯著的、也是最重大的歷史性勝利。」

眾所周知，在文革結束不久，「地富反壞右」就不是「地富反壞右」了，而變為人民了（聽說有幾百個右派還不算劃錯，但他們也摘帽子了）。這即使不算「大翻個兒」，也算是階級關係很大的變動了，而且比當年團派走得更遠。在幹這件事的時候，沒有見到周泉纓、沈如槐等四派大將們的抗議。

唐先生的書我沒看，但就憑這一句話，我就感覺不像是嚴肅的學術著作，而像是紅衛兵的大字報。

但我感到還是把清華兩派的分歧焦點弄清楚為好。四派說團派主張而且實行「大翻個兒」；團派否認。這是怎麼回事呢？

清華大學文革前的校長蔣南翔在文革裡變成黑幫、專政對象。這確實是「大翻個兒」。但這樣的「大翻個兒」，四派似乎並不反對。四派也是造反派，在這點上和團派並無分歧。爭論焦點並不在這裡。順便說一下，清華的保守派其實也不反對將蔣南翔打成黑幫。1967年8月初，工作組撤退後，是劉濤、賀鵬飛這些保守派主張鬥黑幫，而造反派主張清算工作組。

團派的文章說得很清楚：他們主張階級關係的變動並不是「大翻個兒」，而是在人民內部的左中右，或者說先進和落後，要重新洗牌，可以說是「小翻個兒」。

「大翻個兒」一說，從未見過哪個造反派組織明確提出。它的意義，即如何「翻個兒」也從未予以詮釋。文革中，少數右派分子確實曾提出翻案，但未獲得大多數造反派的支持。但即使是他們提出翻案時，也沒說要把所有的地富反壞全部來個「大翻個兒」。所以把「大翻個兒」的主張加在貧農出身的學生蒯大富們身上，是沒有根據的。把「大翻個兒」的主張加在任何造反派身

上，也是沒有根據的。

為什麼團派主張和實行的「小翻個兒」，而四派堅持認為他們主張和實行的「大翻個兒」呢？

原因在於，在團派和四派的語言裡，「人民」這個範疇大小不同。特別是，團派的隊伍，團派當然認為是屬於人民的，而四派認為，他們屬於混進團派隊伍的「資產階級分子和地富反壞右」或其代理人。

這樣的團派認為是好人，予以保護，而四派認為是階級敵人，予以打擊的，是什麼樣的人呢？其標本就是以陶德堅為首的教師工人組織「紅教工」。四派拉出隊伍以後，首先幹的事就是批鬥陶德堅。那麼，陶德堅是什麼人呢？她是建築系教師、共產黨員。五柳村網站有她的回憶錄，可以看關於她的詳細情況。

按照文革前的標準，陶德堅及其紅教工的成員應屬於人民範圍。雖然陶本人在反右運動裡受過處分，但作為共產黨員，仍為工人階級先進分子，和「資產階級分子和地富反壞右」不沾邊。團派將其收編，談不上是什麼「大翻個兒」。

唐先生書中說「『四一四思潮』獨樹一幟，是唯一以文革前的正統觀念和正統秩序來批評、懷疑並進而可能否定文革的群眾思潮」。大致可信。但是，按照文革前的正統觀念，像陶德堅這樣的共產黨員應該是屬於人民的範圍，怎麼在四派眼裡，變成了「資產階級分子和地富反壞右」了呢？也許，在他們看來，文革不搞最好。但如果非要搞的話，就應該批鬥陶德堅這樣的人。在這個意義上說，他們也未必是文革的反對派。

團派說，應該在人民內部重新洗牌，以四派擁護幹部為代表的文革前「雙肩挑」未必能掌權。但是他們並沒有說這些「雙肩挑」是「資產階級分子和地富反壞右」。唐先生也說，團派認為「清華大多數幹部都應降職使用或當老百姓」，沒說他們是階級敵人。而四派說，聲稱必須以他們為核心，還將團派成員打為階級敵人。是哪一派更左、更激進呢？為什麼四派的幹部不能像陶德堅那樣做一名普通教師，當老百姓呢？四派重要成員和擁護的

幹部譚浩強後來寫了一本很著名的書《C程序設計》，不是比他當什麼「核心」好得多嗎？當然這是說的文鬥階段的事，到了百日大武鬥後雙方就彼此視為敵人了。

說兩派的矛盾焦點是幹部問題。這不錯。團派對待清華的幹部太左，不團結他們似為失策。但兩派的另一鬥爭焦點是群眾問題，特別是對待占教師人數更多的大部分普通教師。他們或者家庭出身不好、有歷史問題，或者被視為落後，反動學術權威。在這個問題上，四派比團派左。而且，團派之所以受大多數教師的擁護，可能和他們對四派支持的文革前精英的排斥態度有關。或者說，他們對文革前精英的排斥態度是受了大多數教師職工的立場所驅動。徐先生的文章裡似乎也有這樣的意思。

在討論清華文革時，很少有人注意到這個問題。這是因為，團派並沒有在這個問題上據理力爭，按照文革標準，他們也沒有把握說陶德堅們一定不是「資產階級分子和地富反壞右」，當中央文革也說陶德堅們是壞人以後，他們就拱手送了出去。因此，一般的人們及文革研究者往往將團派認做激進派，四派認做穩健派。

正如唐先生所說，清華兩派，以及全國造反派保守派的分歧的根源在於對文革前十七年的評價。他說：「『四派』則指出，對幹部問題的分歧，追其根源，最根本的是對十七年國家政權性質的估計不同，對文化大革命任務的認識不同。』」

這是拾四派之餘唾給團派栽髒。清華兩派之爭並不涉及文革前的政權性質，至少沒明確涉及。就上述兩派的代表作的內容看，清華團派並不贊成「大翻個兒」。他們也沒有理由贊成並實行「大翻個兒」。他們主張的和實行的是人民內部先進與落後的重新排隊。對於十七年，他們要否定的是什麼呢？

拿團派領袖蒯大富來說，他出身貧農，是新四軍的後代。他沒有理由要地富反壞右上臺。中央黨校的研究者金春明先生也說：「他對毛主席和中央文革一直是忠心耿耿，指哪打哪。這樣

的人能說是『對共產黨不滿』嗎？」[3]

那麼，老蒯對什麼不滿呢？他對文革前的政治運動，特別是「三面紅旗」造成的嚴重後果不滿。他在上大學前，曾給中共中央上書，揭露農村幹部的工作作風。這一事件是他被打成反革命時的所謂鋼鞭材料。相當多的造反派代表人物都有類似的思想背景。

所以，唐少傑先生將清華的團派、四派當作典型分析文革中的派系之爭，在這個意義上是恰當的。四派雖然不是保守派，但有保守派的特點。他們代表文革前政治運動和政治生活的既得利益者。而團派則代表這些政治運動和政治生活中的受害者和受歧視者，有更廣泛的群眾基礎，包括沉默的大多數。他們之間的根本分歧，是對文革前歷次政治運動和政治生活的評價不同。

另一方面，將清華文革作為典型分析也有不夠典型之處。清華團派總體素質不高，有流氓無產階級的特徵。這從他們騙劉少奇、鬥王光美、甘當中央文革的別動隊、在清華搞獨裁統治、到全國各地指手畫腳可以看出。四派對他們的指摘，並不全錯。

我建議唐先生將北京大學運動中的派系問題做一些分析，也許得到不同的結論。

3　《「兩個文革說」與「文化大革命」的定性研究》，見《回首「文革」——中國十年「文革」分析與反思》，張化、蘇采青主編，中共黨史出版社，2000

後　記

　　此書應於2012年底付梓，因為出版方針的變故而延宕至2014年。此中的文章，有的經過何蜀先生的編輯，有的經過戴為偉女士的審校，唐少傑教授對此書亦多有貢獻，謹此說明並致謝。

　　最後，要感謝秀威的主編蔡登山先生和此書的責編蔡曉雯女士，他們的慧眼和決斷，專業和敬業，令我銘記在心。

2012年9月21日
北京　櫻花園

Do時代01　PC0373

水木風雨：
北京清華大學文革史

編　　者／啟　之
主　　編／蔡登山
責任編輯／蔡曉雯
圖文排版／詹凱倫
封面設計／陳佩蓉

出版策劃／獨立作家
發 行 人／宋政坤
法律顧問／毛國樑　律師
製作發行／秀威資訊科技股份有限公司
　　　　　　地址：114 台北市內湖區瑞光路76巷65號1樓
　　　　　　電話：+886-2-2796-3638　傳真：+886-2-2796-1377
　　　　　　服務信箱：service@showwe.com.tw
展售門市／國家書店【松江門市】
　　　　　　地址：104 台北市中山區松江路209號1樓
　　　　　　電話：+886-2-2518-0207　傳真：+886-2-2518-0778
網路訂購／秀威網路書店：https://store.showwe.tw
　　　　　　國家網路書店：https://www.govbooks.com.tw

出版日期／2014年3月　BOD一版　**定價**／640元

|獨立|作家|
Independent Author

寫自己的故事，唱自己的歌

水木風雨：北京清華大學文革史 / 啟之編. -- 臺北市：獨立作
家, 2014.03
　　面；　公分. -- (Do時代系列；PC0373)
　ISBN　978-986-5729-04-2 (平裝)

628.75   103001916

國家圖書館出版品預行編目

讀 者 回 函 卡

感謝您購買本書，為提升服務品質，請填妥以下資料，將讀者回函卡直接寄回或傳真本公司，收到您的寶貴意見後，我們會收藏記錄及檢討，謝謝！

如您需要了解本公司最新出版書目、購書優惠或企劃活動，歡迎您上網查詢或下載相關資料：http:// www.showwe.com.tw

您購買的書名：_____

出生日期：_____年_____月_____日

學歷：□高中 (含) 以下　　□大專　　□研究所 (含) 以上

職業：□製造業　□金融業　□資訊業　□軍警　□傳播業　□自由業
　　　□服務業　□公務員　□教職　　□學生　□家管　□其它_____

購書地點：□網路書店　□實體書店　□書展　□郵購　□贈閱　□其他

您從何得知本書的消息？

　□網路書店　□實體書店　□網路搜尋　□電子報　□書訊　□雜誌

　□傳播媒體　□親友推薦　□網站推薦　□部落格　□其他_____

您對本書的評價：（請填代號　1.非常滿意　2.滿意　3.尚可　4.再改進）

　封面設計____　版面編排____　內容____　文／譯筆____　價格____

讀完書後您覺得：

　□很有收穫　□有收穫　□收穫不多　□沒收穫

對我們的建議：_____

_____

_____

_____

11466
台北市內湖區瑞光路 76 巷 65 號 1 樓

獨立作家讀者服務部　　　　收

....

（請沿線對折寄回，謝謝！）

姓　　名：＿＿＿＿＿＿＿＿　年齡：＿＿＿＿　性別：□女　□男

郵遞區號：□□□□□

地　　址：＿＿＿＿＿＿＿＿＿＿＿＿＿＿＿＿＿＿＿＿

聯絡電話：(日) ＿＿＿＿＿＿＿＿＿　(夜) ＿＿＿＿＿＿＿＿＿

E-mail：＿＿＿＿＿＿＿＿＿＿＿＿＿＿＿＿＿＿＿＿